All About, 드라마 작가 데뷔
스토리텔링 작법의 비밀
2nd Edition

All About, 드라마 작가 데뷔

스토리텔링 작법의 (비밀)
2nd Edition

초   판 1쇄 펴냄 2022년 3월 20일
2nd Edition 1쇄 인쇄 2024년 11월 5일
2nd Edition 1쇄 펴냄 2024년 11월 15일

지은이 김윤정 • 원영실 • 김혜진 • 윤민경
펴낸이 유정식

총괄기획 나송희
책임편집 유정식
편집/표지디자인 유이수

펴낸곳   나무자전거
출판등록 2009년 8월 4일 제 25100-2009-000024호
주소   서울 노원구 덕릉로 789, 2층
전화   02-6326-8574
팩스   02-6499-2499
전자우편 namucycle@gmail.com

ⓒ김윤정 • 원영실 • 김혜진 • 윤민경 2024
ISBN : 978-89-98417-58-1(13300)

정가 : 20,000원

All About, 드라마 작가 데뷔

스토리텔링 작법의 비밀

2nd Edition

김윤정 · 원영실 · 김혜진 · 윤민경 공저

나무자전거

어느 날, 작가가 되고자 마음먹은 당신에게

그렇게 작가가 된다

이 책은 이제 막 작가의 꿈을 품기 시작한 초보자부터 좀더 업그레이드 된 글쓰기를 갈망하는 작가 지망생들을 위한 것입니다.

"한번 글을 써봐? 어렸을 때 꿈이 작가였잖아."

누구나 한 번쯤은 작가가 되고자 하는 꿈을 꾼 적이 있을 것입니다. 현실 앞에 잠시 미뤄 놓았지만 지금이라도 작가라는 꿈을 향해 도전하고 싶은 사람, 열심히 작가라는 꿈을 향해 가고 있지만 홀로 길을 잃고 헤매는 심정인 사람도 있을 것입니다. 이 책은 그런 예비 작가들을 위한 것입니다. 지금의 세상은 그 어느 때보다 많은 스토리를 원하고 있습니다. 감히 말합니다. 누구나 작가가 될 수 있습니다.

슬기로운 작법서 활용법

이 책은 총 5장으로 이루어져 있습니다. 스토리텔링 전반에서부터 단막극, 미니시리즈, OTT까지 원하는 대로 읽으면 됩니다. 물론 처음부터 끝까지 쭈욱 읽어나가도 좋겠지만 그때그때 필요에 따라 원하는 부분을 찾아 읽을 수 있는 묘미가 있습니다. 이제 막 컨셉 아이디어를 발굴했다면 이 책을 순서대로 따라가며 작품을 개발해볼 수 있겠지요. 소꼬를 꿈니 트렌니하고 내덕식으로 나름고 싶나면 후반부 내용을 토대로 정리해볼 수 있을 것입니다.

순한맛부터 감칠맛까지, 골라 읽는 재미

순한맛 : 작가가 꿈이고, 스토리텔링에 관심이 많았던 당신을 위해

1장은 스토리텔링의 세계에 대한 전반적인 안내와 드라마 작법에 필요한 이모저모에 관한 내용입니다. 아무래도 책의 시작인 만큼 읽고 들어가는 것이 좋겠지요.

보통맛 : 글쓰기가 처음이거나 좀 더 습작기를 거쳐야 하는 당신을 위해
2장은 라이팅의 세계로 본격적인 글쓰기를 시작하는 단계입니다. 여기서는 드라마 단막극과 영화 시나리오 작법에 대한 실전을 구체적으로 다루고 있습니다. 신인작가라면 단막극부터 쓰고 단련해야 합니다. 이 과정을 충실히 따라가며 작품을 써보세요.

매운맛 : 단막극은 쓸 만큼 쓴, 미니시리즈에 도전할 당신을 위해
3장은 미니시리즈의 세계로 장편 시리즈 문을 열며 새로운 도전에 나서는 작가들을 위한 내용입니다. 미니시리즈 작법에 관한 안내서는 많지 않기 때문에 막막했던 당신에게 한 줄기 빛이 될 겁니다. 분량부터 만만치 않은 만큼 무작정 뛰어들기보다 작법서를 따라 단막극과는 다른 호흡과 전략을 익혀가는 것이 필요합니다.

단짠단짠맛 : 트렌드에 맞는 대박 스토리를 꿈꾸는 당신을 위해
4장은 트렌드와 플랫폼의 세계로 변화하는 시장에서 원하는 스토리의 특징이 무엇인지 살펴봅니다. 넷플릭스, 디즈니플러스 등 국내 콘텐츠에 대한 공격적인 투자가 한창인 만큼 OTT형 스토리를 쓰고 싶은 작가라면 꼭 읽어 봐야 하겠지요. 드라마와 영화는 많은 자본이 들어가는 만큼 변화하는 제작시스템 속에서 시대가 요구하는 스토리가 무엇인지 놓치지 않는 영민한 작가가 되어야 할 것입니다.

감칠맛 : 심심한 스토리를 한층 업그레이드하고 싶은 당신을 위해
5장은 캐릭터의 세계로 스토리의 매력을 극대화하기 위한 인물 개발에 관한 내용입니다. 모든 스토리는 사건 발생과 해결 과정을 다루고 있지요. 그 사건을 일으키고 해결하는 주체가 캐릭터인 만큼 스토리 차별화는 캐릭터 차별화에 기인한다고 볼 수 있습니다. 캐릭터의 매력 없이 성공적인 스토리는 탄생할 수 없습니다.

스페셜 코너. 그들도 한때는 지망생이었다

작법서 틈틈이, 현장의 작가들이 전하는 실전 팁을 실어 두었습니다. 이렇게 한다고 될까, 막연한 미래에 지치고 힘들 때 선배 작가들의 경험담 만큼 힘과 위로가 되는 것이 없겠지요. '나도 데뷔 전까지 이렇게 헤맸다.', '결국 이렇게 해냈다'라는 진솔한 자기 고백 속에 우리 모습을 발견합니다. 그들도 한때 우리처럼 작가지망생이었습니다.

요즘 우리 시대의 신상 스토리

"그 책? 다 좋은데 예시 작품이 너무 옛날 거야." 기존 작법서를 보며 한 번쯤 들었던 생각일 것입니다. 최신 작법서라면 지상파부터 OTT까지 요즘 이야기를 다뤄야 하는데, 이 부분이 이 책의 가장 큰 자산입니다. 세계적으로 흥행한 넷플릭스 〈오징어게임〉의 성공 요인을 논하지 않고 이 시대에 통하는 스토리를 말할 수 없으니까요.

마지막으로...

부족한 제자들 평생 관리하느라 고생하시는 우리 영원한 캡틴 이만희 선생님, 아낌없는 추천사 감사합니다. 언제나 존재만으로도 북극성이 되어주시는 이종대 교수님 감사합니다. 후배 작가들을 위해 흔쾌히 인터뷰에 응해준 윤수정, 김은령, 황숙미, 이승진 작가에게도 감사함을 전합니다. 더불어 항상 활기와 응원을 아끼지 않는 동국대학교 영상대학원 문화콘텐츠학과 선후배 동문 여러분 모두 감사합니다. 이 책의 시작을 있게 해준 나송희와 책 출간을 해준 나무자전거 출판사에 다시 한 번 감사드립니다. 마지막으로 끝까지 응원과 지지를 보내준 사랑하는 가족에게도 고마움를 전합니다. 이 책은 오늘도 써지지 않는 글을 붙들고 홀로 밤을 지새우고 있는 작가들을 위해 뭐라도 해보자라는 찐언니와 같은 소박한 마음에서 시작했습니다. 조금이라도, 단 1%라도 여러분의 글쓰기에 도움이 된다면 그것으로 충분히 감사합니다. 힘내요, 우리.

2022년 2월 어느 날, 네 명 필진의 마음을 모아 김윤정

2022년 3월 『스토리텔링 작법의 비밀』 초판을 내고 6월에 2쇄, 2023년 3월에 3 쇄가 나왔는데, 2024년에 개정판을 내게 되었다. 초판이 나온 지 2년이 조금 넘는 시간이 지났을 뿐인데, 그 짧은 사이에도 드라마 시장과 현장은 많이 바뀌고 있다. 그 변화의 중심에는 역시 OTT가 있다. 현장의 목소리를 들어보면 현직 작가들도 대혼돈의 시대를 지나가고 있는 듯하다. 오랜 시간 견고히 지켜오던 16부작 미니시리즈의 틀은 OTT 시대에 진입하며 회차와 분량, 심의와 자본 등에서 좀 더 자유로워졌고 이는 곧 기존 글쓰기 방식의 변화를 불러왔다. 각각 극작(劇作)의 한 지류였던 시나리오와 TV드라마 스토리텔링을 OTT 스토리텔링으로 통합해 불러야 할 정도로, OTT가 가져온 스토리텔링의 변화는 상당하다.

OTT 등장이 가져온, 가져올 파장

스트리밍 서비스인 OTT 플랫폼의 등장은 드라마 제작환경과 드라마를 향유하는 패러다임의 전환을 불러왔다. 대중은 더 이상 과거 방식으로 드라마를 시청하지 않는다. 볼거리가 넘쳐나는 시대에 재미없는 콘텐츠로 시간을 낭비할 이유가 없는 것이다. 웹툰, 웹소설 등 대중은 자신들이 이미 잘 아는 이야기를 소비하려 하고, 제작자 역시 검증되지 않은 스토리에는 거대자본을 투자하려 들지 않는다. 그만큼 콘텐츠 제작에서 IP(지식재산권) 비즈니스가 다른 무엇보다 중요해지고 있다. 이러한 원천 콘텐츠의 활발한 기획과 제작은 드라마 창작 지형을 서서히 바뀌가고 있다. 순수 창작물을 집필하는 것 이상으로 원천 스토리를 매체에 맞게 잘 구현하는 작가와 연출자가 요구되고 있다.

폭발하는 K-신상 드라마의 위력

이 책의 장점은 요즘 우리 시대의 최신 드라마를 사례로 드는 것이었다. 2022년 초판을 발간할 때만 해도 가장 뜨거웠던 드라마는 넷플릭스 오리지널 시리즈 〈오징어 게임〉이었다. 이후에도 넷플릭스의 선전은 여전해서 〈소년심판, 2022〉, 〈지금 우리 학교는, 2022〉, 〈더 글로리, 2022~2023〉, 〈마스크걸, 2023〉 등과 함께 〈D.P 시즌 2, 2023〉, 〈스위트홈 시즌 2, 2023〉, 최근 〈스위트홈 시즌 3~4, 2024〉까지 오리지널 시리즈물을 쏟아내고 있다. 후발 OTT 플랫폼이라고 할 수 있는 〈티빙〉의 경우 〈술꾼도시여자들, 2022~2023〉이 시즌 2까지 나왔고, 〈선재 업고 튀어, 2024〉를 통해 국내 최초로 토종 OTT가 넷플릭스의 총 사용시간을 앞서며 업계 1위를 차지하는 기염을 토하기도 했다. 디즈니플러스는 강풀 작가의 대작 〈무빙, 2023〉과 〈카지노, 2023〉, 〈비질란테, 2023〉 등으로 구독자를 끌어모으고 있다.

비단 OTT 콘텐츠만 강세를 띤 것은 아니다. SBS 〈모범택시〉는 시즌2를 성공적으로 마친 뒤 시즌3 제작을 확정 지었고 tvN 〈눈물의 여왕〉의 경우 시청률 20%를 돌파하는 성과를 거뒀으며, MBC 〈연인〉 역시 높은 화제성 속에 시청률과 작품성 모두 좋은 평가를 받았다. 특히 상대적으로 인지도가 낮았던 ENA의 경우 〈이상한 변호사 우영우〉가 최고 시청률 19%를 돌파하며 드라마 채널로서 정체성을 분명히 했다. 이처럼 플랫폼을 등에 업은 K-신상 드라마는 오늘도 업데이트되어 세계로 튀고 있다.

개정판에 담은 내용들

개정판에서는 최대한 시대 변화를 반영한 작품 사례나 분석을 추가하려고 노력했다. '드라마 구성 분석 파트'에서는 〈이상한 변호사 우영우〉, 〈더 글로리〉, 〈소년심판〉을 새롭게 다뤘고, '트렌드의 세계'에서는 빠르게 변화하는 산업 지형과 시대상을 반영해 최대한 다양한 콘텐츠를 다루고자 했으며, '캐릭터의 세계'에서는 〈선재 업고 튀어〉, 〈눈물의 여왕〉, 〈히어로는 아닙니다만〉, 〈비질란테〉 등 그 사이 새롭게 제작돼 좋은 평가를 받았던 인기작들의 캐릭터 분석을 추가했다.

그럼에도 불구하고 변하지 않는 글쓰기

한동안 OTT의 강세는 계속 이어질 것으로 보인다. 그럼에도 변하지 않는 한 가지는 이야기이다. 이야기를 담는 그릇인 플랫폼은 계속 변화하겠지만 그 안에 담는 내용물인 이야기는 시대를 반영한 매력적인 캐릭터를 중심으로 극적인 사건들을 통해 우리를 허구의 세계로 이끌 것이다. 환경의 변화에 대한 걱정보다는 내 이야기를 할 수 있는 창구가 넓어졌다고 생각하고, 오늘도 무슨 재미난 이야기를 쓸까 고민하는 행복한 작가를 꿈꿔본다.

가을이 짙어진 2024년 10월
개정판을 내며...
김윤정

이만희

現 동국대 명예교수

영화 〈약속〉, 〈와일드 카드〉, 〈신기전〉, 〈포화 속으로〉, 〈인천상륙작전〉 外 다수

연극 〈그것은 목탁구멍 속의 작은 어둠이었습니다〉, 〈불 좀 꺼주세요〉, 〈용띠 개 띠〉, 〈가벼운 스님들〉 外 다수 집필

수상내역

2004 제12회 춘사영화제 각본상, 1997 동아연극상 희곡상, 1990 백상 예술대상, 1990 서울연극제 희곡상, 1990 삼성문예상 등 다수

TV드라마나 영화를 보면서

'이런 바보! 난 왜 저런 생각을 못한 거야!'

하며 탄식할 때가 많습니다.

글을 쓴 지 수십 년이 된 지금도 그러한데,

습작 시절엔 무작정 글을 쓰려고 덤벼, 안개 속을 헤매는 느낌을 받곤 했습니다.

〈스토리텔링 작법의 비밀〉은 초심자를 위한 책입니다.

무엇이 재미있는 소재인가?

대중은 어떤 스토리를 좋아하나?

기본적인 스토리텔링과 실전 글쓰기를 할 수 있게 조언을 하는 이 책은

단막극과 미니시리즈 창작, 최근 작품의 경향, 현직 젊은 작가들의 경험담을 반

영해, 동시대의 트렌드를 한눈에 볼 수 있게 해준다는 점에서 흥미롭습니다.

사실 작법서를 통해 이론 공부를 하더라도 실행에 옮기는 것은 쉽지 않습니다.

그 쉽지 않은 여정에 반드시 필요한 것은 바로 쓰고자 하는 열망과 영감입니다.

이 책은 읽는 이로 하여금 글을 쓰고 싶다는 생각이 들게 합니다.

생각지 못한 질문과 조언으로 멈춰진 생각에 좋은 자극을 줍니다.

이 책이 작가를 꿈꾸는 열정가들에게 기발한 영감을 주면 좋겠습니다.

2022년 2월 13일

이만희 극작가

PREFACE 1. 어느 날, 작가가 되고자 마음먹은 당신에게   004

PREFACE 2. 2년 만에 개정판? 나 지금 되게 신나   007

RECOMMENDATION 이만희 작가 추천사   010

CONTENTS 목차   012

PROLOGUE 들어가기 전, 초심에 대하여   020

Secret 01 스토리텔링의 세계

– 김윤정

Section01. 이야기와 이야기꾼에 대하여   026

01. 이야기와 이야기꾼   026

02. 드라마의 근원   027

03. 이야기꾼과 재미   028

04. 내 안에 꿈틀대는 이야기꾼의 DNA   030

Section02. 이야기 법칙의 근원 〈시학〉 – 각종 작법서에 대하여   031

01. 글쓰기의 길잡이, 작법서 어디까지 읽어봤니?   031

02. 내가 읽고 내가 추천하는 작법서   032

03. 이야기 법칙의 근원 : 아리스토텔레스의 『시학(詩學)』   035

04. 작법서 과연 글쓰기에 도움이 되나?   037

Section03. 창작의 근원 창조성 – 자기검열과 완벽주의에 대하여   038

01. 즐기지 못하는 글쓰기   038
02. 보는 것과 쓰는 것의 차이   039
03. 창조성을 방해하는 자기검열   040
04. 또 하나의 방해꾼, 완벽주의   041
05. 글쓰기 근력 키우기   042
06. 모닝페이지와 아티스트데이트   043
07. 나만의 북극성 띄우기   045

Section04. 글쓰기를 돕는 도구들 – 고전 읽기와 필사에 대하여   046

01. 작가가 되기 위한 지름길, 도구 모음   046
02. 삼다(三多)에 관하여 : 많이 읽고, 많이 생각하고, 많이 써라.   047
03. 내가 읽고 내가 추천하는 고전   047
04. 필사를 통한 작법의 테크닉 익히기   051

Secret 02
라이팅의 세계
– 김윤정

Section01. 소재 찾기   055

01. 창작의 첫걸음, 소재 잡기   055
02. 행복한 고민, 소재 고르기   059

CONTENTS

Section02. 로그라인과 컨셉 잡기   061

  01. 들어가기 전 체크사항   061
  02. 로그라인과 스토리라인   061
  03. 소재는 연구하는 것   066

Section03. 캐릭터 창조/등장인물 만들기   068

  01. 캐릭터 창조 전 잔소리   068
  02. 캐릭터와 플롯의 상관관계   069
  03. 진짜 캐릭터 창조하기, 매력적인 캐릭터란?   072
  04. 등장인물을 창조하는 도구   074
  05. 내면적 자질이 잘 설정된 캐릭터들   076
  06. 주인공만큼 중요한 적대자   077
  07. 캐릭터의 유형별 대비   079

Section04. 줄거리와 구성, 플롯 짜기   081

  01. 사건을 찾아라   081
  02. 줄거리와 구성의 차이   082
  03. 구조와 패러다임   083
  04. 3장 구성과 구성점   085

Section05. 3장 구성 적용하기   087

  01. 3장 구성 분석의 틀   087
  02. 실제 적용할 3장 구성표   089
  03. 3장 구성 작품 분석 사례   090
  04. 내 작품에 적용해보기   123

Section06. 구성의 실제, 갈등과 장애물   124

01. 에피소드와 시퀀스   124
02. 갈등과 장애물 설정   125

Section07. 시놉시스 쓰기(단막극 공모용)   130

01. 왜 시놉시스가 중요한가?   130
02. 읽고 싶게 시놉시스를 만들어라   131
03. 시놉시스의 구성요소   132

Section08. 씬구성, 트리트먼트와 씬리스트 작성하기   135

01. 시놉시스와 대본의 중간 단계, 트리트먼트   135
02. 씬리스트의 효율성   136

Section09. 대본 쓰기와 대사 쓰기   138

01. 초고는 엉덩이와 발로 쓰자   138
02. 대본 쓰기의 즐거움   139
03. 상황에서 나오는 대사가 명대사   139
04. 캐릭터와 대사는 연결되어 있다   139

Special Interview 01 〈발칙하게 고고〉 **윤수정 작가**   143

CONTENTS

Secret 03

미니시리즈의 세계

- 원영실

Section01. 미니시리즈의 시작 152

  01. 긴 호흡의 미니시리즈 152
  02. 연속성이 중요한 미니시리즈 153

Section02. 기획안, 설득의 기술 154

  01. 소통할 수 있는 기획안 154
  02. 제목 '포장지'의 기술 156
  03. 기획의도 '물음표'의 기술 158
  04. 관전 포인트 '차별화'의 기술 160
  05. 배경·무대 '장르'의 기술 162
  06. 등장인물 '과거, 현재, 미래'의 기술 163
  07. 회별 줄거리 '엔딩포인트'의 기술 165

Section03. 960분 스토리텔링의 법칙 168

  01. 캐릭터와 플롯의 법칙 168
  02. 캐릭터 '선택'의 법칙 169
  03. '4, 8, 12' 플롯의 법칙 173

Section04. 미니시리즈 장르별 공식   180

  01. 장르의 결정   180
  02. 로맨스 공식 – '사랑에는 장애물이 필요하다'   180
  03. 직업물 공식 – '리얼한 세계를 알려줘라'   188
  04. 범죄스릴러 공식 – '떡밥 회수를 잘하자'   196
  05. 사극/시대극 공식 – '과거를 통해 현재를 보다'   206
  06. 미니시리즈의 끝   213

Special Interview 02 〈열두밤〉 **황숙미 작가**   216

Secret 04 — 트렌드의 세계
— 김혜진

Section01. 늘어나는 플랫폼, 확장되는 이야기   224

  01. 원작 IP의 중요성과 매체별 각색   224
  02. 장르와 문화의 다양성 확대   226

CONTENTS

Section02. 일상 속으로 자리 잡은 OTT   227

01. OTT 시대   227
02. OTT 콘텐츠의 경향과 특성   229
03. OTT 콘텐츠의 형식   231
04. OTT 작법?   234

Section03. 흥미로운 OTT 콘텐츠   236

01. 콘텐츠의 흥미유발과 감정이입   236
02. 청소년의 재조명   237
03. 다양한 사랑의 모습   243
04. 판타지 설정부터 세계관 확장까지   247
05. 현실의 부조리   252
06. 캐릭터 윤리 의식의 딜레마   255
07. 다양성에 대한 수요   258
08. 확장 중인 실험적 시도들   261

Section04. 지금, 앞으로도 할 수 있는 이야기   265

01. '어떤' 글쓰기가 필요할까?   265
02. 일단 도전해보자!   266

Special Interview 03 〈화평공주 체중감량사〉 **김은령 작가**   268

Secret 05 캐릭터의 세계

– 윤민경

Section01. 매력적인 스토리텔링의 Key, Character   274

   01. 프로그램의 성패를 좌우하는 '캐릭터'   274
   02. 기질과는 다른 '캐릭터'   274
   03. 캐릭터의 완성은 '성격'   275

Section02. 캐릭터 성격 창조의 키, Who = 4W1H   276

   01. Key 1. 캐릭터 기초 설계 When + Where   276
   02. Key 2. 캐릭터 정밀 설계 What + Why   281
   03. Key 3. 캐릭터 본격 시공 How   295

Section03. 조화로운 캐릭터 구성의 Key, Supporting Role   302

   01. Key 1. 조연의 기능   302
   02. Key 2. 조연의 창조   306

Special Interview 04 〈우리, 사랑했을까〉 **이승진 작가**   311

들어가기 전,
초심을 찾는
세 가지 질문

시작 전에 세 가지 질문을 던지려고 합니다. '적을 알고 나를 알면 백전백승'이라는 말이 있듯이, 내가 이르고자 하는 목표도 중요하지만 그것을 향해 가는 나 자신에 대해 아는 것도 중요하기 때문입니다.

작가의 길은 언제 끝날지 모르는 기나긴 터널을 홀로 지나가는 것과 같습니다. 앞이 보이지 않아 많이 외롭고 힘들고 불안합니다. 그때마다 "나는 재능이 없어!", "지금이라도 그만 두는 것이 현명한 선택 아닐까?"라며 포기의 여신이 유혹의 손길을 뻗어오기도 합니다. 그럴 때 떠올려야 할 것이 초심입니다. 작가의 꿈을 꾸기 시작한 첫 마음을 떠올리는 게 다른 어떤 것보다 힘이 되는 법이니까요.

첫 번째 질문, 이야기를 좋아하나요?

당신은 이야기를 좋아하나요, 이야기하기를 좋아하나요? 내 이야기를 듣고 친구들이 반응해줄 때 희열을 느끼나요? 아니면 이야기 듣기를 좋아하나요? 하루에 얼마만큼의 이야기를 소비하나요? 하루라도 이야기를 소비하지 않으면 입안에 가시가 돋나요?

스토리텔링(storytelling)은 이야기를 전제로 합니다. 이 작법서를 읽겠다고 결심한 당신은 아마도 이야기를 하는 사람, 즉 스토리텔러(storyteller)인 이야기꾼을 꿈꾸는 사람일 것입니다. 자신이 만든 이야기를 통해 동시대 대중과 소통하고 싶은 로망이 있는 사람, 이야기를 만드는 작가가 좋은 사람, 더 분명하게는 이야기하는 것도 좋아하지만 이야기를 듣고 보기도 좋아하는, 한마디로 이야기를 좋아하는 사람일 것입니다.

두 번째 질문, 왜 작가가 되겠다고 마음먹었나요?

수많은 직업 중에 왜 하필 작가가 되겠다고 결심했나요? 이야기하는 것이 좋아서요? 작가가 돈을 잘 번다는 소리를 들어서요? 그냥, 작가가 멋있어 보여서요? 아니면 머릿속에 재미난 이야기가 가득 차 있어서요? 내가 만든 이야기를 남에게 들려주고 싶어서요?

작가가 되고자 마음먹었던 순간을 떠올려 봅시다. 드라마틱하게 운명처럼 분명한 순간이 떠오르는 사람도 있겠지만 그냥 어느 순간 막연히 작가를 꿈꾸고 있는 자신을 발견한 사람들도 있을 것입니다. 그 모양이 어떠했든 세상의 다른 수많은 일들 중 작가라는 직업을 떠올렸을 때 가장 설레고 신나고 즐겁다는 사실만은 같을 것입니다. 다른 어떤 일보다 이야기를 완성해서 타인에게 보여줬을 때의 기쁨이 세상 그 어떤 가치보다 앞설 때, 우리는 작가가 되기로 마음먹습니다.

세 번째 질문, 어떤 작가를 꿈꾸나요?

이런 작가가 되었으면 좋겠다, 라는 롤모델이 있나요? 이런 장르의 이런 이야기를 쓰고 싶다, 라는 나만의 소재는요? 이 매체에서, 이 플랫폼에서 내 이야기를 보여주고 싶다, 라는 항로를 생각해본 적도 있나요? 내가 쓴 이야기를 통해 이런 재미를, 이런 메시지를 전하고 싶다는 뚜렷한 목표를 세우기도 했나요? 내가 쓴 이야기를 통해 사람들이 어떤 위로와 치유를 받았으면 좋겠다, 라고 구체적으로 고민해본 적은요?

TV드라마, 영화 시나리오, OTT, 웹툰, 웹드라마 작가 등등 스토리 작가의 영역은 점점 더 넓어지고 있습니다. 플랫폼이 다양해지는 만큼 그에 맞는 내용물로서의 이야기를 원하는 수요도 늘어나니까요. 이 많은 작가의 모양 중에서 당신은 구체적으로 어떤 작가가 되고 싶은가요? 생각해본 적이 없다면 지금 한번 떠올려보세요. 내가 좋아하는 작가와 좋아하는 스타일의 이야기를 만들어 지향하는 플랫폼에 런칭됐을 때를 떠올려보세요. 내가 꿈꾸는 작가의 그림을 뚜렷하게 품고 있을 때 그 모습에 다다를 수 있는 구체적인 계획이 생기고, 그에 맞는 행동이 수반됩니다. Keep going! 포기하고 싶을 때마다 다른 생각 말고 미래의 나를 떠올리면서, 계속 가는 겁니다.

그럼에도 불구하고 나는 작가!!

작가라는 직업은 생각처럼 마냥 낭만적이지만은 않습니다. 세상 그 어떤 직업인들 보이는 것만이 전부이고 꽃길만 걸을 수 있겠냐고 하겠지만, 그중에서도 작가는 유독 고달프고 외로운 직업인 듯합니다. 이런 작가의 삶을 가리켜 천형이라고 표현하기도 하지요. 끝도 없는 고뇌의 길을 가는 그 삶이 곧 하늘에서 내린 벌이라는 것입니다. 작가의 평균 수명이 다른 직업군보다 짧다는 통계가 있는 것을 보면 틀린 말은 아니라는 생각도 듭니다. 그만큼 작가라는 직업은 스트레스가 많은 직업이고, 그 길을 선택한 순간부터 창작에 대한 두려움과 고통은 매 순간 우리와 함께 합니다.

좋아하고 간절했던 만큼 작가의 길이 쉽게 열리지 않는 막막함 앞에 이 삶이 원망스러울 때도 있습니다. 너무 갖고 싶은 어떤 것이 쉽사리 내 손에 쥐어지지 않을 때 깊은 좌절감을 느끼는 것처럼 말입니다. 그럼에도 불구하고 작가로서의 삶을 떠올렸을 때 살아있음을 느끼며 가장 가슴이 뛴다면, 세상의 그 어떤 가치 있는 성취보다 이야기를 완성했을 때 느끼는 성취감이 크다면, 다른 어떤 것으로도 그 벅찬 감격을 대신할 수 없다면, 당신은 이미 작가로서의 삶에 들어섰습니다.

물론 힘들다면 지금이라도 그만둘 수 있습니다. 굳이 계속해서 작가를 꿈꾸지 않아도 됩니다. 세상에는 많은 직업이 존재하니까요. 그러나 그 또한 쉽지 않기에 지금 이 책 앞에 마주했을 것입니다. 한번 작가가 되겠다고 마음먹은 사람들은 이미 창작의 마약에 손을 댄 것이나 마찬가지니까요. 어떻게든 자신만의 성취를 이뤄내지 않으면 풀리지 않는 갈증에서 놓여나지 못하는 것입니다. 그러니 우리, 일단 쓰도록 합시다.

Secret

01

스토리텔링의 세계

김윤정

Section**01.** 이야기와 이야기꾼에 대하여
Section**02.** 이야기 법칙의 근원 〈시학〉 – 각종 작법서에 대하여
Section**03.** 창작의 근원 창조성 – 자기검열과 완벽주의에 대하여
Section**04.** 글쓰기를 돕는 도구들 – 고전 읽기와 필사에 대하여

Storytelling

Section 01

이야기와 이야기꾼에 대하여

스토리텔링(Storytelling)의 정의는 스토리(Story)와 텔링(Telling)의 합성어로 말 그대로 '이야기하다'라는 뜻이다. 이야기를 하는 사람인 스토리텔러(Storyteller)는 쉽게 이야기꾼이라 부를 수 있는데, 이야기꾼의 사전적 정의는 '이야기를 재미있게 잘하는 사람'이다. 여기서 중요한 것은 '재미'에 있다. 그만큼 스토리텔링 시대의 이야기꾼은 재미난 이야기를 대중들에게 들려줘야 한다.

01 │ 이야기와 이야기꾼

태초에 이야기가 있었다. 인류는 이야기를 통해 의사소통을 해왔다. 자신이 겪고 보고 들은 사실에다가 자신만의 독창성을 섞어서 이야기를 만들고 그 이야기가 대를 이어 전해 내려왔다. 이야기의 원전인 스토리가 있다면 그것을 말하는 방식이 텔링인데, 그 텔링의 방식은 시대의 변화에 따라 다양한 방식으로 변화되어 왔다. 때로는 그림으로, 때로는 말로, 때로는 연극과 소설로 더 나아가 사진과 영상의 발달을 통해 영화, TV 드라마, OTT까지 과학기술의 발전과 함께 다양한 플랫폼으로 변화하고 있다.

우리는 이야기를 좋아한다. 거리에 수많은 커피숍에서 사람들은 삼삼오오 모여 이야기를 나눈다. 자신에게 있었던 일들을 자신만의 시각과 언어로 자유롭게 풀어내면 또 듣는 사람들은 귀를 기울여 열심히 들어준다. 한국에서 유독 카페나 커피숍이 많은 이유가 과거의 사랑방 역할을 하기 때문이라고 한다. 우리의 조상들은 사랑방에 옹기종기 모여 긴 밤을 이야기로 지새웠을 것이다. 그만큼 우리 민족은 이야기를 좋아하는 민족이다.

그래서일까, 우리의 이야기가 K-콘텐츠, K-드라마라는 타이틀을 얻으며 전 세계로 뻗어 나가고 있다. 특히 OTT 플랫폼이 활성화되면서 이제 우리의 이야기는 우리만이 아닌 전 세계에서 동시간대에 함께 열광하는 글로벌한 이야기로 성장하고 있다. 과거 사랑방에서 소소하고 은밀하게 나누던 이야기가 이제는 전 세계 사람들을 대상으로 들려줄 수 있고, 그 매혹적인 이야기로 세계를 매료시킬 수 있는 시대가 열린 것이다.

02 | 드라마의 근원

이야기는 우리에게 익숙한 드라마라고 칭할 수 있는데 드라마는 '극(劇)'이다. 우리는 일상에서 '극적이다' 혹은 '드라마틱하다'라는 표현을 많이 쓴다. 이 극 안에는 연극, 영화, 텔레비전 드라마와 같은 극작품이 들어간다. 우리나라에서 '드라마'라는 용어는 텔레비전 드라마에 많이 쓰이지만, 넓게 보았을 때 모든 극작품은 드라마라고 칭할 수 있다. 즉, 연극에서 파생된 '극형식'인 영화나 텔레비전 드라마는 연극처럼 말과 행동으로 이야기를 보여주는 장르라는 점에서 넓게 보아 '극'의 분야에 들어간다. 이처럼 드라마는 매체의 변화 속에서 매체에 맞는 이야기 형태로 변화되어 왔으나 그 안의 내용물인 이야기의 본질은 변하지 않고 있다.

극이라고 지칭할 수 있는 드라마의 세계를 근원부터 살펴보자. 고대 서양에서부터 내려온 것으로 인간이 하는 사유의 체계를 크게 '진선미(眞善美)'의 세계로 나눌 수 있다. '진(眞)'은 과학, 철학의 세계로 진리 체계를 지칭하고, '선(善)'은 도덕과 윤리의 세계로 옳고 그름에 대한 윤리적 덕목의 가치이며, 마지막으로 '미(美)'는 말 그대로

아름다움을 다루는 예술의 세계로 인간의 심미성과 미적 감각을 말한다. 드라마는 진
선미眞善美 세 가지 중에서 미美의 영역인 예술의 세계에서 살펴볼 수 있다.

'미(美)'로 지칭되는 예술의 세계는 사용하는 도구에 따라 크게 세 부분으로 나뉜
다. 소리를 사용하는 음악, 빛을 사용하는 회화, 그리고 문자를 사용하는 문학이다.
문학은 다시 시, 소설, 극劇/드라마 세 부분으로 나눌 수 있다. '시는 주관적인 정서의
노래로 세상과의 조화, 즉 하모니를 노래'한다고 볼 수 있다. 반면 소설과 드라마는
세상과의 갈등, 즉 트러블을 바탕으로 이야기를 만들어낸다. '소설은 꾸며진 이야기
를 서술하거나 묘사'하고, '드라마는 집약적인 갈등 양상이 행동을 통해 목격되도록
객관적으로 전개'된다.

드라마와 소설이 갈등을 바탕으로 이야기를 만들어낸다고 해서 같은 이야기 부
류 안에서 볼 수 있으나 두 문학은 근본적으로 다른 차이점이 있다. 그것은 바로 화자
話者의 유무이다. 화자가 있는 것은 소설이고 화자 없이 배우들의 말과 행동을 통해 스
토리를 보여주는 것이 바로 드라마의 특징이라고 볼 수 있다. 이 지점에서 스토리는
텔링Telling과 쇼잉Showing으로 나뉜다.

고대 그리스 시대부터 대표적인 이야기 형식은 '극적인 양식Dramatic Mode'과 '서사
적인 양식Epic Mode'으로 구분되었는데, 극적인 양식은 배우의 연기를 통해 사건을 재
현하고, 서사적인 양식은 말로 이야기를 서술한다. 바로 '보여주기Showing'와 '말해주
기Telling'의 차이로 구분 지을 수 있다.

그러나 현대에 와서 스토리텔링은 보여주기가 말해주기에 포함되어 포괄적으
로 사용되고 있다. 무엇보다 스토리텔링의 본질은 이야기를 통해서 나와 사회, 더 나
아가 세상에 대해 배우고 알아간다는 것이다.

03 | 이야기꾼과 재미

거대 자본이 들어가고 다수의 대중을 상대하는 매체 글쓰기는 이야기꾼의
정신이 있어야 한다. 한마디로 재미있게 이야기해야 한다. 이야기꾼이 이야기를 듣는

대중들 위에 군림하려 들면 안 된다. 요
즘 대중들은 청개구리와 같아서 가르치
려 들면 귀를 딱 막아버리고 오히려 반대
로 행동하기도 한다. 어디로 튈지 모르
는 청개구리 같은 대중을 어르고 달래서
'내 얘기 재미나니까 한번 들어봐', '잘 들
어봐 엄청난 이야기가 숨어있다', '조금
만 더 기다려봐 어마어마한 반전이 기다

리고 있어' 등과 같이 매 순간 재미 거리를 던져주며 그들이 다른 데로 한눈팔지 않도록
흥미진진한 이야기를 만들어야 한다. 최악의 작가는 관객을 졸게 하는 것이라는 말도
있다. 그만큼 이야기꾼에게 관객을 지루하게 하는 것은 치명적인 직무유기이다.

그래도 '나는 작가 정신이 중요해, 내가 하고자 하는 메시지는 전해야 겠다.'라는
작가가 있을 것이다. 그렇다. 작가 정신은 중요하다. '세상은 이러해야 한다.', '인간이
살아가는 데 있어서 중요한 것은 돈이 아닌 이것이다.' 등등 부조리하고 인간이 왜소해
지는 물질만능주의의 세상에 작가가 뚝심 있게 진심으로 전하고 싶은 주제가 있을 것이
다. 작가의 주제의식 물론 소중하다. 그러나 문제는 너무 주제만을 앞세워서는 안 된다
는 것이다. 내가 말하고자 하는 주제를 인물과 사건 속에 자연스럽게 녹여냄으로써 대
중 스스로가 무의식중에 느끼고 공감할 때 그 이야기 속의 주제를 받아들이게 된다.

이야기꾼의 사명이 재미있는 이야기를 하는 것인데, 그 재미라는 것이 솔직히
쉽지가 않다. 재미를 위해서 목숨을 걸어봤는가? 재미 하면 떠오르는 인물이 있다.
바로 〈아라비안나이트(Alf Layla Wa Layla)〉 속 세헤라자드Scheherazade이다. 페르시
아 왕비 세헤라자드는 샤리아르Shahryar 왕에게 매일 밤 재미난 이야기를 들려주어 목
숨을 부지할 수 있었던 인물이다. 샤리아르 왕은 왕비의 불륜을 목격하고 여자에 대
한 불신으로 매일 아침 처녀들을 죽이는 만행을 저질렀다. 막을 수 없을 것 같던 왕의
악행을 세헤라자드는 이야기로 치유하였다. 그녀가 매일 밤 왕에게 들려준 이야기가
무려 천일하고도 하루를 더해 천일야화라고 부른다. 천일 동안 재미난 이야기를 해야

했던 세헤라자드야 말로 진정한 이야기꾼이 아닐까 생각된다. 세헤라자드처럼 목숨이 걸렸다면 이야기를 재미없게 할 수 있겠는가? 이건 선택의 문제가 아니다. 생존이 걸려 있다. 죽느냐 사느냐 그것이 문제로다.

04 | 내 안에 꿈틀대는 이야기꾼의 DNA

감히 말한다. 이제는 누구나 작가의 시대, 모두가 이야기꾼이 될 수 있다고. 누군가는 TV 매체를 현대의 세헤라자드라고 한다. 그만큼 끊임없이 이야기를 만들어내기 때문이다. 피곤한 현대사회, 일상에 지친 대중들은 매체의 이야기 속에서 위로를 받고 휴식을 취한다. 다양한 플랫폼에서는 이야기를 들려주는 나만의 세헤라자드가 되어 수많은 이야기를 쏟아낸다. 그럼에도 불구하고 대중들은 계속해서 새로운 이야기, 재미난 이야기를 찾아 헤맨다. 그만큼 이야기를 찾는 수요는 많아지고 있다.

이제는 기술의 발달과 함께 플랫폼이 다양해지면서 누구나 작가가 될 수 있는 시대가 열렸다. TV 드라마는 60분 분량이라는 시간에 갇혀 있지 않고 숏폼 Shot-Form, 미드폼Mid-Form 등 15분에서 30분 같은 다양한 러닝타임Running Time의 형태로 변화하고 있고, 회차 역시 미니시리즈 16부작이 정석으로 받아들여졌다면 이제는 회차에 있어서도 4부작부터 12부작 등등 자유로워지고 있는 시대이다. 특히 OTT 시대가 열리면서 러닝타임과 회차는 더 자유로워진 상태이다. 이렇게 판이 변하는 상황에서 다양한 플랫폼은 더 적극적으로 이야기꾼, 작가를 찾게 되었다. 본격적으로 이야기꾼이 활동하기 더좋은 판이 벌어졌다고 본다. 누구나 이야기꾼의 DNA가 있다. 단 그것을 개발하느냐 그냥 그대로 잠재우느냐의 문제만 남았을 뿐이다.

Section 02

이야기 법칙의 근원 〈시학〉 – 각종 작법서에 대하여

아리스토텔레스의 〈시학〉은 수많은 작법서의 근간이 되는 스토리텔링의 정전이다. 〈시학〉을 바탕으로 시대에 따른 매체의 발전과 더불어 작법서들도 함께 변화되어 왔다. 이번에는 〈시학〉과 다양한 작법서들에 대해서 알아보자.

01 | 글쓰기의 길잡이, 작법서 어디까지 읽어봤니?

작가가 되기로 결심한 순간, 바로 글쓰기로 들어가는 사람도 있지만 대부분의 사람들은 글쓰기에 도움이 되는 작법서를 찾기도 한다. 필자도 작법서 좀 읽어본 사람 축에 낀다. 작법서를 많이 읽는 이유는 실질적인 내 글쓰기를 위해서였다. 글쓰기는 외로운 작업이다. 앞이 보이지 않고 지금 가는 방향이 맞나 하는 의문이 수없이 밀려온다. 그 보이지 않는 불확실성을 헤치고 나아가면서 오로지 나를 믿고 조금씩 앞으로 전진해야 한다. 그러다보니 막막하고 불안할 때 작법서를 찾고 의지하게 된다.

하지만 정작 작법서를 많이 읽었던 이유 중 하나는 강의를 위해서였다. 이론과 실제의 균형을 맞추고 어떻게 하면 효율적으로 학생들에게 도움이 되는 강의를 할 수 있을까 고민하다 보니, 좋은 작법서에 대한 갈증이 있었다. 그러다 보니 매 학기가 시작되기 전에 습관처럼 대형서점에 가서 어떤 작법서들이 새로 나왔나 살펴보게 되었다. 서점에는 많은 작법서들이 매체와 장르에 맞춰 다양한 작법 노하우들을 풀어내고 있다. 어떤 작법서가 좋다기보다는 자신에게 맞는 작법서를 선택해서 실제로 적용하는 것이 최선이라고 본다.

02 | 내가 읽고 내가 추천하는 작법서

'내돈내산'이란 말이 있다. 내 돈 주고 내가 직접 산 것이라는 뜻인데, '내 읽내추'는 내가 직접 읽고 내가 추천하는 작법서들이다. 여러 해 동안 시행착오 끝에 실질적으로 창작과 강의를 할 때 도움이 되었던 작법서들을 추천하면 다음과 같다.

내읽내추 1 - 내가 읽고 내가 추천하는 작법서

『아리스토텔레스의 시학』 - 아리스토텔레스 저 | 천병희 역 | 문예출판사

『희곡 작법』 - 레이조스 에그리 저 | 김선 역 | 청하출판사

『STORY 시나리오 어떻게 쓸 것인가』 - 로버트 맥키 저 | 민음인

『시나리오란 무엇인가』 - 시드 필드 저 | 유지나 역 | 민음사

『시나리오 워크북(시나리오 쓰기의 시작부터 완성까지)』 - 시드 필드 저 | 박지홍 역 | 경당

『시나리오 가이드』 - 데이비드 하워드, 에드워드 마블리 공저 | 심산 역 | 한겨레신문사

『캐릭터 중심의 시나리오 쓰기』 - 앤드루 호튼 저 | 주영상 역 | 한나래

『스토리텔링의 비밀(아리스토텔레스와 영화)』 - 마이클 티어노 저 | 김윤철 역 | 아우라(AURA)

『드라마 아카데미(우리시대 최고 작가들의 TV드라마 작법 강의)』 - 한국방송작가협회 편 | 펜타그램

『스토리텔링 7단계(신인작가를 위한 실전강의)』 - 마루야마 무쿠 저 | 토트출판사

번역 출간본 - 아리스토텔레스 시학 | STORY 시나리오 어떻게 쓸 것인가 | 시나리오 워크북 | 스토리텔링 7단계

작법서의 고전이라고 할 수 있는 레이조스 에그리Lajos Egri의 『희곡 작법』은 제목 그대로 연극의 대본, 희곡 쓰기에 대한 작법서이다. 갈등의 요체를 다루는 극문학인 희곡 쓰기는 모든 드라마의 훈련장이라고 볼 수 있다. 이 책에서는 드라마에서 가장

기본이 되는 인물과 갈등에 대해서 심도 있게 다루고 있다. 특히 예시를 든 작품들이 기존의 고전 희곡작품들을 바탕으로 논의하고 있어 극에 대한 기본기를 쌓기에 굉장히 도움이 되는 책이다.

시나리오 작법서로는 이미 명성이 자자한 책들이 너무 많은데, 그중에서도 필독서를 꼽자면 분량만으로도 압도되는 로버트 맥기Robert McKee의 『STORY 시나리오 어떻게 쓸 것인가』와 시나리오 3장 구조의 패러다임을 파헤치는 시드 필드Syd Field의 『시나리오란 무엇인가(Screenplay, The Foundations of Screenwriting)』를 들 수 있다. 이 두 책 모두 시나리오의 구조에 대해서 굉장히 자세하게 파고든다. 너무 좋은 책이지만 문제는 책을 다 읽고 나면 이상하게 글쓰기가 더 어려워진다는 점이다. 내용은 좋은 데 뭔가 글쓰기에 대한 허들이 많아져서 오히려 시작하기가 힘들어진다. 어느 정도 자신만의 작법이 완성된 사람들이 작품을 업그레이드할 때 읽으면 더 도움이 되는 책들이다.

실질적인 글쓰기에 도움이 되는 책은 시드 필드가 쓴 『시나리오 워크북(The Screenwriter's Workbook)』이다. 이 책은 시드 필드의 『시나리오란 무엇인가』의 내용을 바탕으로 실질적인 단계별 시나리오 쓰기에 대해서 안내한다. 1부 준비단계와 2부 실행단계를 나눠서 시나리오 패러다임과 3장 구성 글쓰기를 꼼꼼하게 짚어간다. 각 장별 연습과제를 제시해서 단계별로 실습을 해볼 수 있도록 하고 있다. 또 다른 작법서로는 데이비드 하워드David Howard, 에드워드 마블리Edward Mabley가 쓴 『시나리오 가이드(The Tools of Screenwriting)』를 들 수 있는데, 이 책은 '잘 짜여진 좋은 스토리' 이론을 바탕으로 다양한 작품사례를 통해 초보자가 쉽게 접근할 수 있게 서술되어 있다.

이 밖에 구성보다는 캐릭터 창조에 대한 도움이 필요하다면 앤드루 호튼 Andrew Horton의『캐릭터 중심의 시나리오 쓰기(Writing the Character-Centered Screenplay)』를 권한다. 기존의 익숙한 이야기 패턴에서 변형을 주기 위한 요소로 매력적인 캐릭터 창조가 있는데, 이 책에서는 캐릭터를 이용한 카니발식 시나리오 쓰기를 강조한다. 마이클 티어노Michael Tierno의『스토리텔링의 비밀(Aristotle's Poetics for Screenwriters)』은 부제가 '아리스토텔레스와 영화'인 만큼 시학을 바탕으로 기존 할리우드 영화들의 작법을 해부한다. 그러나 이 책도 시학을 바탕으로 하고 있기에 캐릭터보다는 플롯에 대해 더 집중하고 있다.

TV 드라마 작법서는 아무래도 방송작가협회에서 출간한『드라마 아카데미』가 대표적이다. 우리 시대 최고 작가들의 작법 노하우와 실질적인 TV 드라마 쓰기 작법까지 탄탄하게 구성되어 있어, TV 드라마 작가를 꿈꾸는 지망생들이라면 누구나 읽어보았을 필독서이다. 혹시라도 읽지 않았다면 읽어보기를 권한다.

이상과 같이 기존에 이미 유명하고 실질적으로 도움도 되었던 작법서들에 대해서 살펴보았다. 모두 읽으면 도움이 되는 좋은 책들이다. 위의 작법서 중 필자에게 실질적으로 도움이 되었던 책을 꼽으라고 하면 아직 소개하지 않은 책, 마루야마 무쿠 円山夢久의『신인작가를 위한 스토리텔링 7단계(「物語」の つくり方 入門 7つの レッスン)』를 들 수 있다. 작법서 좀 읽어본 사람으로서 그 많은 작법서 중 어느 순간 강의 교재로 많이 선택하게 된 책이 바로 이 책이다. 그렇다면 이 책의 매력은 무엇일까?

마루야마 무쿠의 작법서 특징은 진입장벽이 낮다는 것이다. 글쓰기의 침체와 저항에서 헤매고 있을 때 다시 시작해보라는 위로를 건네며 일단 시작할 수 있게 하는 마력 같은 것이 있다. 그러면서도 기본을 탄탄히 짚으며 시작하게 한다. 시간이 걸리더라도 기본부터 방향을 잡고 나가면 그 후에 오는 복잡한 문제들에 대해서는 차근차근 해결해 나갈 수 있는 힘을 얻게 된다. 그러다 보니 이 책을 강의에서도 교재로 많이 사용하게 되었고, 앞으로 있을 작법의 내용들도 많은 부분 이 책에 빚을 지고 있다. 길지 않은 분량의 작법서이니 부담 없이 찾아보길 권한다.

03 | 이야기 법칙의 근원 : 아리스토텔레스의『시학(詩學)』

이처럼 작법에는 희곡 작법, 영화시나리오 작법, TV 드라마 작법, 스토리텔링 작법, 최근에는 OTT 시대의 작법까지 작법서는 매체의 발전과 더불어 나날이 다양해지고 세분화되고 있다. 그럼에도 변하지 않는 작법의 불변의 법칙은 바로 그 근원이 시학에서부터 시작되었다는 것이다.

『시학(詩學)』은 그리스 시대의 철학자인 아리스토텔레스(Aristoteles, BC 384~322)가 쓴 최초의 문학(극작술) 이론서이다. 아리스토텔레스가 강연한 내용을 제자들이 정리한 책이라고 한다. 그 시대 연극을 시(詩)라고 표현했으니 시학은 극학, 드라마학이라고 볼 수 있다. 특히 전해지는 아리스토텔레스의 『시학』은 비극론이다. 연극의 폼Form을 비극과 희극으로 크게 나누는데, 그리스 시대에는 비극을 더 높은 수준의 극형식으로 인정했다. 희극론(코미디론)도 있었는데 아쉽게도 소실되어 전해지지 않고 있다.

고대 그리스 철학자, 최초의 극작술 이론서 『시학(詩學)』을 집필한 아리스토텔레스 흉상

만약 희극론이 전해졌다면 코미디 장르에 대한 창작의 원리나 연구가 더 활발하게 진행되었을 것이다.

아리스토텔레스는 『시학』에서 연극 즉, 비극의 6가지 구성 요소로 구성(Plot), 인물(Character), 사상(Thought)/주제(Theme), 언어/대사(Dialogue), 노래(Song), 볼거리(Spectacle)를 꼽았는데, 그중에서도 플롯/구성(행동연계)을 가장 중요한 요소로 꼽았다. 그러나 현대에 오면서 점점 인물과 볼거리가 중요해지고 있다. 『시학』이 후대의 드라마 작법에 가장 많은 영향을 준 부분이 바로 플롯 부분이다. 아리스토텔레스의 말을 인용해 보면 다음과 같다.

"우리는 이미 비극이 완전(Complete)하고 전체적(Whole)이며 일정한 크기가 있는(of a Certain Magnitude) 행동의 모방이라고 정의한 바 있다. 왜냐하면 크기가 작으면서도(Wanting in Magnitude) 전체(a Whole)인 사물이 있을 수 있기 때문이다. '전체(a Whole)'라 함은 처음(Beginning), 중간(Middle), 끝(End)이 있음을 뜻한다."

『스토리텔링의 비밀이 된 아리스토텔레스의 시학』 - 박정자 역 | 인문서재 | 2013, 79쪽

위의 문장을 보면 무슨 내용인지 쉽게 이해되지 않는다. 여기서 중요한 부분은 '비극은 일정한 크기를 가지고 있는데 그 전체는 처음과 중간 그리고 끝을 가지고 있다'는 것이다. 이 말이 무엇을 뜻하는지 좀 더 살펴보자.

"'처음'이라 함은 그전의 어떤 사건과도 인과적 관련이 없지만, 자연스럽게 다른 어떤 것이 그 다음에 있거나 혹은 온다. 이와 반대로 '끝'은 그 전의 어떤 사건 다음에 필연에 의해 또는 보편적 법칙에 따라 자연적으로 생기지만, 그러나 다른 어떤 것이 그 뒤를 따르지 않는 것을 뜻한다. '중간'은 앞의 뭔가를 뒤따르고 또 그 뒤에 뭔가가 잇달아 일어나는 것을 뜻한다. 그러므로 잘 고안된 플롯은 아무데서나 시작하거나 끝나서는 안 되며, 위에서 말한 원칙들에 정확히 부합해야 한다."(앞의 책, 79~80쪽)

어떤가. 뒤의 설명을 보면 머리가 더 아파진다. 하지만 인내심을 가지고 찬찬히 살펴보면 글의 요지는 플롯을 훌륭하게 구성하려면 아무 데서나 시작하거나 끝내서도 안 되고, 위에서 말한 원칙을 잘 따라서 이야기의 구성을 짜야 한다는 것이다. 여기서 그 유명한 이야기를 시작, 중간, 끝으로 나누는 3장 구성의 법칙이 시작된다. 마이클 티어노의『스토리텔링의 비밀』에서는『시학』에 대해서 다음과 같이 평가한다.

"극적인 스토리텔링에 관한 아리스토텔레스의 원칙들이 두루두루 설득력이 있다는 사실을 새삼 깨닫는다.", "영화의 스토리텔링 방식은 분위기 면에서 변화가 있었습니다만, 이야기가 어떻게 작동하는가에 관한 원리는 여

전히 본래의 모습을 간직하고 있습니다.", "42페이지로 구성된 시나리오 쓰기에 관한 가장 간결하고 정확한 최고의 책"

위와 같이 『시학』에 대해 극찬하며 그리스 시대의 아리스토텔레스의 이야기에 관한 원칙들이 현대의 영화에서도 적용된다는 것을 강조하고 있다. 이처럼 우리에게 익숙한 3장 구성과 많은 이야기의 법칙들은 아리스토텔레스의 『시학』을 근원으로 하고 있다. 그래서 드라마를 쓰겠다고 하는 사람들은 기본적으로 『시학』의 존재를 알아야 하고 정독까지 했다면 금상첨화이다. 그러나 솔직히 말하면 창작하는 입장에서는 작법서의 근원이 『시학』이라는 정도만 알아두고 그때그때 필요할 때만 주요 부분을 찾아보면 될 것 같다.

04 | 작법서 과연 글쓰기에 도움이 되나?

작법서를 10권 읽는 것과 드라마를 10편 쓰는 것, 어느 것이 더 창작에 도움이 될까? 잔인하게도 창작의 노하우는 자신의 작품을 써 나가면서 갖게 되는 고민과 시행착오 끝에 서서히 체득하게 된다. 자신의 창조적 자아가 이제 겨우 걸음마를 시작했는데 갑자기 백 미터 달리기 선수로 변신할 수는 없다. 작법서는 작법서일 뿐이다. 작법서의 역할은 실천을 전제로 쓰인 것이라는 점이다. 아는 것과 실천은 다르다. 때로는 아는 것이 오히려 독이 되어 창작을 가로막는 걸림돌이 되기도 한다. 세상에 주옥같은 작법서는 많다. 앞으로도 좋은 작법서는 계속해서 나올 것이다. 결국 중요한 것은 그 작법서를 읽고 실천하는 것이다.

Section 03

창작의 근원 창조성 – 자기검열과 완벽주의에 대하여

글쓰기는 창조적 행위이다. 창조성은 어린 아이와 같아서 자유롭게 생각하고 뛰어놀 때 왕성하게 발휘된다. 창조성을 가로막는 장애물이 있는데 그것은 바로 자기검열과 완벽주의이다. 이번 섹션에서는 즐거운 글쓰기를 위한 방법을 알아보자.

01 | 즐기지 못하는 글쓰기

어느 날 작가가 되기로 결심했다. 이유는 글쓰기가 좋아서, 작가라는 직업이 멋있어 보여서, 돈을 잘 번다고 해서 등등 저마다 다양한 이유로 작가를 꿈꾼다. 혹은 기존에 방송된 드라마 정도라면 나도 쓸 수 있겠다 싶어 드라마 작가의 길로 들어섰다는 기성 작가의 인터뷰도 생각난다.

여러 가지 이유가 있겠지만 가장 큰 이유는 아마도 글쓰기가 좋아서 일 것이다. 그렇다 좋아서 시작했다. 드라마 보는 것이 좋고, 글 쓰는 행위가 좋고, 작가라는 직업도 멋져 보이고, 내가 원해서 꿈을 꾸기 시작했는데… 이상하다. 어느 순간부터 글

쓰는 일이 즐겁지 않다. 아니 즐겁기는커녕 고통스럽고 자꾸만 도망치고 싶어 하는 자신을 발견하는 순간이 온다. 그러다보면 글을 쓰는 시간보다 글을 쓰지 않는 자신을 미워하는 시간이 더 많아지기도 한다.

슬럼프인가? 아니면 재능이 없는 것일까? 행복해지려고 시작한 글쓰기인데 어느 순간 글쓰기만 생각하면 스스로가 한없이 작아지고, 잘 나가는 작가들을 보면 부러움을 넘어 질투와 분노까지 일면서 단숨에 세상에서 가장 불행한 사람으로 전락하고 만다. 너무 극단적으로 말했는지 모르겠지만 작가를 꿈꾸며 작품을 쓰다 보면 누구나 원치 않는 자신의 바닥을 보게 될 때가 비일비재하다. 어느 순간 글쓰기를 즐기지 못하는 자기 자신을 발견하기 때문이다.

그렇다면 글쓰기를 그만 둘 것인가? 그 또한 용기가 나지 않는다. 다른 무엇보다 글을 쓰고, 작가가 되는 순간을 떠올릴 때 가장 설레고, 작품을 완성했을 때가 가장 성취감이 높기 때문이다. 이렇게 이러지도 저러지도 못하면서 좋아서 시작한 글쓰기가 점차 원수가 되어간다. 도대체 왜 그럴까? 여러 가지 이유가 있겠지만 그중에서도 글쓰기를 즐기지 못하게 된 것이 큰 이유이다.

02 | 보는 것과 쓰는 것의 차이

좋은 글을 쓰는 비결로는 많이 읽고 많이 보고 많이 생각하고 많이 쓰는 방법이 있다. 너무 당연해서 새로울 것도 없지만 알고 있다고 해서 그것이 내 것이 되지는 않는다. 여기서 중요한 것은 실천에 있다. 정말로 많이 보고, 많이 생각하고, 많이 써봐야 한다는 것이다. 그렇다면 어느 정도가 많은 거지? 절대적인 기준은 없다. 다만 여기서 중요한 것은 보는 것보다 쓰는 행위이다.

남이 만들어 놓은 드라마를 보고 문제점을 지적하는 것은 생각보다 쉽다. 열 개 중에 단점 1~2개를 찾아내는 것은 그리 어렵지 않기 때문이다. 특히 비평가 수준의 날카로운 매의 눈을 가진 작가들은 남의 작품을 합평合評할 때 굉장한 활약을 보인다. 그런데 그런 사람일수록 자신의 날카로운 비평 수준에 맞는 재미난 작품을 써내는 경우가 그리 많지 않다. 타인의 작품을 비평하듯 자신의 작품 창작과정에서도 날카로운 비평을 멈추지 않기 때문에 작품 완성까지 시간이 오래 걸리고 결과물을 내는 것 또한 쉽지 않은 것이다.

결국 드라마를 많이 보고 드라마의 단점에 대해서 날카롭게 평가하는 사람들이 드라마를 잘 써야 하지만 실상은 그렇지 않다. 여기서 우리가 놓치지 말아야 할 것이 있다. 그것은 바로 '창조성'이다. 창조성은 이야기를 창작하는 근원, 원초적 힘, 본질과 같은 것이다. 그렇다면 창조성에 대해서 좀 더 알아보자.

03 | 창조성을 방해하는 자기검열

'창조성은 어린아이이다.' 어린아이의 일상은 어떠한가? 기억을 되살려 초등학생 이전의 자신을 떠올려 보자. 이때의 아이들 대부분은 매일매일 친구랑 무엇을 하며 재미있게 놀 수 있을까에 대한 생각만으로 가득 차 있을 것이다.(물론 요즘 아이들은 이것저것 배우느라 바쁘다지만) 필자의 경우도 어릴 적을 떠올리면 무릎이 성한 날이 없었던 것 같다. 매일 동네에서 또래 친구들과 다방구나 얼음땡 같은 놀이로 뛰어다니다 넘어져서 무릎이 깨지는 경우가 많았기 때문이다. 무릎은 아팠지만 그때를 떠올리면 지금도 입가에 미소가 번진다.

이렇게 매일매일 무엇하고 놀아야 할지, 놀 궁리만 하는 어린아이와 같은 것이 창조성이다. 어린아이는 길들여지지 않은 장난꾸러기, 야생마와 같은 성향이 있다. 그래서 하지 말라는 것은 더 하고 싶고, 어떻게 하면 엄마를 속일 수 있을까, 어떻게 하면 친구들과 더 재미난 장난을 칠 수 있을까 하는 생각만으로 가득한 말썽꾸러기이다. 말썽꾸러기 아이들은 놀면서 사고를 치게 된다. 이 모습이 드라마와 많이 닮아있다. 드라마 속 세상은 계속 사건 사고가 일어나야 점점 더 재미있어지는 갈등의 세상이기 때문이다.

창작이 아이들의 세상이라면 비평과 평가는 어른의 세상이다. 우리 안에는 두 가지 세상이 존재한다. 하나는 창작하고자 하는 아직 미성숙한 어린아이의 모습과,

다른 하나는 감시와 검열을 하는 냉철한 어른의 모습이다. 아이러니하게도 이야기를 많이 보고 많이 공부할수록 내 안의 검열관의 존재는 더욱 커지게 된다. 그러다 보니 걸음마 단계의 창조성이 높은 눈높이의 검열관에 의해 위축되고 기가 죽어 자신 있게 글을 쓰는 것이 쉽지 않게 된다. '이렇게 형편없는 글을 쓸 바에 차라리 안 쓰는 게 나아'와 같은 자책이 밀려오면 글쓰기는 점점 힘들고 어렵게 느껴지는 노동이 된다. 그러다보면 자연스럽게 글쓰기와 멀어지게 되고, 글을 쓰겠다는 생각이 강할수록 글을 쓰기 싫다는 저항도 강하게 온다. 저항이 강해지면 글을 쓰는 공간으로 들어가는 것조차 힘들고, 심지어는 노트북도 켜기 싫어진다.

04 | 또 하나의 방해꾼, 완벽주의

드라마는 가변성의 글쓰기이다. 시나 소설과 같은 문학은 작가가 마침표를 찍으면 함부로 수정할 수가 없다. 그렇지만 무대공연을 전제로 쓰여진 극문학이나 영상으로 제작되어야 완성이 되는 영화시나리오, TV 드라마 대본 같은 경우는 과정 속에서 끊임없는 수정을 요청 받는다. 또한 어떤 연출가나 배우를 만나느냐에 따라 같은 대본이라도 전혀 다른 분위기를 낼 수 있다. 드라마 작가는 그 가변성을 즐길 줄 알아야 한다.

가변성에 유연해지려면 완벽주의 성향을 줄여야 한다. 완벽주의는 자신의 작품을 완벽하게 통제하려 든다. 얼핏 보기에는 자신의 작품과 역할에 철두철미한 프로처럼 보인다. 물론 기본적인 작품의 완성도는 중요하다. 그러나 종합예술이라고 할 수 있는 드라마의 세계는 작가 혼자서 완성하는 세상이 아니다. 각 분야 전문가들이 모여 협업을 통해 최상의 시너지 효과를 만들어내는 세계이다. 그러다 보니 최종 편집해서 대중에게 내보이기 전까지는 완전한 완성이라고 볼 수 없다. 그래서 작가는 상황에 맞게 대처할 수 있는 유연성이 필요하다.

또한 창작의 자세 역시 결과보다는 과정을 즐길 줄 알아야 한다. 완벽주의 성향은 과정을 즐기지 못하게 하는 걸림돌이 된다. 과거에는 탁월한 작품을 써내는 천재적 작가의 작품을 일반 대중이 그대로 읽어내려 했다면 요즘 대중들은 굉장히 적극적

으로 자신이 작품에 개입하기를 즐긴다. 드라마 속 상황이나 설정들이 부족하거나 모호하게 느껴지면 적극적으로 자신들의 경험과 상상력으로 채워 넣기를 좋아한다고 볼 수 있다. 그렇다고 일부러 듬성듬성한 작품을 쓴다고 대중과 통하는 것도 아니니 그 부분은 정말 하늘에 맡겨야 한다. 작가는 그냥 오늘 쓸 뿐이다. 쓰기 과정을 즐기며 조금씩 나아가는 것이 완벽주의자의 브레이크에 걸리지 않는 최선이다.

05 | 글쓰기 근력 키우기

자기검열과 완벽주의의 태클을 뚫고 어린아이와 같은 창조성을 다독여 조금씩 내 이야기를 완성해 나아가려면 어떤 방법이 좋을까? 왕도는 없겠지만 분량과 작업시간을 정해 매일매일 조금씩 써 나가는 것이다. 이 방법은 글쓰기 근육을 키우는 과정이라고 볼 수 있는데, 몸의 근력을 키우는 것과 같다. 몸짱이 되려면 일정한 루틴에 따라 웨이트 트레이닝도 하고 식이요법도 병행해서 꾸준히 단련을 해야 한다. 글짱도 같은 이치이다. 글쓰기 근육은 하루아침에 마법처럼 생기지 않는다. 정말 잔인할 정도로 늘지도 않고 어느 순간에는 아무런 효과도 나타나지 않으며 어떨 때는 퇴보하는 느낌까지 받는다. 그러나 굴하지 않고 꾸준히 매일 정해진 루틴대로 글쓰기를 하다 보면 자기도 모르게 어느 순간 단단한 글 근육이 형성되게 된다. 이것 역시 실천을 해야 성취할 수 있는 부분이다.

즉, 운동선수처럼 나만의 글쓰기 루틴을 만드는 것이 필요하다. 자신의 일상 중 글쓰기에 집중할 수 있는 시간을 미리 정해놓는다. 예를 들어 아침에 집중이 잘되는 사람은 아침에 일어나자마자, 향초를 켜고 의식을 시작하듯 바로 글쓰기에 들어간다. 집중해서 그날의 작업량을 마친 후 그 다음 일상을 처리하는 것이다. 하루 중 글쓰기가 가장 우선순위에 있다면 당연히 글쓰기부터 처리하고 나머지 시간은 자유롭게 생활하는 것이다. 오후나 밤에 집중이 잘 되는 사람들은 그 패턴에 맞게 2~3시간을 정해 꾸준히 작업 진도를 나가면 자신만의 글쓰기 루틴도 챙기면서 글쓰기에 대한 근력도 생기게 될 것이다. 여기서 중요한 것은 꾸준히 한다는 것이다. 성실만큼 대단한 재능은 없다고 생각한다. 바로 그 부분에서 프로와 아마추어 작가가 판가름 난다. 끝까지 물고 늘어져 완성하는 작가와 중도에 지쳐 포기하는 작가, 결국엔 그 지점이 작가의 재능을 판가름하는 중요한 키라고 본다.

06 │ 모닝페이지와 아티스트데이트

글쓰기에 대한 자기검열과 완벽주의 성향을 낮추는 방법으로는 모닝페이지Morning Page와 같은 방법을 추천한다. 노트 혹은 컴퓨터에 파일을 하나 만들어서 아침에 일어나자마자 자신이 떠오르는 모든 생각들을 의식의 흐름대로 자유롭게 쓰는 것이다. 이 방법은 줄리아 카메론Julia Cameron이 쓴 『아티스트 웨이(The Artist's Way)』라는 책에서 제시한 팁이다. 이 책은 작가를 꿈꾸거나 이미 데뷔한 작가 중 창조성이 막혀서 새로운 창작을 하지 못할 때 보면 좋은 책이다.

줄리아 카메론은 창조성이 막힌 작가들을 위해 두 가지 방법론을 제시하는데 그게 바로 모닝페이지와 아티스트데이트Artist Date이다. 모닝페이지는 앞에서 언급한 대로 아침에 일어나자마자 의식의 흐름대로 세 페이지 분량의 글을 아무렇게나 쓰는 것이고, 아티스트데이트는 일주일에 한 번 자신 안에 있는 내면의 아티스트와 데이트를 하는 것이다. 아티스트데이트는 특히 낯선 곳이나 그동안 하지 않던 행동을 해볼 것을 권한다. 익숙했던 것에서 벗어나 새로운 것을 만났을 때의 자극, 바로 그 지점에서 막혔던 창조성이 되살아난다고 볼 수 있다.

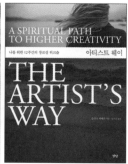

『아티스트 웨이』— 줄리아 카메론 저 | 임지호 역 | 경당 | 2012년

　필자가 이 책을 발견했을 때는 유독 글을 못 쓰고 괴로워하던 시기였는데, 이 책을 만난 순간 구세주 같았다. 총 12주의 워크북처럼 되어 있어 그때 주위 동료들과 스터디처럼 한 챕터씩 실습해 본 기억이 있다. 그 후로도 이 책은 창조성이 막혔다고 생각될 때마다 꺼내 읽으며 내 창조성을 돌보는 지침서가 되었다. 특히 이 책에서 권한 모닝페이지는 놀라울 정도의 성과를 보인다. 글쓰기에 대한 두려움을 많이 없애준다고 볼 수 있다. 비문과 맞춤법에 예민해 한 문장 한 문장 쓰는 것에 힘이 많이 들어갔다면 매일 아침 모닝페이지를 쓰기 시작하면서부터는 글을 쓴다는 것에 대한 부담감이 많이 낮아졌다. 글쓰기에 대한 검열보다는 글쓰기 자체에 대한 파도타기에 집중한다고 할 수 있겠다. 파도를 탔다면 다른 한가로운 걱정을 할 틈이 있겠는가. 오직 이 파도 위에서 균형을 잡고 넘어지지 않는 것에만 온 마음과 온 정신을 쏟을 것이다. 이 팁은 일단 해본 사람만이 얻어갈 수 있는 희열이다. 일단 해보길 바란다.

실전

매일 아침 일어나 자신이 준비한 노트나 파일에 A4 3페이지 분량의 글을 의식의 흐름대로 자유롭게 쓴다. 문법이나 문장력은 생각할 필요 없이 생각나는 대로 마구 쓴다. 여기서 중요한 것은 내용보다 분량을 채우는 것이 중요하다.

07 │ 나만의 북극성 띄우기

그럼에도 불구하고 글을 쓰다보면 슬럼프는 매번 찾아온다. 그럴 때는 자신만의 북극성을 띄워보자. 북극성은 계절과 상관없이 일 년 내내 볼 수 있는 별로 천체에서 위치가 변하지 않아 예부터 사람들이 길을 찾을 때 징표로 삼았다. '예술 무정부주의'를 말한 경기대 박성봉 교수는 저마다 진리라고 믿는 자신만의 북극성이 있고, 예술은 그 북극성을 따라가면 된다고 했다.

자신만의 북극성을 띄우기 위해서는 자신이 작가가 되기로 마음먹은 최초의 순간, 초심으로 돌아가야 한다. 나는 왜 작가가 되려고 꿈을 꾸었던가? 여러 이유가 있겠지만 그 안에서 분명 이야기를 좋아했던 자신을 발견할 수 있을 것이다. 어릴 적 보았던 동화나 디즈니 애니메이션에서 만났던 캐릭터들, 나를 가슴 설레게 했던 스토리들, 그중에서도 유독 나를 매혹시켰던 작품이 있을 것이다. 그 작품이 바로 자신만의 북극성이다.

저마다 다르겠지만 자신의 북극성은 작품성이 대단한 작품이라기보다는 그 시절 나를 흥분시키고 설레게 했던 무언가를 지닌 친숙한 작품인 경우가 많다. 필자의 북극성은 영화 〈천장지구(天若有情, 1990)〉, 〈타이타닉(Titanic, 1998)〉과 만화 『슬램덩크』이다. 정말 힘들 때마다 보고 또 보고 했던 작품이다. 이 세 작품만 생각하면 지금도 입가에 미소가 번진다. 그리고 그 시절 그 이야기에 열광했던 뜨거웠던 내 자신이 생각난다. 그 모습을 떠올리면 다시 나아갈 수 있는 힘을 얻는다. 바로 지금 자신의 북극성을 떠올려보자.

Storytelling

Section 04

글쓰기를 돕는 도구들 – 고전 읽기와 필사에 대하여

인간이 다른 생명체와 차별화 되는 부분은 도구를 사용할 줄 안다는 것이다. 좋은 도구를 활용하면 자신이 원하는 목표에 더 빨리 도달할 수 있다. 이번에는 글쓰기에 도움을 주고 빠른 시간 안에 필력을 향상 시킬 수 있는 검증된 글쓰기 도구들에 대해서 알아보자.

01 │ 작가가 되기 위한 지름길, 도구 모음

동시대 대중과 소통하는 이야기를 한다는 것은 시대를 초월해 모든 작가들의 로망일 것이다. 그렇다면 어떻게 해야 그런 작가의 길을 걸을 수 있을까. 마음은 급한데 아직 내 글쓰기는 초보 단계에서 제자리걸음만 하는 것 같다. 나의 글쓰기를 도와줄 도구들이 필요하다.

많은 작법서와 선배 작가들이 권하는 필력을 늘리는 방법이 있다. 물론 절대적인 것은 아니다. 그러나 역사와 전통이 있는 방법들인 만큼 어느 정도 검증된 방법이라고 본다. 그래서 우리도 한 번 따라 해보자. 자기만의 더 탁월한 방법이 있다면 굳이 따라 하지 않아도 좋다. 그렇지만 남들이 다 좋다고 하는데, 해보지도 않고 미리 그 방법은 아니야, 그 방법은 진부해라고 치부해 버리는 것은 생산적인 행동이라 볼 수 없다.

그래 알았다. 한 번 해볼 테니 도대체 그 전설의 방법이 무엇이냐고? 어서 비법을 내놓으라고 재촉할 수 있다. 그것은 모두가 익히 알고 있는 필사筆寫와 고전 읽기라고 할 수 있다. 두 가지 모두 글을 잘 쓸 수 있게 도와주는 방법이자 도구이다.

02 | 삼다(三多)에 관하여 : 많이 읽고, 많이 생각하고, 많이 써라.

작가가 된다는 것은 내가 살고 있는 세상에 대한 관심이라고 본다. 좋은 작가가 되기 위해서는 다른 누구보다 열심히 세상을 관찰하고 발생하는 사건 사고를 고민하며, 나와 함께 살아가는 사람들에 대해서 관심을 가지고 지켜봐야 한다. 그것이 바로 작가로서 세상을 사는 자세이며, 그 점이 동시대 대중들의 눈높이에 맞는 이야기를 찾아내는 방법이다. 그러기 위해서는 세상을 보는 작가의 눈이 필요하다.

작가의 눈은 두 가지 방법을 통해 특별해질 수 있다. 첫 번째, 작가는 트렌드Trend에 민감해야 한다. 트렌드를 읽는 눈을 통해 지금 이 세상이 돌아가는 흐름 속에서 동시대 대중들이 가지는 특수성과 욕망을 알아차릴 수 있다. 다른 한 가지는 바로 고전 읽기이다. 고전읽기는 남과 다른 인간에 대한 깊이 있는 성찰의 눈을 가지게 한다. 많은 작법서에서도 고전 읽기의 중요성은 귀에 못이 박히도록 강조한다. 고전은 시공간을 초월하여 천재적 작가들의 통찰을 통해 보편적인 인간사와 세상사를 엿볼 수 있게 하는 매력이 있다.

그런데 막상 고전을 읽으려고 하면 막막해진다. 몸에 좋은 약이 입에 쓰다고 고전 읽기가 중요한 건 알겠다. 그런데 고전은 뭔가 지루하고 고루하면서 막상 읽으려면 하품부터 나오는 이야기 아닌가? 고전에 나오는 시대 배경과 인물이 과연 지금도 통할 수 있을까? 또 고전의 바다는 왜 이렇게 넓은가? 도대체 어떤 고전을 읽어야 할까? 여러 가지 생각 속에서 고전 읽기가 좋은 건 알겠는데, 시작하기가 쉽지 않다.

03 | 내가 읽고 내가 추천하는 고전

고전을 읽고 싶다면 최소한 다음에 추천하는 고전부터라도 읽어보기를 권한다. 다음의 추천 고전들은 필자가 직접 읽고 선택해서 강의에서도 학생들과 함께 진지하게 공부하고 토론했던 책들이다. 수많은 고전 중에서 이 작품들을 선택한 기준은 캐릭터들이 돋보이는 작품이기 때문이다. 읽고 안 읽고는 본인의 선택이지만 영감이 떠오르지 않아 지푸라기라도 잡고 싶을 때 다음의 고전들을 펼쳐보자. 분명 도움이 될 것이다.

추천 고전으로 크게 희곡과 소설 두 장르로 나누어 보았다. 희곡은 드라마의 원조격으로 극 구조의 플롯 안에 많은 캐릭터들이 살아 숨 쉰다. 특히 전형이 될 만큼 강렬한 성격의 캐릭터들은 시대를 초월해서 우리에게 강한 울림을 전달한다.

내읽내추 2 – 내가 읽고 내가 추천하는 고전 작품들

🖊 **희곡**

소포클레스(Sophocles) – 『오이디푸스 왕(Oedipus the King, B.C. 425 상연)』

에우리피데스(Euripides) – 『메데이아(Media, B.C. 431 상연)』

아서 밀러(Arthur I. Miller) – 『세일즈맨의 죽음(Death of A Salesman, 1949)』

헨릭 입센(Henrik Ibsen) – 『인형의 집(A Doll's House, 1879)』, 『유령(Ghost, 1881)』

안톤 체홉(Anton Pavlovich Chekhov) – 『갈매기(Seagull, 1896)』, 『세자매(Three Sisters, 1901)』

피터 셰퍼(Peter Levin Shaffer) – 『아마데우스(Amadeus, 1979)』, 『에쿠우스(Equus, 1973)』

🖊 **소설**

알베르 카뮈(Albert Camus) – 『페스트(La Peste, 1947)』

제인 오스틴(Jane Austen) – 『오만과 편견(Pride and prejudice, 1813)』

샬럿 브론테(Charlotte Brontë) – 『제인 에어(Jane Eyre, 1847)』

에밀리 브론테(Emily Brontë) – 『폭풍의 언덕(Wuthering Heights, 1847)』

메리 셸리(Mary Wollstonecraft Shelley) – 『프랑켄슈타인(Frankenstein, 1818)』

스콧 피츠제럴드(F. Scott Fitzgerald) – 『위대한 개츠비(The Great Gatsby, 1925)』

『세일즈맨의 죽음(Death of A Salesman, 1949)』, 『페스트(La Peste, 1947)』, 『위대한 개츠비(The Great Gatsby, 1925)』

'위대한 인간이지만 운명과 오만한 성격으로 몰락하는 인간 오이디푸스Oedipus 왕', '악녀, 마녀의 대명사 메데이아Media', '세일즈맨의 비극을 대표하는 윌리 로먼Willy Loman', '억눌린 아들의 초상 비프Biff Loman', '역사적으로 가장 문제적 가출의 주인공 노라Lola', '늙기를 거부하는 여배우 아르까지나Arkadina', '새로움을 꿈꾸는 작가 지망생 뜨레블레프Treplyov', '유명세를 동경하는 배우 지망생 니나Nina', '기성작가이지만 창작의 고통에 시달리는 뜨리고린Trigorin', '모스크바를 동경하지만 떠나지 못하는 세 자매', '천재 모차르트를 질투하는 범재 살리에리Antonio Salieri', '자신이 키우던 여섯 마리 말의 눈을 찌른 문제아 알런Alan Strang' 등등 이름만 들어도 떠오르는 고전 희곡의 캐릭터들은 지금 만나보아도 촌스럽지 않은 현대성을 지닌 개성적이고 매력적인 캐릭터들이다. 시대를 초월하여 과거의 인물들을 현대로 소환해 만난다고 생각하면 마냥 고전이 고루하고 지루하게만 느껴지지 않을 것이다.

두 번째로 추천한 소설들을 보면, 탄탄한 서사 속에서 강인한 인물들이 빛나는 고전들이다. 『이방인(L'Étranger, 1942)』으로 유명한 알베르 카뮈Albert Camus는 코로나19 시대와 맞물려 소설 『페스트』가 다시 주목을 받게 되었다. 카뮈는 소설 속에서 오랑Oran이라는 지방에서 일어난 전염병 페스트와 맞서 싸우

알베르 카뮈(1913~1960)는 프랑스의 소설가·극작가이다. 1942년 『이방인』을 발표하며 화려하게 문단에 주목을 받기 시작했다. 에세이 『시지프의 신화』, 희곡 『칼리굴라』 등과 소설 『페스트』 등의 작품을 남겼다. – 사진출처 ⓒ 앙리 카르티에 브레슨(Henri Cartier Bresson)

는 사람들의 고군분투를 연대기적으로 그리고 있다. 특히 전염병이라는 재난 속에서 페스트에 맞서 싸우는 평범한 사람들의 연대를 엿볼 수 있는데, 그 지점이 코로나로 힘들었던 지금의 시대와 매우 비슷하게 서술된다.

제인 오스틴Jane Austen의 『오만과 편견』은 로맨틱 코미디물의 원조, 시조새격인 작품으로 19세기 결혼문화를 잘 그려내고 있다. 다섯 딸을 결혼시키려는 극성스런 엄마 베넷 부인은 현대드라마에서도 많이 볼 수 있는 익숙한 캐릭터이다. 영화 〈브리짓 존스의 일기(Bridget Jones's Diary, 2001)〉는 작가가 기획 단계부터 『오만과 편견』

을 바탕으로 주인공인 엘리자벳과 다아시, 위컴의 캐릭터를 가져와 구성하였다고 한다. 로맨틱 코미디물을 좋아하는 작가라면 꼭 읽어야 할 필독서이다.

브론테 자매(왼쪽부터 샬롯, 앤, 에밀리 브론테)의 사진

또한 브론테Brontë 자매의 『제인 에어』와 『폭풍의 언덕』도 많은 이야기꺼리를 담고 있다. 샬롯 브론테Charlotte Brontë의 『제인 에어』는 성장 소설의 종합선물세트 같은 작품으로 자아를 찾아가는 주체적 인물 제인을 통해 그녀의 자아 찾기와 성장 과정을 풍성한 서사로 그려내고 있다.

또 다른 브론테가의 작가 에밀리 브론테Emily Brontë의 『폭풍의 언덕』은 후대에 더 인정을 받은 문제작이다. 히스클리프Heathcliff라는 독보적인 복수의 화신을 창조해내 대를 이은 복수를 감행하고 있다. 『제인 에어』에 비해 『폭풍의 언덕』은 불량식품(?) 종합세트와 같은 자극적인 매운맛의 서사가 가득 들어있다. 브론테가의 두 자매가 경쟁하듯 쓴 두 소설 모두 풍성한 서사로 인해, 읽는 이로 하여금 여러 가지 영감과 이야기의 원형을 제시해 주는 재미난 고전이다.

그 외에도 현대의 미스터리, 공포물에 영향을 준 초기 고딕 소설이자 괴물의 시초 메리 셸리Mary Shelley의 『프랑켄슈타인』과 1920년대 미국 재즈 시대와 함께, 한 남자의 삐뚤어진 욕망과 순애보를 그린 스콧 피츠제널드Scott Fitzgerald의 『위대한 개츠비』까지 모두 읽어 볼만한 매력적인 고전 소설이다.

메리셸리(1797~1851)는 영국의 여류작가로 괴기 소설 『프랭컨스타인(1818)』을 남겼다. 리처드 로스웰(Richard Rothwell)이 그린 메리셸리의 초상화

고전을 읽다 보면, 지금 우리가 좋아하는 이야기의 원형 패턴을 찾아내는 재미가 있다. 이야기는 태초부터 인간과 함께했기에 현대까지 살아남은 이야기들은 그만큼 사람들이 좋아하는 이야기의 패턴으로 볼 수 있다. 많은 사람들이 좋아하는 이야기의 원형을 고전 읽기를 통해 찾아내서 현시대에 맞게 조금 비틀거나 변형하여 이야

기를 만들어낸다면 이 얼마나 가성비 좋은 행동인가. 앞선 천재적 작가들의 작품을 읽고 이야기의 비법을 훔쳐온다는 것, 그것이 바로 고전 읽기의 매력이다.

04 | 필사를 통한 작법의 테크닉 익히기

많이 생각해라. 이 부분은 오히려 고전이 되어버린 방법이 있는데, 바로 메모하는 습관과 필사에 대한 것이다. 메모는 자신에게 영감을 주는 모든 것을 기록하는 습관을 가지라는 것이다. 습관의 힘은 무섭다. 절대 자신의 머리를 믿지 말라. 시간이 지나면 기억하지 못한다. 그 순간을 기록하기 위해서는 메모가 최고이다. 메모하는 습관을 들이면 언제가 그 메모장은 자신의 아이디어 보물창고가 되어 있을 것이다.

많이 써라. 작품을 많이 쓰면 금상첨화겠지만 생각보다 한 편의 작품을 완성한다는 것은 쉽지 않다. 시간과 에너지가 많이 들어가는 작업이다. 그러다 보니 앞이 보이지 않는 글쓰기를 하다 보면 금세 지치고 지금 가는 길이 맞는지 회의가 들 때가 많다. 그럴 때 다른 작품을 필사해보자. 자신이 좋아하는 작품이면 더 좋다. 필사의 방법은 아날로그적으로 노트에다가 직접 좋아하는 펜으로 쓰는 것이 뇌에도 좋고 여러 가지로 좋지만 느리다는 단점이 있다. 키보드에 익숙해진 요즘 시대 작가들은 아쉬운 대로 파일을 만들어 노트북으로 필사를 해도 좋다고 본다. 극작의 테크닉이 좋은 기성 작가들의 완성도 있는 작품을 따라 가본다는 것이 더 중요하기 때문이다. 한마디로 안하는 것보다 낫다. 요즘엔 인기 있고 좋은 드라마들이 거의 실시간으로 친절하게 대본집으로 출간되고 있다. 재미있게 본 드라마의 대본집을 사서 읽고 또 읽고 필사하고 또 필사하다 보면 작법의 테크닉은 자연스럽게 늘 것이다.

Secret

02

라이팅의
세계

김윤정

Section01. 소재 찾기

Section02. 로그라인과 컨셉 잡기

Section03. 캐릭터 창조/등장인물 만들기

Section04. 줄거리와 구성, 플롯 짜기

Section05. 3장 구성 적용하기

Section06. 구성의 실제, 갈등과 장애물

Section07. 시놉시스 쓰기(단막극 공모용)

Section08. 씬구성, 트리트먼트와 씬리스트 작성하기

Section09. 대본 쓰기와 대사 쓰기

 'Secret02. 라이팅의 세계'를 시작하기 전에

1. 이 장은 초보용으로 신인 작가를 위한 단계별 글쓰기 과정이다.

2. 총 8단계로 매주 1단계씩 진행하면 된다.

3. 목표는 1시간 분량의 단막드라마 완성이다.

4. 더 욕심을 부리면 2시간 분량의 영화도 가능하다.

5. 특히 단막드라마와 영화 시나리오에 맞는 구성 짜기에 맞춰져 있다.

6. 준비물은 매 단계 성실함과 지치지 않는 꾸준함, 끝까지 함께하는 끈기이다.

7. 단계별로 따라가다 보면 두 달 후에 뚝딱 한 편의 작품이 완성될 것이다.

Section 01

Writing

소재 찾기

처음 단계는 창작의 첫걸음인 소재 잡기를 할 것이다. 시작 전에 창작에 필요한 새 노트를 장만하고 그 노트와 잘 맞는 펜을 준비해보자. 그리고 자신이 예전부터 쓰고 싶었던 혹은 구상하고 있는 소재가 있다면 적어보자.

01 | 창작의 첫걸음, 소재 잡기

'소재를 찾는 하이에나가 되어라, 오늘도 소재 찾아 삼만 리'

이제 작가가 되기로 마음먹었다. 노트북, 새 노트, 잘 써지는 펜, 메모 수첩 등등 도구도 갖추었다. 이제 창작에 들어가기만 하면 된다. 그렇다면 먼저 무엇을 해야 할까. 노트북의 모니터만 째려본다고 작품이 나오는 것은 아니다. 가장 먼저 할 일은 소재를 찾는 것이다. 즉, 무엇을 쓸지 알아야 한다.

1) 어떤 이야기를 할 것인가

시드 필드는 이렇게 말했다. '글쓰기에 있어 가장 어려운 것은 무엇을 쓸지 아는 것이다.'(『시나리오 워크북』, 9쪽). 어떻게 보면 가장 기본이 되는 이야기이지만 정작 그 기본을 알기란 생각보다 쉽지 않다. 필자는 창작 강의를 할 때 강의 첫 시간에 학생들에게 다짜고짜 다음 시간까지 소재를 두 개씩 찾아오라고 주문한다. 그러면 학생들의 표정은 '뭔 소리야?', '그렇게 소재가 빨리 찾아지나. 그것도 두 개나 찾아오라고?' 말하지는 않지만 학생들의 표정에는 소리 없는 아우성이 드러난다. 그러나 어쩌랴 학점을 받아야 하는데… 놀라운 건 투덜거리다가도 다음 시간에 학생들은 거짓말처럼 뚝딱 소재를 찾아가지고 온다.

소재를 찾아오라고 했지 거기에 대한 어떤 제약은 없다. 다만 소재 하나당 A4 용지 반장 분량 정도로 자기가 생각나는 대로 적어오라고 한다. 그때부터 학생들의 눈은 반짝반짝 빛나기 시작한다. 아마도 그 순간부터 소재를 찾는 하이에나가 되기 때문이다. 그 전까지는 강의 첫 시간이니 수업을 듣기만 하면 되겠지 하는 방관자적인 수동적 자세였다면, 다음 시간까지 자신의 소재를 찾아오라고 하는 순간, 그 수업의 주인공은 자신이 되는 것이다. 수업의 조역에서 주인공으로 전환되는 마법 같은 순간이다.

한 학기 동안 무슨 소재를 써야 잘 썼다고 소문이 날까? 내가 그동안 썼던 작품 중에 살릴 만한 소재가 있는가? 내가 지금 구상하고 있는 소재를 이번 기회에 완성해 버려? 등등 자신의 상황에 맞게 학생들은 어느새 이 수업의 주인공이 되어 자신의 작품 속으로 들어가 버린다. 이처럼 창작을 한다는 것은 그만큼 스토리의 주인이 되는 것이고 그것은 남이 아닌 바로 스스로가 해야 하는 작업이며 어떻게 보면 나만이 할 수 있는 신나는 여행이다.

2) 소재는 무엇이고, 좋은 소재란 또 무엇인가?

소재는 무엇인가. 너무 기초적인 것이라 다 알겠지만 그래도 짚고 넘어가면 '소재는 이야기의 재료'이다. 요리로 비유하면 요리의 가장 기본은 재료 준비와 재료 손질이다. 요리 초짜들은 정작 요리 시간보다 재료 준비와 손질에 많은 시간을 소비한다. 글쓰기도 똑같다. 스토리의 재료인 소재를 고르는 데 오랜 시간이 걸린다. 어떤 작가는 소재만 찾다가 몇 년을 허비하기도 한다. 그만큼 좋은 소재를 고르는 일은 어려운 일이다.

그렇다면 좋은 소재는 어떤 것인가. '어떤 이야기를 쓰고 싶은가?'라는 질문을 들었을 때 떠오르는 소재가 있는가? 있다면 그건 어떤 이야기인가? 처음부터 매력적인 캐릭터와 엄청난 사건이 나오고 멋진 클라이맥스Climax와 함께 결말까지 나오는 이야기라면 금상첨화겠지만 대부분의 사람들은 그렇지 않다. 머릿속에 뭔가 이야기꺼리가 있는 거 같은데 꺼내놓기에는 뭔가 막연하고 심지어 막상 꺼내놓으려니 부끄럽다. '과연 이게 이야기가 되긴 할까?', '아직 구상중이라 말하기 부끄러운 이야기에요.' 괜찮다고 아무 이야기나 해보라고 해서 겨우 입을 열면 정말 무슨 이야기인지 모르겠는 이야기가 태반이다. 그러나 뭔지 확실하지는 않지만 이 이야기를 하고 싶고, 그냥 막연하게 이 이야기가 떠오르고 왠지 모르게 하고 싶다고 얘기한다. 그럴 땐 어떻게 해야 하나. 일단 가보는 거다. 어떤 것이 좋은 소재인지 모르기 때문이다. 좋은 소재로 만드는 건 어디까지나 작가의 능력과 노력 여하에 달려 있다.

좋은 소재가 좋은 작품을 낳는다? 물론 맞는 말이다. 요리도 좋은 재료로 만들면 웬만하면 맛있다. 좋은 재료일수록 별다른 조리를 하지 않아도 재료 본연의 맛만으로도 맛을 내기 때문이다. 신선하고 독특하고 참신한 소재는 소재로서 매력적이다. 좋은 재료이다. 내가 잘 요리하지 못해도 심지어 그 소재만 사겠다고 하는 제작자가 나타날 정도이다. 소재가 좋으면 몇 년 공을 들여서라도 제작될 수 있도록 개발하기도 한다. 그만큼 좋은 소재는 작가에게 재산이다. 재미난 이야기의 소재가 많을수록 그 작가는 부자이다. 바로 소재 부자. 생각 만해도 얼마나 행복한 일인가.

3) 소재 찾기, 어떻게 시작하는가?

그렇다면 소재는 어디서 찾고, 소재를 찾기 위해 어떤 노력을 해야 하는가? 다양한 방법들이 있겠지만 크게 두 가지로 나눠본다.

첫 번째, 자기 안에 이야기가 있는가. 내 경험은 온전히 나만의 것이다. 나만 알고 있는 재미난 이야기를 남들에게 들려준다고 생각해보자. 왠지 짜릿하고 신나지 않는가? 물론 내 안의 이야기가 다 신나고 재미난 것만 있는 것은 아니다. 부끄럽고 너무 찌질해서 차마 내가 그랬다고 밝힐 수 없거나 너무 아파서 생각만 해도 공포에 휩싸이는 내면 깊숙이 숨겨 놓았던 상처일 수도 있다. 그럼에도 불구하고 이 이야기를 한 번 써 볼까 하는 용기를 낼 수도 있다. 이 이야기는 내가 제일 잘 아니까 말이다. 모든 경우가 그렇지는 않지만 글쓰기는 상처치유의 역할도 한다. 왜 나에게 이런 일이 일어났을까 과거를 곱씹고 후회하고 아파하는 것보다, 나에게 일어난 말 못할 사건과 상처들을 나에게서 조금 떨어뜨려 거리를 두고 객관화해서 바라보는 것이다. 그리고 그 사건의 경험을 바탕으로 허구의 이야기로 풀어내는 것이다. 내가 원하는 결말로 말이다. 그럴 때 창작의 희열을 느끼게 된다. 거리를 두고 사건을 풀어가다 보면 나도 모르게 상처에서 해방되고 치유되는 경험을 겪게 될 수 있다.

두 번째 세상을 관찰하라. 세상엔 사건 사고가 넘쳐난다. 요즘 같이 미디어가 발달한 디지털 시대에는 실시간으로 사건 사고가 전달된다. 너무 많은 정보 때문에 오히려 피곤하고 너무 생생하게 전달되는 잔혹한 범죄는 공포감마저 조성한다. 현실이 이렇게 스펙터클하니 가상의 세계가 오히려 시시하다는 소리마저 나온다. 그러나 사람들은 여전히 사실과 다른 허구의 세계를 찾고 소비한다. 소재를 찾기 위해서는 관찰해야 한다. 내가 살고 있는 이 세상과 사회에서 어떤 일들이 벌어지는지, 어떤 사람들이 무슨 갈등을 일으키는지 관심 있게 살펴야 한다. 그 속에 나만의 이야기가 숨어 있을 수 있다.

또한 스토리 작가가 되겠다고 하면 이야기꾼 특유의 관찰의 눈이 필요하다. 세상 속 사건 사고를 보고 안타깝다, 불쌍하다, 화가 난다와 같은 1차적인 감정 말고 한 발 더 들어가야 한다. 왜 저런 일이 일어 난거지? 왜 일어날 수밖에 없었을까? 어떤 상황에서 사고가 났을까? 가해자와 피해자 사이에 어떤 일이 있었던 걸까? 가해자는 어떤 환경에서 성장한 인물일까? 사건 이면에는 어떤 상황들이 있을까? 등등 꼬리에 꼬리를 물고 늘어지는 질문과 답을 구하며 실질적인 사건을 바탕으로 자기만의 상상력과 창의력을 덧붙여 새로운 이야기를 창작해 나가는 것이다. 물론 쉽지는 않다. 그러나 이러한 관찰의 눈은 얼마든지 노력과 훈련을 통해 발전시킬 수 있다. 내 주위와 내가 살고 있는 사회 속에서 어떤 일들이 일어나고 있고 그 속에 어떤 진실과 비밀이 숨어 있는지 매의 눈으로 살펴보자. 그 속에 분명 동시대가 원하는 이야기가 있을 것이다.

02 | 행복한 고민, 소재 고르기

자신이 찾은 소재들을 적고, 들여다보자. 소재에는 세 가지 범주가 있다.

첫 번째, 있었던 이야기. 즉 역사, 전기물, 실화와 같은 공적 역사를 기초로 하고 있는 경우이다. 이 경우는 있었던 일을 기초로 하기 때문에 자료조사도 편하고 극화했을 경우 사회적 반응도 크게 일으킬 수 있다. 특히 사극 같은 역사적 사실에 기반하고 있는 경우는 자료 속에서 소재를 찾기가 쉬운 편이다. 역사나 실화 속에서 소재를 찾아보자.

두 번째, 있을 법한 이야기. 리얼리즘에 기초한 허구의 산물이다. 대부분 이 범주에서 소재를 많이 선택한다. 여기서 중요한 포인트는 지금 이 순간 어디에서 일어나고 있을 듯한 이야기, 허구이지만 진짜 같은 이야기를 하는 것이다. 이런 경우 현실을 바탕으로 작가 특유의 상상력이 필요하다.

세 번째, 있었으면 어떨까 하는 이야기. 바로 공상과학물이나 판타지물이다. 전적으로 작가의 상상력과 공상을 바탕으로 지어낸 가상의 세계이다. 물론 요즘 같은 경우 한 가지 장르만을 고집하지 않는 복합 장르의 시대이기 때문에 앞의 세 가지 경우가 짬뽕이 되기도 한다.

여기서도 중요한 건 잘 쓸 수 있는 소재를 찾는 것이다. 자신이 가진 소재들이 앞의 세 가지 범주 중 어디에 많이 속하는지 들여다보면 자신이 좋아하는 소재의 특성을 알 수 있다. 좋아하는 소재를 안다는 것은 그만큼 자신이 관심 있고 잘 쓸 수 있는 소재를 안다는 것과 통한다. 어떻게 보면 글쓰기는 자신을 알아가는 과정이라고 볼 수 있다.

소재 찾기의 핵심은 특별하고 기이한 아이디어나 영감이 아니다. 아이디어나 영감을 극적 이야기로 발전시켜야 한다. 이야기에 필요한 캐릭터와 상황, 사건들을 극화해서 작품을 통해 작가가 하고자 하는 말을 전달할 수 있어야 한다. 소재를 찾기 위해서는 무엇보다 일상을 새로운 시각과 관점으로 보려고 노력해야 한다. 결과적으로 소재 찾기는 나와 세상에 대한 관심이다. 작가를 꿈꾸는 순간, 매 순간 내가 살아가는 세상에 대해 촉을 세우고 사람과 사건에 대해 관심을 기울여야 한다. 선택한 소재를 보라. 자신이 잘 쓸 수 있는 소재인가?

실전 1단계

1. 지금 당장 두 개의 소재를 찾아보자.

머릿속에 흩어져 있는 기발한 이야기를 생각나는 대로 적어보자. 두 가지 소재를 적었다면 이제부터 행복한 고민에 빠진다. 바로 둘 중 어떤 소재를 선택해서 작품을 써야 할까라는 고민이다. 소재를 찾으라고 할 때는 그렇게 찾기 힘들더니 막상 찾아놓고 보니 둘 다 너무 재미있을 것 같아서 어느 것 하나 버릴 수가 없는 아이러니에 빠진다. 그래도 골라야 한다. 두 개를 동시에 쓰면 좋겠지만 초보 작가들은 쉽지 않고 결코 좋은 방법도 아니다.

2. 두 개의 소재 중에서 좀 더 구체화되고 자신이 잘 쓸 수 있는 소재를 선택한다.

두 개의 소재 중에서 한 가지 소재를 고르는 팁을 찾아보자. 다음 제시 조건들에 맞춰 소재를 체크해 보고, 여러 모로 쓰기 쉽지 않은 소재는 포기하자. 그러나 무엇보다 가장 중요한 것은 다시 한 번 말하지만 내가 잘 쓸 수 있는 이야기인가이다.

① 어디서 많이 본 듯한 익숙하고 예상되는 이야기인가? ② 무슨 이야기를 하고 싶은지 잘 모르겠는 막연한 이야기인가? ③ 소재는 엄청난데 주어진 시간 안에 감당할 수 있는 이야기인가? ④ 나만의 독창적인 시각으로 새롭게 접근할 수 있는 이야기인가? ⑤ 내가 응모하고자 하는 공모의 성격과 잘 맞는 소재인가?

두 개의 소재 중 주어진 시간 안에 자신이 잘 쓸 수 있는 소재를 골랐는가? 그렇다면 벌써 반 온거다. 소재를 정하는 시작이 곧 반이니까 말이다.

소재 정하기 예시

🖉 소재 1.

이제 40살이 된 두 명의 친구가 전주 여행을 가게 된다. 한 명은 결혼을 했고 한 명은 비혼주의자이다. 고등학교 동창이었던 두 사람은 과거에는 친했지만 10년 전 하나의 사건을 계기로 서먹해진 관계이다. 두 사람은 전주 가는 길에 어떤 상황을 마주치게 될까.

🖉 소재 2.

홍대에서 슈즈 가게를 하는 여주는 결혼해서 행복한 가정을 꾸미는 게 꿈이다. 꿈에 그리던 이상형의 남자를 만나 결혼을 앞두고 있는데 결혼 전날 남자가 사라진다. 남자의 행방을 찾아다니던 중, 남자가 살해당했다는 연락을 받고 시신이 있는 전주로 향하게 된다.

위의 두 개의 소재 중에 어떤 것이 더 좋은 소재로 보이는가? 스토리가 조금만 나와서 판단하기는 어렵지만, 두 소재의 공통점은 둘 다 전주를 가게 되는 상황이다. 그러나 좀 더 명확한 이유로 전주를 가는 이야기는 소재 2번이다. 소재 1은 과거의 사건과 캐릭터의 대비로 갈등을 일으킬 수 있지만, 가장 중요한 사건이 보이지 않는다. 그러나 소재 2번은 결혼, 실종, 살해 등의 사건들이 있고 남자가 왜 죽었는지 궁금증을 유발하는 미스터리가 있다. 아무래도 소재를 고를 때 명확한 사건과 상황, 인물의 목표가 있는 것이 신인 때는 더 쓰기 용이하다.

Section 02

로그라인과 컨셉 잡기

이번 단계는 자신이 정한 소재를 가지고 좀 더 구체화 해나가는 작업을 할 것이다. 소재의 컨셉을 잡아가기 위해 로그라인과 스토리라인, 주제 등에 대해서 고민하는 시간이다.

01 | 들어가기 전 체크사항

지난주에 자신이 쓰고자 하는 두 가지 소재를 적어보고 그 중 한 가지를 선택하라고 했다. 소재를 선택한 후 어떤 시간을 보냈는지 다음 질문을 통해 점검해보자.

체크사항

☑ 지난 주 소재를 선택한 후 소재를 발전시키기 위해 어떤 노력을 했는가?
☑ 아니면 아직도 맘에 드는 소재를 선택하지 못하고 방황중인가?
☑ 선택은 했지만 썩 마음에 들지는 않아 고민 중인가?

아마 아직도 소재를 정하지 못하고 방황하는 사람이 많을 것이다. 너무 잘 안다. 소재를 정하지 못하는 고통을 말이다. 그래도 정해야 한다. 그래야만 앞으로 나갈 수 있다. 작품을 쓴다는 것은 매 순간 선택하고 결정해야 하는 것이다.

02 | 로그라인과 스토리라인

이제 소재가 정해졌다. 소재가 정해진 다음 해야 할 일은 소재의 각을 잡는 일이다. 한마디로 소재를 좀 더 구체화하고 과연 내가 무엇을 쓸지 방향을 잡는 일이다. 이번 시간에는 내가 정한 소재를 바탕으로 주제, 로그라인Log Line, 스토리라인Story Line을 잡는 법을 알아보자. 세 용어는 비슷한 듯하지만 조금씩 다른 특징이 있다.

주제는 우리가 이미 알고 있듯이 스토리를 통해 작가가 하고자 하는 주요 메시지라 할 수 있다. 하나의 문학작품을 읽고 나서 이 작품에서 말하고자 하는 핵심 사상이 무엇인지를 찾으려고 열중한 적이 있을 것이다. 그래서 단막극이나 영화 같은 서사를 쓸 때 먼저 주제를 생각하고 접근하는 경우가 많다. 그러다 보면 스토리는 아무래도 작가가 말하고자 하는 주제, 즉 사상이 강해진다.

그러나 요즘 같이 자유롭고 자신만의 감상을 중요시 하는 대중들에게는 주제가 너무 강하면 오히려 거부 반응을 일으킬 수도 있다. 특히나 작가가 나에게 뭔가를 가르치려고 든다? 그러면 알레르기 반응을 일으키며 싫어한다. 그러다보니 능숙한 작가들은 작품 속에서 자신이 하고자 하는 메시지를 눈치 채지 못하게 숨기거나 스토리에 자연스럽게 녹여낸다. 그러나 처음 이야기를 쓰는 신인작가라면 스토리에 자연스럽게 주제를 녹여내는 것이 쉽지 않다. 그럼에도 불구하고 처음부터 주제를 정하고 쓰는 것의 장점은 이야기에 힘이 생긴다는 것이다. 특히 주제는 이야기의 결말과 연결된다.

주제를 좀 더 부드럽게 풀어내는 것이 로그라인과 스토리라인이다. 시드 필드는 『시나리오 워크북』에서 주제가 시나리오의 출발점이라고 이야기한다. 그러나 그가 말하는 주제의 개념은 우리가 일반적으로 아는 개념과 조금 다르다. 주제에는 등장인물과 행동이 있어야 한다면서 주제의 개념을 '서너 개를 넘지 않는 간략한 문장을 이용하여 등장인물과 행동으로 아이디어를 축소하라'(『시나리오 워크북』, 30쪽)라고 적고 있다. 이 말은 이렇게 바꿀 수 있다. 마루야마 무쿠가 말한 '그 세계에서 그 인물이 어떻게 행동하고 어떤 과정을 통해서 결말에 이르는가'(『스토리텔링 7단계』, 21쪽)이다. 즉, 이것은 스토리라인이라고 할 수 있다.

여기서 스토리라인을 알면 작품 다 쓴 거 아니냐는 볼멘소리가 나올 수 있다. 그렇다. 이걸 안다면 바로 집필에 들어갈 수 있을 정도로 스토리의 커다란 골격을 잡는 과정이다. 쉽지 않은 과정이고 시간이 많이 걸릴 수 있다. 그렇더라도 스토리의 큰 그림, 큰 골격을 잡고 가야 결과적으로 이야기를 쓰기 쉽다. 결국 스토리라인은 어떤 시대에 어떤 인물의 이야기를 시작, 중간, 끝을 대략적으로 잡고 가는 것이다.

그렇다면 로그라인은 또 무엇인가? 우리는 방영되고 있는 드라마나 기획안들을 보면 한두 문장으로 그 드라마의 컨셉을 설명하는 문장을 읽게 된다. 즉 로그라인은 스토리를 함축적이며 흥미롭게 요약하는 한두 문장을 뜻한다.

로그라인 예시

✎ **드라마**

- 〈내 인생의 혹, 2014〉 – 서로에게 혹이었던 할아버지와 손녀의 가슴 아픈 이야기를 그린 드라마
- 〈밀어서 감옥해제, 2018〉 – 감옥이라는 이름의 단톡방에 갇혀 괴롭힘 당하던 여중생 희주와 그녀의 폰 번호를 이어받게 된 평범한 회사원 주영. 그들이 감옥을 해체시켜 나가는 이야기를 그린 드라마
- 〈나의 가해자에게, 2020〉 – '누구도 소외되지 않는 학교'를 꿈꾸며 열심히 살아가던 기간제 교사가 과거 자신을 괴롭힌 학교폭력 가해자를 동료 교사로 맞이하며 겪는 갈등을 그린 드라마

✎ **영화**

- 〈밀양, 2007〉 – 죽은 남편의 고향으로 이사 온 피아니스트 이신애는 어린 아들이 납치 살해당하는 일을 겪으며, 자신이 살아가야 하는 이유를 찾는다.
- 〈변호인, 2013〉 – 돈만 밝히는 상고출신 송변호사가 독재정권의 희생양이 된 국밥집 이모의 아들을 변호하지만 패소하고, 후에 인권변호사가 된다.
- 〈부산행, 2016〉 – 정체불명의 바이러스가 전국으로 확산되고 대한민국 긴급재난경보령이 선포된 가운데, 열차에 몸을 실은 사람들은 단 하나의 안전한 도시 부산까지 살아가기 위한 치열한 사투를 벌이게 된다.
- 〈맘마미아(Mamma Mia!, 2008)〉 – 엄마는 하나! 아빠는 셋? 완벽한 결혼식을 위한 진짜 아빠 찾기 프로젝트!
- 〈베테랑, 2015〉 – 베테랑 형사 서도철이 의문의 사건 배후가 재벌 3세 조태오임을 알게 되고, 권력에 굴하지 않고 싸워 조태오를 체포한다.
- 〈비긴 어게인(Begin Again, 2013)〉 – 스타 명성을 잃은 음반 프로듀서와 스타 남친을 잃은 싱어송라이터가 뉴욕에서 만나 함께 노래로 다시 시작하는 이야기
- 〈비포 선라이즈(Before Sunrise, 1995)〉 – 파리로 돌아가는 셀린과 비엔나로 향하는 제시, 기차 안에서 우연히 만난 그들은 짧은 시간에 서로에게 빠져든다.
- 〈라라랜드(La La Land, 2016)〉 – 재즈 피아니스트 세바스찬과 배우 지망생 미아, 인생에서 가장 빛나는 순간 만난 두사람은 미완성인 서로의 무대를 만들어가기 시작한다.
- 〈테이큰(Taken, 2008)〉 – 납치된 딸을 구하려는 전직 특수요원 아버지가 인신매매단을 잔인하고 집요하게 소탕하는 이야기

이미 너무 유명한 작품들이라 로그라인만 봐도 어떤 이야기인지 금방 떠오를 것이다. 좋은 로그라인은 캐릭터와 사건, 시대와 상황, 결말까지 예측할 수 있어야 한다. 이처럼 스토리라인이나 로그라인은 자신이 쓰고자 하는 이야기의 길잡이가 된다.

스토리를 쓰다 보면 어느새 이야기가 산을 향하고 있을 때가 있다. 이 길이 아닌데… 한마디로 길을 잃은 것이다. 이때 가장 쉽게 길을 찾을 수 있는 심플한 답이 있다. 바로 마루야마 무쿠가 말한 '주인공이 ㅇㅇ하는 이야기'(『스토리텔링 7단계』, 22~23쪽 참고)처럼 정리해보는 것이다.

> ### 주인공이 ㅇㅇ하는 이야기
>
> 1. 연애물이면 '주인공이 사랑하는 이야기'
> 2. 전쟁물이면 '주인공이 싸우는 이야기', '주인공이 적을 물리치는 이야기'
> 3. 추리물이면 '주인공이 진실을 찾아가는 이야기'
> 4. 주인공이 목표를 향해 가는 성장물이면 '주인공이 고군분투하는 이야기', '주인공이 성장하는 이야기' 등을 적는 것이다.

앞의 방법은 굉장히 심플한데 의외로 학생들에게 적으라고 하면 쉽게 적지 못하는 경우가 많다. 그 이유는 대중적 취향이 아닌 자신만의 독특한 작품세계, 혹은 주제나 작가 정신이 강한 문제작을 쓰고자 할 때 이런 현상이 나타난다. 어떤 학생은 '주인공이 죽음을 향해 가는 이야기', 혹은 '주인공이 고군분투하다가 결국 실패하는 이야기'를 쓰고 싶다고 한다. 물론 의미가 있는 이야기일 것이다. 그러나 주인공의 죽음이나 주인공의 패배는 스토리를 힘 있게 끌고 나가기도 쉽지 않을뿐더러 주인공에게 감정이입해 스토리를 쫓던 대중이 주인공의 죽음과 패배를 맞닥뜨렸을 때 맥이 빠질 확률이 높다. 현실을 반영하고 싶더라도 극적 세계에서 만큼은 주인공의 승리와 성공을 보고 싶어 하는 것이 대중의 심리이다. 나만의 자기만족의 글쓰기가 아니라면 이런 점을 염두에 두고 주인공의 목표를 잡는 것이 좋다.

가장 많이 나오는 케이스는 '주인공이 성장하는 이야기'이다. 우리에게 익숙한 많은 이야기들은 보편적인 패턴이 있는데 주인공이 갑작스럽게 인생의 커다란 사건을 만나고 그것을 겪으면서 결과적으로 성장하는 패턴이다. 그래서 주인공의 변화는 대부분 주인공의 성장과 연결되어 있다. 연애도 사건해결도 성공도 주인공의 성장과 함께 이뤄지는 경우가 많다. 주인공이 무엇을 하는지 잘 떠오르지 않으면 일단 '주인공이 성장하는 이야기' 정도로 정하고 진도를 나가면 된다.

두 번째는 이야기를 좀 더 확장해서 구체화하는 작업이다. 마루야마 무쿠円山夢久는 이 과정을 '플롯 키우기'라고 했다. 그러나 아직 플롯이라고 부르기에는 빈 부분이 많아서 소재 확장이라고만 하겠다. 방법은 간단하다. '주인공이 ○○하는 이야기'에서 더 발전하는 것이다. 주인공의 행동을 육하원칙에 따라 적어보는 것이다. '언제, 어디서, 누구와, 어떻게, 무엇을, 왜'의 폼에 맞춰 적어보자. 다음 예시를 보자.

주인공이 사랑하는 이야기, 주인공이 성장하는 이야기 예시

- 주인공 소라가 (구설수에 휘말려 활동을 쉬게 된 여배우)
- (언제) 현재
- (어디서) 한국대 동문들 연극 연습을 통해
- (누구와) 과거에 자신을 좋아했지만 표현하지 못했던 후배 연출과
- (어떻게) 연극 연습을 하면서 서로 티격태격 하다가
- (사건) 연극을 올리고 사랑하게 된다.
- (왜) 사랑은 타이밍이고, 진정한 사랑은 언젠가는 통하는 법이니까.

앞의 예시는 필자가 구상한 작품의 소재이다. 잘나가던 여배우가 구설수에 올라 한순간에 나락으로 떨어지는 아찔한 상황 속에서 동문 자격으로 어쩔 수 없이 출신 대학의 연극에 참여하게 된다. 그 속에서 연극 연습과 함께 사랑도 얻고 세상도 배우고 연기에 대한 열정까지 되찾게 되는 사랑과 성장에 대한 이야기를 할 수 있다. 이렇게 소재를 정리하면 자연스럽게 주제나 스토리라인, 로그라인이 나오게 된다.

주인공이 ○○하는 이야기

스토리라인 : 그 세계에서 그 인물이 어떻게 행동하고 어떤 과정을 통해서 결말에 이르는가.

결말은 주제와 연결되어 있다. 결말을 가지고 쓰면 작품을 쉽게 완성할 수 있다. 물론 캐릭터 플레이(Character Play, 개성 있는 캐릭터를 이용해 스토리를 진행시키는 작법)를 하는 작가들은 결말을 정하지 않고 쓰기도 한다. 캐릭터들을 따라가다 보면 자연스럽게 결말이 나온다고 말하는 작가들도 있다. 그러나 그건 프로 작가의 스타일이다. 명심하자! 우리는 신인이다. 신인의 자세로 기본기부터 배운다고 생각해 보자. 기본기가 탄탄해야 나중에 필드에서 자유로운 변형도 가능하다.

03 | 소재는 연구하는 것

스토리라인을 정하고 로그라인을 정했다고 해서 저절로 이야기가 완성되는 것은 아니다. 소재는 가변적이다. 재미없는 이야기지만 소재는 연구하는 것이다. 계속 공을 들여 애정을 쏟고, 소재에 살을 붙여 나가야 한다. 자료조사를 하고 관련 레퍼런스 작품들을 보고 또 보며 사고를 확장해 나가고, 기회가 된다면 취재나 인터뷰까지 해야 소재가 풍성해진다.

취재나 인터뷰는 자신의 고정관념 혹은 확신을 뒤엎는 과정이다. '변호사라면 이럴 거야, 형사는 이렇게 말하지, 건설기사는 이렇게 행동하겠지' 막연하게 가진 사회적 통념 속에서 상상만으로 만들어진 캐릭터들이 있다. 실제적인 취재나 인터뷰를 통한 구체화는 이런 관념적 캐릭터들의 틀을 깨나가는 과정이라고 볼 수 있다. 이런 과정을 통해 자신이 선택한 소재가 더 단단해지고 독특해지고 리얼리티 있는 사람 냄새나는 이야기로 바뀌어 가는 것이다.

취재와 자료조사가 중요한 것은 누구나 알고 있다. 그러나 알면서 행동하지 않는 것이 문제다. 정보가 넘쳐나는 디지털 문화 속에 컴퓨터 키보드만 두드리면 쉽게 수많은 정보를 만날 수 있다. 너무 쉽게 얻는 것은 소중함을 알기 힘들다. 자신이 쉽게 얻은 정보는 그만큼 남들도 쉽게 접할 수 있는 정보이다. 자신만의 내밀하고 깊이 있는 정보를 얻고 싶다면 그만큼 부지런히 발로 뛰어야 한다. 도서관도 가고 관련 전문서적도 들춰 보고 관련 직종 사람도 만나 취재도 하고 관련 다큐 프로도 보고 어떻게든 나만의 정보를 얻기 위해 노력해야 한다. 물론 자료만 모은다고 작품이 나오진 않지만 그래도 자료는 배신하지 않는다고 말한다. 자료를 바탕으로 쓴 작품의 기본기는 그만큼 내실이 튼튼하기 때문이다.

우리가 선택한 소재는 확정형이 아니다. 소재는 유기적이며 끊임없이 변화하고 성장한다. 거기엔 소재를 선택한 작가의 노력과 애정, 관심이 더해져야 가능하다. 소재를 정한 여러분은 이제 바쁘다. 자신이 선택한 소재를 성장시켜야 하기 때문에 일상을 보는 눈이 달라진다. 내 소재에 도움이 될 만한 것이라면 촉을 세워 어디서든 자료를 긁어모아야 한다. 즉, 소재에 맞춰 선택과 행동이 달라져야 한다는 것이다. 이제 자신이 보는 모든 것들은 소재와 연관되어 있고, 나의 열정과 극성 정도에 따라 소재는 더 반짝반짝 빛나는 이야기로 탄생할 가능성이 높아진다.

실전 2단계

- 자신이 선택한 소재는 주인공이 ○○하는 이야기인가? 적어보자
- 선택한 소재를 육하원칙에 따라 적어보자. 누가, 언제, 어디서, 무엇을, 어떻게, 왜.
- 선택한 소재의 주제가 떠오르면 적어보자.
- 선택한 소재의 스토리라인을 적어보자.
- 선택한 소재의 로그라인을 적어보자.

질문에 다 대답해야 할 필요는 없다. 여기서 중요한 것은 자기 체크이다. 내 소재에 대해 무엇을 알고 무엇이 부족한지 알아차리는 것이다. 지금 쓰지 못한 부분은 나중에 채워 넣으면 된다. 물론 다 채워 넣었다면 너무 해피한 케이스이다.

Section **03**

캐릭터 창조/등장인물 만들기

이번 단계는 캐릭터를 창조하는 과정이다. 스토리의 꽃이라고 할 수 있는 캐릭터 창조는 창작하는 사람만이 누릴 수 있는 짜릿한 순간이다.

01 | 캐릭터 창조 전 잔소리

이야기에서 캐릭터의 중요성을 강조하면 잔소리다. 그러나 캐릭터 창조 전에 잔소리 좀 하고 들어가겠다. 알아두면 다 쓸모 있는 잔소리니 지루해하지 말고 들어주기 바란다. 스토리의 양대산맥하면 무엇보다 플롯과 캐릭터를 꼽는다. 둘 중 어느 것이 더 중요한지는 닭이 먼저냐 달걀이 먼저냐와 같은 별 영양가 없는 소모적인 논쟁이 된다. 플롯과 캐릭터는 둘 다 중요하고 서로 유기적으로 연결되어 있기 때문이다. 그럼에도 작품의 특성에 따라 플롯 중심의 이야기냐, 캐릭터 중심의 이야기냐 등으로 세분화되기도 하고, 작가 특성에 따라 플롯을 정교하게 잘 짜거나, 개성적인 캐릭터를 창조해 캐릭터 플레이를 잘하는 작가로 나뉘기도 한다. 자신이 어디에 강점이 있는지 파악하는 것도 중요하다.

시대의 변화에 따라 플롯이 먼저냐, 캐릭터가 먼저냐를 살펴보면, 이론적 베이스는 역시 아리스토텔레스의 『시학』에서부터 시작된다. 아리스토텔레스는 『시학』에서 드라마의 6요소(플롯, 캐릭터, 대사, 사상, 노래, 볼거리) 중 가장 중요한 것으로 플롯을 뽑았고 그 다음으로 캐릭터를 뽑았다. 그 이유는 그리스 시대의 주요 연극은 비극이었고 비극의 소재는 기존에 있는 신화에서 가져왔기 때문이다. 이미 알고 있는 신화의 내용을 소재로 창작할 때 중요한 것이 바로 플롯이다. 아는 이야기라도 이야기꾼의 재능에 따라 얼마든지 재미난 이야기로 거듭날 수 있는데, 그것이 바로 플롯의 힘이다. 어느 부분부터 시작해서 어디쯤에서 중요한 것을 폭로하는지, 무엇을

숨기고 무엇을 오픈하는지, 이것이 바로 플롯
의 테크닉이다. 그리스 비극에서 소포클레스
의 『오이디푸스 왕』은 미스터리 형식의 플롯
을 적용해 성공한 사례이다. 혹시 안 읽었다
면 시간 날 때 꼭 읽어보기를 권한다.

아리스토텔레스가 『시학』에서 최고의 비극으로 꼽은 소포클레스
의 『오이디푸스 왕』. 오이디푸스는 자신의 아버지를 죽이고, 자신
의 어머니와 결혼을 한 비극적인 인물이다. 물론 이 사건들은 어
렸을 때 버려져 오이디푸스 자신도 모르고 행해진 일들이다. 이
사실을 알게 된 오이디푸스는 자신의 눈을 뽑고, 테베르왕 자리도
버린 후 방랑을 시작한다. 이때 자신의 딸 안티고네가 동행을 한
다. 그림은 〈오이디푸스 왕과 안티고네〉로 19세기 화가 알렉산더
코쿨라르(Aleksander Kokular)가 그렸으며, 폴란드 바르샤바국립
미술관에 소장되어 있다.

　　그리스 시대에는 캐릭터의 내밀한 개인적 정황보다는 보편적인 상황을 그리고
자 했기 때문에 인물이 개성을 부여 받기 힘들었다. 등장인물의 성격이 부각되기 시
작한 것은 르네상스 이후로, 르네상스는 오랜 중세시대의 문화적 암흑기를 벗어나
'인간성의 부활'을 외친 인간 중심의 시기였기에 가능했다. 인간 개인에 대한 관심은
근대의 개성 존중시대를 거쳐 현대의 인간의 심리연구와 무의식의 중요성까지 이어
지면서 발전되었고, 그와 함께 개성 있는 인물의 창조는 플롯 못지않게 중시되었다.
특히 영상매체의 발전으로 인물의 섬세한 감정표현이 가능해지면서 영화나 TV 드라
마에서 인물의 개성이 더욱 중요시되고 있다.

02 | 캐릭터와 플롯의 상관관계

　　캐릭터와 플롯의 상관관계를 더 살펴보자. 자신이 쓴 작품이 대중들에게
'상투적이야', '진부해'라는 소리를 듣고 싶은 작가가 있을까? 대부분의 작가들은 새
롭고 놀랍고 신박한 스토리를 쓰고 싶어 할 것이다. 그렇다면 어떻게 해야 하나? 『캐
릭터 중심의 시나리오 쓰기』의 저자 앤드루 호튼Andrew Horton은 상투적이고 진부한 스

토리를 넘어서는 비법은 '검증되고 보증되고 진부한 것을 넘어설 수 있는 캐릭터 창조'라고 말한다. 즉, 새롭고 개성 있는 캐릭터 창조가 해답이다. 동의가 되는가?

　　스토리에는 오래전부터 암묵적으로 합의된 공식과 패턴들이 있다. 대중들은 오랜 시간 그 패턴에 익숙해져 새로운 이야기라 하더라도 스토리 진행을 패턴에 기대어 예상하거나 예상을 뒤집으면서 좇아간다. 다음의 예시를 살펴보자. 단순한 스토리는 등장인물의 성격에 따라 상황이 달라지거나 복잡해지는 변화가 일어난다. 같은 상황이라도 등장인물의 성격과 선택에 따라 다른 이야기가 펼쳐진다.

상황 예시 1

✎ 남편이 다른 여자와 다정하게 웃으며 손을 잡고 지나가는 모습을 아내가 봤다. 과연 아내는 어떤 행동을 할 것인가?
- 당장 달려가 다짜고짜 남편의 뺨을 때린다.
- 당장 달려가 다짜고짜 여자의 뺨을 때린다.
- 일단 들키지 않게 숨은 다음 몰래 사진을 찍는다.
- 일단 들키지 않게 숨은 다음 계속 쫓아가며 미행을 한다.

　　위의 네 가지 행동 외에도 또 다른 행동이 나올 수 있을 것이다. 그러나 일단 네 가지 행동만 보아도 비슷한 선택을 한 것처럼 보이지만 결과적으로 조금씩 다르게 전개된다. 네 가지 행동 중 남편을 가장 사랑하는 아내의 행동은 무엇일까? 먼저, 첫 번째 행동을 한 아내의 성격은 어떻게 보이는가? 아직은 남편에 대한 사랑이 있어 보이고 자신을 배신했다는 배신감에 순간적으로 이성을 잃은 행동을 했다. 그렇다면 남편이 아닌 상대 여자의 뺨을 때린 행동은 또 무엇인가? 남편보다는 남편을 뺏어간 여자가 더 문제라고 보는 듯하다. 저 여자만 없다면 남편은 자기를 배신하지 않을 것이라고 믿는 것 같다.

　　여기에 상황을 더 보태보자. 아내 역시 진짜 사랑하는 남자는 따로 있다. 호시탐탐 남편과 이혼할 기회만을 노리고 있는 상황이다. 그렇다면 아내는 어떤 행동을 선택할까? 아무래도 그 자리에서 감정을 드러내기 보다는 자신에게 유리한 증거를 수

집하는 데 더 집중할 것이다. 이처럼 같은 상황이라도 아내의 남편에 대한 사랑 정도, 아내의 분노 대상, 아내의 현재 상황, 아내가 원하는 목표 등에 따라 행동은 달라진다. 이것이 바로 뻔한 상황, 진부한 스토리라도 캐릭터의 성격에 따라 얼마든지 달라질 수 있다는 것을 보여준다.

이번에는 기존의 스토리에 캐릭터를 바꿔보자. 시대에 따라 캐릭터도 변한다. 여주인공 캐릭터도 변화하고 있다. 과거 백마 탄 왕자를 기다리는 신데렐라형, 외로워도 슬퍼도 울지는 않지만 능력 있는 실장님이 도와주는 캔디형 캐릭터가 각광을 받았다면 지금은 걸크러시Girl Crush, 여전사와 같은 좀 더 강하고 주체적인 여성 캐릭터가 대중들의 공감을 이끌어내고 사랑을 받는다. 이러한 시대적 변화에 착안해 기존의 고전 작품에 현대적 캐릭터를 접목해보자.

상황 예시 2

🖉 무조건 기다리고 보는 지고지순한 순정파라기보다 현실적이고 실리를 추구하는 행동파 춘향이
  아빠를 사랑하지만 내 삶이 더 중요한 욜로족 심청이

이런 춘향이와 심청이라면 우리가 알고 있는 이야기대로 흘러가지는 않을 것이다. 이처럼 이미 알고 있는 익숙한 이야기라도 그 속의 인물의 성격을 바꾸면 전혀 다른 이야기로 만들 수 있다.

결과적으로 플롯이냐, 캐릭터냐의 우선순위 논쟁은 여전히 소모적 논쟁일 수 있다. 그러나 이야기의 특성상 플롯이 더 중요한 이야기, 캐릭터의 개성이 더 중요한 이야기로 작품의 특성이 나눠질 수는 있다. 플롯이 중요한 미스터리물이나 재난영화 같은 경우는 캐릭터의 성격보다는 이야기 속 강력한 사건이 캐릭터를 압도한다. 그런 경우 스토리를 인물이 뒤에서 밀며 따라 가는 형상으로 볼 수 있다.

반면 개성적인 캐릭터 설정과 같이 캐릭터 플레이로 움직이는 이야기는 인물이 스토리를 앞에서 끌고 가는 형식으로, 이야기 전개방식이 좀 더 자유롭게 어디로 튈지 모르는 이야기로 전개될 가능성이 높다. 물론 가장 좋은 것은 두 가지 요소가 유기

적으로 잘 조화가 이루어졌을 때이다. 자 잔소리가 길었다. 다음에는 진짜 본격적인 개성 있고 매력적인 캐릭터 창조에 대해서 알아보자.

03 | 진짜 캐릭터 창조하기, 매력적인 캐릭터란?

캐릭터가 그토록 중요하다는 것을 알았다. 그렇다면 이제 실전에 적용시킬 단계이다. 소재를 정할 때 이미 캐릭터는 존재하고 있다. 혹시 주인공이 강아지나 미어캣 같은 동물, 혹은 잉어와 가자미 같은 물고기는 아닌가? 장난이 아니라 간혹 그런 경우가 있어서 하는 소리다. 너무 재미난 이야기라도 그런 소재는 일단 데뷔 후에 쓰는 것이 좋다. 지금은 보편적인 인간, 개성이 강한 인물에 대한 이야기를 쓰는 것이 목표이고 습작기인 신인에게는 유리하기 때문이다. 혹시라도 인물이 아닌 다른 생명체를 주인공으로 설정했다면 지금이라도 변경하자.

아무리 매력적인 캐릭터가 넘쳐나는 세상이라도 중요한 건, 지금 바로 내가 창조하고자 하는 내 작품의 캐릭터이다. 이미 존재하고 있는 내 스토리의 캐릭터에 이제 생명력을 불어 넣을 시간이다. 즉 지면에만 적혀있는 평면적인 인물을 입체적이고 매력적인 인물로 살려내야 한다. 그렇다면 매력적인 인물은 어떻게 만들까? 바로 그 것에 대한 고민이 시작된다.

> **생각해보기 1**
>
> ✎ 자신이 본 작품(영화나 드라마 혹은 공연) 중에서 가장 매력적인 캐릭터는?

먼저 자신이 지금까지 본 작품 중에 매력적인 인물이라고 생각하는 캐릭터를 떠올려보자. 어떤 캐릭터가 떠오르는가? 그리스 비극의 메데이아부터 『폭풍의 언덕』의 히스클리프, 〈배트맨〉의 조커, 드라마 〈미생〉의 장그래, 〈이상한 변호사 우영우〉의 우영우, 〈선재 업고 튀어〉의 류선재, 자이언트펭귄 펭수, 예능 프로그램의 코믹 캐릭터까지 매체 불문, 장르 불문으로 다양하게 좋아하는 캐릭터들이 떠오를 것이다.

여기서 중요한 포인트는 어떤 캐릭터를 떠올렸느냐가 아니라 왜 그 캐릭터에게 매력을 느꼈냐 라는 것이다. 다시 생각해보자. 우리는 작품을 보고 어떤 순간에 그 인물에게 매력을 느끼는가? 사람마다 매력을 느끼는 포인트는 다양하다. 작품 속 캐릭터가 나와 닮아서, 내가 하지 못하는 것을 해낼 때, 예쁘고 잘 생겨서, 내가 닮고 싶은 모습을 하고 있어서, 어려운 상황을 극복해나가는 모습이 멋있어서, 생각지도 못한 행동으로 호기심을 일으켜서 등등 이유는 각양각색이다.

다양한 이유들을 좀 정리해보면 개성과 보편성 그리고 의외성을 들 수 있다. 일단 인물은 특유의 개성이 있어야 한다. 그렇다면 도대체 개성이 뭐지? 라는 질문에 부딪친다. 개성은 능력하고도 연결되는데, 〈미생〉의 장그래는 고졸 출신이지만 바둑을 두었던 특수성이 있다. 〈이상한 변호사 우영우〉는 자폐스펙트럼이지만 한번 본 자료는 기억해내는 천재성이 있다. 〈선재 업고 튀어〉의 류선재는 키 크고 잘 생기고 수영도 잘하고 노래까지 잘하는데 임솔이라는 여자밖에 모르는 결함(?)이 있다. 이처럼 인물의 특별한 능력은 캐릭터 개성을 창조한다. 캐릭터 창조는 막연하게 관념적으로 생각해서는 결코 입체적인 인물이 나오지 않는다. 다음 질문을 통해 인물 개성에 대해 생각해보자.

생각해보기 2

✏️ 내 주변 인물 중에서 가장 개성 있는 캐릭터는 누구인가? 그렇게 생각하는 이유는?

이 질문에 떠오르는 인물이 있는가? 필자는 독특한 인물로 같이 사는 배우자가 떠오른다. 옷이 많아도 자기가 좋아하는 옷만 계속 입고, 좋아하는 드라마만 반복해서 보고, 좋아하는 음식만 먹고 또 먹고, 거기다 대부분 기억력이 안 좋은데 자신이 관심 있는 분야는 너무 쓸데없이 별걸 다 기억하는, 한마디로 헷갈리는 캐릭터이다. 이 인물은 좋아하는 것만 유독 편애하는 편식쟁이지만, 그것 때문에 좀 더 남다른 기억력을 갖게 된다고 볼 수 있다. 이처럼 독특하다고 느끼는 이유는 아마도 나와 달라서 더 크게 와 닿는 것 같다. 독특하고 개성 있는 주변인물을 찾는 건 생각보다 쉽다. 자신과 가까이 있는 인물들의 행동에 대해서는 굉장히 구체적으로 알고 있기 때문이다. 이처럼

캐릭터의 개성은 이런 구체적인 행동, 즉 인물에 대한 관심과 관찰에서부터 시작된다. 그 인물에 대해 아는 만큼 그 인물의 개성과 성격을 섬세하게 표현해 낼 수 있다.

> ### 생각해보기 3
>
> ✎ 내가 창조한 인물에 대해서 나는 얼마만큼 알고 있나?

그렇다면 자신이 창조한 인물에 대해서 얼마만큼 알고 있나? 라는 세 번째 질문을 던져본다. 아는 만큼 표현될 수 있다. 자신이 쓸 작품의 주인공과 주요 인물에 대해서 아는 만큼 적어보자. 구체적인 제한은 없다. 일단 아는 만큼 생각나는 만큼 적어보자. 분량이 얼마나 되는가? 세 줄? A4 반 장? 한 장? 일단 적은 분량만큼만 인물에 대해 알고 있는 것이다. 입체적이고 개성적인 인물을 창조하려면 자신이 창조한 인물에 관심을 가지고 구체화 해나가는 과정이 필요하다. 매력적인 인물은 한순간에 창조되지 않는다. 시간과 노력이 필요하다. 마치 새로운 생명체를 탄생시키는 것처럼 공을 들여야 한다.

04 | 등장인물을 창조하는 도구

이제 실질적으로 등장인물을 창조하는 과정과 도구를 살펴보자. 특별한 비법이 있는 건 아니다. 스텝 바이 스텝, 캐릭터 창조는 그 인물에 대한 관심과 애정에서 시작되고 끝난다. 자신이 창조한 캐릭터를 사랑하라. 그리고 궁금해 하라. 도대체 무엇을, 어떻게, 왜? 끊임없이 질문하고 답을 찾고 발전시켜라. 그러다보면 조금씩 인물이 보일 것이다. 내가 창조한 인물의 창조주는 나다. 창조주가 모르면 누가 알겠는가. 내가 창조하고 낳은 인물에 대해서는 부모의 마음으로 책임져야 한다.

실전 3-1 단계 : 인물 만들기

- 인물 관찰
- 이름 짓기

- 인물 파일 만들기(나이, 직업, 성격, 이성 관계, 초목표 등)
- 가상 캐스팅 해보기
- 창조한 인물의 스토커 되기(일거수일투족 들여다보기)

캐릭터 창조를 하려면 일단 인물을 관찰하고 자신이 선택한 주인공에게 이름을 주어야 한다. 캐릭터 성격에 맞는 이름과 나이, 직업 등을 정해주고 그 외에 그 인물에게 필요한 것들을 장착해야 한다. 거기서 끝난다면 인물은 입체적인 인물로 성장하지 못한다. 자신이 창조한 캐릭터의 스토커가 되어 인물을 파고 또 파야 한다. 구체적으로 이미지가 떠오르지 않는다면 이미지에 맞는 배우를 미리 캐스팅해 본다. 어차피 가상이니 자신이 좋아하는 최고의 배우를 캐스팅해 상상력을 키워보자. 캐스팅이 끝났다면 그 배우를 떠올리며 좀 더 구체적으로 캐릭터의 일거수일투족을 들여다보자. 무슨 음식을 좋아하고, 말할 때는 어떤 버릇이 있고, 좋아하는 사람을 만났을 때는 어떤 행동을 하고, 화가 날 땐 어떤 행동을 하는지 이야기에 필요한 굉장히 구체적인 상황들을 떠올리며 그 상황에 맞춰 캐릭터의 모습을 만들어보자. 주인공 캐릭터가 어느 정도 완성되어 간다면 캐릭터에 대해서 더 확장하고 발전시켜야 한다.

실전 3-2 단계 : 인물 발전시키기

- 캐릭터의 성격이 드러나는 상황과 행동 만들어 보기
- 캐릭터의 성격이 드러나는 대사 적어 보기
- 캐릭터의 비밀, 결함, 트라우마를 적고 그것에 따른 이상행동 적어보기
- 주인공과 반대되는 성격과 상황의 적대자 만들기
- 주인공의 주변 인물에 대해 생각해보기(부모, 형제, 친구, 동료 등)

캐릭터의 내면적 자질, 비밀, 결함, 상처는 엔진이다. 레이조스 에그리Lajos Egri는 『희곡 작법』에서 인물의 창조에서 필요한 과정 중 신체적, 사회적, 내면적, 도덕적 자질 등을 들었다. 겉으로 드러나는 신체적, 사회적 자질은 내면적 자질과 긴밀하게 연결되어 있다. 한 인물이 눈에 띄는 남과 다른 이상행동을 하는 이유에는 내면적 자질에서 원인을 찾을 수 있다.

내면적 자질의 유형에는 콤플렉스, 기질, 트라우마 등을 들 수 있는데, 도저히 이해할 수 없는 행동을 하는 인물도 내적 상처를 잘 설정해 보여주면 우리는 그 인물에 대해 확실히 이해하고 용서하게 된다. 인물의 개연성, 감정이입을 위해서 중요한 것이 인물의 내적 상처, 내면적 자질을 잘 설정하는 데 있다.

05 | 내면적 자질이 잘 설정된 캐릭터들

노희경 작가의 드라마 〈괜찮아 사랑이야, 2014〉에서 조인성이 맡은 장재열이라는 캐릭터는 정신병과 강박에 시달리는 스타 작가이다. 젊은 나이에 부와 명예를 거머쥔 성공한 작가의 모습 이면에는 또 다른 모습이 존재하는데, 바로 어렸을 적 당했던 가정폭력으로 인해 자라지 않은 강우라는 환시(幻視, 존재하지 않는 것을 마치 있는 것처럼 느끼는 환각 현상)를 만들어낸다. 성인이 되어서도 떼어내지 못하고 붙잡고 있던 과거의 상처받은 소년 강우를 결국에는 사랑의 도움을 받아 스스로 극복해 내는 과정이 감동스럽다. 장재열이라는 캐릭터는 훈남 스타 작가라는 외적인 자질보다 캐릭터의 내적인 자질인 강렬한 상처, 그것으로 인한 트라우마 등이 그를 더 공감하고 애정하게 만든다.

공효진이 맡은 여주인공 정신과 의사 지해수도 마찬가지이다. 어렸을 적 엄마의 외도를 보고 생긴 결벽증이 성인이 되어서도 정상적인 스킨십을 못하게 하는 후유증을 발생 시킨다. 처음에 이해하지 못했던 인물들의 이상행동이나 삐뚤어진 행동도 그들의 상처나 트라우마를 알고 나면 왜 그런 행동을 할 수 밖에 없었는지 이해하게 된다. 그리고 그 상처 극복을 응원하게 된다.

박연선 작가의 드라마 〈청춘시대, 2016〉의 인물들은 셰어하우스에 사는 5명의 여대생들이다. 겉으로 보기엔 별다른 걱정 없는 밝고 명랑한 여대생들로 보인다. 그러나 그녀들의 내면에는 비밀과 상처와 같은 결핍이 있다. 가난한 여대생 윤진명은 정규직을 꿈꾸는 알바 인생이다. 하루하루 최선을 다해 살아가지만 그녀는 식물인간이 된 남동생의 병원비를 책임져야 하는 퍽퍽한 삶이다. 반면 화려한 외모의 소유자 강이나는 외모를 이용해 쉽게 사는 듯이 보이지만, 내면에는 죽음에서 살아난 기억이 트라우마가 되어 방황하는 원인이 된다. 소심하고 내성적인 성격의 유은재는 과거 아버지 죽음에 얽힌 비밀을 가지고 있으며, 똑 부러지는 깍쟁이 여대생 정예은은 사랑에 있어서는 을의 연애를 하는 연애 쑥맥이다. 마지막으로 입만 열면 음담패설을 쏟아내는 송지원의 허풍은 아동 성폭력을 목격한 트라우마로 인한 이상행동으로 보여진다. 드라마 속 매력적이고 입체적인 인물들은 외면의 모습이 다가 아니다. 내면에는 강력한 폭탄을 숨겨두고 있고 그 폭탄은 때가 되면 밖으로 드러나 폭발하고 만다.

캐릭터들이 가진 상처와 사연은 대중들로 하여금 감정이입을 하게 만드는 강력한 동력이 된다. 자신이 설정한 인물의 상처와 트라우마에 대해서 생각해보자. 그리고 구체적인 사연을 만들어보자.

06 주인공만큼 중요한 적대자

프로불편러라는 신조어가 생겨났을 정도로 그냥 넘겨도 될 일에 여기저기 문제 제기를 하며 갈등을 일으키는 사람들이 있다. 과거에는 소수 의견으로 무시하고 다수로 덮고 가는 시대였다면 지금은 한두 명의 민원 제기도 다수가 관심을 갖거나 배려를 해야 하는 시대이다. 작가라면 여기서 민원을 제기하는 그 한두 명을 관찰해야 한다. 그들은 왜 남들은 그냥 넘어가는 것들에 대해 분노하고 문제를 일으키는가? 그들의 이야기에 귀를 기울여보자. 거기서 문제적 캐릭터 혹은 적대자 캐릭터가 나온다.

서로 사랑하며 배려하고 양보하는 사람들만 사는 세상은 아름답고 평화로울 것이다. 그러나 극적인 갈등을 바탕으로 하는 드라마에서는 그보다 더 지루하고 재미없는 세상은 없다. 드라마와 이야기에는 갈등이 존재해야 한다. 극(劇)의 어원을 한자에서 찾으면 호랑이(虎)와 멧돼지(豚)의 혈투(刀)에서 나왔다고 한다. 그만큼 강한 힘들의 대립 속에서 어느 한 쪽이 이기느냐를 지켜보는 과정이 중요한 이야기의 재미라는 것이다. 이처럼 매력적인 주인공도 중요하지만 그 주인공과 맞서 싸우는 대립적인 힘, 적대자의 캐릭터도 중요하다. 실질적으로 이야기를 끌고 가는 것은 적대자의 힘일 수도 있다. 특히 긴 서사를 필요로 하는 미니시리즈 같은 경우 이야기가 진행될수록 갈등이 필요하기 때문에 적대자들은 계속 극단적인 문제를 일으키기 일쑤다. 사건을 일으켜야 이야기가 앞으로 나가고 새로운 재미를 주기 때문이다. 적대자들이 문제를 일으키면 정의로운 주인공이 해결해 나가는 패턴, 결코 낯설지 않을 것이다.

그렇다면 적대자는 어떻게 창조하는가? 주인공과 반하는 인물이라고 해서 꼭 극단적인 적대자일 필요는 없다. 유보라 작가의 KBS 단막 드라마 〈연우의 여름, 2013〉에 나오는 인물들을 살펴보면 다음과 같은 대비가 있다.

이름	이연우	윤지완
직업	인디밴드 가수(가사가 안 써지는)	대기업 사내 아나운서
특징	부업으로 아버지가 물려준 고물수리점(고장난 라디오 고치기)	물건 안 아끼고, 방 어지럽히기
사는 곳	재개발을 앞둔 오래된 동네	역삼동 오피스텔(월세 160만 원)
욕망	대리 소개팅으로 나간 윤환을 좋아하게 됨(위험한 사랑)	자상하지만 유부남인 한팀장을 짝사랑함(금지된 사랑)

〈연우의 여름〉에 나오는 인물 비교

초등학교 동창 이연우와 윤지완은 지완이 이사를 가며 연락이 끊긴다. 그들이 다신 만나게 된 공간은 연우의 엄마가 청소부로 일하는 대기업 사옥이다. 그곳에서 연우는 교통사고로 다친 엄마를 대신해 청소복을 입고 청소하는 청소노동자로, 지완은 대기업의 사내 아나운서로 서로 상반된 분위기로 만나게 된다. 둘 사이는 지완이 자기 대신 연우에게 소개팅을 나가 달라고 부탁하면서 뭔가 꼬이게 된다. 이처럼 연우와 지완은 동갑내기 초등학교 동창이지만 사는 곳, 직업, 관심사, 원하는 것 등이 서로 대비되면서 자연스럽게 주인공과 적대자의 구도를 띄게 된다. 그렇다고 그 둘이 한 남자를 사이에 두고 치열하게 대결하는 삼각구도의 이야기는 아니다. 연우의 진짜 이름 찾기인 연우의 성장 스토리를 다루고 있는 이 드라마는 윤지완이라는 상반되는 가치관과 환경 속 인물을 대비시켜 주인공 연우의 욕구를 더 효율적으로 보여주고 있다.

적대자가 반드시 주인공의 적이어야 하는 것은 아니다. 로맨틱코미디는 서로 다른 남녀가 만나 티격태격하다가 서로 사랑에 빠지는 구조를 띠고 있다. 과거 계급 사회에서는 계급의 차이가 중요한 갈등의 포인트였다면 계급이 사라진 현대에서는 캐릭터가 속한 사회나 상이한 가치관 등이 중요한 대립 요소로 작용한다. 최근 카카오 TV에서 방송된 웹드라마 〈이 구역의 미친 X, 2021〉의 주인공들은 제목만큼 파격적인 크레이지한 남녀가 만났다. 로그라인을 보면 "분노조절 0%의 미친X 노휘오와 분노유발 100%의 미친X 이민경, '이 구역의 미친 X'를 다투는 두 남녀가 펼쳐내는 과호흡 유발 코믹 로맨스" 딱 봐도 극과 극의 크레이지 캐릭터들이 부딪쳐서 이 구역 미친 X를 다툰다하니 그 충돌의 에너지가 상상 만해도 엄청나게 느껴진다.

07 | 캐릭터의 유형별 대비

적대자가 아닌 주변 인물들의 유형별 대비를 살펴보자. 윤난중 작가의 드라마 〈이번 생은 처음이라, 2017〉의 주인공 윤지호에게는 두 명의 친구가 있다. 친구 양호랑은 현모양처를 꿈꾸는 결혼하고 싶은 여자이고, 다른 친구 우수지는 결혼은 싫고, 연애만 하겠다는 쿨한 여자이다. 이 둘의 친구 윤지호는 결혼은커녕 당장 살집이 필요한 홈리스이다. 세 명의 캐릭터들을 통해 요즘 세대의 사랑과 결혼에 대한 다양하고 현실적인 모습을 보여준다.

김은 작가의 드라마 〈봄밤, 2019〉은 세 자매를 통해 사랑과 결혼에 대한 다양한 선택을 이야기한다. 자신의 삶을 사는 것에 가장 큰 가치를 두는 주인공 이정인은 집안에서 좋아하는 결혼상대자가 있음에도 갑자기 나타난 애 딸린 미혼부와 사랑에 빠진다. 정인의 언니 서인은 절제와 인내의 달인으로 부모가 원하는 의사와 결혼했지만 가정폭력에 시달리며 자신의 잘못된 선택을 깨닫게 된다. 마지막으로 세 자매의 막내 재인은 집안에서 버린 자식 취급당하며 부모의 바람과는 상관없이 자유분방한 연애를 하는 자유로운 영혼이다. 〈봄밤〉은 세 자매의 각기 다른 사랑과 결혼에 대한 선택을 통해 이 시대의 진정한 사랑과 결혼에 대해 다시금 생각해보게 한다.

주변 인물들에 대한 유형의 대비는 주인공이 만나는 인물들을 통해 나타나기도 한다. 한가람 작가의 2부작 드라마 〈한여름의 추억, 2017〉에는 주인공 한여름이 만난 네 명의 남자가 나온다. 예쁘고 매력 있던 보통 여자 여름은 나이 서른일곱이 되면서 우먼이 아닌 휴먼으로 불리게 된다. 언제나 쨍할 것 같은 젊음이 가을 찬바람 불 듯 순식간에 사라졌지만 아직도 가슴에 뜨거운 사랑을 간직한 여름은 휴가를 갔다가 갑작스런 죽음을 맞게 된다. 그렇게 여름은 갔지만 여름에 대한 기억은 자신이 만났던 남자들에게 기억된 추억의 모습으로 남는다.

여름이 만난 네 명의 남자들은 나이에 맞는 일반적인 사랑의 유형을 대변한다. 10대에 만났던 최현진은 어설픈 첫사랑, 대학생 때 만났던 김지운은 철없이 뜨거웠던 20대 초반의 사랑, 직장생활을 하며 만난 박해준은 사회초년생의 사랑으로 현실적이고 이기적인 사랑을 보여준다. 마지막으로 여름이 죽기 전까지 썸을 탔던 오세훈은 30대 중후반 매너리즘에 빠진 직장인의 사랑을 보여준다. 오세훈은 자신의 실패에 대한 상처로 인해 사랑에 빠지지도 못하고 두려워하는 비겁하거나 서글픈 썸타기를 보여준다. 여름이 만났던 네 명의 남자들의 모습에서 우리는 자신이 했던 사랑의 추억들을 되살리게 된다. 여름만의 특별한 사랑이라고 하기에는 나이대에 맞는 보편적인 사랑의 유형을 보여주고 있기 때문에 더 깊은 공감을 끌어낸다.

이상과 같이 여러 가지 상황 속에서 매력적인 캐릭터를 창조하는 과정을 살펴보았다. 어느 날 갑자기 로또에 당첨되듯 매력적인 인물이 찾아오지는 않는다. 매력적이고 개성적인 인물을 창조하려면 그 인물에 대한 각별한 애정을 기본으로 한다. 동시대 대중에게 사랑받는 캐릭터 창조를 위해서라면 작가는 인물에 대한 관심과 관찰을 멈추지 않아야 한다.

Writing

줄거리와 구성, 플롯 짜기

이번 단계에서는 자신이 선택한 소재의 줄거리로 이야기의 구성을 짜는 시간을 가질 것이다. 조금은 머리가 아플 수도 있다. 그러나 이야기에서 굉장히 중요한 부분이고 피해갈 수 없는 부분이니 정면승부를 해보자. 가장 많은 시간을 필요로 하는 단계이니, 한 주가 부족하다면 두 주를 할애해도 좋다.

01 | 사건을 찾아라

지금까지 소재를 정하고 로그라인도 적고 캐릭터도 설정해 보았다. 이제는 본격적으로 스토리 구성을 짤 시간이다. 앞에서 머릿속에 있는 이야기 줄거리를 아는 대로 다 적어보았다. 자신이 쓴 줄거리를 다시 들여다보자. 줄거리에 사건이 있는가? 기껏 줄거리를 써놓고도 가장 많이 듣는 소리가 사건이 없다는 것이다. 그렇다면 '사건(事件)'은 무엇인가?

사건이란 캐릭터가 이야기 속에서 만나거나 겪게 되는 크고 작은 갈등을 말한다. 스토리 속 캐릭터는 사건을 만나 갈등을 겪어야 변화되고, 갈등과 사건을 통해 외적 혹은 내적으로 성장한다. 그만큼 스토리에서 사건은 중요하다.

다시 한 번 내 소재의 줄거리를 보자. 사건이라고 생각되는 것들에 밑줄을 그어보자. 살인사건이 일어나고, 교통사고로 죽을 뻔하고, 누군가 실종되고, 살인누명을 써서 쫓기고, 사랑하는 사람이 죽어서 복수를 하려하고 등등 뚜렷한 사건이 있는가? 사건이 많은 경우는 행복한 경우라고 할 수 있다. 아무리 눈 씻고 찾아봐도 이렇다 할 사건이 없는 경우도 많기 때문이다. 사건이 많은 사건 부자인 경우에는 사건 중에서 중심이 되는 사건이 있는지를 살펴야 한다. 그 중심 사건과 맞물려 인물의 목표가 형성되기 때문이다. 그렇다면 사건이 없는 경우는 어떻게 해야 하는가? 방법은 지금이라도 사건을 만들어야 한다.

02 | 줄거리와 구성의 차이

줄거리와 구성의 차이는 누구나 다 알고 있을 것이다. 가장 많이 예를 드는 것으로 E.M. 포스터Edward Morgan Forster가 『소설의 양상(Aspects of the Novel, 1927)』에서 말한 왕과 왕비의 이야기를 들 수 있다. 너무 흔한 예이지만 그래도 혹시나 돌다리도 두드리는 마음으로 적어본다.

Edward Morgan Forster(1879~1970) – 영국 출신의 소설가. 진보적 작가로 높이 평가 받으며, 그의 작품 『인도로 가는 길(A Passage to India)』, 『전망 좋은 방(A Room With A View)』, 『모리스(Maurice)』 등 대부분의 작품이 영화로도 제작되었다.

<u>'왕이 죽었다', '왕비가 죽었다.'</u>

이 두 문장은 아무런 인과관계가 없다. 그러나 이 문장을 '왕이 죽자 *그 슬픔으로 인해* 왕비가 죽었다'로 바꿔보자. 이 두 죽음에 원인과 결과가 생겼다. 바로 인과관계가 형성된 것이다. 존재하는 사건에 인과관계를 부여하여 스토리를 만들어내고 거기에 정서까지 유발하였다. 왕의 죽음으로 인한 슬픔으로 왕비가 죽은 것은 그만큼 왕비가 왕을 사랑했다는 슬픔의 정서를 엿볼 수가 있다. 이처럼 잘 짜여진 구성은 단순한 줄거리에서 진한 사랑과 사랑하는 사람을 잃은 슬픔이라는 정서를 낳는다. 이것이 구성의 묘미이다.

그렇다고 소재를 정하고 이런 컨셉 이야기를 쓰겠다고 마음먹은 후 바로 구성짜기부터 들어가면 안 된다. 일단 머릿속으로 그 소재를 자유롭게 가지고 놀아야 한다.

실전 4-1 단계

- 머릿속에 있는 이야기를 무조건 다 적어라.
- 이야기 속에서 사건을 찾아라.
- 결말을 적어라.

내 머릿속 이야기를 다 적은 줄거리가 있다면 이제 본격적으로 구성 짜기에 들어가보자. 가다가 막히면 고민해서 채워 넣어야 한다. 무엇을 채워 넣어야 하는지 알아차리는 것도 중요하다. 그것이 창작의 과정이다. 무작정 가기보다는 어디를 어떻게 가고 있는지 알아차리고, 보충하고 메워 가면서 가는 것이 창작의 과정이고 그것이 창작의 즐거움이다. 구성을 짜기 위해서는 일단 구성과 패러다임에 대한 이해가 필요하다. 조금 머리 아프지만 이론 이야기를 좀 하겠다. 재미없더라도 넘기지 말고 잘 들어주길 바란다.

03 | 구조와 패러다임

스토리의 구조와 패러다임을 이야기하기 위해서는 아리스토텔레스의 『시학』부터 시작해야 한다. 앞에서도 말했지만 중요하기에 다시 반복한다. 아리스토텔레스는 그 시대 공연되었던 비극을 보고 '좋은 비극(시)이란 이런 것이다'라고 책을 펴냈다. 그것이 바로 그 유명한 스테디셀러 『시학(Poetics, 詩學)』이다. 그 시대에는 극을 '시(詩)'라고 칭했고 시에 대한 작법서로 『시학』이라고 했지만 풀면 드라마학이 되는 것이고 더 엄밀하게 말하면 비극론이라고 할 수 있다.

드라마학은 아리스토텔레스의 『시학』을 바탕으로 시대와 매체에 맞게 변형되었다. 시대가 변하면서 매체도 다양해지고 극을 감상하는 대중의 정서와 취향도 달라졌다. 하지만 극의 본질인 '배우를 통해 대사와 행동으로 사건을 보여주는 형식'은 달라지지 않았기 때문에 드라마 이론의 정전은 『시학』으로 본다.

아리스토텔레스는 『시학』에서 극은 '완전하고도 전체적인 행위의 모방이며, 전체라는 것은 시작, 중간, 끝을 갖추는 것'이라고 말했다. 이야기는 크게 세 부분으로 나눈다는 것인데, 이것이 바로 3장(3막) 구성으로 발전하게 된 근거를 제공한다. 아리스토텔레스는 극의 형성소 중 특히 플롯을 중요시했다. 비극을 문학의 정수로 파악한 그는 『시학』 제6장에서 여섯 가지 형성소를 정의하면서 '플롯은 비극의 목적이며, 목적이야말로 모든 사물의 가장 중요한 것이다. 그러므로 플롯은 제일 원리이며, 비유적으로 말해서 비극의 영혼이라고 할 수 있다'고 단정 지을 정도로 플롯의 역할을 중요시했다.

플롯을 중시한 아리스토텔레스의 3장 구성은 희곡 구조분석에 중대한 역할을 한다. 3장 구성 이론은 그리스 비극 및 그 뒤로 이어지는 현대극까지 분석의 기본 틀로 이용되었고, 우리에게 익숙한 구조인 '발단−상승(전개+위기)−절정−하강−결말' 구스타프 프라이탁Gustav Freytag의 5단계설은 3장 구성을 좀 더 세분화하여 발전시킨 형태이다.

구스타프 프라이탁의 5단계설(Freytag's Pyramid)

이 3장 구성을 가지고 『시나리오 워크북』의 저자 시드 필드Syd Field는 시나리오의 패러다임에 대해서 이야기한다. "패러다임은 극적 구조이다. 그것은 시나리오를 쓰는 과정의 도구, 지침, 지도이다. 패러다임은 '모형, 견본, 개념적 설계'이다."(『시나리오 워크북』, 47쪽) 즉, 탁자의 패러다임이 '네 개의 다리를 가진 상판'(『시나리오 워크북』, 48쪽)이라면 시나리오를 비롯한 극적 이야기의 패러다임은 바로 이 3장 구성에 있다. 그러나 극적 이야기는 열린 시스템으로 주위와의 상호작용을 통해 얼마든지 확장되고 발전될 수 있다. 3장 구성의 내용을 정리하면 다음과 같다.

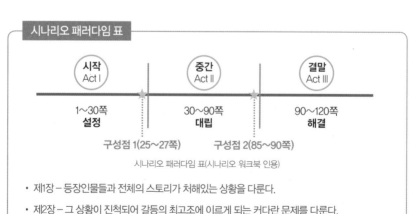

시나리오 패러다임 표(시나리오 워크북 인용)

- 제1장 – 등장인물들과 전체의 스토리가 처해있는 상황을 다룬다.
- 제2장 – 그 상황이 진척되어 갈등의 최고조에 이르게 되는 커다란 문제를 다룬다.
- 제3장 – 갈등과 문제가 어떻게 해결되는가를 다룬다.

04 | 3장 구성과 구성점

여기서 구성점에 대한 개념이 나온다. '스토리의 방향을 바꾸는 지점을 전환점Turning Point 또는 구성점이라고 한다. 구성점은 스토리가 나아갈 방향을 알려 주는 등대 역할을 한다.', '구성점의 기능과 목적은 단순히 이야기를 진전시키는 것이다. 그것은 행동을 낚아채서 이야기를 다른 방향으로 전환시키는 일, 에피소드, 사건이다.'(『시나리오 워크북』, 52~53쪽) 시드 필드는 모든 볼만한 영화에는 분명하게 나타나는 구성점들과 함께 유기적이고 강한 구조가 있다고 말한다. 거기에 더해 시나리오 안에는 15개에서 20개의 다른 구성점이 있을 수 있다고 한다.

그만큼 구성점은 이야기를 재미있게 만드는 요소이다. 특히 중요한 구성점은 1장에서 2장으로 넘어가기 위한 구성점1, 2장에서 3장으로 넘어가기 위한 구성점2가 중요하다고 강조한다. 여러분의 이야기에도 구성점이 있는지 찾아보고 없다면 만들어야 한다. 구성점에 대한 예를 작품을 통해 살펴보자.

사례 – 〈연우의 여름〉 3장 구성과 구성점 찾기

〈연우의 여름〉은 2013년 KBS 드라마 스페셜에서 방송한 단막 드라마이다. 유보라 작가의 작품으로 그 해 여름 연우에게 생긴 두 개의 이름을 통해 진정한 자기 이름을 찾아가는 이야기로 볼 수 있다. 한마디로 주인공이 자기 이름, 자기 정체성을 찾아가는 성장 이야기이다. 드라마 속 여름이 주는 의미는 성장, 뜨거움, 첫사랑에 데임, 자기 이름을 찾아가는 성장통 등에서 찾을 수 있다. 이 드라마를 3장 구성과 구성점을 찾아 정리하면 다음과 같다.

✎ **1장**
　　① 엄마의 교통사고로 대신 나간 청소 용역, '6층'으로 불리게 된 연우
　　② 그곳에서 초등학교 동창이자 사내 아나운서 윤지완을 만나게 되고
　발단 ③ 윤지완의 부탁으로 **대리 소개팅**(구성점 1)을 나가게 된다.

✎ **2장**
　전개 ① '윤지완'이란 이름으로 나간 소개팅에서 '윤환'에게 호감을 느끼고 빠져드는 연우
　　② 애프터 신청을 받고, 두 번째 데이트에서 윤환이 집에 데려다 주겠다고 하자, '역삼동' 지완의 집으로 간다.

> 위기 ③ 연우는 윤환에 대한 감정이 깊어지는데 지완은 빨리 **'윤환과의 관계를 끝내라'**(구성점 2)고 한다.
>
> ✎ **3장**
>
> ① 사실을 말하지 못하는 연우에게 자기 친구들을 소개시켜 주고 싶다는 윤환. 연우는 그런 윤환에게 '자기를 왜 좋아하냐', '윤지완이라 좋은 거냐'고 묻는다.
>
> 절정 ② **끝내 말하지 못한 연우는 청소복을 입은 모습 그대로 윤환과 마주치고 만다.**
>
> 결말 ③ 지완과 한바탕 다툰 후 연우는 용기를 내어 윤환에게 전화를 걸고, 진정한 자기 이름을 찾는다.

자신의 진짜 정체를 숨기고 동창 '윤지완'이라는 이름으로 대리 소개팅에 나갔다가 사랑에 빠져버린 연우는 홍역을 앓듯 그 해 여름을 보낸다. 마지못해 대리 소개팅을 나가는 지점이 1장의 구성점이고, 사랑에 빠졌는데 그 관계를 끝내야 하는 것이 2장의 구성점이다. 특히 이 작품은 클라이맥스가 잘 구성되어 있다. 자신이 가장 보이기 싫었던 청소복 입은 초라한 모습을 좋아하는 상대에게 딱 들켰을 때 연우의 내면은 와장창 깨지게 된다. 드라마를 보는 재미인 클라이맥스에 잘 맞는 극적인 설정이다.

자신이 재미있게 본 드라마를 골라 스토리를 3장 구성으로 나눠보고 구성점을 찾아보면 구성의 테크닉을 잘 익힐 수 있다. 창작을 한다는 건 단순히 이야기를 보고 재미있다는 1차 적인 감상에서만 끝낼 수는 없다. 자신이 좋아하고 완성도 높은 작품들을 보면서 그 작품의 캐릭터와 구성 등을 더 들여다보고 분석해야 한다. 그 다음에 자신이 쓰고자 하는 이야기에 적용해서 발전시켜 나간다. 조금 더디더라도 이와 같은 과정의 반복 속에서 조금씩 극작 테크닉이 늘어간다. 갑작스러운 월반은 없다. 천재가 아니라면 스텝 바이 스텝이 최선이다.

실전 4-2 단계

- 자신의 작품 줄거리를 3장으로 나눠보자.
- 구성점을 찾아보자.
- 줄거리의 분량은 적당한가? 적당하지 않다면 무엇이 문제인지 체크하자.

Section 05

3장 구성 적용하기

줄거리를 3장으로 나누고 구성점을 잡으면 구성이 끝난 것인가? 그렇다면 좋겠지만 이야기 구성 짜기는 그렇게 간단하지 않다. 앞으로도 할 일이 남았다. 이야기를 더 세분화해서 정교하게 구성을 짜는 일이다. 이번 시간에는 3장 구성 패턴을 이용해서 기존의 작품들을 분석해 보고, 더 나아가 내 작품의 구성에도 적용하는 것을 목표로 한다.

01 │ 3장 구성 분석의 틀

아리스토텔레스가 제시한 3장 구성은 시대 흐름에 따라 여러 가지 방법론으로 세분화되었지만 그럼에도 본질인 3장 구성은 굳건하게 구성의 틀로 자리 잡고 있다. 마루야마 무쿠円山夢久는 3장 구성을 바탕으로 다음과 같은 도표를 이용하여 이상적인 이야기 패턴을 제시하고 있다.

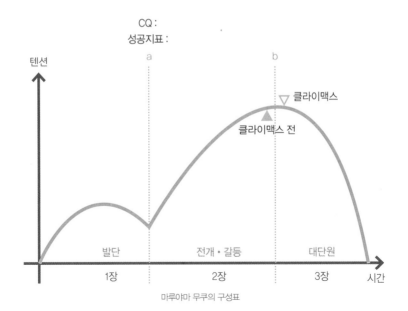

마루야마 무쿠의 구성표

구성표를 간략하게 설명하면(마루야마 무쿠의『스토리텔링 7단계』, 47~89쪽 내용 참고) 1장 발단 부분에서는 '언제', '어디서', '누가'를 빨리 알려줘야 한다. 2장에 해당하는 전개·갈등 부분은 이야기의 대부분을 차지하는 파트로 이 파트를 얼마나 재미있게 만드는가에 따라 이야기의 재미가 결정된다고 해도 과언이 아니다.

다음으로 클라이맥스 지점인데 클라이맥스 직전에 클라이맥스와 반대로 행동해서 절체절명의 순간, 극 중 최대의 위기를 조성했다가 클라이맥스 지점에서 극적으로 전환되는 것을 의미한다. 이 클라이맥스를 만들기 위해서는 핵심 질문(CQ, Central Question)이 필요하다. 일반적으로 초목표라고도 하는데, 즉 주인공의 '스토리를 관통하는 목표'에 관한 것이다. 예를 들면 '주인공은 사랑하는 사람과 맺어질 것인가?', '주인공은 아버지의 복수를 할 수 있을 것인가?' 등과 같은 사건의 목표이다. 그것에 대한 답을 보여주는 부분이 클라이맥스라고 볼 수 있다.

2장인 전개·갈등 파트에서는 주인공의 핵심질문(CQ)에 대한 구체적인 행동을 보여줘야 한다. 그러기 위해서는 핵심질문(CQ)에 대한 성공지표를 세우고 그에 따른 구체적인 장애물과 갈등을 보여줘야 한다. 예를 들면 핵심질문(CQ)이 '주인공은 사랑하는 사람과 맺어질 것인가?'라면 그것에 대한 답은 'YES'로 해피엔딩이고, 구체적인 성공지표는 '원수지간인 양쪽 가문의 오해를 풀어 결혼을 허락받는다.'로 잡을 수 있다. 그렇다면 2장은 사랑하는 남녀가 집안 반대로 헤어질 수밖에 없는 위기상황으로 몰아가는 이야기가 전개될 것이다.

마지막 부분인 3장은 클라이맥스와 함께 이야기가 해결되는 부분이다. 클라이맥스가 지나고 나서 이야기를 좇아온 관객의 감정에 대한 후속 조치라고 볼 수 있다. 사랑했지만 헤어질 뻔했던 남녀 주인공이 모든 난관을 극복하고 양가 집안의 화해까지 이끌어내서 행복하게 미래를 약속하는 모습을 보여주는 것이다. 무쿠는 이것을 '대단원'이라고 표현하고 있고, 많은 이야기들은 대단원 후에 에필로그Epilogue 형식으로 이야기가 끝난 후 주인공이 어떻게 되었는지 보여줌으로써 이야기가 끝난 아쉬움과 주인공의 그후 삶에 대한 궁금증을 해소시켜 주기도 한다.

자 서론이 길었다. 여기까지 오기 전 무슨 소리인지 몰라서 포기한 사람도 있을 것이다. 혹시 설명이 부족했다면 무쿠의 책을 정독해보기 바란다. 너무도 자세하고 친절하게 설명하고 있다. 그렇다면 이번에는 그의 패턴을 이용해서 다른 작품을 분석하는 것으로 지루함을 무마해보고자 한다.

02 | 실제 적용할 3장 구성표

아리스토텔레스의 3장 이론과 무쿠의 구성표를 바탕으로 최종적으로 다음과 같은 구성표 틀을 만들었다. 무쿠의 구성표와 달라진 점이 있다면 2장(Act 2)과 3장(Act 3)을 나누는 부분이다. 클라이맥스에서 3장이 시작되는 것이 아니고, 2장 구성점(그래프 참고 구성점 3)을 지나면 바로 3장으로 넘어간다. 3장에는 클라이맥스 직전과 클라이맥스가 자리 잡는다.

> **실제 적용할 3장 구성표 정리**
>
> 🖊 **첫 번째** 초목표가 필요하다. 초목표는 전체 스토리를 관통하는 주인공의 목표이다. 초목표를 무엇으로 잡느냐에 따라 구성 분석이 달라진다.
>
> 🖊 **두 번째** 스토리를 크게 3장(Act 1, Act 2, Act 3)으로 나누고 각 장의 구성점을 찾는다.
>
> 🖊 **세 번째** 구성점은 총 3개를 찾는다. Act 1에서 Act 2 넘어가기 직전 구성점 1, Act 2에서 스토리의 중간점인 구성점 2, Act 2에서 Act 3 넘어가기 직전 구성점 3으로 나눈다.
>
> 🖊 **네 번째** Act 3에서는 클라이맥스 직전 최대 위기와 클라이맥스의 전환, 위기 극복 등을 초목표와 연결하여 찾아본다.
>
> 🖊 **다섯 번째** 결말과 해결 그리고 에필로그 등으로 최종 정리한다.

다음 구성표를 바탕으로 기존의 작품들을 틀에 맞춰 분석해 보고, 더 나아가 자신이 창작하고자 하는 이야기의 구성에 구성표를 적용해서 구성을 짜보자.

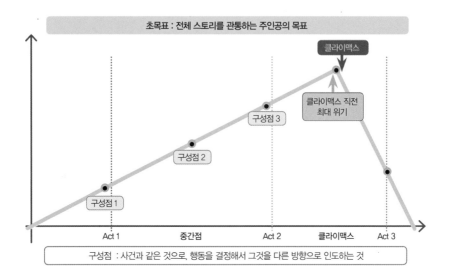

구성점 : 사건과 같은 것으로, 행동을 결정해서 그것을 다른 방향으로 인도하는 것

03 | 3장 구성 작품 분석 사례

구성에 대한 작품 분석으로는 과거 영화부터 현재 OTT 시리즈까지 다양하게 적용해보고자 한다. 매체와 소재, 플랫폼 등을 기준으로 영화, 단막 드라마, 미니시리즈, OTT 콘텐츠, 미니시리즈 복합장르 등으로 분류하여 최대한 화제가 되었던 최신작까지 포함하여 다루고자 하였다. 작품이 많다고 놀라지 마라, 많이 분석하면 할수록 도움이 된다. 하루에도 엄청난 양의 드라마 콘텐츠들이 쏟아져 나오고 있

작품 분석 목록

① 잘 짜여진 구조 : 영화 〈7번 방의 선물, 2012〉

② 소재와 구조, 그리고 매체 : 드라마 〈정마담의 마지막 일주일, 2017〉과 영화 〈미쓰백, 2018〉 비교

③ 미니시리즈 적용 : 드라마 〈SKY 캐슬, 2018〉

④ OTT 오리지널 시리즈 : 드라마 〈킹덤 시즌 1~2, 2019~2020〉, 〈오징어 게임, 2021〉, 〈소년심판, 2022〉, 〈더 글로리, 2022~2023〉

⑤ 미니시리즈 복합장르 : 드라마 〈동백꽃 필 무렵, 2019〉(로맨스/스릴러), 드라마 〈이상한 변호사 우영우, 2022〉(생존기/로맨스)

다. 그중에서 누구나 잘됐다고 하는 작품 혹은 자신이 좋아하는 작품을 골라 단순 감상에 그치지 말고, 어떤 구조로 짜여져 있는지 분석하는 자세가 중요하다. 그러다 보면 구조가 보이게 되고 더 깊이 있는 작법의 테크닉도 알게 된다. 좋은 작품의 구성 분석을 통해 배운 테크닉을 내 작품에 적용하면 가성비 좋은 공부가 될 것이다.

작품 분석 이용 팁

① 작품의 목록 중 자신이 관심 있거나 쓰고자 하는 소재 혹은 장르와 비슷한 작품이 있다면 먼저 작품을 본다.
② 작품을 본 후에 3장 구성의 틀에 맞춰 작품을 분석해 본다.
③ 자신의 분석표와 책에서 제시한 분석표를 비교해본다.
④ 여기서 중요한 것은 정답을 찾기보다는 이와 같은 과정 속에서 구성의 방법과 테크닉을 익혀가는 데 목적이 있다.

---

1) 잘 짜여진 구조 : 영화 〈7번 방의 선물〉

'잘 짜여진 극(Well Made Play)'은 19세기 대중연극인 멜로드라마에서 사용한 대중 영합적인 극형식이다. 플롯의 사용을 극대화한 극형식으로 '분명한 상황 제시, 앞으로 있을 사건들에 대한 치밀한 준비, 예기치 않은 그러나 논리적인 반전, 계속적이며 점증적인 서스펜스, 의무 장면, 논리적인 복선, 논리적인 결말 등이 조직적으로 짜여지도록 하는 극작법'이다. 연극에서 시작된 '잘 짜여진 극' 구조는 할리우드 상업영화나 TV 드라마와 같은 대중 콘텐츠에 적극적으로 수용되어 시대와 매체에 맞게 변화와 발전을 해왔다. 우리가 흔히 접하는 대중문화 콘텐츠의 스토리들은 대부분 잘 짜여진 구조의 패턴을 취하고 있다고 볼 수 있다.

첫 번째 작품은 2013년 개봉한 천만 영화 〈7번방의 선물〉이다. 이 영화는 제작비가 많이 들어간 한국형 블록버스터(Blockbuster)도 아니고, 스타 마케팅이나 대형배급사의 힘에 의존하지 않고 오직 영화의 힘만으로 천만 관객을 모았다고 해서 화제가 되었던 작품이다. 눈물에 의존한 신파영화라는 비난도 있지만 시나리오 면에서 보면 관객이 주인공에 감정이입하여 스토리를 잘 따라갈 수 있도록 잘 짜여진, 즉 이야기가 탄탄한 작품이라고 볼 수 있다. 이 영화는 개봉한 지도 꽤 되었고, 천만이 넘는 관객이 관람했으니 많은 사람들이 본 작품이라고 생각된다. 앞서 제시한 3장 구성 패턴에 적용해서 스토리를 분석해 보면 다음과 같다.

영화 〈7번방의 선물〉 구성표를 살펴보면, 상업영화의 이야기 공식을 충실히 따르고 있다. 영화는 총 120분의 러닝타임인데 1장이 30분, 2장이 1시간, 나머지 3장이 30분 정도의 시간을 소요하는 것(물론 이것은 편집의 묘미로도 볼 수 있다)으로 볼 수 있다.

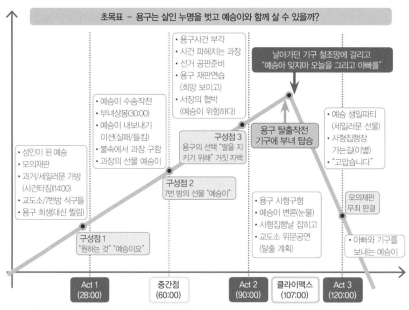

영화 〈7번방의 선물〉 구성표

Act 1에 해당하는 1장 스토리는 성인이 된 예승(박신혜)이 억울하게 죽은 아빠 용구(류승룡)의 사건을 모의재판을 통해 진실을 파헤치려는 것으로 시작한다. 이야기는 1997년으로 플래시백Flashback하게 되고 본격적으로 사건이 일어나던 때로 돌아가 용구와 예승이의 모습을 보여준다. 경찰서장 딸의 죽음에 살인 용의자로 지목된 용구는 교도소로 끌려가게 되고, 사랑하는 딸 예승이와 더 이상 함께 살 수 없게 된다. 교도소 7번 방에 들어간 용구는 거기서 험악해 보이는 7번 방의 죄수들과 만나게 되고 혹독한 신고식을 치른다. 그러다 자신을 희생해 7번 방의 실세인 방장(오달수)의 신임을 얻게 되고,

그에게서 소원이 무엇이냐는 소원권을 획득한다. 여기서 용구는 생뚱맞게 "예승이요"라며 자신의 딸과의 만남을 원해 방장을 당황하게 만든다. 이것이 1장의 구성점이다. 이제부터 스토리는 빠르게 예승이를 7번방으로 데리고 오는 과정으로 바뀐다.

2장은 스토리의 허리 부분으로 영화나 드라마에서 가장 긴 부분이다. 러닝타임 2시간 분량의 영화에서는 1시간 정도를 차지하는데, 대부분의 상업영화는 중간에 구성점인 중간점이 존재한다. 7번 방의 선물에서도 중간점까지 7번 방으로 예승이를 데려오는 과정 중 벌어지는 에피소드들이 펼쳐진다. 힘들게 예승이를 7번 방에 데려왔는데, 수고가 무색하게 부녀의 짧은 상봉 후, 바로 예승이를 들키지 않고 내보내야 하는 미션이 펼쳐진다. 그러나 예승이의 탈출은 실패로 끝나고 위기에 처하는데, 여기서 교도소장의 신임을 얻은 용구는 기적적으로 예승이와 함께 7번 방에 머무를 수 있는 특권을 누리게 된다.

7번 방의 선물이 된 예승이가 7번방에서 용구와 함께 살 수 있게 되자, 스토리는 바로 다른 사건으로 넘어간다. 즉 용구의 재판이 가까워 오면서 용구의 무죄를 입증하기 위한 교도소 사람들의 노력이 시작된다. 모두의 도움으로 재판에서 용구가 무죄 판결을 받을 것 같은 희망이 보이기 시작한다. 그러나 딸을 잃은 분노를 누군가에겐 표출해야 했던 경찰서장은 용구를 불러 협박하는데, 그것은 바로 용구의 아킬레스건인 딸 예승이의 안위에 대한 것이다. 결국 용구는 그동안 누명에서 벗어나고자 한 노력과 달리 자신의 딸 예승이를 지키기 위해 살인을 자신이 했다고 거짓 자백을 하게 된다. 이 부분이 2장의 구성점이다.

이후 이야기는 용구의 사형집행으로 급속하게 넘어간다. 사형집행 날이 잡히고, 용구를 그대로 보낼 수 없던 7번 방 사람들은 탈출계획을 세운다. 교도소 위문공연에서 용구와 예승이를 커다란 기구에 태워 교도소을 탈출시키려는 동화 같은 계획이다. 그 엉성한 계획은 실제로 가능할 수도 있을 것처럼 용구와 예승이는 기구를 타고 교도소 밖으로 나가는 데 성공한 듯 보인다. 이 부분이 클라이맥스 바로 전 단계로, 감정이 가장 고조된 순간으로 볼 수 있다. 그러나 기구는 곧 교도소 철조망에 걸려 실패하고 만다.

결국 용구는 사형집행을 당하게 되고, 잘못했다며 살려달라는 용구의 절규는 영화를 보는 모든 사람들의 눈물샘을 쏙 뺄 만큼 안타까움을 자아낸다. 같이 살게 만 해달라는 용구와 예승이의 소박한 소망은 이뤄지지 않았고 용구는 영원히 사랑하는 딸 예승이의 곁을 떠난다. 남겨진 딸 예승이는 아빠가 없음에도 불구하고 다행히 모두의 사랑 속에서 잘 성장한다. 세상에 대한 분노와 아버지 죽음에 대한 복수심에 불타는 킬러가 아닌 반듯한 법대생으로 성장한 것이다. 법대생이 된 예승이가 비록 모의재판이지만 법의 잣대 아래서 아빠 용구의 누명을 벗겨주는 것으로 이야기는 해피엔딩을 맞게 된다. 이 부분이 이야기의 대단원이고, 이어서 용구의 무죄판결을 이끌어 낸 성인의 예승이가 그제야 교도소 쇠창살에 묶여 있던 용구와 함께 탔던 노란 기구를 떠나보내는 찡한 에필로그로 스토리는 최종 마무리된다.

3장 구성의 법칙에서 〈7번 방의 선물〉 스토리 구성을 살펴보면 굉장히 충실하게 3장 구성과 구성점, 중간점, 클라이맥스 직전, 클라이맥스 전환, 해결점 등이 적절하게 잘 짜여진 것을 알 수 있다.

2) 소재와 구조 그리고 매체 차이 :
단막 드라마 〈정마담의 마지막 일주일〉, 영화 〈미쓰백〉

이번에는 비슷한 소재이지만 매체와 장르에 따라 어떻게 다르게 표현될 수 있는지 구성표를 들여다보며 비교해보자. 영화와 TV 드라마는 매체에 따른 스토리 특성이 분명 존재한다. 여러 가지 차이가 있지만 가장 큰 차이는 수용자의 차이일 것이다. 불특정 다수를 대상으로 방송되는 TV 드라마가 좀 더 보편적이고 상식적인 선에서 스토리가 진행되는 경우가 많다. 반면 영화는 등급과 취향에 따라 좀 더 선택된 관객들이 공동의 공간에서 관람하는 매체이므로 스토리의 밀도와 영상미, 스펙터클 등에 더 신경 써서 연출할 수 있다. 물론 최근에는 영화와 TV 드라마의 경계가 많이 없어졌다고 볼 수 있고, 특히 OTT의 등장은 매체별 장르별 경계를 허물어가고 있다. 그럼에도 불구하고 제작비와 장르, 관람 등급 등으로 인해 매체의 차이는 존재한다.

– 단막 드라마 〈정마담의 마지막 일주일〉

〈정마담의 마지막 일주일〉은 2017년 KBS에서 방영된 단막 드라마이다. 2016년 KBS 단막극 공모 당선작으로 정세랑 작가의 작품이다. 불우한 인생을 살던 정마담이 운 좋게 조폭 두목 땡바리의 돈가방을 손에 쥐게 된다. 돈가방의 공소시효가 지나기만을 기다리며 낡은 아파트에 숨어 살던 정마담은 공소시효 7일을 남겨두고 최대의 위기를 맞는다. 바로 부모에게 학대받는 아이 은미가 도와달라며 정마담에게 손을 내민 것이다. 정마담은 과연 남은 공소시효 7일을 잘 버텨 돈 가방을 지킬 것인지, 은미와 함께 원하지 않는 삶의 소용돌이로 휘말리게 될지 흥미진진한 이야기가 펼쳐진다.

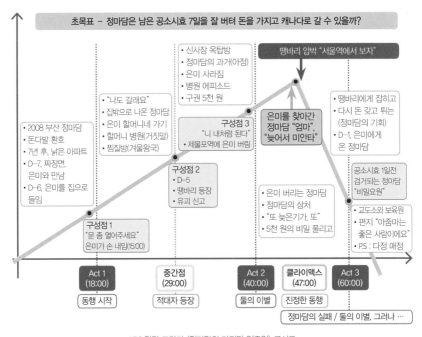

KBS 단막 드라마 〈정마담의 마지막 일주일〉 구성표

〈정마담의 마지막 일주일〉 구성표를 보면, 작품의 초목표는 '정마담은 남은 공소시효 7일을 잘 버텨 돈을 가지고 캐나다로 갈 수 있을까?'이다. 1장에서 보면 정마담의 인생에서 가장 중요한 것은 돈이었다. 7년 동안 낡은 아파트에 숨어 살아도 공소시효만 잘 넘기면 거액의 돈이 온전히 자기 것이 되고, 돈을 챙기면 홀가분하게 캐나다로 가서 새로운 삶을 사는 것이 목표이다. 그런데 그런 정마담의 목표에 옆집 은미라는 아이가 끼어들면서 큰 소용돌이에 휘말리게 된다. 옆집에 학대 받는 아이 은미가 정마담에게 문 좀 열어달라면서 이야기는 2장으로 넘어간다.

이때부터 스토리는 정마담과 은미의 동행, 둘이 함께 도망 다니는 이야기로 바뀐다. 중간점까지 은미의 할머니를 찾아가는 이야기가 펼쳐진다. 정마담의 계획은 은미도 넘기고 자신도 숨을 은신처로 은미 할머니 집을 생각했지만, 예상과 달리 은미 할머니는 이미 돌아가셨다. 그 사실을 은미에게 차마 말하지 못하는 정마담, 그 순간 강력한 적대자 땡바리가 등장한다. 중간점 이후로 정마담과 은미의 도망은 더 급박해진다.

자신의 아군 옥탑방 신사장을 찾은 정마담은 그곳에서 자신의 아픈 상처, 친동생 아정이에 대한 이야기를 한다. 너무 늦어 새엄마의 학대에서 아정을 지키지 못했다는 트라우마에 시달리는 정마담, 그녀는 은미가 자신과 있다가 자기처럼 될까 두려워 은미를 제물포역에 버리고 간다. 이 지점에서 정마담과 은미는 이별을 한다. 이 부분이 2장의 구성점이다.

그러나 죄책감에 은미를 다시 찾으러 간 정마담, 은미가 보이지 않는다. '또 늦은 건가, 또' 하며 자신을 자책하는 정마담 앞에 은미가 다시 나타나고 은미는 정마담을 '엄마'라고 부른다. 이렇게 위기를 겪고 두 사람의 진정한 동행이 시작된다. 이 장면은 클라이맥스 직전으로 둘의 동행이 순조로울 것처럼 보인다.

그러나 클라이맥스에서 땡바리가 신사장을 인질로 정마담을 협박하고, 정마담은 결국 땡바리에게 잡히고 은미는 집으로 돌아가게 된다. 우여곡절 끝에 살아난 정마담은 이제 공소시효 하루만 버티면 캐나다로 가서 잘 살 수 있다. 그러나 그녀는 은미를 구하러 가는 것을 선택한다. 결국 정마담의 목표는 실패하고 은미와도 물리적으로 이별하게 된다. 그러나 둘은 계속 인연을 이어가며 또 하나의 가족이 형성되었음을 보여주며 드라마는 끝이 난다. 결국 이 드라마에서 말하고자 하는 것은 동생을 잃은 상처를 가진 정마담이 옆집 아이 은미를 통해 상처를 치유하고 서로 가족이 되어주는 이야기로 볼 수 있다.

– 영화 〈미쓰백〉

영화 〈미쓰백〉은 2018년 이지원 감독의 작품으로 주인공 미쓰백 백상아 역에 한지민 배우가 열연했다. 같은 동네에서 학대 받는 아이 지은을 통해 자신의 옛 모습을 발견한 상아는 그런 지은을 외면하려 하지만 결국 지은의 손을 잡고 함께 상처를 치유해 나가는 이야기이다.

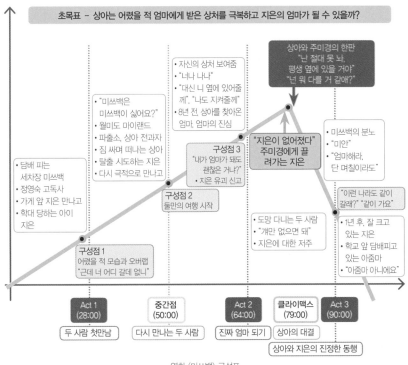

영화 〈미쓰백〉 구성표

영화 〈미쓰백〉의 초목표는 '상아는 어렸을 적 엄마에게 받은 상처를 극복하고 지은의 엄마가 될 수 있을까?'로 잡았다. 앞에 예를 든 〈정마담의 마지막 일주일〉의 정마담은 처음부터 돈에 대한 분명한 목표가 보이는 인물이다. 그러나 〈미쓰백〉의 백상아는 별다른 목표 없이 거칠게 하루하루를 살아가는 인물로 보여진다. 1장에서 백상아는 노랑머리에 담배를 뻑뻑 피며 세차장에서 일하는 억척스럽고 거친 인물이다. 엄마 정명숙의 고독사에도 냉담하고, 형사 장섭의 프러포즈에도 선 넘지 말라며 거절하는 등 스스로를 고

립시키는 외로운 인물로 보인다. 그런 그녀에게 학대당하는 아이 지은이 나타난다. 이 부분이 1장 구성점이다.

2장에서는 백상아와 지은이가 놀이공원에서 놀다가 지은이 부모의 신고로 파출소에 오게 되고, 그곳에서 백상아의 전과가 드러난다. 주위의 냉담한 시선에 지은을 포기하고 짐을 싸서 떠나려는 상아와 부모의 학대 정도가 심해져 생사의 기로에 선 지은이 우여곡절 끝에 탈출에 성공해 둘은 다시 극적으로 재회한다. 이 부분이 중간점이다.

중간점 이후 영화는 상아와 지은의 둘만의 여행이 시작된다. 학대로 인해 자신의 몸에 난 상처를 지은에게 보여주는 상아는 지은과 자신이 같다고 말한다. 서로의 곁에 있어 주기로 한 두 사람, 상아는 지은의 엄마가 되어주기로 결심한다. 이제부터 상아의 진짜 엄마 되기 여정이 펼쳐진다. 그러나 부모가 지은이가 유괴 당했다고 신고하는 바람에 두 사람은 쫓기게 되면서 이야기는 3장으로 넘어간다.

3장에서 지은의 계모이자 극의 적대자인 주미경은 '걔만 없으면 된다'며 지은에 대한 저주를 퍼붓는다. 결국 상아가 자리를 비운 사이, 지은이를 끌고 가버리는 주미경, 주미경으로 인해 상아와 지은이가 헤어질 위기에 처한다. 이 부분이 클라이맥스 직전이다. 클라이맥스에서는 지은이를 두고 상아와 주미경이 한판 붙는다. 지은의 곁에 있어주겠다는 상아에게 '너라고 뭐 다를 것 같냐'며 비아냥거리는 주미경, 이 부분에서 누가 지은이의 진짜 엄마가 될 수 있을까? 엄마라는 존재의 진정한 의미는 무엇인가? 등을 생각하게 된다. 결국 상아는 자신의 치유되지 못한 상처와 분노로 폭력을 사용하여 자멸할 위기에 처하지만 지은의 도움으로 위기를 이겨낸다. '이런 나라도 같이 갈래?'라는 상아의 질문에 말없이 손을 잡는 지은. 이렇게 영화는 상아와 지은의 진정한 동행이 시작됨을 알리는 듯한 묵직한 울림을 주며 끝난다.

단막 드라마 〈정마담의 마지막 일주일〉과 영화 〈미쓰백〉은 학대받은 아이와 그 아이 손을 잡고 함께 걸어가는 어른의 이야기를 그리고 있지만 매체와 장르의 차이, 인물의 목표와 전사의 설정, 세부 에피소드의 차이 등을 통해 전혀 다른 스토리의 작품을 만들어냈다. 그러나 두 작품 모두 3장 구성의 틀을 적용해 들여다보면 기존 패러다임을 활용해 이야기가 구성되었다는 것을 알 수 있다.

3) 미니시리즈 적용 : 미니시리즈 〈SKY 캐슬〉

　3막 구성표는 단막 드라마나 영화뿐만 아니라 TV 미니시리즈와 같은 시리즈물에도 적용할 수 있다. 16부작 혹은 20부작 분량의 방대한 스토리도 전체적으로 3장 구성의 틀을 적용해 작품 전체의 분배를 살펴볼 수 있다. 물론 신인작가들은 단막 드라마 같은 짧은 스토리의 구성부터 시작을 하지만 요즘에는 OTT 서비스와 함께 플랫폼이 다양해지면서 숏폼Short Form, 미드폼Mid Form 같은 시리즈물 공모가 많아지고 있는 추세이다. 궁극적으로 드라마 작가는 시리즈물을 향해 간다. 긴 스토리를 만들어내는 데 장점이 있다면 시리즈물에도 도전해 볼 수 있다. 그러기 위해서는 전체를 파악하는 눈이 필요하다. 이번에는 기존의 미니시리즈 드라마를 3장 구성 틀에 맞춰 분석해보고자 한다.

　〈SKY 캐슬〉은 2018년 jtbc에서 방송된 드라마이다. 유현미 작가의 작품으로 최고 시청률 23.8%를 기록하며 상류층의 욕망, 대한민국의 과열화된 입시제도, 그 제도의 모순이 낳은 입시 코디 등등의 여러 가지 이슈를 양산했던 드라마이다.

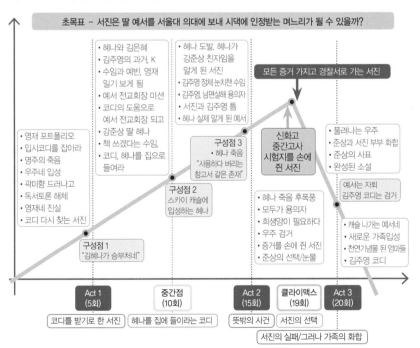

jtbc 드라마 〈SKY 캐슬〉 구성표

〈SKY 캐슬〉은 총 20부작으로 SKY 캐슬, 주남대병원, 신화고를 배경으로 스토리가 진행된다. 주요 갈등은 SKY 캐슬 터줏대감 예서네와 이곳에 새로 이사 온 별종 우주네의 갈등, 예서를 사이에 두고 엄마 한서진과 코디 김주영의 갈등, 가족이지만 교육관 차이로 아빠 차민혁과 엄마 노승혜의 갈등 등으로 볼 수 있다. 여러 가족과 다양한 개성 있는 인물들이 나오고 20부작이나 되는 긴 이야기이지만 출생의 비밀을 가진 혜나라는 인물의 죽음을 통해 갈등을 증폭시킨다.

이 드라마는 20부작이나 되는 방대한 서사로 구성되어 있어 구성표 하나로 분석하기에는 부족하지만, 초목표에 맞춰 주요 사건만을 짚으며 들여다보겠다. 앞 구성표를 보면 초목표는 '서진은 딸 예서를 서울대 의대에 보내 시댁에서 인정받는 며느리가 될 수 있을까?'로 잡고, 서진을 중심으로 스토리를 따라 가본다. 총 20회 분량 중 5회까지를 1장으로 본다. 5회까지 자신들이 진짜 성에 사는 귀족이라 여기는 SKY 캐슬 사람들을 소개하고 서울대 의대를 간 영재의 입시 코디를 잡는데 혈안이 되는 한서진과 노승혜의 대립을 보여준다. SKY 캐슬과 맞지 않는 우주네가 이사 오고 우주엄마 이수임의 등장으로 서진은 원치 않던 과거의 자신 곽미향을 소환 당하게 된다. 서진이 우여곡절 끝에 예서의 코디로 김주영을 받아들이면서 1장이 끝난다. 1장의 구성점은 김혜나의 등장이다.

2장은 5회에서 10회까지가 중간점으로 볼 수 있다. 혜나의 등장으로 예서는 학교에서의 입지가 흔들리지만 코디의 도움으로 전교회장이 되고 이 일을 계기로 예서는 김주영 코디를 전적으로 신뢰하게 된다. 코디는 서진에게 예서를 위해 혜나를 집으로 들이라고 하고, 결국 혜나는 SKY 캐슬에 입성하게 된다.

10회에서 15회까지는 중간점 이후 2장으로 SKY 캐슬에 들어온 혜나의 활약이 시작된다. 혜나가 남편 강준상의 친딸이라는 것을 알게 된 서진은 코디 김주영에 대해서도 의심하기 시작한다. 예서 역시 혜나의 정체를 알고 힘들어하는데, 그 상황에서 모든 문제의 근원인 혜나가 죽게 된다. '사용하다가 버리는 참고서 같은 존재' 혜나의 죽음이 2장의 구성점이다.

이후로 3장이 시작되고 스토리는 급박하게 혜나의 살인 용의자를 찾는 것으로 전환된다. 유력한 살인 용의자로 우주가 검거되고 우주가 풀려날 수 있는 증거를 손에 쥔

서진은 예서의 대학 진학을 위해 우주가 누명을 벗을 수 있는 진실을 모른 척 할지, 증거를 밝힐지 선택 기로에 서게 된다. 클라이맥스 직전 코디의 도움으로 신화고 중간고사 시험지를 손에 쥐게 된 서진, 이 상황에서 서진의 목표인 예서의 서울대 의대 진학이 순조롭게 보인다. 그러나 클라이맥스에서 서진은 모든 증거를 가지고 경찰서로 향하고, 우주는 누명을 벗고 풀려난다. 결국 서진은 예서를 서울대 의대에 보내는 데 실패했으나 진실을 밝힘으로 누명 쓴 우주를 구하고 최종적으로 가족의 화합을 이끌어낸다.

〈SKY 캐슬〉은 단순히 서진의 지원으로 예서가 서울대 의대를 갈 수 있느냐 없느냐, 혜나를 죽인 범인이 우주냐 아니냐와 같은 사건의 결과로 해결되는 스토리가 아니다. SKY 캐슬이라는 가상의 공간을 통해 자기네들이 선택된 상류층 귀족이라고 생각하는 이기적이고 탐욕스러운 인물들의 욕망을 대한민국의 과열된 교육열과 입시문제에서 오는 폐해와 결부시켜 날카롭게 풍자한 드라마이다.

특히 추악한 욕망을 잘 드러낸 캐릭터는 코디 김주영이다. 김주영은 인간 내면의 어둠, 악마성의 실체이다. 예서의 입시를 두고 엄마 한서진과는 다른 방식으로 예서를 돕지만 그들이 다르다고 말할 수 없다. 20회 교도소 면회소에서 만난 김주영과 한서진의 대화를 보면, 자신을 악마라고 비난하는 한서진에게 '어머니와 전 똑같습니다.'라며 둘이 같음을 강조한다. 즉 괴물이 되어버린 김주영 코디의 모습은 자식을 위해서라면 어떤 악행도 서슴지 않는 악마 같은 모성, 자식을 위한 부모의 극단적인 이기주의에 대한 경고라고 볼 수 있다. 아울러 성공지상주의 사회에서 육체는 어른이지만 정신은 미성숙한 어른과 그들의 그릇된 강요로 아파하는 아이들을 통해, 가족의 의미, 집의 의미, 공동체의 의미, 성공의 의미, 행복의 의미까지 생각하게 만드는 묵직한 드라마이다.

4) OTT 오리지널 시리즈 : 〈킹덤 시즌 1, 2〉, 〈오징어 게임〉, 〈소년심판〉, 〈더 글로리〉

이번에는 3막 구성표를 OTT 오리지널 콘텐츠에 적용해 보고자 한다. OTT 시리즈물 구성은 기존 미니시리즈 구성과 크게 다르지 않다. 다만 새로운 콘텐츠로 구독자

이탈을 막아야 하는 OTT 플랫폼은 심의와 편성에서 자유롭기에 좀 더 파격적이고 선정적인 소재가 가능하고 마니아 취향의 장르물이나 시즌제 제작이 가능한 매회 에피소드 형식의 사건물들이 많이 제작되는 특성을 띤다. 작품으로는 한국형 좀비물 〈킹덤〉을 시즌 1, 2로 함께 묶어서 분석해보고, 더불어 전 세계 사람들을 열광하게 한 K-콘텐츠의 대표작인 〈오징어 게임〉과 비교적 최근에 주목을 받았던 〈소년심판〉, 〈더 글로리〉를 3장 구성표를 적용해 살펴보고자 한다.

─ OTT 시리즈 〈킹덤 시즌 1, 2〉

〈킹덤〉은 넷플릭스 오리지널 시리즈물로 시즌 1과 시즌 2 각 6부작씩 총 12부작으로 구성된 드라마이다. 2019년 공개 당시 우리에게는 조금 생소할 수 있던 좀비물을 조선시대와 접목해 한국형 사극 좀비물을 만들어냈다는 점에서 기획부터 신선했던 작품이다. 〈킹덤〉 구성표는 이야기가 연결되는 시즌 1, 2를 합쳐 12부작으로 살펴보고자 한다.

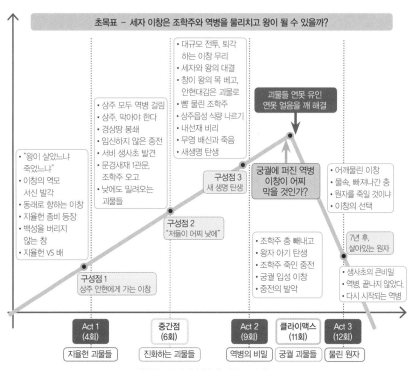

넷플릭스 오리지널 〈킹덤〉 시즌 1, 2 구성표

〈킹덤〉의 초목표는 '세자 이창은 조학주와 역병을 물리치고 왕이 될 수 있을까?'
로 잡을 수 있다. 주인공 이창이 왕이 되기 위해서 물리쳐야 할 가장 큰 장애는 조학주
와 역병이다. 스토리는 이창이 내부적으로는 숙적 조학주를 물리쳐야 하고 외부적으
로는 역병에 걸린 백성들, 즉 좀비들을 어떻게 물리치며 조선을 지켜내는지에 집중된
다. 스토리의 공간은 동래 지율헌에서 상주 읍성과 문경새재를 거쳐 조선의 심장이라
고 할 수 있는 한양 궁궐로 좁혀 들어오는 구조로 되어 있다.

〈킹덤〉의 1장은 시즌 1의 4회까지로 볼 수 있다. 병에 걸린 왕의 미스터리와 함
께 세자 이창은 역모를 꾸민 자로 몰리고 동래의 지율헌에서는 인육을 먹은 자들이
좀비가 되어 사람들을 위협한다. 이창은 백성들을 구하고자 안현대감이 있는 상주로
향하는 구성점 1을 통해 스토리는 2장으로 넘어간다.

중간점은 시즌 1 마지막 6회까지로 상주에서 문경새재로 번지는 좀비들을 막느
라 고군분투하는 이창의 모습이 더 확장된다. 이와 함께 임신하지 않은 중전의 음모
가 드러나고 서비는 역병을 치료할 생사초를 발견한다. 그러나 좀비들이 낮에만 활동
하는 이유가 해가 아닌 온도임이 밝혀지면서 엄청난 무리의 좀비들이 대낮에도 공격
해온다. 강력한 안타고니스트(Antagonist)인 좀비들이 점점 진화하면서 힘이 확대
되는 것을 볼 수 있다.

중간점 이후의 스토리는 점점 더 강력하며 흥미진진해진다. 9회까지(시즌 2, 3
회) 2장 후반부로 대규모 전투에서 퇴각하는 이창의 무리, 괴물이 된 왕을 처단하는
세자 이창, 좀비가 된 안현대감, 뺨을 물린 조학주 등 사건들이 쉴 새 없이 휘몰아친
다. 거기에 내선재의 비밀이 밝혀지고 임신한 아내 때문에 배신한 이창의 심복 무영
은 결국 죽는다. 그 속에서 새 생명의 탄생과 함께 스토리는 3장으로 넘어간다.

3장 부분은 9~11회 클라이맥스까지로 그동안 뿌려놓은 씨들을 거둬들이느라
바쁜 양상을 보인다. 중전은 왕자를 낳고, 좀비에게 죽다 살아난 조학주는 정작 자
신의 딸 중전에게 죽임을 당한다. 권력욕에 눈먼 자들의 비극적 말로이다. 좀비떼들
이 한양까지 위협하고, 이창은 한양에 입성해서 어떻게든 역병을 막고자 애쓴다. 결
국 궁궐까지 좀비 세상이 되고 중전마저도 좀비로 변한다. 여기가 클라이맥스 전으로

좀비로 가득 찬 궁궐에서 이창이 더 이상 좀비를 막을 수 없을 것 같은 위기를 보여준다. 그러나 클라이맥스에서 좀비들이 물에 약하다는 것을 안 이창이 꾀를 내어 궁궐 연못으로 좀비들을 유인해 모두 물에 빠뜨려 처단한다. 이 와중에 이창도 좀비에게 어깨를 물렸지만 물에 빠지는 바람에 목숨을 건진다. 결국 좀비들에게서 궁궐을 지켜낸 세자 이창, 그러나 새로운 생명인 원자가 좀비에게 물리게 되고, 이창은 원자를 살릴 것이냐 말 것이냐 선택의 기로에 서게 된다.

〈킹덤〉은 조선시대 좀비물이라는 장르적 특성 안에서 이 시대 진정한 군주의 의미를 탐구하게 한다. 특히 피를 탐하는 좀비와 자신의 혈통에 집착해 대를 이어 권력을 유지하려는 인간의 욕망이 다르지 않음을 이야기하며, 누가 진짜 괴물이고 괴물의 의미는 무엇인지 생각하게 만든다. 더불어 코로나19와 같은 팬데믹Pandemic 시국과 맞물려 역병 바이러스의 실제적 존재 좀비가 가지는 상징성에 대해서도 시사하는 바가 크다. 인간의 질서가 사라지고 생존만이 의미 있는 좀비의 세상 속에서 진정한 리더란 어떤 역할을 하는지 생각하게 한다. 〈킹덤〉은 비교적 심플한 서사에 조선시대 배경이라는 특수성과 함께 좀비라는 괴물을 빠르고 액션에 능한 한국형 좀비로 형상화하여 강렬한 볼거리를 선사했다.

– OTT 시리즈 〈오징어 게임〉

〈오징어 게임, 2021〉은 넷플릭스 오리지널 시리즈로 한때 전 세계 인기순위 1위를 차지하며 흥행과 여러 가지 면에서 선풍적 인기와 화제몰이를 한 드라마이다. 황동혁 감독이 작가와 연출을 맡은 이 드라마는 456억 원의 상금이 걸린 의문의 서바이벌에 참가한 사람들이 총 6개의 게임을 통과하고 최후의 승자가 되기 위한 죽음의 게임에 도전하는 이야기이다. 이야기 분량은 총 9회로 매회 50분 정도의 시간으로 구성되어 있다.

〈오징어 게임〉의 초목표는 '성기훈은 게임에서 승리해 상금을 가지고 가족의 품으로 돌아갈 수 있을까?'로 잡을 수 있다. 세부구성을 살펴보면, 1장은 1회에서 2회까지로 신용불량자이자 이혼남 기훈은 경마나 하며 늙은 엄마 밑에서 기생하여 살아간다.

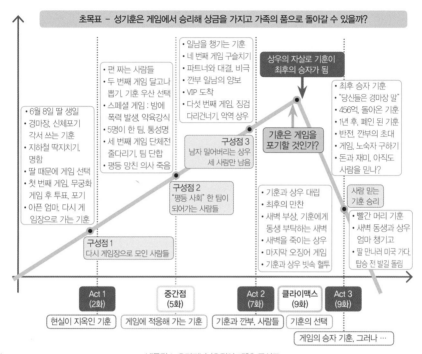

넷플릭스 오리지널 〈오징어 게임〉 구성표

딸 생일이라고 치킨이라도 사주라고 준 돈마저 경마로 날리고 사채업자에게 장기까지 넘기게 될 지경에 이른다. 막다른 골목에 내몰린 기훈은 지하철역에서 우연히 만난 딱지치기 남자(공유)가 준 명함으로 전화를 걸어 오징어 게임에 참가하기에 이른다.

첫 번째 게임 '무궁화 꽃이 피었습니다'에서 게임에 탈락한 많은 사람들이 죽는 것을 보고 게임 참가자들은 투표를 통해 다시 현실로 돌아간다. 그러나 현실이 더 지옥인 사람들은 다시 자발적으로 게임에 참가하게 된다. 기훈도 마찬가지다. 처음에는 딸을 되찾으려는 의도로 참가했으나 두 번째는 아픈 엄마를 위해 아무것도 할 수 없는 절망감에 다시 죽음의 게임에 참가하게 된다. 다시 게임에 참가하는 기훈과 사람들의 모습이 1장의 구성점이다.

2장부터 이야기는 본격적인 게임 진행과 참가자들의 갈등과 사연이 그려진다. 중간점은 5회까지로 볼 수 있는데, 두 번째 게임인 달고나 뽑기와 세 번째 게임인 줄다리기가 이어진다. 재미난 점은 아무 거리낌 없이 사람을 죽이는 폭력적인 게임장에서 평등사회를 주장하며 평등을 해쳤다는 명목으로 장기밀매에 가담한 의사와 그 무리들을 본보기로 처단한다는 것이다. 오히려 오징어 게임 속 세상이 현실 세상보다 더 평등하고 차별 없이 공정한 세상이라는 것을 강조하는 아이러니를 보여준다. 참가자들은 달고나 뽑기 게임에 이어 줄다리기로 넘어가면서 어느새 자신들도 모르게 게임에 적응해가며 서로 팀웍을 이뤄 한 팀이 되어간다.

중간점을 지나 스토리는 네 번째 게임 구슬치기와 다섯 번째 게임 징검다리 건너기로 넘어간다. 구슬치기 게임은 보는 사람들의 감정을 가장 고조시키는 에피소드로 그동안 게임에 참가해 가장 인간적으로 의지가 되었던 참가자들이 서로 짝을 이뤄 게임에 참가하게 된다. 그러나 잔인하게도 그 짝과 구슬치기 대결을 해서 이긴 자만이 살아남는 게임의 룰이 발표된다. 여기서 안타까운 인물들의 사연이 강조되면서, 어제의 동지가 오늘의 적이 되어 서로를 이겨야만 하는 아이러니한 상황에 참가한 사람, 보는 사람 모두의 눈물샘을 자극한다. 7회까지 2장이 진행되며 구성점 3에서 결국 게임에 참가한 사람 중 기훈, 상우, 새벽 세 사람만 남게 된다.

마지막 3장에서는 최후의 만찬을 즐기는 세 사람 중 누가 최후의 승자가 될 것이냐인데, 결국 악역은 상우가 맡게 된다. 부상을 입은 새벽을 죽인 상우, 기훈과 마지막 대결에서 상우도 부상을 입는다. 기훈은 이 게임에 회의를 느끼고 게임을 포기하려 든다. 이 부분이 클라이맥스 전이라고 볼 수 있다. 그러나 클라이맥스에서 기훈이 자신 때문에 게임을 포기할까봐 상우는 스스로 목숨을 끊으면서 최후의 승자는 기훈이 된다.

클라이맥스 이후에는 상금을 가지고 현실로 돌아간 기훈의 모습이 펼쳐진다. 기훈은 과연 456억 원의 상금을 어떻게 할 것인가? 그러나 거기에는 또 다른 반전이 숨어 있다. 그 반전 부분에서 드라마를 보는 수용자들은 많은 생각을 하게 된다.

〈오징어 게임〉은 인생의 극단에 몰린 기훈이 456억이 걸린 데스게임Death Game에 참여하면서 벌어지는 이야기를 다루고 있다. 겉으로 보이는 스토리는 게임에 승리해 456억 원의 상금을 획득하는 자가 승자가 되는 내용 같으나, 이 스토리는 게임을 통해 기훈이 사람들에 대한 믿음과 우정, 신뢰를 쌓아가는 과정을 그린 휴먼 스토리이다. 이 게임의 승자는 힘이 세고 싸움을 잘하는 깡패 덕구나 서울대를 나온 똑똑한 상우가 아닌 약자에게 친절하고 인간에 대한 의리와 신뢰를 가지고 있는 평범하거나 혹은 좀 못난 기훈이 승리하게 되는 것이다. 456억이라는 엄청난 상금을 손에 쥐었지만 기훈은 1년이 지나도록 그 상금을 쓰지 않는다. 기훈이 게임에 참가하려 했던 가장 큰 동기인 엄마가 세상을 떠난 이유도 있지만, 무엇보다 그 돈 때문에 얼마나 많은 사람들이 서로를 미워하고, 배신하다 목숨을 잃었는지 너무도 잘 알기 때문에 그 돈을 쓸 수 없는 것이다.

결국 이 게임의 승자는 우리가 원하는 세상에 대한 소망을 담고 있다. 우리가 믿고자 하는 정의는 공평한 세상 속에서 권모술수와 같은 속임수가 통하지 않는, 인간에 대한 연민과 신뢰 속에서 서로 연대를 이루며 따뜻한 사회를 만들어 가는 것이다. 그래서 데스게임을 즐기기 위해 봤던 대중들은 예상치 못한 참가자들의 사연과 그 안에서 발생하는 인간에 대한 예의, 배려, 존중과 연대, 그리고 우정과 가족애에 몰입해 스토리에 더욱 빠져들게 된다.

– OTT 시리즈 〈소년심판〉

〈소년심판〉은 2022년 2월 방송된 넷플릭스 오리지널 시리즈이다. 오랜 시간 소년범을 혐오하게 된 사연 있는 판사 심은석이 연화지방법원 소년부 판사로 부임해 오면서 마주하게 되는 소년범죄와 소년범들의 이야기가 펼쳐지는 법정물로 갈수록 지능화되고 심각해지는 청소년 범죄의 실제 사례를 바탕으로 재구성했다. 총 10부작으로 김민석 작가가 4년여의 시간 동안 자료조사와 취재로 공들여 완성한 데뷔작으로 작품성을 인정받아 2022년 제58회 백상예술대상 TV부문 극본상을 수상했다. 그만큼 구성면에서 탄탄한 작품이라고 볼 수 있다.

〈소년심판〉의 초목표는 '소년범을 혐오하는 심은석 판사가 소년범 재판을 통해 팀원들과 화합하고 자신의 트라우마에서 벗어나 소년범 혐오를 멈출 수 있을까?'로 잡았다. 10부작으로 총 6개의 사건과 재판이 펼쳐진다. 1장은 3회까지로 연화지방법원에 대놓고 소년범을 혐오한다는 심은석 판사가 부임하고 1회에서 '연화초등생 살인사건'이 터진다. 무고한 초등학생을 재미로 살해한 촉법소년 백성우가 자수하지만

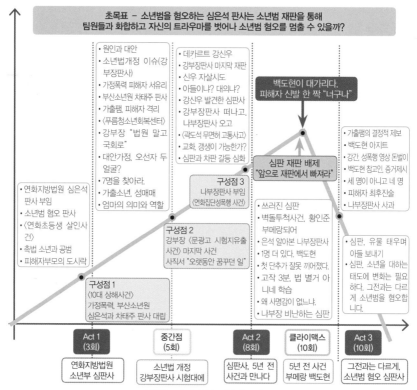

초목표 - 소년범을 혐오하는 심은석 판사는 소년범 재판을 통해
팀원들과 화합하고 자신의 트라우마를 벗어나 소년범 혐오를 멈출 수 있을까?

- 원인과 대안
- 소년법개정 이슈(강부장판사)
- 가정폭력 피해자 서유리
- 부산소년원 차태주 판사
- 가출팸, 피해자 격리 〈푸름청소년회복센터〉
- 강부장 "법원 말고 국회로"
- 대안가정, 오선자 두 얼굴?
- 7명을 찾아라.
- 가출소년, 성매매
- 엄마의 의미와 역할

- 데카르트 강신우
- 강부장판사 마지막 재판
- 신우 자살시도
- 아들이냐? 대의냐?
- 강신우 발견한 심판사
- 강부장판사 떠나고, 나부장판사 오고
- (곽도석 무면허 고통사고)
- 교화, 갱생이 가능한가?
- 심판과 차판 갈등 심화

백도현이 대가리다.
피해자 신발 한 짝 "너구나"

- 가출팸의 결정적 제보
- 백도현 아지트
- 강간, 성폭행 영상 돈벌이
- 백도현 참고인, 증거제시
- 세 명이 아니고 네 명
- 피해자 최후진술
- 나부장판사 사과

심판 재판 배제
"앞으로 재판에서 빠져라"

구성점 3
나부장판사 부임
(연화집단성폭행 사건)

- 연화지방법원 심은석 판사 부임
- 소년범 혐오 판사
- 〈연화초등생 살인사건〉
- 촉법 소년과 공범
- 피해자부모의 도시락

구성점 2
강부장 〈문광고 시험지유출 사건〉 마지막 사건
사직서 "오랫동안 꿈꾸던 일"

- 쓰러진 심판
- 벽돌투척사건, 황인준 부메랑되어
- 은석 알아본 나부장판사
- 명이 되다, 백도현
- 첫 단추가 잘못 끼워졌다.
- 고작 3분, 법 별거 아니네 학습
- 왜 사명감이 없느냐
- 나부장 비난하는 심판

- 심판, 유물 태우며 아들 보내기
- 심판, 소년을 대하는 태도에 변화는 필요하다. 그전과는 다르게 소년범을 혐오합니다.

구성점 1
〈10대 상해사건〉
가정폭력, 부산소년원
심은석과 차태주 판사 대립

Act 1 (3회)	중간점 (5회)	Act 2 (8회)	클라이맥스 (10회)	Act 3 (10회)
연화지방법원 소년부 심판사	소년법 개정 강부장판사 시험대에	심판사, 5년 전 사건과 만나다	5년 전 사건 부메랑 백도현	그전과는 다르게, 소년범 혐오 심판사

넷플릭스 오리지널 〈소년심판〉 구성표

그 뒤에는 공범 한예은이 있었다. 2회까지 이어진 이 사건은 심은석 판사의 활약으로 한예은과 백성우가 각각 최고형을 받고, 심은석 판사는 피해 아동의 부모에게 자신이 직접 도시락을 지어 건네며 깊은 위로를 전한다. 3회에서 '10대 상해 사건'의 서유리가 등장하면서 심은석과 동료 판사 차태주는 소년범을 바라보는 다른 시선으로 인해 대립한다. 이 부분이 1장의 구성점이다.

2장은 8회까지로 중간점은 5회에 나온다. 결국 서유리 사건은 아버지에 의한 가정폭력임이 밝혀지고 차태주 역시 자신이 가정폭력 당사자로 아직도 그 안에 갇혀있음을 심은석에게 고백한다. 소년범 예방에 대한 근본적인 원인과 대안이 중요하다는 것이 인식되고 강부장판사는 소년법 개정을 위해 법원이 아닌 국회로 가야 한다고 생각한다. 4회에서 '푸름 청소년 회복 센터'가 나오고 소년범들을 보살피는 대안 가정의 오선자가 강부장판사의 신뢰를 받는다. 그러나 센터의 아동학대와 후원금 비리가 신고되고 두 판사가 조사를 하던 중, 위탁 받던 아이들 7명이 사라진다. 가출 청소년들이 가장 빠지기 쉬운 돈벌이는 바로 성매매이기 때문에 그전에 아이들을 찾아 데리고 와야 한다. 극적으로 아이들을 찾아왔으나 결국 그 아이들이 이렇게 된 데에는 엄마의 부재에서 비롯된 것임을 깨닫게 된다. 청소년이 올바르게 크기 위해서는 그만큼 가정과 엄마의 역할이 중요하고, 국가가 해야 할 일을 위탁 가정에서 맡아 아이들을 보호한다는 제도의 한계점을 심은석은 알게 된다. 한편 강부장판사는 오랜 시간 꿈꾸던 소년법 개정을 위해 국회를 가려하는데 이때 '문광고 시험지 유출 사건'이 터진다. 이 부분이 중간점이다.

이제부터 이야기는 과연 강부장판사가 소년법 개정에 성공할 것이냐로 넘어간다. 그러나 문광고 시험지 유출 사건에는 강부장판사의 아들 신우가 개입되어 있다. 강부장판사는 아들이냐 대의냐를 놓고 선택해야 하는 상황에서 심은석의 설득으로 결국 대의를 내려놓고 떠나게 된다. 그 자리에 새로운 부장판사로 나근희가 온다. 8회에서 '곽도석 무면허 교통사고'가 발생하고 차태주가 그토록 믿고 변호했던 곽도석이 교통사고를 내고 식물인간이 된다. 여기서 차태주와 심은석이 대립하고 결국에는 나부장판사와 심은석도 대립한다. 결과적으로 나부장판사의 부임은 심은석에게 더 불리하게 작용하는데 '연화집단 성폭행 사건'이 터지면서 심은석은 5년 전 자신을 괴롭히던 사건과 마주하게 된다. 이 부분이 2장의 구성점이다.

3장은 8회부터 10회까지로 나부장판사의 부임과 함께 심은석은 5년 전 '벽돌 투척 사건'으로 자신의 아들을 잃은 엄마였음이 드러난다. 그 사건을 속도전으로 판결을 낸 판사가 나근희였던 것이다. 심은석은 그때 제대로 된 판결을 내리지 않았기 때문에 벽돌 투척 사건의 가해자 황인준이 집단 성폭행 사건의 가해자가 되어 부메랑으로 돌아왔다고 나부장판사를 비난한다. 평정심을 잃은 심은석은 결국 재판에서 배제된다. 이 부분이 클라이맥스 직전의 위기이다. 그러나 심은석은 굴하지 않고 혼자 진짜 주범인 백도현의 아지트에 가서 결정적인 증거를 확보하는 데 성공한다. 이 부분이 클라이맥스로 전환되는 지점이다.

집단 성폭행 사건은 백도현, 황인준이 범인이고 그들은 불법 성폭행 동영상을 유통하여 돈벌이를 하는 악질범이었다. 제대로 된 처벌의 중요성을 알게 된 나부장판사는 심은석에게 사과를 하고 심은석은 그제야 아들의 유물을 태우며 아들을 떠나보내고 트라우마에서 벗어난다. 이제 심은석 판사는 "혐오, 싫어하고 미워할지언정 소년을 위해서라면 최선을 다하겠다. 처분은 냉정함을 유지하겠다. 소년에게 어떠한 색안경도 끼지 않겠다."라는 명대사를 남기며 그전과는 다른 판사로 변화한다.

〈소년심판〉은 갈수록 잔혹해지는 청소년 범죄, 촉법 소년 문제 등을 실화를 바탕으로 재구성하여 강한 몰입과 감정이입을 이끌어 낸 사회고발극이다. 각기 다른 신념을 가진 인물, 즉 소년범을 혐오하는 심은석 판사, 소년법을 혐오하는 차태주 판사, 소년법 개정을 꿈꾸는 강부장판사, 소년 사건은 속도전이라는 나부장판사 같은 힘 있는 캐릭터들을 바탕으로 대립하고 갈등을 극대화하여 청소년 범죄에 대한 균형감 있는 시선과 문제 제시를 하고 있다. 특히 법과 정의, 진실, 피해자 보호에 대해 생각하게 하는 의미 있고 힘 있는 명대사들이 돋보이는 작품이다.

– OTT 시리즈 〈더 글로리〉

넷플릭스 오리지널 시리즈이자 장르물인 〈더 글로리〉는 지상파 로맨틱코미디의 여왕으로 불리던 김은숙 작가의 OTT 데뷔작이다. 2022년 12월 파트 1이 공개되어 많은 화제와 주목을 받았고, 2023년 3월 파트 2가 공개되면서 파트 1에서 뿌린 복수의 떡밥들을 잘 거둬들이면서 완벽한 복수를 이끌며 성공적인 마무리를 지었다.

〈더 글로리〉는 유년시절 폭력으로 영혼까지 부서진 문동은이 다수 가해자들에게 자신의 온 생애를 걸고 치밀하게 준비하여 처절한 복수를 통쾌하게 펼치는 학원폭력물이다. 학폭은 시간이 지나도 피해자들 상처가 아물지 않고 치명적인 후유증을 남기기에 한국 사회에서는 굉장히 문제가 되는 소재이다. 특히 학폭물은 복수를 목표로 하기에 주인공의 초목표가 뚜렷하고 얼마나 통쾌하게 복수하느냐가 중요한데 김은숙 작가는 첫 OTT 시리즈와 장르물 전환이라는 두 마리 토끼를 성공적으로 이끌어냈다. 복수를 다룬 학원폭력물인 만큼 주인공 문동은의 복수에 초점을 맞춰 구성표를 들여다보겠다.

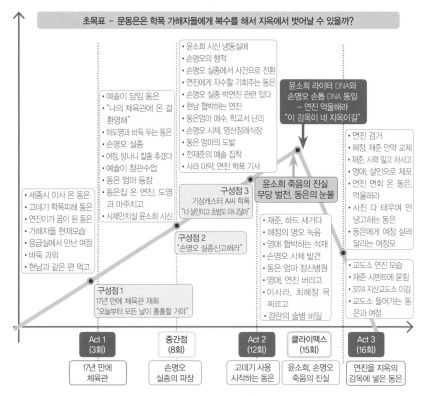

초목표 – 문동은은 학폭 가해자들에게 복수를 해서 지옥에서 벗어날 수 있을까?

• 윤소희 시신 냉동실에
• 손명오의 행적
• 손명오 실종에서 사건으로 전환
• 연진에게 자수할 기회주는 동은
• 손명오 실종 박연진 관련 있다
• 현남 협박하는 연진
• 동은엄마 매수, 학교서 난리
• 손명오 시체 영산장례식장
• 동은 엄마의 도발
• 전재준의 예술 집착
• 사라 마약, 연진 학폭 기사

윤소희 라이터 DNA와
손명오 손톱 DNA 동일
– 연진 억울해라
"이 감옥이 네 지옥이길"

• 예솔이 담임 동은
• "나의 체육관에 온 걸 환영해"
• 하도영과 바둑 두는 동은
• 손명오 실종
• 여정 망나니 칼춤 추겠다
• 예솔이 참관수업
• 동은 엄마 등장
• 동은집 온 연진, 도영과 마주치고
• 시체안치실 윤소희 시신

• 연진 검거
• 혜정, 재준 안약 교체
• 재준, 시력 잃고 차사고
• 영애, 살인으로 체포
• 연진 면회 온 동은, 억울해라
• 사진 다 태우며 안녕고하는 동은
• 동은에게 여정 살려달라는 여정모

구성점 3
기상캐스터 A씨 학폭
"너 살인이고 초범도 아니잖아"

윤소희 죽음의 진실
무당 벌전, 동은의 눈물

구성점 2
"손명오 실종신고해라"

• 재준, 하드 새거다
• 혜정의 명오 녹음
• 영애 협박하는 석재
• 손명오 시체 발견
• 동은 엄마 정신병원
• 영애, 연진 버리고
• 이사라, 최혜정 목찌르고
• 경란의 술병 비밀

• 교도소 연진 모습
• 재준 시멘트에 묻힘
• 3724 지산교도소 이감
• 교도소 들어가는 동은과 여정

• 세종시 이사 온 동은
• 고데기 학폭피해 동은
• 연진이가 꿈이 된 동은
• 가해자들 현재모습
• 응급실에서 만난 여정
• 바둑 과외
• 현남과 같은 편 먹고

구성점 1
17년 만에 체육관 재회
"오늘부터 모든 날이 흉흉할 거야"

Act 1 (3회) / 중간점 (8회) / Act 2 (12회) / 클라이맥스 (15회) / Act 3 (16회)

17년 만에 체육관 / 손명오 실종의 파장 / 고데기 사용 시작하는 동은 / 윤소희, 손명오 죽음의 진실 / 연진을 지옥의 감옥에 넣은 동은

넷플릭스 오리지널 〈더 글로리〉 구성표

　〈더 글로리〉는 파트 1, 2로 나눠 두 번에 걸쳐 8부작씩 넷플릭스에서 오픈했지만 완결된 이야기로 보면 16부작 미니시리즈와 같다. 초목표는 '문동은은 학폭 가해자들에게 복수를 해서 지옥에서 벗어날 수 있을까?'로 잡았다. 1장은 3회까지로 볼 수 있는데 1회에서 끔찍한 학교폭력에 갇힌 18살 문동은이 보여진다. 부모와 선생님 등 어른의 보살핌을 받지 못하는 문동은은 부와 권력을 가진 다수 가해자들에게 폭력의 희생양이 된다. 학교 체육관에서 연진과 재준을 비롯한 다수의 학생들이 동은에게 가하는 폭력 수위는 너무 잔인하고 가혹한데, 특히 고데기로 동은의 몸을 지지는 장면은 차마 눈 뜨고 보기 힘들 정도이다. 몸에 남은 고데기에 데인 자국처럼 동은의 학폭에 대한 기억은 사라지지 않고 동은을 지배한다. 이때부터 동은의 남은 생 꿈은 바로 가해자 연진이 된다.

2회에서는 성인이 된 가해자들의 근황이 보여지고 교사가 된 동은은 남편에게 매 맞고 사는 여자 현남과 한 팀이 된다. 3회에서 모교의 자랑스런 동문상을 타게 된 연진 때문에 가해자들이 모두 학교 체육관에 모이게 되는데, 그곳에 바로 연진이 등장하며 "오늘부터 모든 날이 흉흉할 거다."라며 복수의 서막을 알린다. 17년 만에 학교 체육관 에서 학폭 피해자 동은과 가해자들의 재회가 이뤄지는데 그 부분이 1장의 구성점이다.

2장은 12회까지로 볼 수 있고 8회까지가 중간점이다. 복수를 선언한 동은의 첫 번째 행동은 연진 딸 예솔이의 담임이 되는 것이다. 우연이 아니냐고 의심하는 연진에 게 동은은 "여기까지 오는데 우연은 단 한 줄도 없었다."라며 모든 것이 자신의 치밀 한 계획임을 알리고, 연진의 남편 하도영에게도 바둑으로 접근한다. 한편 자신을 방 관했던 과거의 담임을 죽이면서 첫 번째 복수를 한 동은은 가해자 중 한 명인 손명오에 게 과거 윤소희 죽음에 대한 정보를 흘린다. 윤소희 죽음의 비밀을 알아챈 손명오는 재 준과 연진을 비롯한 가해자들에게 압박을 가하는데, 그러다 6회에서 갑자기 손명오가 사라진다. 이 부분이 중간점이다. 이때부터 드라마는 손명오 실종이 불러온 파장으로 사건이 확대된다. 동은의 지시로 혜정이 손명오 실종을 신고하게 되자 가해자들은 수 사 압박을 받게 되고 연진, 재준, 사라, 혜정의 관계에 균열이 생긴다. 한편 동은에게 는 주여정이 망나니 칼춤을 쳐주겠다고 약속해 또 한 명의 조력자가 생긴다.

8회 중간점 이후부터 윤소희 죽음이 부각되고 실종된 손명오의 행적을 좇게 된 다. 윤소희의 시체는 냉동 보관되어 있고 윤소희의 죽음과 손명오의 실종에는 모두 연진이 관련되어 있다. 결국 손명오는 실종에서 사건으로 전환되고 동은은 연진에게 자수할 기회를 주겠다고 제안한다. 그러나 반성하지 않는 연진은 동은의 조력자 현남 을 현남의 딸 선아로 협박하고, 동은 엄마를 매수해 동은의 학교에 가서 난리를 치도 록 사주한다. 11회에서 손명오 죽음의 진실이 밝혀지며 손명오 시신이 영산장례식장 에서 발견되고 잠깐 수세에 몰린 듯 했던 동은은 12회부터 반격을 시작한다. 동은이 본격적으로 가해자들에게 자신만의 고데기를 사용하는 시점이다. 먼저 학폭 가해자 이사라는 마약하는 모습이 생중계되며 스스로 몰락하고, 기상캐스터 A씨의 학폭스 캔들이 터지면서 연진을 조여 온다. 이 부분이 2장의 구성점이다.

3장으로 넘어오면서 비로소 동은이 뿌려두었던 복수의 씨앗을 거둬들이는 시간이 전개된다. 손명오 죽음의 비밀이 담긴 씨에스타의 CCTV는 사라지고 죽인 범인은 연진으로 수사망이 좁혀온다. 윤소희와 손명오 죽음의 진실이 밝혀지면서 연진은 딸 예솔이와 남편 하도영 그리고 엄마 이영애에게까지 버림받는다. 클라이맥스는 15회로 그동안 숨겨져 있던 윤소희 죽음의 진실, 즉 전재준의 아이를 임신한 채 연진에 의해 죽임을 당했던 윤소희의 억울한 죽음이 무당굿으로 드러나고, 윤소희 라이터 DNA와 손명오 손톱의 살점 DNA가 일치하면서 바로 두 사람을 죽인 살인자가 연진이었음이 드러난다.

결국 연진은 검거되어 감옥에 가고 재준은 눈이 멀어 시멘트에 묻히고, 혜정은 사라에게 목을 찔려 목소리를 잃고, 사라는 마약으로 무너지고 손명오는 살해되고, 동은 엄마는 정신병원에 갇히면서 그동안 동은을 괴롭혔던 가해자들 모두가 저마다 벌을 받는 것으로 끝난다. 하지만 여기에 반전이 숨어있었는데 바로 손명오 죽음에 대한 비밀이다. 연진이 범인으로 몰렸지만 진범은 따로 있었다. 그러나 아무도 연진의 억울함에 귀를 기울이지 않는다. 동은의 바램대로 연진은 모두에게서 철저하게 버려졌다. 이렇게 동은의 처절한 복수는 막을 내린다.

〈더 글로리〉는 학폭으로 영혼까지 망가져 18살에 멈춰버린 문동은이라는 캐릭터를 통해 사회적으로 학교폭력의 심각성과 후유증에 대해서 한번 더 생각하는 계기를 마련했다. 부모의 재산과 권력이 곧 자식들의 힘이 되어 학교에서마저 사회적 약자를 괴롭히는 학교 폭력이 현실에서도 지속되고 있다. 〈더 글로리〉는 학폭으로 상처 입은 피해자가 죽지 않고 살아남아 처절하지만 치밀하고 계획적인 복수로 가해자들을 응징하며 카타르시스를 느끼게 하는 소위 사이다 드라마이다.

5) 복합장르 구성 : 미니시리즈 〈동백꽃 필 무렵〉, 〈이상한 변호사 우영우〉

예전에 종합선물세트라는 온갖 과자가 잔뜩 들어있는 과자세트가 있었다. 어렸을 적에는 종합선물세트만 있으면 골라 먹는 재미에 세상 부러울 것이 없었다. 요즘엔 콘텐츠도 단일장르 구성보다는 다양한 장르가 섞인 복합장르가 대세이다. 복합장르는 '한 작품 안에 액션, 스릴러, 판타지, 휴먼 등 다양한 장르가 공존하는 것'을 말한다. 복합장르는 장르 융합 혹은 장르 파괴라고 볼 수 있는데, 인기 장르인 로맨틱 코미디에 공포, 스릴러를 첨가하거나 멜로나 액션물에 판타지나 미스터리를 첨가하는 경우 등을 흔히 볼 수 있다. 2024년 큰 인기를 끌었던 〈선재 업고 튀어, 2024〉도 청춘 로맨스코미디에 타임슬립과 스릴러 등을 섞어 다양한 재미를 끌어낸 케이스이다. 이런 경우는 구성표를 장르별로 나눠서 살펴볼 수 있다. 선택한 작품은 〈동백꽃 필 무렵〉과 〈이상한 변호사 우영우〉이다. 먼저 복합장르의 예를 잘 보여준 미니시리즈 〈동백꽃 필 무렵〉을 로맨스와 스릴러로 나눠서 두 가지 구성표로 보고자 한다.

– 〈동백꽃 필 무렵〉 로맨스 구성표

2020년 전국을 강타한 인기 드라마 〈동백꽃 필 무렵〉은 미혼모 동백이 세상의 편견에 맞서며 자신의 행복을 찾아가는 이야기이다. 드라마를 쓴 임상춘 작가는 로맨스 40%, 휴먼 40%, 스릴러 20% 지분을 바탕으로 기획했다고 말한다. 특히 스릴러를 맡은 까불이 부분은 20부작이나 되는 드라마 서사에 조미료 같은 긴장감을 담당하는 감칠맛 역할을 했다. 그러나 무엇보다 이 드라마의 주축은 동백과 용식의 조금 촌스럽지만 우직한 사랑에 있다고 볼 수 있다. 두 사람의 사랑 이야기 초목표를 '동백은 까불이의 살해 위협과 옹산의 편견을 물리치고 용식이와 사랑할 수 있을까?'로 잡을 수 있다.

총 20회 분량에서 1장은 1~6회까지로 볼 수 있는데 옹산 게장골목에 까멜리아라는 술집이 생기고 그곳에 용식이 첫눈에 반한 용식만의 다이애나 동백이 나타난다. 1장의 구성점은 용식에게 쉽게 마음을 못 열던 동백이 자신의 치부책을 사용해 용식을 구하면서 두 사람은 곧 정분이 나는 지점이다.

6회부터 10회까지 중간점으로 볼 수 있는데 두 사람은 썸을 타고 애정이 깊어지지만 까불이의 낙서 경고로 위협을 느낀 동백은 아들 필구를 위해 옹산을 떠나려고 한다. 그러다 동백과 용식은 첫 키스를 하게 되고 동백은 다시 한 번 아들 필구를 위해 용기를 낸다. '난 이제 막 살겠다'며 빨간 원피스를 입고 나타나는 동백, 이제 동백은 숨기만 하는 것이 아니라 당당하게 자신을 드러내려 한다.

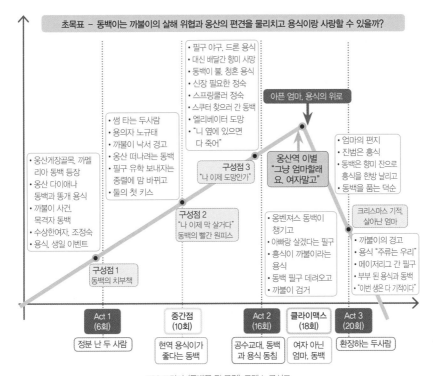

KBS 드라마 〈동백꽃 필 무렵〉 로맨스 구성표

중간점 이후 2장은 16회까지로, 동백 대신 배달간 향미가 죽고, 자기 옆에 있으면 다 죽는다는 동백의 죄책감이 용식과의 관계도 멀어지게 한다. 그러나 동백은 곧 다시 힘을 내어 당당하게 자신의 운명과 맞서겠다며 용식의 청혼도 받아들인다. '나이제 도망안가'가 구성점 2이다.

이야기는 3장으로 넘어가는데 18회까지 클라이맥스 전으로 볼 수 있다. 우여곡절 끝에 연결된 동백과 용식의 사랑은 이번에는 가장 큰 위기가 오는데 바로 동백의 아킬레스인 아들 필구이다. 엄마 동백을 위해 아빠 종렬을 따라갔던 필구는 다시 동백의 품으로 오고, 동백은 여자 말고 엄마 하겠다며, 옹산역에서 용식에게 이별을 고한다. 동백은 이제 여자가 아닌 엄마를 택한 것이다. 여기서 동백과 용식의 사랑이 최대 위기를 맞는다.

클라이맥스에서 엄마 정숙이 아프고 동백은 용식에게 기대고 위로를 받는다. 결국 동백은 까불이로부터 스스로를 지키고 엄마도 옹산 사람들의 도움으로 기적처럼

살아난다. 둘 사이를 반대하던 용식 엄마 덕순도 비로소 동백을 받아들이게 된다. 최
종적으로 동백과 용식의 사랑은 이뤄지고 서로 환장하는 사이로 그들의 로맨스는 해
피엔딩을 맞는다.

─ 〈동백꽃 필 무렵〉 스릴러 구성표

이번에는 〈동백꽃 필 무렵〉의 스릴러 구성을 살펴보자. 스릴러 구성의 초목표
는 '용식은 까불이로부터 동백을 지켜낼 수 있을까?'로 잡았다.

1장은 6회까지로 옹산 연쇄살인사건 용의자 '까불이를 왜 못잡냐'는 의문에서 게
르마늄 팔찌를 찬 희생자의 모습이 보이면서 혹시 동백이 죽은 게 아닐까? 하는 의문
을 강하게 품게 만든다. 까불이는 까멜리아 벽에 낙서를 통해 동백에게 경고를 한다.
이에 과거에 있었던 '옥이 에스테틱' 사건을 보여주면서 동백이가 목격자임이 밝혀진
다. 구성점은 '스프링쿨러가 널 살렸다'로 잡는다.

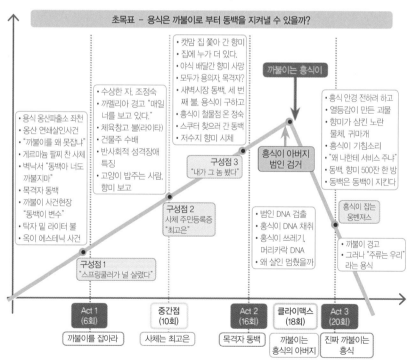

KBS 드라마 〈동백꽃 필 무렵〉 스릴러 구성표

6회에서 10회까지는 중간점으로 '스프링쿨러'에 대한 의문이 증폭되면서 수상한 자가 나타나는데 용식이 잡고 보니 동백의 엄마 조정숙이다. 매일 너를 보고 있다며 동백에 대한 까불이의 경고는 심해지고 향미는 고양이에게 밥 주는 남자를 쫓아간다. 그 와중에 게르마늄 팔찌의 주인공, 즉 죽은 사체는 동백이 아니고 향미임이 밝혀진다.

10회에서 16회까지 2장으로 볼 수 있는데 향미가 쫓아간 캣맘은 바로 동네에 사는 홍식이였고 홍식이네 집에는 누군가 한 명이 더 살고 있어 궁금증을 유발한다. 동백 대신 야식을 배달 간 향미가 살해당하면서, 모두가 용의자이면서 목격자인 아이러니한 상황에 놓이게 된다. 홍식의 철물점에 찾아온 동백의 엄마 정숙으로 인해 불안감이 고조되고, 동백은 향미의 스쿠터를 찾으러 갔다가 엘리베이터에 갇히게 된다. 동백이 엘리베이터에서 구조되면서 동백은 범인의 얼굴을 보게 된다. 목격자 동백이 2장의 구성점이다.

16회부터 18회까지 까불이 검거에 스피드가 붙는다. 향미가 남긴 단서에서 범인의 DNA가 검출되고 홍식이 아버지가 까불이임이 밝혀지며 검거된다. 이렇게 까불이 사건이 마무리 되는가 싶더니 클라이맥스에서 진짜 까불이는 홍식이임이 밝혀지며 반전이 일어난다. 홍식이가 까불이인줄 모르고 까불이에게 서비스를 주며 인정을 베풀던 동백은 까멜리아에서 홍식의 공격을 당할 위기에 처하지만 웅산 주민들의 관심과 동백이 자신의 용기 속에서 향미의 오백잔으로 홍식을 내려쳐 동백은 스스로를 지킨다. 결국 까불이를 붙잡는 것은 동백이와 함께 자칭 웅산의 웅벤져스라 불리는 웅산의 여자들이다.

작가는 로맨스와 휴먼 스토리에 스릴러는 감칠맛처럼 거들뿐이라고 했지만, 동백과 용식의 촌스럽지만 우직한 사랑, 동백과 엄마 정숙의 화해, 웅산 사람들과 까멜리아 동백이 웅산에 물들기까지 까불이 사건은 모든 갈등을 쫄깃하게 엮어주는 매개체 역할을 톡톡히 한다. 〈동백꽃 필 무렵〉은 웅산이라는 무뚝뚝하지만 정이 넘치는 판타지와 같은 공간 속에서 사람 간의 연대의 따뜻함을 느끼게 하고, 다시 돌아온다는 까불이의 경고에도 보통 사람들이 주류라는 메시지를 전한다. 이 드라마는 전통적 모성애에 기댄 엄마 같은 드라마로 고아, 미혼모, 직업여성, 변두리 약자들에 대한 편견에 저항하고 따뜻한 승리와 감동을 보여주는 보석 같은 드라마이다.

- 〈이상한 변호사 우영우〉 로펌 생존기 구성표

〈이상한 변호사 우영우〉는 ENA에서 2022년 방송된 16부작 미니시리즈이다. 법정물로 천재적인 두뇌와 자폐스펙트럼을 동시에 가진 신입 변호사 우영우가 대형 로펌에 입성해 고군분투하며 진정한 변호사로 활약하게 되는 성장스토리이다. 다른 한편으로는 변호사 우영우와 송무팀 직원 이준호의 로맨스, 그리고 우영우 출생의 비밀과 함께 사회 전반 문제까지 재판을 통해 고발하고 생각하게 하는 휴먼드라마이다. 이와 같은 드라마의 특징을 반영해 우영우의 로펌 생존기와 이준호와의 로맨스를 나눠 두 개의 플롯으로 분석해보고자 한다.

구성은 총 16부작으로 14개의 재판과 사건을 다루고 있는데 거의 매회 한 사건씩 해결해 나간다. 기존 법정물이 2회에 걸쳐 한 사건을 처리하는 것에 비하면 굉장

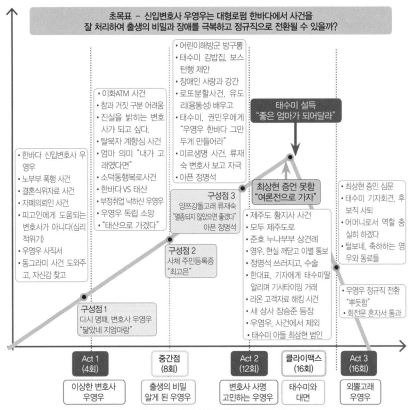

ENA 드라마 〈이상한 변호사 우영우〉 로펌 생존기 구성표

히 빠른 사건 진행이라고 볼 수 있다. 점점 빠른 것에 익숙해지는 대중들 취향도 고려한 구성이라고 생각한다. 먼저 우영우의 대형로펌 생존기를 살펴보겠다.

첫 번째 초목표는 '신입변호사 우영우는 대형로펌 한바다에서 사건을 잘 처리하여 출생의 비밀과 장애를 극복하고 정규직으로 전환될 수 있을까?'로 잡았다. 주인공 우영우는 좀 특별한 캐릭터이다. 남보다 우월한 천재적 기억력을 지녔지만 사회성이 떨어지는 자폐스펙트럼이라는 결함도 있다. 그런 사회초년생 우영우가 대형로펌 한바다에서 적응을 잘해 정규직이 되어야 하는 목표가 있고, 정규직이 되려면 자신 앞에 주어진 사건들을 잘 해결해야 한다. 변호사와 로펌이야기이다 보니 법정물의 형태를 띠는데 거의 매회 사건이 주어지고 우영우가 해결하는 형식이다. 주어진 사건을 하나씩 해결하면서 우영우는 어리바리 시행착오를 겪던 신입 변호사에서 사명감을 가지고 자신의 길을 가고자 하는 한 명의 법조인으로 탈바꿈하는 성장을 보여준다.

총 16회 분량에서 1장은 4회까지로 볼 수 있다. 대형로펌 한바다에 신입변호사로 들어온 우영우는 주변의 의심어린 눈초리를 한몸에 받으며 첫 번째 사건을 맡는다. '노부부 폭행 사건'이고 이를 통해 직장상사 정명석의 신뢰를 받게 된다. 그 후 '결혼식 위자료 사건', '자폐아 상해치사 사건'으로 우영우 변호사의 자폐 문제가 부각되면서 우영우는 자신의 존재에 대한 회의감을 갖게 되고 변호사를 사임한다. 그러나 유일한 친구 동그라미 아버지의 '땅 분할 사건'을 도우면서 자신이 변호사 일을 좋아한다는 것을 깨닫고 스스로 변호사 명패를 찾으면서 심리적 위기를 벗어난다. 하지만 이때부터 우영우 출생의 문제가 대두되면서 2장으로 넘어간다.

2장으로 넘어간 스토리는 중간점까지 여러 사건이 펼쳐진다. 8회까지 중간점으로 보면 5회 '이화ATM기 사건'으로 우영우는 참과 거짓, 도덕 윤리적 문제에 직면하면서 '진실을 밝히는 훌륭한 변호사가 되고 싶다'라는 직업적 신념이 생긴다. 6회 '탈북자 계향심 강도상해 사건'으로 어머니의 위대함과 존재가 부각되고, 7~8회 '소덕동 이야기'에서 한바다와 태산이 라이벌 로펌으로 충돌한다. 우영우는 소덕동 사건을 통해 독립과 정치에 눈을 뜨고, 태산 대표 태수미를 이상적인 변호사로 동경하게 된다. 그러나 태수미가 자신의 친엄마임을 알게 되면서 우영우는 충격을 받게 된다. 이 부분이 중간점이다.

중간점 이후 스토리는 더 확장된다. 우영우가 맡는 사건들은 좀 더 사회적 문제에 접근하게 된다. 9회 '미성년자 약취 유괴 사건'을 통해 우리나라 교육문제에 대해서 생각하게 되고, 10회 '장애인 준강간 혐의 사건'으로 장애인의 사랑과 현실에 대해서 깨닫게 된다. 11회 '로또 1등 당첨금 분할 사건'에서는 사회생활에 필요한 유도리(융통성)를 배우고, 12회 '미르생명 부당 사건'으로 자신의 이익과 성공보다 사회적 약자 편에서 정의를 위해 싸우는 류재숙 변호사를 만나면서 어떤 변호사가 될 것인가에 대한 고민에 빠진다. 그 와중에 태수미는 자신의 딸 우영우를 미국으로 유학 보내기 위해 영우 아버지에게 압력을 넣고, 다른 한편으로는 같은 회사 변호사 권민우에게 우영우를 그만두게 해달라고 회유한다. 자신의 거처에 대해 진지하게 고민하던 우영우는 믿고 따르던 멘토이자 직장 상사 정명석마저 병에 걸려 위기를 맞게 된다. 이 부분이 2장의 구성점이다.

3장은 13회부터 16회까지이고 이때부터 우영우에게 최대 위기들이 몰려온다. 13회 '제주도 황지사 사건'을 맡으면서 무대는 제주도로 옮겨지고 우영우는 이준호 가족을 만나면서 사랑의 현실적 장벽을 깨닫게 되고, 정명석이 아파 쓰러지면서 직장생활에도 장애가 발생한다. 14회 '라온 개인정보 유출사건'을 통해 드라마는 그동안 뿌려놓은 씨앗을 거둬들이며 본격적인 클라이맥스를 향해 간다. 우영우가 믿고 따르던 멘토 정명석 자리에 우영우를 인정하지 않는 새로운 상사 장승준이 나타나 우영우를 재판에서 제외한다. 그러나 이 개인정보 유출사건의 범인은 태수미 아들 최상현이고 최상현은 법정에서 증언하려 하지만 엄마 태수미의 방해로 무산될 위기에 처한다. 이 부분이 클라이맥스 직전이다. 즉 우영우는 출생의 비밀과 장애를 극복하지 못하고 이대로 주저앉을 최대 위기에 처한 것이다. 그러나 우영우는 정면승부, 즉 태수미를 직접 만나서 승부수를 띄우는데 이 부분이 클라이맥스 지점이다. 자신에게는 그렇게 못했지만 최상현에게 만은 좋은 엄마가 되어달라는 우영우 말에 태수미 마음이 움직였고 결국 최상현이 증언을 하게 되면서 태수미는 법무장관 후보직을 사퇴하게 된다. 재판에 승소한 우영우는 동료들과 함께 축하의 자리를 갖고 정규직 전환에 대한 목표를 성공적으로 이뤄낸다. 한 명의 의젓한 변호사로 성장한 우영우는 출근 첫날 혼자서는 어쩔 줄 몰라 했던 회사 회전문을 스스로 통과하는 모습을 보여주며 해피엔딩으로 드라마가 끝이 난다.

-〈이상한 변호사 우영우〉 로맨스 구성표

이번에는 〈이상한 변호사 우영우〉의 로맨스 구성을 살펴보자. 로맨스 구성의 초목표는 '자폐스펙트럼을 가진 신입변호사 우영우는 비장애인 이준호와 장애를 극복하고 연인 사이가 될 수 있을까?'로 잡았다.

1장은 3회까지로 한바다 로펌에 첫 출근하는 우영우가 회사 회전문을 통과하지 못하자 이준호가 도와주면서 첫 만남이 시작된다. 두 사람은 로맨틱하게 왈츠를 추듯 회전문을 통과하는데 도움을 준 이준호는 한바다에서 같이 근무하는 동료였다. 처음부터 이준호는 우영우 호위무사처럼 직장생활에 도움을 주며 우영우를 지켜주고, 무엇보다 다들 괴로워하는 우영우의 고래 이야기도 재미나게 들어줘 우영우를 신나게 한다. 최수연을 대신해서 간 웨딩샵에서 웨딩드레스를 입은 우영우를 보고 한눈에 반하는 이준호, 핑크빛 무드가 익어 가는데, 거기서 우연히 만난 준호의 후배가 우영우

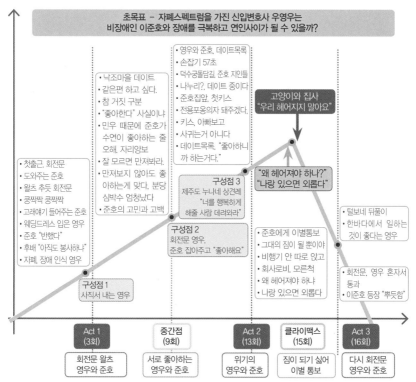

ENA 드라마 〈이상한 변호사 우영우〉 로맨스 구성표

를 보며 "선배, 아직도 장애인 봉사활동 하나봐"라는 말로 우영우에게 장애인임을 인식시킨다. 이 일로 일적으로도 애정관계에서도 상처를 받은 우영우가 사직서를 내면서 둘 사이가 헤어질 위기를 맞는다. 이 부분이 1장의 구성점이다.

2장 앞부분은 9회까지로 다시 한바다로 돌아온 우영우와 이준호는 낙조마을 데이트에서 이준호의 "나는 변호사님이랑 같은 편 하고 싶어요"라는 말에 우영우는 설렘을 느낀다. 그러나 이준호가 동료이자 친구인 최수연을 좋아하는 걸로 오해한 우영우는 자신이 빠져주려고 준호를 피하게 된다. 자신이 준호를 좋아하는지 잘 모르겠다는 우영우에게 잘 모르면 만져보라 하는 준호. 그러나 우영우는 자신의 심박수로 만져보지 않아도 준호를 좋아한다는 것을 알게 된다. 여전히 회전문 앞에서 무서워하는 우영우를 도와주며 준호는 좋아한다고 고백하고 둘은 서로의 마음을 확인한다. 이 부분이 중간점이다.

9~13회는 2장의 뒷부분이다. 서로 좋아하는 것을 확인한 둘 만의 달달한 데이트가 시작된다. MBTI로 보면 파워 J에 가까운 우영우는 데이트도 우영우식으로 목록을 작성해 특별하게 즐긴다. 두 사람은 손잡기를 거쳐 집 앞에서 첫 키스를 하는데 우영우 아빠에게 들키고 만다. 아빠는 그런 우영우를 걱정하고 그 와중에 두 사람은 제주도에 있는 이준호 누나 집을 방문하게 된다. 긴장한 우영우는 이준호 누나와 매형에게 잘 보이려 노력하지만 오히려 역효과를 내고 이준호 누나의 "너를 행복하게 해줄 사람을 데리고 오라"는 말을 엿듣고 다시 한번 자신의 처지를 깨닫는다. 이 부분이 2장의 구성점이다.

3장으로 넘어오면서 이준호에게 짐이 되기 싫은 우영우는 이별 통보를 한다. 제주도에서 돌아오는 비행기 편에는 좌석도 따로 앉은 우영우와 이준호, 회사에 와서도 서로 모른 척 외면한다. 괴로워하는 이준호에게 우영우는 자기랑 있으면 외롭다며 준호를 위해 헤어져야 한다고 생각한다. 이 부분이 클라이맥스 직전의 위기이다. 이대로 우영우와 이준호는 둘 사이 장애를 극복하지 못하고 헤어질 것처럼 보인다. 그러나 자신이 이준호를 진정 사랑하고 있음을 깨달은 우영우는 고양이와 집사처럼 헤어지지 말자며 다시 이준호에게 손을 내민다. 결국 두 사람은 사회와 가족의 편견을 극복하고 두 사람만의 사랑을 지켜나가기로 하고, 입사 첫날 회사 회전문에서 이준호 도움을 받았던 우영우는 이제 스스로 회전문을 통과하는 모습을 보여주며 이준호를 뿌듯하게 한다.

〈이상한 변호사 우영우〉는 이상하지만 특별한 외뿔고래와 같은 우영우가 대형로 펌 한바다에 들어가 여러 사건들을 해결해 나가면서 한 사람의 사회인으로서 얼마나 잘 적응해 나가는지를 보여준다. 우리가 사회생활에서 바라는 로망들 즉 권모술수가 아닌 정직과 실력이 통하는 세상, 정명석 같은 이상적인 멘토와 최수연 같은 따뜻한 동료, 일에 대한 성취감과 정의로운 사회에 대한 기여 등을 우영우를 통해 대리만족하게 만든다. 무엇보다 우영우는 자폐스펙트럼이라는 장애를 가지고 있지만 자신만의 능력과 진정성으로 우직하게 자기의 역할을 해내면서 사회적 편견에도 도전하고 있다. 고래 마니아 우영우가 고래를 통해 드러내는 우화적 대사들도 의미 있는 〈이상한 변호사 우영우〉는 이상하고 별나지만 가치 있고 아름다운 봄날의 햇살 같은 드라마이다.

04 | 내 작품에 적용해보기

이상과 같이 여러 작품들을 구성의 틀에 넣어 들여다보았다. 감상을 하는 시청자 입장이라면 여기서 끝나겠지만 창작을 하는 작가라면 이제부터 시작이다. 이 구성표를 자신의 작품에 적용하는 것이다. 표를 그리고 1장의 구성점, 중간점, 2장의 구성점, 클라이맥스 직전의 사건, 클라이맥스, 결말 등을 적어보자. 스토리에 가장 중요한 것들이 잘 자리를 잡으면 나머지 디테일들은 그 다음에 채워 넣으면 된다.

창작은 실천이다. 다음에 해야지 하고 미루면 안 된다. 지금 당장 노트를 펴고, 표를 그리고 앞의 요건들을 채워나가자. 막히는 부분이 있다면 밤을 새서라도 고민해서 채워 넣어야 한다. 그래야만 구성이 탄탄한 스토리가 나올 수 있다. 신인은 새롭고 독창적이고 실험적인 이야기를 할 자격이 있지만 그러기 위해서는 기본부터 탄탄히 익히는 것이 무엇보다 중요하다. 너무 중요한 부분이라 강조 또 강조하게 된다. 차근차근 제시하는 것을 실천하지 않으면 절대 글쓰기 실력은 늘지 않는다. 스텝 바이 스텝, 조금 답답하지만 그래도 시간이 지나면 어느새 구성을 보는 눈이 훌쩍 자라 있고 그것을 내 작품에 적용시키고 있는 나를 발견할 것이다. 그때의 작은 기적을 위해 지금 시작해야 한다.

Section 06

구성의 실제, 갈등과 장애물

앞에서 다양한 드라마의 구성을 3장 구성표에 맞춰 분석해 보았다. 3장 구성의 패러다임은
아리스토텔레스가 말한 그리스 비극의 시대부터 OTT가 글로벌 콘텐츠를 만들어내는 지금
까지 변하지 않는 불변의 패러다임이다. 이번 단계에서는 구성을 더 세밀하게 짜는 단계로
갈등과 장애물, 에피소드를 다룰 것이다.

01 | 에피소드와 시퀀스

플롯은 공공재라는 말이 있다. 구성의 틀은 어느 누구의 독점 소유물이
아니고 누구나 가져다 사용할 수 있는 재료라는 것이다. 다만 그 틀을 이용한 구체적
인 내용들은 자신만의 독창적인 것이어야 한다. 그렇기 때문에 우리는 공공재인 구성
을 배워서 그 안에 자신만의 캐릭터와 사건, 에피소드를 넣어 새로운 이야기를 만들
어 내야 한다. 그래서 다른 작품을 알고 그것을 통해 자신의 작품을 만들어내는 과정
이 필요하다.

> **체크사항**
>
> ☑ 내 작품에 목표가 있는가?
> ☑ 그 목표를 방해하는 주요 갈등이나 장애가 있는가?
> ☑ 주요 갈등은 무엇인가?
> ☑ 장애물은 몇 개나 있는가?

이제 다른 작품 공부는 그만하고 본격적으로 내 스토리의 구성 짜기에 돌입하자.
지금까지 해온 작업은 소재를 선택해서 로그라인을 잡고 캐릭터를 정해서 머릿속에
떠오르는 줄거리를 다 적었다. 그리고 3장 구성에 대해 공부하고 기존 다른 작품들에
적용해 분석도 해보았다. 이제 실제 자신의 작품에 적용해 3장 구성을 짜보는 것이다.

세부적인 구성을 짜기 위해서는 에피소드Episode와 시퀀스Sequence가 필요하다. 에피소드는 '어떤 이야기나 사건의 줄거리에 끼인 짤막한 토막 이야기', '일반적으로 주된 줄거리에 부수적인 작은 이야기' 또는 '주된 줄거리와 크게 관계없이 삽입되어 있는 이야기'를 의미하지만, 에피소드 그 자체로도 완결되고 통일된 이야기가 되며, 작품의 기본구조를 결정하는 경우도 있다.(네이버 지식백과 인용)

시퀀스는 한마디로 이야기 덩어리로 볼 수 있다. 즉 몇 개의 씬Scene이 모여 하나의 시퀀스를 이룬다고 보면 된다. 사전을 찾아보면 '영화에서 하나의 이야기가 시작되고 끝나는 독립적인 구성단위. 극의 장소, 행동, 시간의 연속성을 가진 몇 개의 장면이 모여서 이루어진다.'라고 정의되어 있다.

그렇다면 시퀀스와 에피소드는 어떻게 다른가? 둘의 개념은 비슷하게 볼 수도 있지만 엄밀하게 말하자면 에피소드보다 시퀀스가 더 큰 개념으로 보아야 한다. 2시간짜리 극영화는 기본적으로 8개의 시퀀스가 필요하다고 한다. 1장에 2개, 2장에 4개, 3장에 2개 정도의 배치가 이상적이다.

02 | 갈등과 장애물 설정

재난 영화 〈엑시트〉를 통해 갈등과 장애물이 어떻게 형성되었는지 함께 살펴보자. 2019년 여름에 개봉한 영화 〈엑시트〉는 기존의 재난 영화와는 다른 면모를 보여 많은 각광을 받았다. 재난 상황보다는 인물들이 재난 상황을 극복하는 부분에 포커스를 맞춰 역동적으로 보여준다.

주인공 용남은 취준생으로 동네 놀이터에서 철봉이나 하며 시간을 보낸다. 용남은 가족에게 인정받지 못하는 아들인데, 특히 어린 조카마저 용남이 삼촌임을 부끄러워할 정도로 집안에서 위치가 낮다. 어떻게 보면 용남의 가장 중요한 미션은 가족들에게 인정받고 조카의 사랑을 되찾는 것이라고 볼 수 있다. 그런 용남이 가스테러라는 재난을 맞닥뜨리면서 가족들을 구하고 자신의 존재를 확인시킬 기회를 맞이하게 된다.

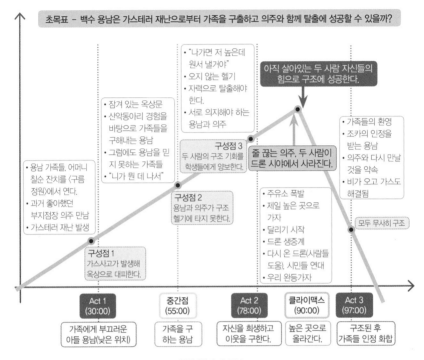

초목표 – 백수 용남은 가스테러 재난으로부터 가족을 구출하고 의주와 함께 탈출에 성공할 수 있을까?

• "나가면 저 높은데 원서 낼거야"
• 오지 않는 헬기
• 자력으로 탈출해야 한다.
• 서로 의지해야 하는 용남과 의주

아직 살아있는 두 사람 자신들의 힘으로 구조에 성공한다.

• 잠겨 있는 옥상문
• 산악동아리 경험을 바탕으로 가족들을 구해내는 용남
• 그럼에도 용남을 믿지 못하는 가족들
• "니가 뭔 데 나서"

구성점 3
두 사람의 구조 기회를 학생들에게 양보한다.

줄 끊는 의주, 두 사람이 드론 시야에서 사라진다.

• 가족들의 환영
• 조카의 인정을 받는 용남
• 의주와 다시 만날 것을 약속
• 비가 오고 가스도 해결됨

• 용남 가족들. 어머니 칠순 잔치를 〈구름정원〉에서 연다.
• 과거 좋아했던 부지점장 의주 만남
• 가스테러 재난 발생

구성점 2
용남과 의주가 구조 헬기에 타지 못한다.

• 주유소 폭발
• 제일 높은 곳으로 가자
• 달리기 시작
• 드론 생중계
• 다시 온 드론(사람들 도움), 시민들 연대
• 우리 완등가자

모두 무사히 구조

구성점 1
가스사고가 발생해 옥상으로 대피한다.

Act 1 (30:00)	중간점 (55:00)	Act 2 (78:00)	클라이맥스 (90:00)	Act 3 (97:00)
가족에게 부끄러운 아들 용남(낮은 위치)	가족을 구하는 용남	자신을 희생하고 이웃을 구한다.	높은 곳으로 올라간다.	구조된 후 가족들 인정 화합

영화 〈엑시트〉 구성표

〈엑시트〉의 주인공 용남은 다른 재난물의 주인공들처럼 도시를 지키고 더 나아가 지구를 지키고 뭐 이런 대의를 지킬 여유가 없다. 엄마의 칠순 잔치에 온 식구들을 가스테러에서 구하기도 벅차다. 영화는 중간점까지 구름정원에 갇힌 용남의 가족을 구출하는 데 집중된다. 가스테러는 벌어졌고 밑에서부터 가스는 점점 위로 차올라오는 긴박한 상황이다. 거기에 누나가 이미 가스를 마셔 빨리 병원으로 옮겨야 하고, 모두 가장 높은 곳인 옥상에 올라가서 구조 헬기가 오기만을 기다려야 하는 상황이다. 그렇지 않으면 용남의 가족 모두가 위태롭다. 거기다 용남이 좋아하는 의주까지 위험하다. 그런데 결정적으로 옥상문이 잠겨 있다. 그렇다면 용남은 어떤 행동을 할 것인가? 어떻게 해야 평범한 젊은이 용남은 가족과 함께 사랑하는 사람을 구할 수 있을까?

방법은 어떻게든 열쇠를 찾아 가지고 오는 것이다. 그런데 열쇠가 있는 곳은 이미 가스로 오염되어 있다. 그렇다면 문을 부셔야 하나? 그런데 철문이라 거의 불가능하

영화 〈엑시트〉의 갈등과 장애물

🖉 **사건** : 온 가족이 구름정원뷔페에서 엄마의 칠순 잔치를 위해 모인다. 하필 그때 가스테러가 일어나 온 가족이 위험에 휩싸인다.

🖉 **초목표** : 백수 용남은 가스테러로부터 가족을 구하고 좋아하는 의주와 함께 탈출에 성공할 수 있을까? 대답은 성공할 수 있다. 그렇다면 그들이 탈출하는데 어떤 갈등과 장애물이 나타날 수 있을까?

🖉 **갈등과 장애물 10가지 적어보기**

① 밑에서부터 차올라오는 가스로 인해 계속해서 위로 올라가야 한다. 맨 위층은 어디인가?

② 맨 위층인 옥상으로 올라왔는데 문이 잠겼다. 그런데 열쇠가 없다.

③ 열쇠는 이미 가스로 뒤덮인 아래층에 있다. 아무도 내려가려 하지 않는다.

④ 그 와중에 용남의 누나가 가스를 마셔 목숨이 위태롭다. 시간이 촉박하다.

⑤ 방독면을 구해야 한다. 방독면은 지하철역에 많다. 그러나 지하는 위험하다.

⑥ 구조 헬기가 그들을 못 보고 지나친다. 한 번 간 헬기는 쉽게 돌아오지 않는다.

⑦ 용남이네보다 더 많은 수의 사람들이 다른 건물에서 구조를 기다린다.

⑧ 용남과 의주가 서로를 믿지 못하고 의심하게 된다. 혹은 배신한다.

⑨ 의주가 가스를 마시게 된다. 빨리 구하지 않으면 목숨이 위태롭다.

⑩ 높은 건물로 이동 중 막다른 길에 다다른다. 혹은 연결된 줄이 끊어진다.

다. 그렇다면 다른 방향으로 옥상까지 올라가야 하는데 무슨 방법이 있을까? 여기서 용남은 용감하게 커다란 창문을 깬다. 그리고는 아무짝에 쓸모없다고 구박받던 산악 동아리에서 갈고 닦은 클라이밍 실력을 발휘해서 자신의 근육과 악력, 줄타기 등의 능력을 이용해 옥상까지 맨손으로 올라간다. 여기서 짜릿한 반전의 묘미를 느끼게 된다.

드디어 옥상문이 열리고 가족들은 구했다. 이제부터 영화는 남은 자 용남과 의주가 스스로의 자력으로 자신들의 목숨을 구해야 하는 상황에 이른다. 이 둘의 구조를 막는 장애물들은 무엇이 있을까? 가스가 점점 위로 올라오며 그들의 목을 죄어 오고, 구조 헬기는 그들을 발견하지 못한다. 이대로 있다간 둘 다 그냥 가스를 마시고 말 것이다. 살기 위해서는 무엇을 해야 할까?

먼저 계속 가스가 미치지 못한 곳으로 올라가야 한다. 아니면 가스를 피할 수 있는 방독면을 구해야 한다. 그런데 방독면은 지하철에 많다. 지하철은 이미 가스로 오염되었고, 하나 남은 방독면을 용남이 쓰고 사라져 버렸다. 용남을 믿을 수 있나? 의주의 의심이 시작된다. 의주는 용남 가족을 살리느라 자신이 헬기 타는 것까지 양보했는데, 용남이 이렇게 뒤통수를 때리다니 의주는 배신감에 치를 떤다. 그러나 용남은 위험한 지하철까지 내려가 방독면을 잔뜩 구해온다. 여기서부터 둘은 신뢰를 되찾고 함께 합심해서 가스지역에서 탈출하기 시작한다. 그들이 가진 것은 쓰레기 봉투와 테이프, 그리고 맨주먹과 달리기뿐이다.

영화의 구성점 3은 겨우 헬기에게 발견 되어 구조될 상황의 용남과 의주가 자신들의 헬기를 건너편 학원의 학생들에게 양보하는 지점이다. 가족과 자신만을 구하기 위해 고군분투하던 용남은 이제 타인을 위해 양보하고 희생하는 캐릭터로 성장했다. 짧은 순간이지만 다수의 학생들을 보고 모른 척할 수 없는 인도주의적 상황에 처한 것이다. 이제 영화는 헬기도 사라지고 3장으로 넘어가 과연 어떻게 용남과 의주가 차올라오는 가스로부터 탈출할 수 있는지 정면 승부하는 모습이 보여진다.

이 영화는 재난 탈출에 성공하고도 영웅 탄생보다는 가족과의 화해와 화합, 그리고 소박한 연애의 시작을 엿볼 수 있는 결말로 끝난다. 신파와 통속성을 많이 배제해서 뭔가 쿨하면서 힙한 색다른 재난 영화의 스타일을 보여준다. 맨주먹과 달리기만으로 그들에게 닥친 재난상황을 극복해나가는 용남과 의주를 보며 저절로 박수를 치면서 응원하게 된다.

실전 5-1 단계

- **주어진 상황** : 할아버지의 제삿날, 7살 소녀 보리는 바쁜 엄마를 대신해 콩나물을 사오려 한다. 생애 처음, 집 밖으로 홀로 떠나는 여행!
- **질문** : 과연 보리는 혼자서 무사히 콩나물을 사 올 수 있을까?
- **상상해서 적어보기** : 7살 소녀 보리가 콩나물을 사오는 데 있어 벌어질 수 있는 갈등과 장애물을 상상해보자. 생각나는 대로 적어보자. 10가지 이상 적기

* 다 적었으면 윤가은 감독의 단편 영화 〈콩나물, 2013〉을 감상해보자.

① 감상 후 자신이 상상한 갈등과 장애물이 감독이 설정한 상황과 얼마나 맞아 떨어지는지 확인해본다.

② 단편 영화 〈콩나물〉 시나리오 앞부분에서 씨뿌리기한 것을 뒷부분에서 어떻게 거둬들이는지 생각나는 대로 적어보자. 예) 할아버지 제삿날, 7살 아이, 할아버지의 구멍 난 모자 등

③ 자신의 작품에 적용해 사건에 따른 구체적인 갈등과 장애물을 설정해보자.

단편 영화 〈콩나물〉은 윤가은 감독의
2013년 작품으로 64회 베를린국제영화제 단편영화상
(제너레이션 K플러스)을 수상한 바 있다.

실전 5-2 단계

① 수습을 두려워 말고 에피소드와 갈등을 막 넣어보자.
② 자신이 생각한 사건의 2~3배를 적어보자.

갈등과 장애물이 많다는 것은 그만큼 극성이 강하다는 것이다. 초보 작가는 극성이 강한 작품을 써보는 것이 실력향상에 유리하다.

🖉 내가 쓰고자 하는 작품과 비슷한 장르나 구조의 작품을 골라 구조분석을 한다. 그리고 자신의 작품에 적용해보자. 구조를 적용하라는 것이다.

Section 07

시놉시스 쓰기(단막극 공모용)

이번 단계는 그동안 해 온 작업들을 모아서 하나의 완성물로 만드는 시간이다. 그것은 바로 시놉시스 혹은 기획안이라고 할 수 있다. 시놉시스와 기획안은 혼용되어 사용되기도 하는데, 주로 단막 드라마에는 시놉시스, 미니시리즈와 같은 시리즈물에는 기획안이라는 용어를 사용한다. 여기서는 단막 드라마와 영화에 맞춰 시놉시스라는 용어를 사용할 것이다.

01 | 왜 시놉시스가 중요한가?

신인작가의 가장 안전하고 화려한 데뷔는 바로 공모를 통하는 것이다. 기존의 공모는 주로 지상파나 종편에서 이루어졌다면, 최근에는 새로운 플랫폼이 등장하면서 다양한 형식과 소재를 요구하는 공모들이 늘어가고 있다. 그만큼 데뷔의 기회가 많아진다고 볼 수 있다. 거기다 상금도 점점 액수가 올라가고 있으니 얼마나 고마운가. 그렇다면 시놉시스Synopsis는 무엇인가?

시놉시스의 개념은 '영화, 드라마, 다큐멘터리 등 영상물 제작을 설명하는 청사진'으로 시놉시스의 구성은 '작품에 대한 개요, 기획의도, 등장인물, 줄거리' 등이 포함된다. 지상파 단막극 공모의 내용을 살펴보면 대본에 앞서 시놉시스를 요구한다. 한마디로 기획안이라고 할 수 있다. 다만 미니시리즈 같은 시리즈물은 분량이 많은

좀 더 완성된 기획안을 요구하는 반면 단막극 드라마 공모의 경우 A4 용지 3~5장 정도의 분량을 요구한다. A4 용지 3장 정도에 자신이 쓰고자 하는 드라마의 컨셉, 주제, 작품 의도, 인물, 줄거리 등을 간결하고 효과적으로 알려달라는 것이다.

매년 드라마 공모에 응모하는 편수가 늘어나고 있다고 한다. 그만큼 드라마 작가를 꿈꾸는 지망생이 늘어나고 있다는 것이다. 꿈을 가지고 열정적으로 작품을 쓰는 작가들은 자신의 작품이 너무 소중하다. 한 글자 한 글자 정성들여 마감 날까지 최선을 다해 완성해서 당선을 꿈꾸며 공모에 응모한다. 하지만 응모한 작가들은 당선을 기다리는 을의 입장이다.

그렇다면 심사를 맡게 된 심사위원들의 입장에서 생각해보자. 예선, 본선 등의 과정을 거쳐 여러 사람이 단계별로 심사에 참여하는 것으로 알고 있다. 한 사람의 심사위원이 봐야 하는 대본의 분량은 최소 몇 십 편에 이른다고 한다. 모두 바쁜 사람들이다. 주어진 시간에 자신에게 할당된 대본을 봐야 한다면 대본을 쓴 작가의 열정처럼 꼼꼼하게 한 글자 한 글자 읽어주기가 쉽지 않을 것이다.

그때 시놉시스가 중요한 역할을 한다. 적당한 분량으로 재미있게 작품을 소개하고 있는지, 소재의 컨셉과 기획의도가 참신한지, 설정한 캐릭터와 이야기 구성이 흥미로운지 등 짧은 분량의 시놉시스로 눈길을 끌어야 한다. 이런 것들이 임팩트 있게 어필되었다면 아무래도 첫 관문을 통과하기 쉬울 것이다. 바로 잘 쓴 시놉시스 하나가 내 대본을 읽게 하는 힘의 원동력, 당선으로 이끄는 스타터가 된다. 그만큼 시놉시스는 중요하다.

02 | 읽고 싶게 시놉시스를 만들어라

시놉시스는 철저하게 읽는 사람 입장에서 써야한다. 시놉시스를 통해 내용을 모르는 사람들에게 작품의 장점을 어필해야 한다. 무엇으로 어필할 수 있는지 셀링 포인트Selling Point를 잘 알고 써야 한다. 즉 읽는 사람 입장에서 자신의 작품이 얼마나 재미있고 매력적인지를 일목요연하게 읽기 쉽고 간결하게 써야 한다.

시놉시스는 한눈에 이 작품이 어떤 작품임을 소개하는 계획서이다. 그렇기 때문에 잘 쓴 시놉시스는 대본과 별개로 자체가 하나의 작품으로 소통될 수 있다. 즉 시놉시스만 가지고도 계약이 가능할 수도 있다. 시놉시스 내용을 맘에 들어 하는 제작사나 연출을 만난다면 바로 영화나 시리즈물로 기획해보자는 프러포즈를 받을 수도 있다. 그런 경우는 A4 용지 3장이 가져온 작은 행운, 혹은 작은 기적이라고 볼 수 있다.

03 | 시놉시스의 구성요소

그렇다면 시놉시스는 어떤 구성요소를 갖추어야 하는가. 기존 방송사들의 공모를 살펴보면 단막극 같은 경우 요구하는 형식은 대부분 비슷하다. 작품의 ① 제목 ② 로그라인 혹은 주제 ③ 기획의도/작품의도/작가의도 ④ 등장인물 소개 ⑤ 줄거리/구성, 이 다섯 가지 형식에서 크게 벗어나지 않는다.

첫 번째, 제목 정하기를 살펴보면 제목은 조금 도발적으로 정할 필요가 있다. 제목은 이야기를 가장 짧고 함축적으로 보여주는 것으로 작품의 얼굴이자 홍보대사이다. 예를 들어 드라마 〈내 이름은 김삼순, 2005〉이 〈내 이름은 김희진〉 같은 좀 더 세련된 이름의 제목이었다면 김삼순 만큼 흥미를 끌지 못했을 것이다. 2021년 드라마 스테이지 작품 〈산부인과로 가는 길〉은 제목부터 흥미로운데 거기에 좀비물이라는 장르를 채택해 더욱 관심을 받게 된 드라마이다. 제목만 봤을 때 '산부인과로 가는 길'은 생각만 해도 비상상황이다. 언제 아기가 나올지 모르는 급박한 상황을 떠올리기 때문이다. 〈화평공주 체중감량사, 2011〉라는 제목을 들으면 '공주가 살 빼는 이야기?, 옛날에도 다이어트가 있었나? 과연 어떤 식으로 살을 뺐을까?' 하는 궁금증을 유발한다. 이렇게 제목만으로도 얼마든지 이야기의 훅Hook을 걸 수 있다.

두 번째, 로그라인과 주제를 살펴보자. 로그라인과 주제는 앞부분에 다 설명을 했으니 여기서는 간단하게 어떤 주제가 좋은지만 살피고 가자. 주제는 내가 쓰고자 하는 이야기의 메시지나 방향성을 압축해서 보여주는 것이다. 막연하고 관념적인 주제보다는 좀 더 구체적이고 독특한 주제가 효과적이다.

드라마 〈내 아내 네이트리의 첫사랑, 2012〉의 주제는 '이해하고 포용하는 것이 사랑이다.' 여기까지는 일반적이고 우리가 익히 접한 사랑에 대한 주제이다. 이와 같은 주제는 너무 익숙하고 많이 보아 온 주제라 딱히 새로울 것이 없다. 여기에 한 문장을 더 붙인다. '아내의 첫사랑까지도' 여기서 주제에 대한 인식이 확 바뀐다. 아무리 이해하고 포용하는 것이 사랑이라지만, 아내의 첫사랑까지도 이해하고 포용해야 한다고? 이게 가능해? 라는 질문과 함께 반감이 든다. 이때부터 이 작품의 주제는 읽는 이의 관심을 끌게 된다. 도대체 무슨 이야기이길래 아내의 첫사랑까지도 품어야 하나? 지금 이 책을 읽는 독자들도 궁금하다면 드라마를 한 번 찾아보길 권한다. 과연 어떤 사연이 숨겨져 있는지 직접 확인해보자.

세 번째, 기획의도와 작품의도 등은 앞의 로그라인이나 주제를 좀 더 풀어서 쓴 것이라고 보면 된다. 거창하게 벌리지 말고 자신이 왜 이 작품을 쓰게 되었는지 진솔하고 담담하게 풀어쓰면 오히려 글을 읽는 사람들에게 쉽게 전달된다. 단단한 한 문단이나 관점을 좁혀가는 세 문단 정도가 적당하다.

네 번째, 등장인물 소개는 주요 인물 순으로 작품에서 내세울 것들만 기본적으로 간략하게 적으면 된다. 물론 인물 파일을 통해 작가가 가지고 있는 인물에 대한 정보는 더 많을 수 있다. 그러나 그것을 다 설명하기에는 분량도 넘치고 인물에 대해서는 작품을 통해 드러내면 되니까 시놉시스에는 간략하게 특징만 적으면 된다. 기본적으로 이름, 나이, 성별, 직업 등을 적고 그 외에 특이사항, 지금 현재 상황이나 과거 상처로 인한 트라우마, 그리고 앞으로 계획 같은 것들을 적는다. 또한 그 인물만의 특별한 특징이나 특이사항이 있으면 강조하여 매력을 어필하자.

다섯 번째, 줄거리에 대한 부분이다. 시놉시스에서는 줄거리라고 하지만 실제로 적어야 하는 것은 구성된 이야기를 적는 것이다. 이야기의 시작부터 인물 소개 및 사건의 시작, 진행, 클라이맥스를 향해가는 과정, 그리고 3장 해결되는 부분까지. 그러나 공모용 단막극 시놉시스의 경우 이야기의 결말 부분은 일부러 적지 않고 클라이맥스 부분에서 끊는 경우가 대부분이다. 그 이유는 시놉시스를 읽는 사람들의 호기심을 유발하고 결말에 대한 스포일러를 금지하기 위한 하나의 전략이다. '과연 어떻게 될 것인가?'는 끝까지 대본을 읽으면 알 수 있다고 낚시를 하는 것이라 볼 수 있다.

여기서 중요한 것은 읽기 쉽게 써야 한다는 것이다. 이야기가 복잡하다고 해서 줄거리까지 복잡하게 쓰면 읽혀지지가 않는다. 아무리 복잡한 이야기라도 어떻게든 간략하게 행동과 사건 위주로 정리해야 한다. 될 수 있으면 3~4단락 정도로 나눠서 기승전결 혹은 1장, 2-1장, 2-2장 이런 식으로 구성이 한눈에 보일 수 있도록 구분해서 쓰는 것이 효과적이다.

시놉시스에 대한 설명은 솔직히 잘 된 시놉시스 몇 편만 읽어봐도 금방 알 수 있는 기술이다. 그러나 읽을 때는 이해했지만 막상 적용하려고 하면 생각보다 쉽지 않다. 특히 시놉시스를 쓰고 대본을 쓰느냐, 대본부터 쓰고 시놉시스를 쓰느냐 고민하는 경우도 많은데 이것도 상호보완적이다. 처음 작품을 구상할 때 어느 정도 시놉시스를 작성한 후 대본 쓰기에 들어가야 하고, 막상 대본을 쓰다 보면 여러 가지 디테일들이 바뀔 수 있기 때문에 그 부분에 대해서는 대본을 다 쓴 후 공모 바로 전에 대본에 맞춰 시놉시스를 또 고쳐야 한다.

백문이 불여일견이다. 지금 당장 내가 응모하고자 하는 공모의 지난 당선작들을 찾아서 시놉시스를 어떻게 썼는지 살펴보자. 어떤 작품의 시놉시스가 잘 읽히고 호기심이 가고 재밌겠다는 생각이 드는지, 그 느낌이 바로 여러분의 것이고 그때부터 시놉시스의 테크닉은 시작된다.

실전 6단계

① 재미있게 봤던 작품의 시놉시스 3~5편 정도를 찾아보자.
② 읽고 배울 점을 찾아서 내 시놉시스에 적용해보자.

Writing

Section **08**

씬구성, 트리트먼트와 씬리스트 작성하기

이번에는 구체적인 씬(Scene)구성을 해보는 단계이다. 씬구성을 위한 도구로는 트리트먼트(Treatment)와 씬리스트(Scene List)가 있다. 시놉시스를 완성하고 나면 대본작업에 들어갈 수 있다. 그러나 시놉시스만 가지고 무턱대고 대본을 쓰려면 쉽게 써지지 않는다. 그 이유는 우리가 짜놓은 구성은 생각보다 엉성하고 이야기가 듬성듬성 빈틈이 많기 때문이다. 본격적인 대본작업에 들어가기 전 우리는 좀 더 세분화된 씬구성을 해야 한다.

01 │ 시놉시스와 대본의 중간 단계, 트리트먼트

시놉시스보다는 좀 더 자세하지만 대본 전 단계이므로 대본보다는 조금 느슨하게 스토리를 적어보는 것이 트리트먼트Treatment이다. 용어에서 알 수 있듯이 그 씬Scene의 핵심만을 뽑아서 기능적으로 적는 것이 좋다. 자신이 쓰고자 하는 스토리의 전체적인 구성과 분위기, 톤 등을 어느 정도 알아볼 수 있다. 완성된 대본보다 트리트먼트 단계에서 구성을 수정하는 것이 수월하고 여러 가지 면에서 훨씬 효율적이다.

트리트먼트 예시 드라마 〈연우의 여름〉

동네 정형외과 병실

목에 깁스를 하고 누워 있는 순임(50대)과 놀란 얼굴로 바라보는 연우. 일주일만 순임 대신 청소부 일을 해달라고 부탁하고, 연우는 당황하며 이것저것 안 되는 이유를 말하는데, 어림없다.

순임 : 한 일주일 비우면 그새 사람이 들어찬대. 이 집안에 달랑 너랑 나, 누가 또 있니? 한 푼이 아쉬운 데 움직일 수 있을 때 벌어놔야 너 시집갈 때 보태지.

(난감한 표정의 연우)

버스 안

새벽 출근길, 버스 안 연우, 차창에 머리를 부딪쳐가며 졸고 있다. 쿵! 머리 제대로 박고 놀라 깨서는, 창 밖 보며 두리번거린다.

대기업 로비 일각

청소복을 입은 청소부들이 체조를 하며 아침을 준비한다. 그 사이로 사복차림의 연우가 어색하게 들어서고, 연우를 발견한 주임이, 연우를 '6층 담당이 교통사고 나서 대신 딸이 나왔다'고 소개한다. 주임의 잔소리 이어지고 그 속에서 어색해 죽는 연우

탈의실

캐비넷에서 청소복 꺼내 입는 연우. '미화원 박순임'이란 명찰을 보는 연우, 쉽사리 입을 맘이 생기지 않는다.

6층 홍보실 입구

연우 대걸레질 하고 있는데, 또각또각 소리와 함께 걸어오던 빨간 하이힐이 연우를 보고 멈춘다. 연우 뭐지? 싶어 보면, 지완(25세)이 의외라는 표정으로 연우를 빤히 본다.

지완 : 너 이연우 맞지? 나 윤지완. 상성초등학교, 기억 안나?

(초등학교 동창 지완을 만난 연우의 놀라는 모습에서 …)

이와 같은 방식으로 이야기의 끝까지 쭉 적어나가는 것이다. 여기서 중요한 것은 생각나는 것을 일단 다 적어보는 것이다. 생략과 첨가는 대본을 쓸 때 다듬어가면서 완성하면 된다. 트리트먼트 단계에서는 처음부터 끝까지 스토리의 분배와 톤을 먼저 살피는 과정이다. 진행형이고 듬성듬성 구멍이 많은 단계이기에 수정하기가 훨씬 쉽다.

02 | 씬리스트의 효율성

씬리스트Scene List는 말 그대로 장면을 쭉 나열한 리스트이다. 내가 쓰고자 하는 작품이 60씬 정도의 단막극이라면 표를 만들어서 60씬의 리스트를 만든 다음에 거기에 구체적인 내용을 채워 넣는다.

이와 같은 형식으로 자신이 목표한 씬넘버 60씬까지 내용을 쭉 따라가 보는 것이다. 그러다 보면 이야기에 대한 어느 정도 큰 틀이 보이게 된다. '1장이 스토리가 넘치는구나', '2장 내용이 턱없이 부족하구나'. '3장은 너무 급박하게 전개가 되는데' 등등 스토리의 진행을 구체적으로 알아차릴 수 있다.

Scene	장소	내용	기타
1	동네 정형외과 병실	목에 깁스를 하고 누워 있는 순임(50대)과 놀란 얼굴로 보는 연우. 일주일만 순임 대신 청소부 일을 해달라고 부탁하고, 연우는 당황하며 이것저것 안 되는 이유를 말하는데, 어림없다.	
2	버스 안	결국, 새벽에 졸면서 출근하는 연우	
3	대기업 로비 일각	청소복을 입은 청소부들이 체조를 하며 아침을 준비한다. 그 사이로 사복차림의 연우가 어색하게 들어서고, 연우를 발견한 주임이, 연우를 '6층 담당이 교통사고 나서 대신 딸이 나왔'고 소개한다. 주임의 잔소리 이어지고 그 속에서 어색해 죽는 연우	
4	탈의실	캐비넷에서 청소복 꺼내 입는 연우. '6층 미화원 박순임'이란 명찰을 보는 연우, 쉽사리 입을 맘이 생기지 않는다.	
5	6층 홍보실 입구	청소하다가 대기업 다니는 초등학교 동창 지완과 부딪치는 연우	

씬리스트 예시 드라마 〈연우의 여름〉

　처음 씬구성을 할 때는 기계적으로 분량을 나눠놓고 쓰는 것도 도움이 된다. 60 씬 분량이라면 1장은 15씬까지, 2장은 30씬, 3장은 15씬으로 정해놓고 과연 내 스토리가 그 분량에 맞춰 잘 적용됐는지 살피는 것이다. 1장이 넘친다거나 2장이 부족하다면 스토리의 구성이나 에피소드 등을 조절할 필요가 있다.

　트리트먼트와 씬리스트, 두 개의 도구가 다 대본을 쓰기 전 단계에 해당하는 것으로 서로 성격은 비슷하지만 미세한 차이가 있다. 각자의 스타일에 맞게 선택해서 작업하면 좋을 것이다. 그러나 중요한 것은 어느 방법을 선택하느냐보다 둘 중 하나라도 꼭 작성하고 대본 쓰기에 들어가야 한다는 것이다. 자신이 쓰는 이야기이지만 그렇다고 자신이 스토리를 완전히 장악했다고 볼 수 없다. 작가 스스로도 써나가면서 부족한 부분을 알아차리고, 구멍이 있다면 메꿔나가고 개연성이 부족하다면 개연성을 채워나가고 그러면서 스토리는 점점 완성되어 가는 것이다. 트리트먼트와 씬리스트는 그 과정을 효율적으로 할 수 있도록 도와준다.

실전 7 단계

① 트리트먼트나 씬리스트 중 하나의 방식을 선택해서 스토리를 처음부터 끝까지 따라가 보자.
② 전체 구성의 틀에서 세부적인 구성을 수정한다.

Section 09

대본 쓰기와 대사 쓰기

시놉시스와 씬리스트까지 준비되었다. 이제 여러분은 대본 쓰기로 들어가면 된다. 초고의 목표는 완성이다. 쓰면서 마음에 들지 않거나 아이디어가 떠오르지 않아 괴롭더라도 일단 밀고 나가야 한다.

01 | 초고는 엉덩이와 발로 쓰자

자 이제 대본을 쓸 차례다. 어떻게 보면 지금 이 순간을 위해서 지난 시간을 고생했다고 할 수 있다. 대본 쓰기야말로 드라마 창작의 하이라이트이다. 일단 여기까지 잘 따라 왔다면 그동안 수고한 자신을 위해 박수를 쳐주자. '짝! 짝! 짝!' 너무 샴페인을 일찍 터트리는 게 아니냐고? 물론 이게 끝은 아니고 새로운 시작이지만 지금까지 잘 왔다면 앞으로도 잘 해나갈 수 있다. 자신을 믿어라. 잘한 건 잘했다고 칭찬하고 다음으로 넘어가자.

대본 쓰기는 가장 신나는 시간이기도 하지만 한편으로는 자신의 실력이 적나라하게 드러나는 시간이라고 볼 수 있다. 그동안 별다른 생각 없이 보던 영화나 드라마들이 새삼 존경스러워지는 시간이 될 수도 있다. 대본 쓰기는 그동안 막연하게 생각했던 자신의 글쓰기, 필력, 문장력, 아이디어, 재능 등을 매번 다시금 들여다보게 만드는 시간이다. 어느 씬은 너무 잘 풀리기도 하고 어느 씬은 막혀서 한없이 시간을 뺏기기도 한다. 그러면서 좌절도 하고, 나는 재능이 없나. 이렇게 재미없는 작품을 써도 되나? 자책하며 불안하고 초조해한다. 대본을 쓰는 내내 스스로 대본을 쓰지 말아야 할 백만 가지 이유를 찾아내느라 바쁘다.

너무 우울하고 최악의 상황으로만 이야기했다면 미안하다. 그만큼 대본 쓰기 과정은 자기와의 고독한 싸움이라고 할 수 있다. 그 불안과 초조, 자기 불신의 시간을 견뎌내고 나아가야 한다. 그러기 위해서는 어느 정도 타협도 해야 한다. 초고를 잘 쓴다는 건 쉽지 않다. 절대 잘 쓰지 않을 테야라는 마음으로 자신을 다독거리며 써나가면 된다. 절대 잘 쓰지 말자. 한마디로 발로 써라. 초고는 엉덩이가 쓴다. 완성하는 자가 승자다. 일단 초고는 완성을 목표로 하고 나중에 수정 보완할 때 완성도를 높여가면 된다.

02 | 대본 쓰기의 즐거움

앞에서 겁을 줬지만 사실 대본 쓸 때가 가장 신나고 재미나는 순간이기도 하다. 진정한 창작의 순간이기 때문이다. 한마디로 드라마 창작의 하이라이트는 대본 쓰기에 있다. 우리는 지금부터 클라이맥스인 대본 쓰기를 즐겨야 한다.

대본은 씬으로 연결되어 있다. 한 씬 한 씬, 씬의 밀도가 높아야 재미있다는 소리를 듣는다. 씬의 밀도를 높이기 위해서는 재미있는 에피소드와 캐릭터의 행동이나 대사가 감칠맛이 있어야 한다. 이 부분에서 작가의 내공이 드러난다. 부족하다고 생각하면 상황에 대한 자료조사나 인물에 대해서 더 고민하고 또 고민해야 한다. 결국 생각이 날 때까지 엉덩이를 붙이고 컴퓨터 모니터를 째려 볼 수밖에 없는 것이다. 이미 유명한 프로 작가들의 경험담을 들어봐도 특별한 지름길은 없는 것 같다.

대본 쓰기의 기술을 늘리려면 평소 재미나게 본 드라마나 자신이 좋아하는 작가의 대본을 구해서 읽어보는 방법이 있다. 요즘에는 드라마 대본이 대본집으로 많이 나오는 추세이다. 대본집을 구입해 읽고 또 읽고 하는 방법 밖에는 별다른 방법이 없다.

03 | 상황에서 나오는 대사가 명대사

대본은 지문과 대사로 이루어져 있다. 상황을 지시하는 지문도 중요하지만 무엇보다 작가의 무기라고 할 수 있는 대사가 중요하다. 한마디로 대사를 잘 쓰는 작가가 강하다고 할 수 있다. 수용자는 인물을 통해 사건을 쫓아가지만 인간의 마음을 울리는 감동의 한마디는 효과가 강력하다. 흔히 말하는 명대사는 작가가 관객이나 시청자에게 어깨에 힘 빡 주고 힘주어 말하는 것이 아니다. 명대사는 상황과 그 캐릭터에 맞는 대사가 적절했을 때 탄생된다. 한마디로 상황에서 나오는 것이 명대사이다.

영화 속 명대사

✎ **캐릭터가 드러나는 대사**

'밥은 먹고 다니니' –〈살인의 추억〉

'나 이대 나온 여자야' –〈타짜〉

✎ **캐릭터의 상황에 따라 의미가 생기는 대사**

'친구를 위해서라면 녹아도 괜찮아' –〈겨울왕국〉 올라프

'슬픔은 인생의 문제에 너무 얽매이지 않고 진정하도록 도와줘' –〈인사이드 아웃〉

✎ **상황에 따라 의미가 있어지는 대사**

'호의가 계속되면 그게 권리인줄 알아요' –〈부당거래〉

'그래도 알려야지 우리가 계속 싸우고 있다고' –〈암살〉

'라면 먹고 갈래요?', '어떻게 사랑이 변하니?' –〈봄날은 간다〉

'사랑은 변하지 않아 단지 사람의 마음이 변했을 뿐이지' –〈봄날은 간다〉

앞의 대사들은 굳이 설명하지 않아도 들으면 해당 장면이 떠오르는 명대사들이다. 좋은 대사는 캐릭터를 드러내고 복잡한 상황을 한방에 정리해주며 그 안에서 통찰과 깨달음을 준다. 여기서 중요한 키는 멋진 말을 하려고 준비했다가 '짜잔'하고 하는 것이 아니라 상황과 인물이 자연스럽게 표현되면 그 안에서 명대사도 자연스럽게 나온다는 것이다. 그래서 '라면 먹고 갈래요'라는 평범한 대사가 명대사로 탄생하게 된다. 그 라면은 단순히 배고픔을 채우는 야식이 아닌, 그 순간 사랑이 시작되는 것을 알리는 메신저로 작용하게 된다.

그렇다면 어떻게 해야 대사를 잘 쓸 수 있을까? 대사 빨은 타고 나는 것인가? 대사를 잘 쓴다는 것은 노력하면 느는 기술인가? 대사만 잘 써도 좋은 작가가 될 수 있을까? 등등 여러 가지 의문이 들 수 있다. 그러나 정답은 없다. 다만 확실한 한 가지는 문학책을 읽으며 감수성을 키우고 사람들에게 관심을 갖고 그들의 말에 귀를 기울이

고, 더 나아가 캐릭터의 개성에 집중한다면 소위 말하는 대사 빨은 점점 더 좋아지지 않을까 하는 희망적인 생각을 할 뿐이다.

04 | 캐릭터와 대사는 연결되어 있다

캐릭터와 대사는 긴말하게 연결되어 있다. 캐릭터가 약하면 대사도 약해진다. 개성 있는 인물은 그만큼 캐릭터에 맞는 대사를 하게 된다. 욕쟁이 할머니가 개성 있는 이유는 욕이라는 센 도구를 사용하기 때문이다. 캐릭터가 입체적이고 개성적으로 잘 형성되어 있으면 자연스럽게 대사도 좋아지게 된다. 거기다 캐릭터가 잘 드러나는 드라마틱한 상황까지 설정된다면 엄청난 시너지 효과를 낼 것이다. 좋은 대사를 쓰고 싶으면 매력적인 인물을 만들어내야 한다. 이야기의 형성소들은 이렇게 유기적으로 연결되어 있다.

대본 쓰기의 노하우는 쓰면 쓸수록 늘어난다. 초고는 완성이 아니다. 그 어느 천재도 초고에서 오케이를 얻기는 힘들다. 고치고 또 고치는 과정이 필요하다. 수정에 유연한 자가 최고의 승자이다. 여기서 수정은 씬 몇 개를 고치고 대사 몇 개를 바꾸는 것이 아니다. 구성을 바꿔야 하는 대대적인 공사일 경우가 많다. 그럼에도 일단 완성을 해야 수정도 가능하다. 어느 순간 대본은 완성되기 마련이다. 완성의 순간 마음껏 기뻐하고 자기 자신을 칭찬해주길 바란다.

실전 8단계

① 대본 마감 기한을 정해서 주위에 알린다.
② 마감에 맞춰 대본을 완성한다.
③ 완성된 대본을 주위 사람들에게 보여주고 모니터링을 받는다.

그동안 단계별 미션을 수행하느라 고생 많았다. 세상은 크게 두 부류로 나뉜다. 자신만의 이야기를 써 본 사람과 써보지 않은 사람으로. 여러분은 이제 자신만의 이야기를 써 본 사람이 되었다. 참으로 특별하다. 이제부터 다시 시작이다.

Reference

1. 도서

『아리스토텔레스의 시학』 – 아리스토텔레스(Aristoteles) 저 | 박정자 역 | 인문서재 | 2019

『스토리텔링 7단계(『物語』のつくり方入門7つのレッスン)』
— 마루야마 무쿠(円山夢久) 저 | 한은미 역 | 토트 | 2015

『시나리오 워크북(The Screenwriter's Workbook)』
— 시드 필드(Syd Field) 저 | 박지홍 역 | 경당 | 2001

『희곡 작법(The Art of Dramatic Writing)』 – 레이조스 에그리(Lajos Egri) 저 | 김선 역 | 청하 | 1995

『스토리텔링의 비밀(Aristotle's Poetics for Screenwriters)』
— 마이클 티어노(Michael Tierno) 저 | 김윤철 역 | 아우라 | 2008

『아티스트 웨이(The Artist's Way)』 – 줄리아 카메론(Julia Cameron) 저 | 임지호 역 | 경당 | 2017

『캐릭터 중심의 시나리오 쓰기(Writing the Character-Centered Screenplay)』
— 앤드루 호튼(Andrew Horton) | 주영상 역 | 한나래 | 2013

2. 영화

7번 방의 선물, 2012 | 미쓰백, 2018 | 엑시트, 2019 | 콩나물, 2013 |

3. 드라마

KBS – 정마담의 마지막 일주일, 2017 | 동백꽃 필 무렵, 2019 | 연우의 여름, 2013 |

MBC – 봄밤, 2019 |

SBS – 괜찮아 사랑이야, 2014 |

jtbc – SKY 캐슬, 2018 | 청춘시대, 2016 | 한여름의 추억, 2017 |

tvN – 미생, 2014 | 이번 생은 처음이라, 2017 | 선재 업고 튀어, 2024 |

ENA – 이상한 변호사 우영우, 2022 |

넷플릭스 – 킹덤 시즌 1~2, 2019~2020 | 오징어 게임, 2021 | 소년심판, 2022 | 더 글로리,
2022~2023

카카오 TV – 이 구역의 미친 X, 2021 |

Special
01
Interview

작가 데뷔의 세계
〈발칙하게 고고〉 윤수정 작가

2009년 경상북도 영상콘텐츠 시나리오 공모전 장려상 〈비형랑〉
2011년 KBS 미니시리즈 공모전 기획안 부문 우수상 〈대가야군 여도적 스캔들〉
KBS 드라마스페셜 4부작 〈소녀탐정 박해솔〉 집필
KBS 미니시리즈 〈천명〉 집필
KBS 미니시리즈 〈왕의 얼굴〉 집필
KBS 미니시리즈 〈발칙하게 고고〉 집필
SBS 미니시리즈 〈귀궁〉(2025년 3월 방송예정) 집필

🎤 언제부터 작가의 꿈을 가지게 되었나요?

아마 10살쯤부터였을 겁니다. 그땐 '작가'가 되겠다는 구체적인 꿈을 가졌던 건 아니고, 이야기를 만드는 사람이 되고 싶다는 막연한 생각만 했던 것 같아요. 영화든 만화든 소설이든 그게 어떤 매체냐에 상관없이 이야기 자체를 굉장히 좋아했거든요. 활자 중독증이 의심될 정도로 이야기책에 집착했었는데, 학교에선 쉬는 시간에도 꼼짝 않고 소설책만 봤던 기억이 나요. 수업시간에도 수업종이 쳐서 어쩔 수 없이 서랍 속에 넣은 책의 다음 페이지에는 어떤 얘기가 나올까, 그 생각만 했던 것 같아요.(한 마디로 공부는 안했다는 거죠!)
엄마가 친척으로부터 얻어온 계몽사의 『소년소녀 현대세계명작전집, 1972』이 있었는데, 『사자와 마녀』, 『즐거운 무우민네』, 『두 로테』, 『셋방살이 요정』 등등 지금 봐도 흥미진진한 명작들이 가득한 대단한 책들이었어요. 너무 재미있어서 읽으며 가슴이 두근거렸던 순간들이 지금도 생생하게 기억납니다.
작가로서의 꿈은 분명 그 순간부터 시작되었을 거예요. 나도 이렇게 재미있는 이야기를 만들고 싶다! 그래서 사람들이 내 이야기에 가슴이 두근거렸으면 좋겠다!

🎤 작가가 되어야겠다고 마음먹은 특별한 순간이 있다면?

고등학교 시절 문창반 활동을 했었습니다. 그때 문창반을 맡으셨던 고춘식 선생님은 한겨레신문에 시조를 연재하던 시인이셨어요. 늦은 나이에도 시인이 되겠다는 결심을 실행에 옮긴 멋진 분이셨죠. 독서토론이나 교내 문예지 발간, 문학공모전 등으로 글쟁이를 꿈꾸던 저희에게 많은 자극을 주셨어요.

그 자극에 힘입어 고등학교 1학년 때 처음으로 단편소설을 완성했습니다. 콘도 요시후미(近藤喜文) 감독의 애니메이션 〈귀를 기울이면(耳をすませば, 1995〉을 아시나요? 그 주인공이 그랬던 것처럼 잔뜩 열정만 가득해서는 수업시간에도 몰래 썼던 기억이 나요. 당연히 문장도 엉망, 주제도 유치찬란(중학교 때 친구랑 싸웠던 일을 소재로 썼거든요.), 앞뒤도 하나도 안 맞는 엉망진창 작품이었는데, 나도 분명 내 소설이 엉망인 것을 알고 있었는데, 선생님께서 제 소설을 읽어보더니 '넌 소설적 재능이 있구나.' 라고 하시는 게 아니겠어요? 그 말씀 한 마디에, 전 진짜 날아가는 기분이란 게 어떤 건지 확실하게 알았어요. 그날 날아가는 기분으로 집으로 돌아오며 생각했던 것 같아요. 난 반드시 작가가 될 거야!

🖊 데뷔하기까지 어떤 노력을 했는지?

드라마 작가가 되기 위한 본격적인 극작은 동국대학교 영상대학원에서 이만희 선생님과 노효정 선생님을 만나면서부터입니다. 그런데 지금 생각해보면, 대학시절 문창과에서 소설 습작도 꽤 했었고, 대학원 입학 전 애니메이션 시나리오 작가로 몇 년간 일하며 기본적인 글의 토대는 다져졌던 게 아닌가 싶어요. 애니메이션은 보통 20여 분 정도의 짧은 러닝타임 안에 기승전결 완결된 에피소드가 들어가는 경우가 많은데, 저한테는 극작의 좋은 훈련이 되었습니다.

그리고 대학원 석박사 4년의 기간이 드라마 작가가 되기 전의 본격적인 습작기였습니다. 한 학기에 한편 내지 두 편의 작품을 습작하며 수업시간에 발표를 하고 호된 합평을 받았는데, 그 시절 함께 공부하던 같은 처지의 지망생들과 작품에 대해 토론도 하고 서로 격려도 해주며 깜깜한 터널 같던 습작기를 견딜 수 있었습니다.

KBS 당선작 〈대가야군 여도적 스캔들〉과 데뷔작 〈소녀탐정 박해솔, 2012〉은 제게 작가의 길을 열어준 고마운 작품들인데, 두 작품 모두 집필할 때 거의 고시생 수준의 생활을 하며 썼던 것 같아요. 사람들과의 만남을 차단하고 먹고 자는 데 최소한의 시간만 사용하면서 몇 달간 글을 썼어요. 지금 보면 어설프기 짝이 없는 작품들이지만, 마침표를 찍었을 때 결과물에 상관없이 어떤 만족감을 느꼈어요. 바닥까지 박박 긁어낸, 나의 최선을 100퍼센트 다 사용했다는 만족감. 사실 전 타고난 재능이 있는 작가가 아니기에 이 정도 노력이 아니었다면 작가가 되진 못했을 거예요.

🖋 내가 쓰고 싶은 작품을 써야 할지, 시의성 있는 작품을 써야 할지?

자신이 쓰고 싶은 작품을 쓰느냐, 시의성 있는 작품을 쓰느냐. 사실 이건 둘 중 하나를 선택해야 할 문제가 아니라, 두 가지 모두를 동시에 어떻게 가지고 가느냐를 고민해야 할 문제라고 생각합니다. 드라마 작가는 자신만의 이야기를 만들어낼 수 있지만, 동시에 TV 드라마란 지극히 대중적인 매체이기 때문이지요. 자신이 하고 싶은 이야기, 좋아하는 장르를 부단히 연구하여 자신만의 색깔을 만들어내면서도, 그 이야기가 팔릴 수 있도록 지금의 트렌드나 시의성 등에 민감하게 반응하기도 해야 합니다. 네, 참 어려운 작업이긴 하네요.

🖋 작가로 데뷔하게 된 계기는 무엇인가요?

앞서도 말했듯 저는 KBS 미니시리즈 공모전 당선 이후 〈소녀탐정 박해솔〉이라는 작품으로 데뷔했습니다. 당선 직후 방송국 내에서 당선작가들을 상대로 6개월가량 매달 감독님과 함께 하는 합평회를 했었는데요.(단막극 당선자가 아니었기에 정식 인턴십은 아니었습니다.) 그때 그 합평회에 습작품으로 갖고 있던 작품을 제출하였고 그 작품이 운 좋게 제작으로 연결되어 데뷔할 수 있었지요. 그 당시 제가 데뷔가 가능했던 이유는 두 가지였습니다.

방송국 측에선 겨우 두 달 정도의 일정이 남은 4부작 드라마를 급하게 다시 준비해야 하는 상황이었는데, 그때 제게 이미 4부까지 써두었던 대본이 있었거든요. 사실 〈소녀탐정 박해솔〉은 KBS 당선 직전 다른 방송사 공모전을 준비하며 써두었던 작품이었는데, 이렇게 미리 준비해둔 덕분에 데뷔의 기회를 잡을 수 있었던 것입니다.

두 번째 이유는 제작비가 많이 들지 않는 작품이었다는 것입니다. 전 예전부터 사극을 굉장히 좋아하고 관심이 많아서 지망생 시절에도 사극을 썼고 데뷔 후에도 사극을 집필했습니다. 하지만 신인에게는 사극 집필의 기회가 쉽게 오지 않는다는 얘길 듣고 상대적으로 제작비가 적게 드는 작품을 쓰기 위해 탐정물을 준비했었어요. 만약 그때 미리 써둔 작품이 없었다면, 또는 미리 써둔 작품이 사극이었다면 그때 데뷔할 수 없었을 겁니다.

🖋 데뷔 후 가장 달라진 점은 무엇인가요?

데뷔 전에는 작가에게 가장 힘든 것은 글 쓰는 고통이라 생각했습니다. 지망생 시절 실력은 형편없는데 잘 쓰고자 하는 욕심은 너무 커서, 그 간극 사이에서 참으로 고통스러웠어요. 물론 지금도 그 고통은 여전하지만 지망생 시절처럼 단순히 글 쓰는 고통 자체가 무섭거나 크게 느껴지지는 않는 것 같아요. 왜냐하면, 데뷔 후 더 큰 고통이 있다는 사실을 알게 되었거든요.

드라마는 종합예술이기에 연출가나 제작사, 방송국, 배우, 또 함께 작업하는 작가와 끊임없이 협의하고 설득하는 과정이죠. 그 결과 더 나은 작품이 나오기도 하지만 그 과정이 꼭 아름답지만은 않거든요. 때론 많은 상처를 받기도 하죠. 아직 경험이 부족하고 힘이 약한 신인작가의 경우 더욱 그렇습니다. 또, 내가 쓴 대본으로 수많은 스텝들이 움직이고 많은 제작비가 소요되며, 시청률이라는 너무도 명확한 결과로 드러날 때 느끼는 중압감 역시 데뷔 후 프로 작가가 된 후 감당해야 할 것이겠지요.

🎙 드라마 작가에게 가장 필요한 한 가지가 있다면?

너무도 뻔한 얘기겠지만, 드라마에 대한 열정? 손발이 좀 오그라들지만 드라마 작가에게 가장 필요한 한 가지는 정말 드라마에 대한 열정이라고 말할 수밖에 없을 것 같네요. 드라마 작가는 편성, 제작, 작품의 성공 여부라는 불확실성과 싸워야 하는 직업이고 또 그 과정 또한 만만치 않게 힘들어요. 그런데 그 시간들을 견디게 해주는 건 드라마에 대한 넘치는 애정 외에는 답이 없어요. 이 '짓거리'가 미치게 좋아야 해요. 그런데 그 열정의 크기란 건 작가지망생 시절부터 정해져 있는 건 아닌 것 같아요.

작은 아이디어가 구체적인 이야기로 발전될 때의 즐거움, 그 이야기가 재미있다는 피드백을 받을 때의 기쁨, 지면 속의 이야기가 좋은 연출과 배우들과의 만남으로 더 멋지게 영상으로 구현될 때의 감사함, 내가 마음을 다해 썼던 대사들을 시청자들이 좋아해주셨을 때의 짜릿함. 저의 경우 이런 시간들이 차곡차곡 쌓여 드라마에 대한 열정이 더 커졌던 것 같습니다.

🎙 작품 소재를 어디서 찾으시나요? (소재 발굴법/착상 방법)

저는 주로 사극을 기획하고 있기 때문에 역사 관련 자료에서 소재를 찾을 때가 많습니다. 반대로 이야기의 컨셉이나 메인 로그가 먼저 정해지는 경우, 그에 맞는 시대와 인물, 자료를 거꾸로 찾아나갈 때도 있어요. 사극이라고 하여 과거 역사 속에서만 소재를 찾지는 않습니다. 지금 이 시대에서 벌어지는 여러 사건이나 현상들에 항상 관심을 기울이다가 이것이 어떻게 사극 드라마로 연결될 수 있는지도 많이 고민하는 편입니다. 정치, 사회적 이슈의 경우 현대극보단 사극으로 좀 더 효과적으로 주제를 드러낼 수 있다고 생각하거든요.

🖋 나만의 자료조사 꿀팁이 있다면?

취재와 자료를 굉장히 좋아하는 편입니다. 자료를 통해 숨겨진 의미를 찾아내거나 새롭게 재해석할 수 있는 방향을 찾아내는 작업이 무척 재미있거든요. 새로운 자료를 볼 때마다 새로운 아이디어도 얻을 수 있기 때문에 자료도 꽤 많이 보는 편입니다.

어떤 작품의 기획을 시작할 때 두세 달 정도의 기한을 두고 그 기간 안에 모든 자료들을 최선을 다해 찾아봅니다. 책과 웹서핑, 관련 다큐와 영화, 드라마, 소설 등도 가능하면 많이 보려고 합니다. 그렇게 자료를 보다보면 더 효율적인 자료의 리스트와 방향이 잡히고 취재도 더욱 깊게 할 수 있어요.

그런데 심도 깊은 취재와 자료조사에 앞서 작품의 대략적인 기획 방향과 메인 로그는 정해두는 편입니다. 또 자료를 보면서도 어디까지나 '재미있는 이야기'를 만든다는 원래 목적을 잊지 않으려 노력합니다. 그렇게 하지 않으면 자료의 쓰나미에 밀려 방향을 잃고 드라마가 아닌 다큐멘터리가 될 위험에 처하기 때문이지요.

🖋 나만의 슬럼프 탈출법은?

글이 잘 안 써지는 것을 슬럼프라고 한다면, 전 언제나 슬럼프라고 해야 할 거예요. 글은 원래 욕심만큼 항상 안 써졌었고, 그 절망감은 이젠 친구처럼 익숙합니다. 글이 잘 안 써질 때는 그냥 한 번 더 고민하고 한 번 더 쓰는 수밖에 없습니다. 그렇게 인내하며 기다리다보면 결국엔 조금은 나은 놈이 나오더라고요.

저는 슬럼프보단 번아웃Burnout에 대해 이야기하고 싶어요. 한 작품이 막방까지 모두 끝나고 나면 마지막 에너지까지 모두 박박 다 긁어 쓴 느낌입니다. 짧게는 몇 달, 길게는 1년 넘게 일상생활은 하나도 하지 못하며 수면부족 상태로 살아야 하니까요. 그때는 정말 소설책도 읽기 싫고 영화도 보기 싫어져요. 번아웃 상태인 거죠. 그럴 땐 무조건 쉬어야 합니다. 제대로 쉬지 못하면 다음 작품에 영향을 주게 되거든요.

🖋 나의 인생 드라마는?

박연선 작가님의 〈얼렁뚱땅 흥신소, 2007〉와 윤선주 작가님의 〈황진이, 2006〉. 지망생 시절 마르고 닳도록 여러 번 돌려보았던 두 작품입니다. 데뷔 후에도 가끔 매너리즘에 빠질 때면, 다시 꺼내 보며 '그래, 나도 언젠간 이런 재밌고 좋은 작품 쓸 수 있을 거야.' 스스로를 다독이는 용도로도 봤었어요.

🖋 데뷔를 꿈꾸는 작가들에게 해주고 싶은 말이 있다면?

데뷔한 지 10년 가까이 되었지만, 지망생 시절 막막했던 그 감정이 아직도 생생합니다. 카페나 도서관에서 글을 쓰면서 내가 과연 진짜 작가가 될 수 있을까, 이 노력이 결국엔 결실을 맺을 수 있을까 많이 불안하고 두려웠어요. 그럼에도 드라마 쓰는 것을 그만두고 싶다는 생각은 단 한 번도 안 했습니다. 이 길 외에 다른 길을 욕심내본 적도 생각해본 적도 없었으니까요. 그때도 지금도 그만큼 드라마를 쓰는 일이 저는 정말 재밌고 좋거든요.

한번 냉정하게 생각해보길 바래요. '드라마 작가라는 명예를 갖고 싶어서' 혹은 '드라마 작가가 돈을 많이 벌 수 있다고 해서' 드라마 작가를 꿈꾸고 있다면 데뷔 후에 기대했던 것과 달라 흔들릴 수 있어요. 앞서 말했듯 드라마 작가는 불확실성과 싸우는 직업이고, 명예도 경제적 보상도 생각처럼 쉽지 않을 수 있어요.

만약 앞에서 말한 이유와 별도로, 이 '짓거리'가 그냥 미치게 너무도 좋다면, 계속 정진하길 바랍니다. 지금 여러분께 극작을 가르쳐주시는 선생님이나 주변 친구들의 평가에도 절망하거나 포기하지 말았으면 해요. 그 평가는 현재의 여러분 실력에 대한 평가일 뿐, 몇 년 후 노력으로 성장한 결과물에 대한 평가가 아니니까요. 열정을 통해 반드시 길을 찾을 수 있고, 그 길을 통해 자신의 꿈에 성큼 다가설 수 있다고 항상 믿어왔습니다. 여러분도 그럴 거예요.

Idea Note

Secret

03

미니시리즈의
세계

원영실

Section01. 미니시리즈의 시작
Section02. 기획안, 설득의 기술
Section03. 960분 스토리텔링의 법칙
Section04. 미니시리즈 장르별 공식

미니시리즈의 시작

지금까지 잘 달려왔다. 〈라이팅의 세계〉에서 단계별 미션을 수행하며 단막극을 완성했다면 단거리 달리기를 완주한 셈이다. 1시간 분량의 단막극 안에 자신의 이야기를 녹여 낸다는 게 쉽지 않았을 것이다. 하지만 결승선을 통과했을 때의 성취감을 느꼈다면 이 달리기를 멈출 순 없다. 내 안에 하고자 하는 이야기가 넘쳐날 테고, 그 이야기를 확장할 차례이다. 이제부터 미니시리즈라는 장거리 레이스를 시작하고자 한다.

01 | 긴 호흡의 미니시리즈

우리가 접하는 미니시리즈는 짧게는 8부작부터, 보통 16부작, 길게는 24부작까지 다양하다. 주말극과 일일드라마, 대하드라마 등, 중장편 드라마까지 포함한다면 50부작에서 100부작이 넘어갈 때도 있다. 하지만 통상적으로 TV에서 방영되는 미니시리즈는 16부작을 기준으로 보고 있다. 그래서 필자 역시 지금부터 16부작을 기준으로 미니시리즈에 대해 말하려고 한다. 그렇다면, 요즘처럼 다양한 콘텐츠가 넘쳐나는 시대에 무조건 16부작만 집필해야 하는가? 라는 의문이 들 수도 있다. 하지만 그것은 표준일 뿐이고, 짧거나 길게 변주하는 것은 얼마든지 가능하다. 그럼, 16부작을 표준으로 삼아 미니시리즈 창작에 대해 알아보자.

16부작 미니시리즈는 1부가 60분이라면 960분의 스토리가 구축돼야 한다. 〈라이팅의 세계〉에서 실습한 단막 드라마가 60분 분량이었던 걸 떠올리면 엄청난 양이라는 게 실감 날 것이다. 그만큼 960분 안에 담아낼 수 있는 긴 호흡의 이야기를 만들어내야 한다. 분명 단거리 호흡과 장거리 호흡은 다를 것이다.

02 | 연속성이 중요한 미니시리즈

60분 동안 사건이 일어나고 결말까지 도달하는 단막 드라마와 달리, 미니시리즈는 각 회차마다 펼쳐지는 중심사건이 필요하고, 그 사건과 연결되는 다음 회차의 에피소드와 16부까지 관통하는 메인서사가 연속성을 가지고 있어야 한다. 그렇다. 미니시리즈는 연속성이 가장 중요하다.

그렇다면 연속성을 가진 960분의 스토리텔링 작법이 따로 있을까? 단호하게 말하자면 그런 건 없다. 미니시리즈 역시 앞서 살펴보았던 스토리텔링 작법의 기본 틀을 따르고 있기 때문이다. 하나의 소재로 탄탄한 뿌리를 내리고, 그것을 가장 잘 표현할 수 있는 캐릭터를 창조해낸다. 기본적인 스토리텔링 구조를 구축해놓으면 각 회차마다 펼쳐지는 이야기 속에서 3막 구성을 보여준다. 그렇게 1부부터 쭉쭉 뻗어나간 줄기를 따라 촘촘하게 피어난 이야기가 엮이면서 16부까지 960분을 관통하는 방대한 서사가 완성되는 것이다. 그 과정에서 기본적인 작법을 따를지언정, 미니시리즈만이 가지고 있는 연속성을 놓치지 않고 끝까지 끌고 가는 방법은 각자 터득해야 한다. 그러므로 960분의 스토리텔링은 1부에서 16부까지 구축한 이야기의 세계를 끌고 가면서 자신만의 길을 찾아가는 여정이다.

하지만 절대 근간은 변하지 않는다. 60분이든, 960분이든, 하나의 세계를 창작하고 그 안에서 탄생한 캐릭터를 통해, 작가가 하고자 하는 이야기를 전달하는 건 똑같다는 말이다. 〈라이팅의 세계〉에서 단막 드라마를 통해 자신의 이야기를 써봤다면, 미니시리즈도 충분히 해낼 수 있다. 본인이 하고 싶은 이야기를 60분에서 960분으로 확장한다고 생각하면 되기 때문이다. 다만, 미니시리즈는 그 기나긴 여정 속에서 길을 잃지 않고 작가가 하고자 하는 이야기를 전달하는 것이 중요하다. 그 여정에 동참할 마음의 준비가 됐다면, 필자를 자신만의 길을 찾아가는 여정의 동반자이자, 길을 잃지 않도록 안내하는 길잡이라고 여기고 따라오면 된다.

Section 02

기획안, 설득의 기술

우리는 이제 본격적으로 미니시리즈 창작에 돌입해야 한다. 소재와 주제, 캐릭터와 이야기 구조 등, 창작의 가장 기본적인 요소를 갖춰야 한다는 것은 이미 배웠다. 지금부터 중요한 것은 그 스토리를 960분 동안 끌고 갈 수 있다는 것을 보여줘야 한다. 그 출발점이 기획안 작업이다.

01 | 소통할 수 있는 기획안

기획안은 기획한 내용에 대한 계획을 구체적으로 서술하는 것이다. 하지만 미니시리즈 기획안은 서술을 설득으로 바꿔야 한다. 사전적 의미로 서술은 사건이나 생각 등을 차례로 말하거나 적는 것이고, 설득은 상대편이 자신의 이야기를 따르도록 여러 가지로 깨우쳐 말하는 것이다. 두 가지는 무엇이 다른가. 혼자 자신의 이야기를 하는 것이 서술이라면, 설득은 상대방이 자신이 원하는 방향으로 움직이도록 '소통'한다는 것이다.

한마디로 미니시리즈 기획안은 설득하는 글쓰기이다. 만약 지금부터 작업하는 기획안을 공모전에 낸다면 심사위원이 수많은 공모작 중에서 자신의 이야기에 귀 기울이게 해야 하고, 제작사 또는 연출가에게 보여준다면 그들의 마음을 움직여서 이 작품을 영상으로 만들고 싶게 작성해야 한다. 기획안을 읽는 사람들에게 자신이 하고자 하는 이야기를 이해시키도록 끊임없이 소통해야 한다는 것이다.

앞에서 공부했던 단막 드라마의 시놉시스Synopsis도 마찬가지일 수 있지만, A4 용지 3~5장 분량 안에 60분의 이야기를 전부 풀어주기보다는 궁금증을 유발하고 호기심을 자극하는 것이 더 중요하다. 하지만 미니시리즈는 훨씬 더 방대한 서사를 담고 있으므로 믿음과 신뢰가 필요하다. 이 기획안이 공수표를 남발하는 위험한 모험이 아닌, 960분의 스토리텔링으로 시청자들까지 설득할 수 있는 안전한 보험이라는 것을 입증해야 한다. 그것을 보여줄 '설득의 기술'이 필요하다.

기획안의 구성요소

'설득의 기술'을 알아보기에 앞서 기획안의 구성요소를 살펴보자. 구성요소는 제목과 더불어 기획의도, 관전 포인트, 배경·무대, 등장인물, 줄거리로 나눠볼 수 있다.

구성요소	육하원칙		내용
제목	Title	이름	'본연의 특성'을 살렸는가?
기획의도	Why	주제	'왜' 이 드라마를 하고자 하는가?
관전 포인트	What	특징	'무엇이' 이 드라마만 가진 특징인가?
배경·무대	When/Where	시간/공간	'언제/어디서' 펼쳐지는가?
등장인물	Who	캐릭터	'누가' 행동하는가?
줄거리	How	스토리	'어떻게' 이야기할 것인가?

여기서 육하원칙은 기존에 알고 있는 '누가, 언제, 어디에서, 무엇을, 어떻게, 왜'의 여섯 가지와는 다르다. '언제/어디에서'가 합쳐지고, '이름'이 추가되면서 기획안 필요조건이 완성된다.

① **제목(Title)** : 누구나 세상에 태어나면 이름을 갖는다. 다른 사람과 구별되는 본연의 특성이 생긴 것이다. 그래서 자신을 소개할 때도 가장 먼저 이름을 말한다. 이처럼 드라마가 건네는 첫인사 역시 제목이다. 드라마를 표현하는 가장 기본적인 방법인 셈이다. 드라마의 특성을 살린 제목으로 정해보자.

② **기획의도(Why)** : 기존의 육하원칙에서는 마지막에 이유를 물어보지만, 드라마에서는 가장 먼저 '왜'라고 물어본다. '왜' 이 드라마를 하고자 하는지에 대한 이유를 설명하는 것이 기획의도이다. 그 안엔 작품의 주제가 들어가야 한다.

③ **관전 포인트(What)** : '무엇인가?' 이 드라마만이 가진 특징을 말해줘야 한다. 드라마가 내세우는 강점과 기대감을 불러일으키는 재미 요소를 정리한 내용이 관전 포인트다. 이 부분에서 '무엇'을 하려는 드라마인지 정체성이 명확해진다.

④ **배경·무대(When/Where)** : 드라마는 배경·무대가 필요하다. 자신의 이야기가 펼쳐질 배경이 '언제'인지, 메인사건이 일어나는 무대가 '어디'인지 보여주는 것이다. 쉽게 설명해보자. 현대극인지 사극이나 시대극인지, 미래의 세계에서 벌어지는지, 시간적 배경이 설정되어야 한다. 또한 병원, 법원, 학교, 경찰서, 연예계, 궁, 우주 등 인물들이 맘껏 움직일 수 있는 공간적 무대도 설정되어야 한다.

⑤ **등장인물(Who)** : '누가' 행동하는가. 이 드라마에서 행동하는 인물들을 보여주면 된다. 보통 16부작 안에는 드라마를 끌고 가는 4명 정도의 주인공과 서브 조연, 주변인물까지. 15~20명 정도의 인물이 배치된다. 이보다 인물이 적으면 16부의 이야기를 다 채우지 못하고, 너무 많으면 그 모든 인물의 이야기를 풀지 못해서 캐릭터가 도구적으로 사용될 수밖에 없다. 이런 문제점을 사전에 방지하려면 등장인물을 한눈에 볼 수 있게 인물 관계도를 그려보는 게 좋다. 인물 간의 관계성이 탄탄하게 설정됐는가, 극에 불필요한 인물이 설정된 건 아닌가, 책상 앞에 인물 관계도를 붙여놓고 수시로 체크하자.

⑥ **줄거리(How)**: '어떻게' 이야기할 것인가. 1부부터 16부까지 회별 줄거리를 정리해야 한다. 각 회차마다 중심이 되는 사건이 어떻게 풀려나가는지, 캐릭터가 결말까지 도달하기 위해 어떻게 달려 나가는지, 인물에게 일어난 일을 쭉 나열하는 게 아니라, 중요하게 발생하는 사건 위주로 작성해야 한다. 가독성을 높이기 위해서 문장을 길게 쓰지 말고 짧고 간결하게 표현하자.

기획안에 들어갈 6가지 요소에 대한 기본적인 설명이 끝났다. 이것은 기획안에 들어가기 전, 사전 준비와 같다. 이제부터가 진짜다. '설득의 기술'을 하나씩 살펴보자.

02 | 제목 '포장지'의 기술

기획안의 첫 페이지는 '제목'으로 채워진다. 제목의 끌림이 없다면 다음 페이지로 넘어가지 못할 수도 있다. 잘 지은 제목이 드라마를 보게 만드는 힘이 된다는 것이다. 이렇듯 제목은 포장지와 같다. 아직 안에 무엇이 들어있는지 모르지만 선물을 받는 사람에게 내용물을 기대하게 만들어야 한다. 그렇다면 어떤 포장지를 선택할 것인가? 휘황찬란한 포장지로 눈길을 사로잡을 것인가. 또는 고급스런 포장지로 최대한 있어 보이게 할 것인가. 그것도 아니면 심플한 포장지로 단순하게 보여줄 것인가.

바로 '내부가 보이는 포장지'여야 한다. 내부가 보인다는 건 무엇일까. 드라마의 소재를 드러내야 한다는 것이다. 예를 들어 제목만 튀고 소재와 동떨어진 내용이라면 내용물은 부실한데 겉만 과대포장된 것이다. 반대로 소재를 대놓고 보여주는 너무 뻔한 제목은 포장조차 하지 않아서 무성의해 보인다. 포장 안에 뭐가 들어있는지 궁금증을 유발하면서도 어느 정도 예측 가능한 제목이 포장지의 역할을 제대로 하는 거다. 그렇다면, 내부가 보이는 포장지의 기술을 적절하게 사용한 드라마를 알아보자.

1) tvN 드라마 〈또 오해영, 2016〉

이름은 같지만, 외모와 능력은 전혀 다른 두 여자 오해영과 그녀들과 얽힌 한 남자 박도경의 동명 오해 로맨스 드라마이다. 〈또 오해영〉은 오해영이라는 동명이인이라는 소재를 제목으로 내세웠다. 그 앞에 '또'를 붙이면서 이들과 엮인 제삼자가 존재한다는 걸 강조한다. 두 여자와 러브라인을 펼치는 박도경의 입장에서는 '또? 오해영이야?'라는 말이 절로 튀어나오기 때문이다. 소재와 함께 그들의 로맨스까지 기대되는 제목으로 탄생한 것이다. 만약, '두 명의 오해영' 또는 '잘난 오해영, 못난 오해영'이라고 지었다면, 이름만 같고 전혀 다른 두 여자가 나오는 드라마겠구나! 라며 소재가 그대로 드러나는 제목이었을 텐데, '또' 한 글자가 완벽한 포장지 역할을 한 셈이다.

2) tvN 드라마 〈사랑의 불시착, 2019〉

어느 날 돌풍과 함께 패러글라이딩 사고로 북한 지역에 '불시착'한 재벌 상속녀 윤세리와 그녀를 숨기고 지키다 사랑하게 되는 특급 장교 리정혁의 절대 극비 러브스토리. 〈사랑의 불시착〉은 '불시착'이라는 단어로 포장지의 기술을 맘껏 뽐낸 경우이다. 주인공이 새로운 공간에 떨어졌구나! 그곳에서 만난 누군가와 사랑에 빠지겠구나! 이 두 가지의 내용물을 보여주면서 다른 건 상상력을 펼치도록 했다. '그곳이 어딜까?', '왜 불시착했을까?', '다른 세상에서 펼쳐지는 로맨스는 어떨까?', '무사히 다시 돌아올 수 있나?' 등 목적지가 아닌 예정되지 않은 장소에 불시착했다는 건 굉장히 호기심을 자극한다. 동시에 새로운 곳에서 살아남을지, 원래 가고자 했던 곳으로 돌아갈 수 있을지, 스토리에 대한 기대감이 생긴다. 마지막으로 불시착했다는 건 갑작스러운 사고가 일어났다는 것이다. 즉, 위험하다는 말이다. 그런 불시착 앞에 사랑이 붙었다! 이것은 위험한 사랑을 뜻한다. 남한 상속녀와 북한 장교의 금지된 사랑을 가장 잘 표현한 제목이 되는 것이다.

3) jtbc 드라마 〈괴물, 2021〉

변두리에 떨어진 남자가 변두리에 남겨진 사람들과 '괴물을 잡기 위해' 고군분투하는 이야기이자, 기다리는 사람들에게 가족을 찾아주기 위해 '스스로 괴물이 된 두 남자'의 심리 추적 스릴러. 〈괴물〉은 괴물을 추적하는 내용이란 걸 대놓고 제목으로 드러내는 것처럼 보인다. 하지만 이토록 단순한 제목은 반전을 일으킨다. 바로 괴물이 한 명이 아니라는 것이다. 당연히 범인이 '나쁜 놈' 범인을 추적하면 '착한 놈'이라는 공식을 깨고 괴물을 잡기 위해 스스로 괴물이 된 두 남자로 인해, 제목에서 보여주는 '괴물'이 누굴 칭하는지 모르게 된다. 그로 인해 '괴물은 누구인가, 너인가, 나인가, 우리인가'란, 작가가 말하고자 하는 의도가 명확하게 전달되고, '과연 제목에서 말하는 괴물이 누구일까?'라는 의문점으로 드라마를 계속 보게 만든다. 이렇듯 잘 지은 제목 하나가 드라마 성공의 열쇠가 되기도 한다. 앞서 설명한 포장지의 기술을 제대로 이해했다면, 자신의 이야기를 돋보이게 만들어 줄 포장지를 선택해보자.

03 │ 기획의도 '물음표'의 기술

제목을 결정했다면 이제 기획의도를 작성할 차례이다. 자신이 기획한 작품을 통해 말하고 싶은 주제, 전달하고 싶은 메시지 등 작가가 하고자 하는 이야기를 적으면 된다. 그렇다고 자신이 하고 싶은 이야기를 구구절절 다 쓰다 보면 핵심 내용이 빠지게 된다. 즉, 전달력이 떨어진다는 것이다. 반면 최대한 간단명료하게 정리하면 스토리 자체가 빈약해 보일 수도 있다. '하고 싶은 이야기가 없는 작가인가?'라는 오해까지 불러일으킬 수 있다. 그럼 어떻게 해야 할지 막막해질 것이다. 두 가지 포인트만 기억하면 된다. '물음표를 던져라!', '물음표를 끌어내라!' 이것이 물음표의 기술이다.

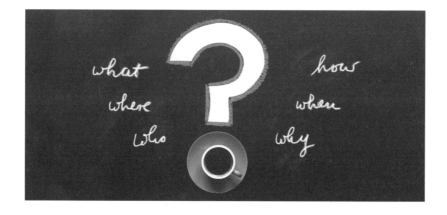

1) 물음표를 던져라!

물음표를 던진다는 것이 무엇일까. 바로 질문을 하라는 것이다. 어떤 질문인지, 누구에게 하는 질문인지, 세 가지로 나눠볼 수 있다.

첫 번째, 자신에게 던지는 질문, 이 이야기를 '왜' 하고자 하는가? 자기 자신에게 물어봐야 한다. 그 질문에 대한 답이 있을까? 정답은 없다. 계속 질문하다 보면 진정으로 하고 싶은 이야기가 선명해지는 순간이 온다. 그것이 작품의 주제성이다. 작가가 전달하고자 하는 주제가 명확할수록 끝까지 흔들리지 않고 달려갈 수 있다.

두 번째, 소재에 던지는 질문, 이 이야기와 어울리는 '옷'일까? 첫 번째 질문에서 우리는 이야기의 주제를 내세웠다. 그렇다면 자신이 전달하려는 주제를 풀어낼 수 있는 소재인지 체크해야 한다. 주제와 소재가 불협화음을 내면 스토리는 산으로 갈 수밖에 없다. 기획의도에 드라마가 가고자 하는 하나의 방향성을 담아내야 한다.

세 번째, 세상에 던지는 질문, 시청자가 이 이야기를 '왜' 봐야 하는가? 주제와 소재가 환상의 하모니를 이룬다 해도, 세상에 목소리를 내지 못하는 드라마는 시청자에게 외면 받는다. 왜 이 이야기를 봐야 하는지, 시청자들에게 전하는 메시지가 있어야 한다. '주제=메시지' 아닌가? 라고 물어볼 수 있다. 답은 아니다. 주제가 작가가 말하고자 하는 이야기라면, 그것을 시청자가 받아들였을 때 비로소 메시지가 된다. 자신의 이야기가 세상에 잘 전달될 수 있도록 만들어야 한다.

2) 물음표를 끌어내라!

세 가지 질문을 던졌다고 끝이 아니다, 그 답은 작가가 찾아야 한다. 역으로 이 기획안을 읽는 사람, 드라마를 보는 시청자가 질문하게끔 해야 한다. 그것이 '물음표를 끌어내라!'라는 의미이다. 이 드라마가 자신과 동떨어진 이야기가 아니라는 것, 그들만의 세계가 아니고 내 이야기라는 것을 보여줘야 한다. 나에게도 일어날 수 있고, 내 친구도 겪은 적 있고, 주변에서 들은 적 있던 이야기! 그럼 자연스럽게 관심을 두게 되고, 질문을 쏟아내게 될 것이다. '이거 진짜야?', '이런 사람이 있다고?', '나도 이런 경험 있었어.'

그들이 질문을 하는 이유는 바로 '공감'이다. 그렇다면 현대극에, 내가 겪은 소소한 사건, 생활밀착형 이야기, 누구나 공감하는 일상적인 감정만 이야기해야 하는가? 물론 판타지와 사극, 시대극, 범죄물이어도 괜찮다. 작품 안에 담긴 작가의 의도는 현재를 살아가는 사람들이 공감할 수 있도록 만들어줘야 하기 때문이다.

jtbc 드라마 〈SKY 캐슬, 2018〉은 대한민국 상위 0.1%가 모여 사는 SKY 캐슬 안에서 일어나는 이야기이다. 우리가 주인공의 삶에 공감할 순 없지만, 자식에 대한 모성애와 부성애라는 감정, 그리고 대한민국 교육열을 적나라하게 보여주며 현실반영이 된 드라마였다. 또한 신비의 향을 피우면 20년 전 과거로 돌아가면서 펼쳐지는 tvN 드라마 〈나인:아홉 번의 시간여행, 2013〉은 현실적으로는 불가능한 설정이지만, 불행한 과거를 바꾸기 위해 고군분투하는 주인공의 모습은 공감을 불러일으키기 충분했다. 이렇듯 작가가 하고자 하는 이야기 속에 현재를 살아가는 사람들의 스토리가 담겨야 한다. 그들의 마음이 움직일 수 있게 감정적인 동의를 얻는 것이 중요하다.

마지막으로 앞서 설명했던 것처럼 질문을 던지고, 질문을 받고, 이것을 반복하며 기획의도를 정리해보자. 이 이야기를 시작했을 때 머릿속에 떠다녔던 수많은 물음표가 느낌표로 바뀌는 때가 온다. 그때야 비로소 물음표의 기술이 완성되는 것이다.

04 | 관전 포인트 '차별화'의 기술

작가가 하고 싶은 말은 끝났다. 이제 보여줄 때이다. 이 작품에서만 볼 수 있는 건 무엇인가? 그 특징을 살려서 작품의 강점을 드러내고, 드라마에 대한 기대감을 상승시킬 재미 요소를 짚어주는 것이 '관전 포인트'이다. 하지만 그 강점과 재미가 다른 드라마에서도 봤던 거라면? 기대감이 상승하기보다는 '또 똑같은 이야기야?', '지겹다', '언제까지 계속 봐야 해?'란 볼멘소리가 나올지도 모른다. 지금처럼 콘텐츠가 범람 시대에는 기존 방영작들과는 확실히 달라야 한다. '나만의, 나만에 의한, 나만 할 수 있는' 이야기를 갖고 있어야 한다. 바로 수많은 콘텐츠 중 살아남는 자신만의 차별화 기술이 필요하다. 그러면 도대체 차별화의 기술이 뭘까? 그것은 바로 어둠과 빛을 활용하는 것이다.

1) 어둠 속에서 빛을 밝혀라!

첫 번째 차별화 기술은 아무도 가지 않는 길을 가는 것이다. 어디든 어둠은 있다. 하지만 그 어둠 속에서 처음으로 빛을 밝히면 당연히 주목받게 된다. 지금까지 없었던 이야기를 통해 새로운 경쟁력을 갖춰야 한다는 것이다.

SBS 드라마 〈별에서 온 그대, 2013〉는 국내 최초로 외계인이 나오는 드라마이다. 그전까지 외계인은 흉측한 외모에 지구인과는 전혀 다른 생명체였다. 하지만 이 드라마에서 외계인은 잘생긴 교수님이고, 400년 동안 지구에 살아서 지구인보다 더 사람 같고, 군대도 24번 다녀온 건장한 대한민국 남자의 모습으로 살아간다. 이렇듯 SF 장르의 주인공이었던 외계인을 로맨스 드라마 주인공으로 내세우며 비현실적인 존재와 평범한 인간의 사랑이야기로 판타지 로맨틱 코미디Fantasy Romantic Comedy의 새로운 지평을 열었다.

소리를 단서로 범죄 골든타임을 사수하는 범죄수사물을 처음으로 선보인 OCN 드라마 〈보이스, 2017〉. 이런 장르에 경찰이 주인공이면 몸으로 부딪치고, 발로 뛰어야 한다고 생각한다. 하지만 이 드라마의 주인공은 절대 청감 능력의 소유자이다. 오로지 '소리'만 듣고 범인을 잡고, 사건을 해결하는 '소리 추격 스릴러'라는 장르를 새롭게 개척한 것이다.

앞서 예를 든 드라마처럼, '국내 최초', '처음으로 선보이는 드라마', '새로운 장르의 선구자' 등 이 드라마에서 최초로 시도하고, 처음으로 보여준다는 것을 강조해야 한다. 관전 포인트에서는 이 드라마만의 경쟁력을 맘껏 보여주는 것이 좋다. 그것이 어둠을 밝힐 단 하나의 등불이 되어줄 것이다.

2) 환한 빛 속에서 그림자를 찾아라!

두 번째 차별화 기술은 익숙함의 재발견이다. 강렬한 빛만 쫓다 보면 주변을 놓치고 만다. 늘 옆에 머물던 그림자 안에 빛나는 보석이 숨어 있을 수도 있다. 익숙함 속에서 새로움을 발견할 수 있다는 것이다. 사실 세상에 새로운 이야기는 없다. 익숙한 이야기를 자신만의 이야기로 만들면 된다.

MBC 드라마 〈옷소매 붉은 끝동, 2021〉을 살펴보자. 또 조선시대다, 또 궁 이야기다, 또 정조가 주인공이다. 너무 뻔한 사극으로 생각할 수도 있다. 하지만 이 드라마는 궁궐에 갇혀 잠재적인 왕의 여자로 살아가며 그 어떤 선택권도 없이 그림자처럼 그려지던 궁녀에게 생명력을 주었다. 그녀는 그림자가 아니었다. 그녀에게도 삶이 있고, 생각이 있고, 의지가 있다. 자신의 삶을 선택하고 지켜나가는 궁녀의 모습을 통해 주체적인 여성상을 제시한다.

그렇다면 SBS 드라마 〈스토브리그, 2019〉는 어떨까? 스포츠 드라마다. 야구 드라마다. 당연히 야구선수들의 각본 없는 드라마와 짜릿한 명승부가 펼쳐질 거라 예상했다. 하지만 화려한 스포트라이트를 받는 선수들이 아닌, 그동안 주목받지 못했던 프런트 사람들을 보여준다. 분명 구단에 그들이 있는 건 알고 있었다. 주인공이 아닌, 조연 또는 단역으로. 드라마는 주변인물에게 스포트라이트를 비춘다. 그들의 이야기도 뜨겁다는 것을 보여주며 백승수 단장이라는 시대가 원하는 리더상을 내세운다.

이처럼 주변에 항상 있었는데 분명 발견하지 못한 것이 있다. 이 세상에 없는 이야기를 만들지 않아도 된다. 특별한 능력이 있는 주인공이 아니어도 된다. 독특한 공간일 필요도 없다. 주변을 둘러보고 시선만 돌리면 새로운 이야기는 무궁무진하다. 새로운 시각으로 세상을 바라볼 때 진정한 자신만의 이야기가 탄생하는 것이다.

05 | 배경 · 무대 '장르'의 기술

지금까지 한 이야기를 어디에 펼쳐놓을 것인가. 16부작이라는 긴 호흡의 이야기를 끌고 가려면 배경과 무대는 꼭 있어야 한다. 앞서 기획안 구성요소에서 설명했듯, 시간적 배경과 공간적 무대가 필요하다. 이것을 제대로 설정하지 않으면 16부 내내 주인공은 방황하게 된다. 마치 집 없이 떠도는 방랑자와 같다. 하지만 여기서 명심해야 할 것은 주인공에게 아무 집이나 지어주면 안 된다는 것이다. 작가가 살고 싶은 집이어야 한다. 당연한 소리겠지만, 여기서 살고 싶은 집이라는 것은 어떤 장르로 이야기를 끌어갈 것인가이다. 자신이 그리고 싶은 장르와 이야기를 펼칠 배경·무대가 따로 논다면 그 집은 철거해야 하기 때문이다.

그렇다. 시간적 배경과 공간적 무대가 곧 장르로 연결된다. 쉽게 설명하자면, 시간이 조선시대면 사극이 될 것이고, 1980년대면 시대극이 되고, 미래면 SF물, 과거와 미래를 오가면 판타지극이 된다. 공간은 어떨까? 병원이면 메디컬물, 경찰서면 수사물, 법원이면 법정물, 학교면 하이틴물, 캠퍼스면 청춘물이 된다. 이렇게 특정한 공간이 있어야 하는가? 라고 질문한다면 그건 또 아니다. 남녀 주인공이 한 집에 살게 되면 집을 무대로 한 동거물이 된다. 한 회사, 한 동네, 다양한 군상을 보여주고 성장하는 이야기라면 휴먼물이 된다. 이렇게 작가가 어떤 장르를 하고 싶은지 결정함에 따라, 배경과 무대가 만들어진다. 장르의 기술은 간단하다. 내가 살고 싶은 집을 지어서 주인공을 살게 하면 되는 것이다.

06 | 등장인물 '과거, 현재, 미래'의 기술

이제 드라마의 주인공들이 본격적으로 등장할 차례이다. 등장인물을 표현할 때는 자신이 캐릭터에 대해 고민하며 만들어둔 정보를 바탕으로 등장인물의 과거, 현재, 미래의 삶을 그려내야 한다. 그건 이미 준비됐다고 생각할 수도 있다. 계속해서 캐릭터에 대한 고민을 많이 했겠지만 여기서 말하는 과거, 현재, 미래는 단순히 시간순으로 나열된 인물의 상황을 말하는 것이 아니다. 그렇다면 너무 흔한 기술이지 않을까? 과거, 현재, 미래의 기술이란 결핍, 욕망, 목표의 기술이다. 인물이 가진 과거의 결핍이 현재의 욕망을 만든다. 그 욕망이 강렬해지거나 무너지면서 동력을 얻는다. 그 힘이 미래의 목표를 향해 달려가게 하는 것이다. 그 기술을 잘 보여줄 수 있는 인물이 tvN 드라마 〈비밀의 숲, 2017~2020〉의 주인공 황시목이다. 그에 대해서 하나씩 살펴보자.

1) 과거의 결핍 : 그동안 어떤 삶을 살아온 인물인가?

선천적 뇌의 이상을 가진 황시목은 시끄러운 소리를 참지 못할 땐 공격적으로 변해서 학창시절 왕따를 당했다. 이후 뇌수술의 부작용으로 공감능력을 잃고, 슬픈 건지, 좋은 건지, 자신의 감정마저 느끼지 못하게 된다. 그렇게 무감정으로 살아가며 철저하게 혼자 살아가는 법을 터득한 시목. 결국 과거의 결핍이 인물의 신념과 가치관을 형성하게 된다.

2) 현재의 욕망 : 지금 어떤 갈등과 사건을 맞이하는가?

감정을 잃고 오직 이성으로만 세상을 바라보는 검사 황시목. 이성을 앞세워 법을 수호하는 검사야말로 자신에게 최적의 직업군이라 여긴다. 하지만 법을 지키라고 만든 검찰이 법을 가장 많이 어기는 아이러니를 목도하고도 바뀌지 않는다는 걸 알기에 침묵한다. 그것이 시목이 가진 현재의 욕망이다. 그런 그 앞에 검찰 스폰서 살인사건이 터진다. 그렇다. 자신의 방식대로 현재를 사는 인물에게 욕망을 건들리는 사건이 주어진 것이다. 여기서 자신이 가진 욕망이 더 강력해질 수도 있고, 그 욕망이 무너져 다른 욕망이 피어날 수도 있다.

3) 미래의 목표 : 앞으로 어떤 영향을 초래하는가?

현재의 욕망에서 동력을 얻은 시목. 이제 목표는 살인사건의 범인을 잡고 검찰 조직의 비리를 밝히는 것이다. 하지만 사건의 진실에 다가갈수록 희생자는 늘어나고, 주변 인물 모두 살인동기가 있었다는 게 드러나는데! 이렇듯 인물의 목표는 예상치 못한 방향으로 흘러간다. 그것이 인물의 행동 또는 감정에 변화를 일으킨다.

과연 어떻게 될 것인가? 진실을 밝힐 것인가? 앞으로 인물은 어떤 선택을 할 것인가? 그리고 이루고자 하는 목표에 도달할 것인가? 여기서 등장인물 소개는 끝내야 한다. 인물의 미래이자 목표는 그 인물의 목적지까지 알려주는 것이 아니다. 그 목적지에 다다르기 위해선 여러 갈래의 갈림길이 있다는 거까지만 보여줘야 한다. 인물의 다음 행보가 궁금하게 만들어야 한다는 것이다. 혹여나 인물의 결말을 공개해버리면 등장인물 소개가 아닌, 줄거리를 모두 말해주는 것과 같다. 그렇게 되면 다음 페이지인 회별 줄거리까지 넘어가지 않을 수도 있다. 이미 다 봤다고 생각하기 때문이다. 다음 파트를 위해 아껴두자.

07 | 회별 줄거리 '엔딩포인트'의 기술

이제 기획안 마지막 단계이다. 지금까지 차곡차곡 쌓아온 이야기를 모두 풀어놓을 때이다. 캐릭터가 돋보이는 작품이라면 캐릭터 위주로 인물간의 관계성과 감정선을 보여주고, 플롯이 돋보이는 작품이라면 플롯 위주로 기승전결 논리적 구성을 보여주면 된다. 하지만 여기서 절대 놓치면 안 되는 것이 바로 비주얼 스토리텔링이 되어야 한다는 것이다. 줄거리를 읽는 사람들에게 시각적인 이미지가 그려지게 해야 한다.

영상화가 가능하게 대사와 지문으로 이뤄진 대본이라면 모를까, 줄거리에서 이게 가능할까? 물론 가능하다. 회차별 엔딩포인트를 확실히 표시해두자. 그렇게 엔딩점만 기억하게 만들어도 16부 서사가 시각적인 이미지로 각인된다. 여기서 가장 중요한 엔딩포인트 기술은 다음 회차를 보게 해야 한다. 16번의 엔딩포인트가 연결점이 돼서 960분 이야기의 마침표가 찍히게 되기 때문이다.

엔딩포인트 기술은 1~8부, 9~16부 두 구간으로 나뉜다. 1~8부 이야기의 시작점부터 전개상 중요한 지점까지 엔딩점에 깃발을 꽂아야 한다. 그렇다면 9~16부에도 계속 깃발을 꽂을까? 아니다. 그렇게 되면 이야기를 전개만 시키고 해결하지 않는 것과 같다. 그래서 1~8부까지 꽂은 깃발을 9~16부에서는 제대로 뽑아줘야 한다. 드라마 구성에 따라 이해하기 쉽게 2회차씩 묶어서 깃발 활용을 설명하려고 한다. 그럼 당장 엔딩포인트의 기술에 사용할 깃발을 들어보자.

1) 1~8부 : 깃발을 꽂아라

회차	구성 내용	깃발 꽂을 지점
1~2부	인물 소개는 물론, 배경과 공간을 보여준다. 인물에게 목적이 부여되고, 인물들의 관계성이 성립된다.	인물에게 목적 부여!
3~4부	인물 사이에 본격적으로 갈등이 드러나고, 그 갈등으로 인해 극을 끌어가는 결정적인 사건이 발생한다.	결정적인 사건 발생!
5~6부	앞의 회차에서 발생한 사건으로 인해 어떤 선택을 한 인물에게 목적을 방해하는 장애물이 생겨난다.	인물의 선택!
7~8부	인물이 장애물을 이겨내려고 하지만, 위기감이 고조되고 극을 뒤흔드는 극적갈등이 일어난다.	위기감 고조!

엔딩포인트의 기술 : 깃발 꽂기

2) 9~16부 : 깃발을 뽑아라!

회차	구성 내용	깃발 뽑을 지점
9~10부	위기는 기회다. 7~8부에 발생한 위기에서 벗어나면서 인물에게 새로운 기회가 찾아온다.	위기가 새로운 기회로!
11~12부	기회로 인해 사건이 해결되는 것처럼 보이지만, 충격적인 반전이 일어난다. 그로 인해 인물은 5~6부에서 한 선택과 반대의 선택을 한다.	앞의 선택과 반대의 선택으로!
13~14부	갈등이 최고조가 되고, 3~4부에서 발생한 결정적 사건이 클라이맥스를 향해 달려간다.	결정적인 사건이 클라이맥스로!
15~16부	클라이맥스에 이른 사건이 해소되고, 1~2부에서 인물에게 부여된 목적이 달성되면서 주인공의 운명이 결정된다.	부여된 목적을 최종 달성!

엔딩포인트의 기술 : 깃발 뽑기

여기서 주의할 점은 1~8부까지 꽂은 깃발을 9~16부에서 뽑을 때는 역순으로 이뤄진다는 것이다. 9~10부에 뽑은 깃발이 1~2부에 꽂은 것이 아니라, 7~8부에서 꽂은 것이다. 이렇게 11~12부에 뽑은 깃발은 5~6부에, 13~14부의 깃발은 3~4부에, 마지막으로 15~16부에서 뽑은 깃발은 1~2부에 꽂은 깃발이다. 결국 마지막과 처음이 맞닿게 된다. 첫 회부터 마지막 회까지 연속성을 갖고 있으며, 이야기 전개가 개연성 있게 펼쳐졌다는 걸 보여주는 것이다. 이처럼 깃발을 모두 회수해서 16부 대장정의 마침표를 찍게 되면 충분히 '엔딩맛집 드라마'가 될 수 있다.

　지금까지 기획안 작성에 필요한 설득의 기술에 대해 알아봤다. 앞서 설명한 설득의 기술을 활용한다면 충분히 완성도 높은 기획안이 탄생할 것이다. 하지만 여기서 중요한 것은 작가가 960분의 스토리텔링을 완성할 수 있다는 자신감이 담겨 있어야 한다는 것이다. 그 자신감만으로 이 이야기가 재밌다는 것을 설득시킬 자격은 충분하다.

'기획안, 설득의 기술' 핵심포인트!

① **제목**: 내부가 보이는 포장지여야 한다. 소재와 주제가 보일수록 좋다. 포장 안에 뭐가 들어있는지 궁금증을 유발하면서도 어느 정도 예측 가능한 제목이 포장지의 역할을 제대로 하는 것이다.

② **장르** : 드라마 속에 존재하는 시간적 배경과 공간적 무대가 곧 장르로 연결된다. 예로) 시간이 조선시대면, 사극이 배경인 것이다. 공간이 법원이면, 법정물의 무대가 펼쳐진다.

③ **기획의도** : 이 이야기를 '왜' 하고자 하는지 주제의식이 명확하게 드러나야 하고, 자신이 전달하려는 주제를 풀어낼 수 있는 소재인지 체크해야 한다. 또한, 시청자가 이 이야기를 '왜' 봐야 하는가? 작가가 말하고자 하는 이야기가 세상에 잘 전달될 수 있도록 만들어야 한다. 마지막으로, 공감을 끌어내야 한다. 이 드라마가 자신과 동떨어진 이야기가 아니라는 걸 말해줘야 한다.

④ **관전 포인트** : '나만의, 나만에 의한, 나만 할 수 있는' 이야기를 가지고 있어야 한다. 우선 다른 드라마와 차별화를 가지고 지금까지 없었던 이야기를 통해 새로운 경쟁력을 갖춰야 한다는 것이다. 또 다른 방법은, 익숙함 속에서 새로움을 발견할 수 있다는 것이다. 사실 세상에 새로운 이야기는 없다. 익숙한 이야기를 자신만의 이야기로 만들면 된다.

⑤ **등장인물** : 과거, 현재, 미래가 보여져야 한다. 그것이 바로, 인물의 결핍, 욕망, 목표다. 인물이 가진 과거의 결핍이 현재의 욕망을 만든다. 그 욕망이 강렬해지거나 무너지면서 동력을 얻는다. 그 힘이 미래의 목표를 향해 달려가게 하는 것이다.

⑥ **줄거리** : 줄거리를 읽는 사람들에게 시각적인 이미지가 그려지게 해야 한다. 회차별 엔딩포인트를 확실히 기억하게 만든다면 16부 서사가 시각적인 이미지로 각인될 수 있다.

Section 03

960분 스토리텔링의 법칙

우리는 기획안을 완성했다. 기획안은 지금부터 시작하는 960분이란 긴 이야기가 재미있다는 것을 소개해주는 안내판이다. 하지만 그것은 기획안을 읽는 사람들에게 해당하는 말이다. 기획안을 작성한 작가에게는 960분이라는 긴 여정 동안 길을 잃지 않고 목적지까지 갈 수 있게 제작된 지도와 같다. 그렇다면 이 지도만 믿고 960분 이야기의 길을 찾아갈 수 있을까?

01 | 캐릭터와 플롯의 법칙

본인이 제작한 지도라 할지라도 안타깝게 길은 여러 갈래로 나뉘어 있다. 물론 어디로 가든 길은 연결되고, 16회라는 목적지까지 도착만 하면 된다고 생각할 수도 있다. 하지만 우리는 재밌는 이야기를 전달하는 게 목적이다. 1부를 시작점으로 16회라는 도착점까지 가장 재밌는 길로 가기 위한 내비게이션이 필요하다. 그것이 바로 '캐릭터'와 '플롯'이다. 기획안에서 등장인물과 줄거리를 작성했기 때문에 캐릭터와 플롯이 완벽하다고 생각하면 큰 오산이다. 기획안을 위해 정돈된 글로 쓴 등장인물과 줄거리를 가지고 960분 스토리텔링에 적용해야 한다. 그렇게 이야기가 확장되는 것이다.

앞서 말했듯 기획안은 안내판과 같다. 우리는 이제 막 입구를 통과했다. 지금부터는 960분의 스토리텔링이 펼쳐지는 길을 따라 낙오자 없이 출구까지 함께 가야 한다. 캐릭터와 플롯의 법칙은 조금 더 쉽고 빠르게 목적지까지 도달할 수 있는 좌표와 같다. 지금부터 그 좌표를 찍어서 공유해보려고 한다. 만약 인물 중심으로 이야기를 풀어내고자 하면 캐릭터 '선택'의 법칙을, 사건 중심으로 이야기를 풀어내려면 '4, 8, 12' 플롯의 법칙을 유심히 살펴보는 것이 좋다.

02 │ 캐릭터 '선택'의 법칙

미니시리즈는 캐릭터의 예술이라고 해도 과언이 아니다. 그만큼 캐릭터가 중요하다는 말이다. 앞서 기획안의 등장인물 파트에서 설명했듯이 과거의 결핍을 가진 인물이 현재의 욕망을 품고 목적을 향해 달려간다. 그 후 어떻게 됐을까? 기획안의 등장인물 파트에서는 보여주지 않은 그 후의 이야기가 여기서 시작된다. 그 인물이 목적을 향해 달려 나가며 갈등을 겪지만 결국 결핍을 극복하고 변화한다. 그리고 자신만의 방식으로 성장하는 것이다. 그 과정에서 인물에게는 두 번의 '선택'이 주어진다.

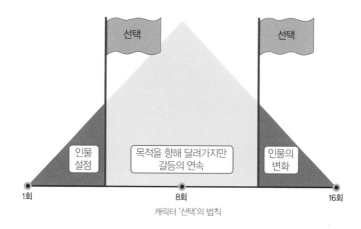

캐릭터 '선택'의 법칙

위 그림은 앞서 살펴봤던 3막 구성과 같다. 그 패턴을 응용해서 캐릭터 선택의 법칙에 관해 설명하려고 한다. 우선 1막에서는 시작에 들어갈 요소가 필요하다.

'시작' 필요 요소

① 인물이 누구인가?
② 인물이 움직이는 배경과 무대는?
③ 인물의 과거 결핍은?
④ 인물의 현재 욕망은?

이는 기본적인 설정이다. 인물에 대한 정보를 주고 첫 번째 선택이 이뤄진다. 그 '선택'에 대해 좀 더 자세히 알아보자.

1) 욕망의 선택

1막의 설정에서 인물의 욕망이 보였다. 첫 번째 선택은 현재의 욕망에서 비롯된 선택이다. 그 선택과 동시에 인물의 목표가 뚜렷해지면서 2막이 시작된다. 여기서 목표에 필요한 요소가 나와야 한다.

> **'목표' 필요 요소**
>
> ① 인물의 미래 목표는?
> ② 인물이 목표에 도달하지 못했을 때는?
> ③ 인물의 목표를 방해하는 적대자는? 반대로 조력자는?

이로 인해 인물에게 장애물이 생기고, 갈등이 끊임없이 일어난다.

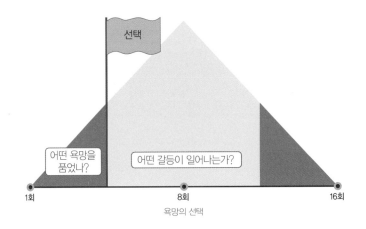

욕망의 선택

2) 갈등의 선택

욕망의 선택에서 보여줬듯이 2막의 시작과 동시에 인물에게는 갈등이 일어난다. 어떤 갈등이 일어날까? 그 갈등 속에서 어떤 선택을 해야 할까? 하지만 여기서 말하는 갈등의 선택은 극에서 보이는 인물의 선택이 아니라, 작가가 인물에게 부여하는 갈등을 선택해야 한다는 것이다.

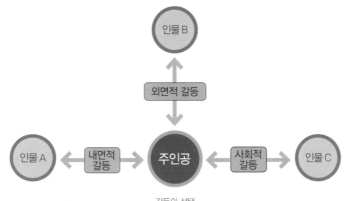

갈등의 선택

위의 도표처럼 인물에게 세 가지 갈등과 그 갈등을 표출할 수 있는 상대 인물이 설정된다. 내면적, 외면적, 사회적 각각의 갈등을 선택했을 때 인물의 스토리상 필요한 설정과 상대인물은 달라질 수 있다. 물론 전개상 내면적 갈등의 인물이 외부의 적으로 등장할 수도 있어서 겹치는 경우도 있다. 하지만 각 갈등이 어떻게 쓰임을 갖는지 알아야지 제대로 사용할 수 있다. 이를 표로 정리하면 다음과 같다.

갈등 요소	설명	주요 설정	상대 인물
내면적	내면의 결핍과 트라우마로 인한 인물의 내적 갈등	가족사, 사랑의 상처 등 과거 아픔	가족 또는 과거 연인 등, 내면의 상처를 건드는 인물
외면적	외부의 적 또는 방해자의 공격에 의한 외적 갈등	적대자와의 대립, 멜로의 장애물과 선입견, 편견 등 외부 시선	안타고니스트, 관계와 목적을 방해하는 인물
사회적	시대상과 환경적 요인으로 인한 인물의 딜레마	사극과 시대극 또는 타임슬립(Time Slip)물 등 판타지적 요소	비극적 시대 또는 판타지 세계 그 자체

갈등의 세 가지 요소

인물은 다양한 갈등을 겪으며 역경과 위기를 뛰어넘고 목표를 향해 달려가야 한다.

3) 변화의 선택

드디어 인물이 두 번째 선택 지점에 도착한다. 그것이 3막의 시작이다. 하지만 여기서 가장 중요한 것은 첫 번째 선택과 두 번째 선택이 달라야 한다는 것이다. 첫 번째 선택으로 목표가 설정됐지만, 그것이 틀렸거나 불가능하다는 걸 깨닫게 된다. 그 깨달음은 두 번째 선택으로 이어진다. 그래서 첫 번째 선택과 달라질 수밖에 없다.

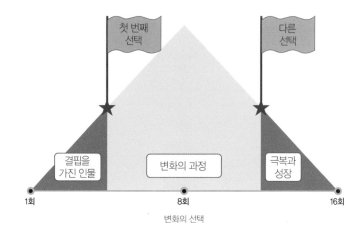

변화의 선택

위의 도표를 보면 결핍을 가진 인물이 첫 번째 선택을 하고, 수많은 갈등과 장애물을 견뎌내며 변화하는 과정을 보여준다. 두 번째 선택은 결핍 극복을 위한 선택이다. 여기서 변화의 '선택'이 제대로 이뤄졌는지 체크해야 한다.

'인물의 변화' 필요 요소

① 인물은 목표를 이뤘는가?
② 인물은 결핍을 극복했는가?
③ 변화한 인물은 성장했는가?

욕망의 '선택' 당시 자신의 욕망을 위해 선택한 행동 vs 변화의 '선택'은 그와 반대되는 행동을 하는 것이다. 계속 설명했듯이 인물의 욕망은 결핍에서 비롯된 것이고, 이 선택으로 결핍을 극복했다는 것을 보여줘야 한다.

그렇다면 인물의 목표는 이뤄낸 것일까? 첫 번째 선택과 두 번째 선택이 달라서 인물이 목적지에 다다르지 못했다고 생각할 수 있다. 앞서 설명한 자신의 목표가 틀렸거나 불가능하다고 깨달은 것은 '각성'을 의미한다. 목표는 욕망에서 출발한 것이다. 목표가 좌절된 것이 아니라, 결핍을 극복하고 각성한 인물이 자신만의 방식대로 목표점에 다다르고 성장했다는 걸 보여주면 된다. 그렇다면 캐릭터는 성공적인 '선택'을 한 것이다.

03 | '4, 8, 12' 플롯의 법칙

캐릭터 '선택'의 법칙이 인물 중심으로 960분 스토리텔링을 풀었다면, '4, 8, 12' 플롯의 법칙은 사건 중심으로 접근해보고자 한다. 우리는 앞서 기획안 회별 줄거리에서 엔딩포인트의 기술을 알아봤다. 회차마다 엔딩점에 깃발을 꽂고 뽑는 기술을 통해 16회 서사가 시각적인 이미지로 각인될 수 있도록 만들었다. 하지만 이미지만으로는 부족하다. 960분 안에 담긴 플롯에 집중할 시간이다.

플롯Plot은 무엇일까? 사전적 정의는 문학작품에서 형상화를 위한 여러 요소들을 유기적으로 배열하거나 서술하는 일이라고 설명되어 있다. 한 작품 안에 모든 시퀀스Sequence가 빈섬하게 연결되게끔 전체 구조를 잘 짜는 것이다. 960분의 이야기를 유기적으로 연결해야 한다는 말이다. 앞서 강조했던 960분 스토리텔링에서 가장 중요한 것으로, 바로 연속성이 있는 플롯을 탄생시켜야 한다는 것이다. 그러기 위해서는 치열한 구조 싸움을 시작해야 한다. 그 싸움을 승리로 이끌어 주는 것이 '4, 8, 12' 플롯의 법칙이다.

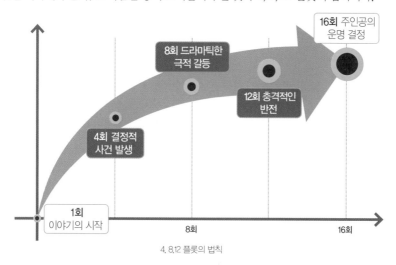

4, 8,12 플롯의 법칙

위의 도표와 같이 960분 스토리텔링의 구조를 상승곡선으로 표현했다. 4/8/12회에 방점을 찍어준다. 이야기의 시작점부터, 4회 결정적 사건 발생과 8회 드라마틱한 극적갈등을 거쳐, 12회의 충격적인 반전이 마지막 주인공 운명을 결정 짓게 만드는 것이다. 앞서 배웠던 3막 구성처럼 Act 1/Act 2/Act 3과 다를 바는 없다. 결국 모든 스토리텔링은 3막 구성으로 이야기를 전달하기 때문이다.

하지만 960분의 스토리텔링은 긴 호흡의 이야기를 끝까지 보게 만들어야 한다. 그래서 스토리의 연속성을 한눈에 보여주기 위해 상승의 플롯 구조를 가져왔다. 이를 통해 4/8/12회차에 일어나는 사건을 짚어주고 유기적으로 연결되는 구성을 보여주고자 한다. 그럼 이야기의 시작점부터 하나씩 살펴보자.

> **이야기 시작점**
>
> ① 누구에게 벌어진 '상황'인가?
> ② 그 상황은 '왜' 일어났는가?
> ③ '어떤' 행동을 취하는가?

이야기 시작점에서 주인공의 상황을 설명하는 것이다. 주인공에게 일어난 '상황'보다는 '왜' 일어났는지에 집중해야 한다. '상황'에 대한 에피소드는 넘쳐날 것이다. 이야기 시작점 플롯을 짤 때는 주인공에게 벌어지는 상황에 대한 고민을 가장 많이 하기 때문이다. 하지만 이 '상황'에 개연성이 있으려면 '왜'의 이유를 찾아 이해시켜야 한다. 또한 그 상황에 대처하는 '어떤' 행동이 주인공의 성격을 보여준다. 여기서 '어떤'이 앞으로 주인공에게 닥칠 사건을 해결할 핵심키가 되기 때문이다. 그런 주인공에게 '결정적 사건'이 발생한다. '4, 8, 12' 플롯 법칙의 시작이다.

1) 4회 : 결정적 사건 발생

4회에 주인공의 인생을 뒤흔들 결정적 사건이 발생한다. 그 사건으로 인해 16회를 끌고 갈 '메인플롯'과 '서브플롯'이 뚜렷해진다. 메인플롯은 16회까지 관통하는 하나의 이야기로, 목표를 가진 주인공이 자신 앞에 놓인 장애물을 뛰어넘고 이루고자 하는 목표에 도달하는 이야기이다. 캐릭터 선택의 법칙에서도 이 지점에서 욕망 선택을 한 인물의 목적성이 명확해진다. 그때부터 16회를 관통하는 이야기가 시작되었다. 모두 같은 맥락인 것이다.

그렇다면 서브플롯은 무엇일까? 서브플롯은 중심 이야기에서 뻗어나간 주인공의 서브 이야기, 또는 주인공의 주변 인물들에게 일어나는 이야기를 뜻한다. 16회 전체를 주인공의 이야기로만 채울 순 없으므로 조연들의 서사가 서브플롯으로 펼쳐진다.

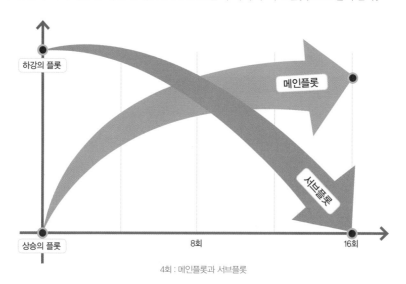

4회 : 메인플롯과 서브플롯

도표를 보면 메인플롯은 상승의 플롯이고, 서브플롯은 하강의 플롯이다. 뿌리를 단단히 내린 주인공의 서사는 서서히 상승하며 목표를 향해 돌진하기 때문에 상승의 플롯으로 그려졌다. 반면 서브플롯은 메인플롯보다 높은 위치에서 시작된다. 이는 주인공이 상승곡선을 타는 동안, 서브플롯의 기능을 다 하고 점점 내려가는 모습을 보여주기 위함이다. 주인공의 이야기를 뒷받침해주는 기능, 또는 메인 서사를 더욱 풍성하게 만들어 주는 기능, 분위기 전환을 위한 양념 같은 기능 등 서브플롯으로서 설정된 이야기를 끝내면 자연스레 하강하는 구조이다. 만약 서브플롯까지 상승하는 구조라면 서브플롯의 비중이 점점 높아지고, 서브조연에게 시선까지 뺏길 수 있으니 주의해야 한다.

여기서 가장 주의할 점은 도표처럼 두 이야기가 맞닿는 지점이 있어야 한다는 것이다. 메인플롯과 서브플롯이 전혀 다른 이야기를 하고 있다면, 한 드라마에 두 가지 서사가 공존하는 것이다. 메인플롯과 서브플롯 역시 유기적으로 연결되어야 한다.

2) 8회 : 드라마틱한 극적갈등

메인플롯과 서브플롯이 진행되는 과정에서 주인공은 다양한 갈등을 겪게 된다. 이 지점은 캐릭터 '선택'의 법칙에서 설명했던 '갈등의 선택'과 연결된다. 인물에게 설정된 외면적 갈등과 내면적 갈등이 끊임없이 일어나는 구간이다. 이때 드라마틱한 극적갈등이 터지고, 그와 동시에 주인공의 외적갈등과 내적갈등이 명확히 보여진다.

그게 드라마틱한 극적갈등인가? 드라마는 갈등의 연속이고, 외적갈등과 내적갈등은 끊임없이 주인공을 괴롭혀 왔다. 특별하지 않다고 생각할 것이다. 하지만 여기서 극적갈등은 외적 대결과 내적 투쟁을 의미한다.

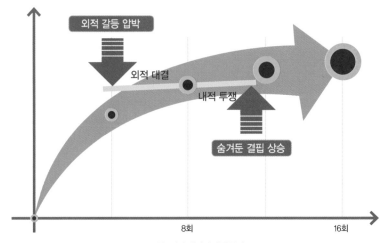

8회 : 외적 대결과 내적 투쟁

도표에서 보는 것처럼 외적갈등의 압박을 받던 주인공에게 내적갈등을 일으키는 과거의 결핍이 드러난다. 자신 안에서 충돌하던 내적갈등이 수면 위로 올라오는 사건이 터지게 되는 것이다. 그로 인해 외적갈등은 최고조에 다다른다. 내적갈등과 외적갈등이 한꺼번에 주인공을 공격하는 것이다. 그 공격이 내적 투쟁과 외적 대결로 이어진다.

이처럼 내적 투쟁과 외적 대결은 끊임없이 주인공을 따라다닌다. 이것은 주인공 스스로 이겨내야 한다. 그것은 바로 내적 투쟁 끝에 '의지'를 갖게 된 주인공이 외적 대결에서 적대자(또는 방해자)에게 강력한 의지를 표출하는 것이다.

인물의 극적 갈등

① 내적 투쟁 vs 외적 대결

② 내면적 갈등 vs 외면적 갈등

③ 과거의 아픔 vs 현재의 적대자

④ 내면의 결핍 vs 장애물의 연속

⑤ 트라우마 방치 vs 외부의 편견

3) 12회 : 충격적인 반전

이제 모든 갈등이 해결되고 목표를 향해 돌진하는 주인공. 드디어 목표점에 다다른 그 순간, 충격적인 반전이 일어난다. 그로 인해 지금까지 주인공이 일궈낸 모든 일은 수포로 돌아가고, 주인공이 넘어야 할 가장 큰 문제에 도달하게 된다. 그 문제가 무엇인가? 다음 도표를 보면 알 수 있다.

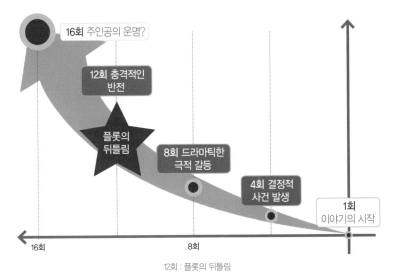

12회 : 플롯의 뒤틀림

앞서 '4, 8, 12' 플롯의 법칙에서 소개했던 상승곡선과 확연히 다르다. 충격적인 반전으로 플롯이 뒤틀린 것이다. 이 시점부터 지금까지 해왔던 구조와는 다르게 가야 한다. 어디로 튈지 모르는 사건을 던져주고 주인공이 뒤틀린 운명을 바로잡게 해야 한다. 플롯의 뒤틀림은 주인공 운명에 문제가 생겼을 때 가장 흥미롭다. 그것이야말로 반전의 효과를 톡톡히 본 것이다. 하지만 너무 많은 반전은 오히려 역효과를 낼 수 있다. 가장 충격적인 반전은 딱 한 번으로 만족하자.

그렇다면 주인공의 운명은 어떻게 될까? 그 운명은 캐릭터에서 말했던 선택의 법칙과 같다. 12회의 반전은 플롯의 뒤틀림으로 지금까지와는 전혀 다른 시선으로 세상을 바라보게 된 주인공이 '각성'하는 계기가 되어야 한다. 결국 충격적인 반전으로 일어난 플롯의 뒤틀림은 주인공의 선택과 변화로 바로잡는다. 그렇게 결핍을 극복한 주인공이 사건을 해결하고 자신만의 방식으로 목적달성을 이뤄낸다. 그 방식이 해피엔딩 또는 새드엔딩이거나 열린 결말일지라도. 결국 우리의 주인공 결말은 성장이라는 걸 알 수 있다.

이렇듯, '4, 8, 12' 플롯의 법칙을 통해 사건 중심으로 풀어내든, 캐릭터 '선택'의 법칙을 통한 인물 중심의 이야기를 하든, 우리가 하고자 하는 이야기는 맞닿아있다. 그것만 잊지 않으면 된다. 작가가 하고 싶은 이야기를 끝까지 해내는 게 제일 중요하기 때문이다. 960분의 스토리텔링을 알기 전, 우리는 기획안을 작성하고 막 입구에 첫발을 내디뎠었다. 지금은 어떤가? 출구까지 가는 길이 그려지는가? 여러분이 출구까지 꿋꿋하게 걸어간다면 시청자들에게는 입구는 있어도 출구는 없는, 절대 빠져나올 수 없는, 강력한 이야기를 선사할 수 있을 것이다.

'960분 스토리텔링의 법칙' 핵심포인트!

🖉 **캐릭터 '선택'의 법칙**

1. **캐릭터 중심으로 시작에 들어갈 필요 요소**
   ① 인물이 누구인가?
   ② 인물이 움직이는 배경과 무대는?
   ③ 인물의 과거 결핍은?
   ④ 인물의 현재 욕망은?
2. **'욕망'의 선택**
   인물의 현재 욕망에서 비롯된 선택이다. 그와 동시에 인물의 목표가 뚜렷해진다.

① 인물의 미래 목표는?

② 인물이 목표에 도달하지 못했을 때는?

③ 인물의 목표를 방해하는 적대자는? 반대로 조력자는?

3. '갈등'의 선택

인물에게는 세 가지 갈등과 그 갈등을 표출하는 상대인물이 설정된다.

① 내면적 : 내면의 결핍과 트라우마로 인한 인물의 내적 갈등

② 외면적 : 외부의 적 또는 방해자의 공격에 의한 외적 갈등

③ 사회적 : 시대상과 환경적 요인으로 인한 인물의 딜레마

4. '변화'의 선택

첫 번째 선택으로 목표가 설정됐지만, 인물은 그것이 틀렸거나 불가능하다는 걸 깨닫게 된다. 그 깨달음으로 이어진 두 번째 선택은 결핍 극복을 위한 선택이다. 그로 인해 인물은 변화를 이뤄낸다.

① 인물은 목표를 이뤘는가?

② 인물은 결핍을 극복했는가?

③ 변화한 인물은 성장했는가?

✎ '4,8,12' 플롯의 법칙

1. 플롯 중심으로 시작에 들어갈 필요 요소

① 누구에게 벌어진 '상황'인가?

② 그 상황은 '왜' 일어났는가?

③ '어떤' 행동을 취하는가?

2. 4회 : 결정적 사건 발생

4회에 주인공의 인생을 뒤흔들 결정적 사건이 발생한다. 그 사건으로 인해 16회를 끌고 갈 '메인플롯'과 '서브플롯'이 뚜렷해진다.

3. 8회 : 드라마틱한 극적갈등

메인플롯과 서브플롯이 진행되는 과정에서 주인공은 다양한 갈등을 겪게 된다. 내적갈등과 외적갈등이 한꺼번에 주인공을 공격하는 것이다. 그 공격이 내적 투쟁과 외적 대결로 이어진다.

4. 12회 : 충격적인 반전

인물의 갈등이 해결되고 목표점에 다다른 그 순간, 충격적인 반전이 일어난다. 그 반전은 플롯의 뒤틀림으로 지금까지와는 전혀 다른 시선으로 세상을 바라보게 된 주인공이 '각성'하는 계기가 되어야 한다. 그로 인해 결핍을 극복한 주인공이 사건을 해결하고 자신만의 방식으로 목적달성을 이뤄낸다.

Section 04

미니시리즈 장르별 공식

여러분은 어떤 장르의 미니시리즈를 쓰고 싶은가? 지금 하고 싶은 이야기를 가장 잘 전달할 수 있는 장르를 선택하거나 평소 즐겨봤거나 좋아하는 장르에 도전해보자. 혹은 자신의 성향과 취향에 딱 맞는 장르를 찾아보는 것도 방법이다.

01 | 장르의 결정

자신이 원하는 장르를 결정해보자. 드디어 960분의 스토리텔링 법칙에서 갈고 닦은 기본기를 응용할 차례가 온 것이다. 캐릭터와 플롯 구조의 법칙을 기본으로 삼아 장르별로 변주를 해보자. 또한 장르에 따라서 16부작보다 짧아질 수도, 길어질 수도 있다. 그것도 960분의 스토리텔링을 기준 삼아 변주하면 된다. 언제나 기본은 변하지 않고, 변형만 있을 뿐이다. 각 장르의 특성을 파악한다면 쉽게 접근할 수 있다. 그래서 준비했다. 다음의 미니시리즈 장르별 서사 공식을 파헤쳐보자.

장르별 서사 공식

① 로맨스 공식
② 직업물 공식
③ 범죄스릴러 공식
④ 사극/시대극 공식

02 | 로맨스 공식 – '사랑에는 장애물이 필요하다'

지금 하고자 하는 이야기가 멜로/로코(Melodrama/Romantic Comedy)와 같은 로맨스Romance라면 이 공식을 주목하라. 또한 평소 로맨스 드라마나 연애 리얼리티 프로그램에 관심이 많거나 본인 자체가 연애 경험담이 풍부해서 할 이야기가 넘쳐난다면 도전해보는 것이 좋다. 우선 최근 로맨스 드라마를 살펴보면, 여자 캐릭터가 강점이다. tvN 드라마 〈사이코지만 괜찮아, 2020〉에서 인기 아동문학 작가인 고문영은 반사회적 인격 성향을 지녀서 감정이 없고 공감능력도 부족하다. 그래서 남주인공 문강태에게 막말을 서슴지 않고 자신의 소유물처럼 여긴다. 하지만 강태의 따뜻함에 서서히 문영도 마음을 열게 되고 사랑에 빠지게 된다.

tvN 드라마 〈갯마을 차차차, 2021〉의 윤혜진은 지독한 개인주의자다. 어쩌다 바닷마을 공진에 치과를 개원했지만, 절대 마을사람들과 어울리지 않는다. 그들과 선을 딱 그어놓고 선을 넘는 걸 극도로 싫어한다. 그런데 자꾸 그 선을 넘는 홍반장과 얽히면서 사랑에 빠지게 된다. 여주인공과 남주인공 사이에 간극을 넓혀놓고 서서히 좁혀나가는 과정을 그려내고 있다.

또한 시의성 있는 연애관을 보여주고 있다. SBS 드라마 〈그해 우리는, 2021〉에는 최웅과 국연수의 이야기 속엔 MZ세대의 감성이 담겨있다. 10년 전 촬영한 다큐멘터리가 역주행하면서 다시 카메라 앞에 선 청춘들의 모습은 영상을 일상처럼 기록하는 요즘 세대와 닮은 듯하다. 그렇게 다시 재회한 두 남녀주인공의 현실적인 연애스토리는 2030 세대의 연애담을 잘 보여주며 젊은 층들 사이에서 공감을 얻고 있다.

이제 본격적으로 로맨스 공식에 대해 알아보자. 2019년에 방영된 KBS 드라마 〈동백꽃 필 무렵, 2019〉을 중심으로 살펴보겠다. 술집 '까멜리아'를 운영하는 미혼모 동백과 정의로운 옹산파출소 순경 용식의 사랑이야기가 펼쳐지는 주 무대는 어디인가? 바로 '옹산'이다! 이 드라마에서 옹산이라는 무대는 꽤 중요하다.

그곳엔 여주인공 동백의 술집 까멜리아가 있고, 남주인공 용식의 직장 파출소가 있다. 용식이 동백을 보고 첫눈에 반하고 고백을 퍼붓는 장소도 이곳이다. 그뿐 아니라 옹산 게장골목은 옹산 여자들이 대를 이어 운영하고 있어서 모계중심 사회이다. 이는 무엇을 뜻할까? 여자 중심으로 돌아가는 동네라는 것이다. 그래서 아내 앞에서 기를 못 펴는 남자들은 모두 동백이네 술집 까멜리아로 모여든다. 그곳이 남자들의 아지트가 되면서 동시에, 동백이는 여자들 공공의 적이 된다. 동백의 갈등 요소가 형성된 것이다.

마지막으로 옹산은 범죄의 도시이다. 지금은 게장골목으로 신분세탁 했지만, 과거 연쇄살인마 '까불이'로 인해 다섯 명의 피해자, 그리고 한 명의 유일한 생존자를 남겼다. 그 생존자이자, 목격자가 바로 동백이다. 곧바로 무대는 스릴러 공간이 된다. 이 공간에 남주인공 용식이 들어온다. 그는 범죄를 몰고 다니는 남자이다. 그 덕(?)에 용감한 시민상을 여러 번 받고 경찰이 되었다.

앞서 기획안 배경/무대 파트에서 장르의 기술에 대해 이야기했다. 공간은 장르로 연결된다. 옹산이라는 무대가 남녀 주인공을 엮어주는 멜로의 공간이자 연쇄살인이 일어나는 범죄의 공간이면서, 장르 역시 로맨스와 스릴러 두 장르가 혼합된 형태이다.

그렇다. 〈동백꽃 필 무렵〉은 멜로와 스릴러 장르가 결합된 복합장르이다. 드라마는 옹산호에 사체가 떠오르면서 시작된다. 과거에 멈춰있던 연쇄살인사건이 현재의 사건으로 발생한 것이다. 옹산호에서 발견된 여자의 손목에 게르마늄 팔찌가 채워져 있다. 이야기 진행 과정에서 일어난 살인사건을 드라마 시작점에 먼저 보여주면서 그 팔찌가 동백의 것이라는 암시를 준다. 미스터리가 던져진 것이다. 과연 그녀는 누구인가? 정말 동백이 죽은 것인가? 스릴러 플롯의 서사가 주어졌다. 하지만 드라마는 그것을 전면에 내세우기보다, 초반 회차 엔딩포인트를 활용해서 동백에게 위기감을 주면서 스토리에 긴장감을 만든다.

그렇게 동백에게 위기감이 생기면 가장 먼저 반응하는 것은 용식이다. 까멜리아 벽에서 까불이의 낙서를 발견하고 동백을 지키기로 한다. 하지만 그런 용식을 밀어내는 동백. 다시 움직이기 시작하는 연쇄살인마 까불이가 유일하게 살아남은 목격자 동백에게 까불지 말라고 경고를 보내면서 동백 역시 위협을 느낀다. 여기서부터 동백과 용식 사이에 강력한 관계성이 형성된다.

까불이가 동백을 위협할수록 그녀를 지키겠다는 욕망과 까불이를 잡겠다는 용식의 목표가 뚜렷해진다. 아이러니하게 위험한 상황에 놓인 남녀가 강력한 관계성으로 연결되자, 로맨스 서사가 구축된 것이다.

다음의 도표에서 알 수 있듯 드라마 속 스릴러 라인은 로맨스 서사를 구축하는 요소로 작용하고, 동백과 용식의 사랑을 굳건하게 만들어 주는데 끊임없이 영향을 주고 있다. 예를 들어, 13회에서 까불이가 동백을 해하기 위해 시장에 불을 지르지만 용식은 불길에 뛰어들어 목숨 걸고 동백을 지켜낸다. 그 사건을 계기로 용식은 동백에게 프러포즈를 하고 동백 역시 용식에 대한 사랑을 깨닫는다. 이렇게 까불이라는 존재로 인해 동백과 용식의 사랑은 더욱 깊어지는 것이다.

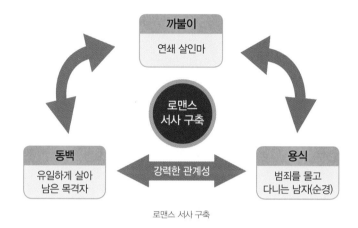

로맨스 서사 구축

그렇다면 이것만으로 두 사람의 로맨스 서사가 완성되었는가? 그것은 아니다. 모든 로맨스를 복합장르와 결합해서 풀어낼 수는 없다. 로맨스 서사 공식은 따로 있다. 이 장의 시작부분에서 이미 얘기했던 '사랑에는 장애물이 필요하다'이다. 의문점이 생길 수 있다. 왜 꼭 장애물이 필요할까? 만약 그들 사랑 앞에 그 어떠한 장애물도 없다면 두 사람은 금방 사랑에 빠져버릴 것이다. 그럼 드라마는 1, 2부 안에 막을 내리지 않을까. 더는 보여줄 게 없기 때문이다. 자신이 그려나가려는 남녀주인공 앞에 닥친 장애물과 역경이 많을수록 드라마 속에서 보여줄 게 많다는 뜻이다. 미니시리즈라는 긴 호흡을 끝까지 끌고 갈 수 있다는 이야기도 된다. 그래서 로맨스 서사에서 '사랑의 장애물'은 꼭 필요하며, 보석 같은 존재이다. 그럼 다음 몇 가지 질문을 해보겠다.

사랑의 장애물에 관한 질문

① 사랑의 장애물이 '왜' 생겼는가?   ② 그 장애물은 '무엇'인가?

③ '어떻게' 극복할 것인가?   ④ '결국' 사랑은 이뤄질 것인가?

어디서 많이 본 질문들이다. 3장에서 960분 스토리텔링의 법칙에 관해 설명했었다. 캐릭터 '선택'의 법칙에서 결핍을 가진 인물이 수많은 갈등과 장애물을 뛰어넘고 변화하는 과정을 보여줬던 것과 마찬가지이다. '어떤 인물이 어떤 사람을 만나, 어떻게 장애물을 극복하고 사랑을 이뤄낼 것인가' 로맨스는 가장 기본을 따르는 서사다. 결국 한 인물이 사랑으로 성장하는 이야기이기 때문이다. 그렇다면 어떤 기본적인 공식을 갖춰야 할까? 하나씩 살펴보자.

1) 로맨스 공식 1. 인물의 결핍과 욕망

모든 인물에게 결핍이 있다. 그건 너무 당연한 소리이다. 2장부터 계속 강조했던 것처럼 과거의 결핍이 현재의 욕망을 만들어낸다. 하지만 로맨스 공식에서는 그 인물의 결핍과 욕망이 반드시 사랑의 장애물이 되어야 한다. 인물의 결핍과 전혀 상관없는 장애물이 설정되면 그들의 사랑을 가로막는 역할을 해내지 못한다. 과거의 결핍부터 쌓아 올린 서사가 로맨스 주인공들에게 갈등을 일으키고, 사랑을 가로막는 후폭풍이 되어 돌아오는 것이다. 그래서 사랑의 장애물로 작용할 수 있는 인물의 결핍과 욕망이 필요하다. 그것이 로맨스 공식의 첫 번째이다. 그럼 동백과 용식의 결핍과 욕망은 무엇일까?

인물	설정	과거 결핍	현재 욕망
동백	· 까멜리아 사장 · 옹산의 다이애나 · 필구 엄마	· 엄마에게 버려진 고아 · 애아빠 없이 혼자 아이를 키우는 미혼모	'누구에게도 사랑받을 자격 없어' 팔자 사나운 여자라는 세상 편견에 맞서기보다 조용히 살기
황용식	· 옹산파출소 순경 · 이상형은 다이애나 · 순박한 총각	· 아버지 얼굴도 모르고 태어나 홀어머니 밑에서 자란 유복자 · 인생 자체가 범죄와의 전쟁	'동백씨는 무조건 내가 지킨다' 까불이와 세상 시선으로부터 동백이 지켜내기

로맨스 공식 1. 인물의 결핍과 욕망

위 표를 토대로 동백의 과거 결핍과 현재 욕망을 살펴보자. 동백은 어린 시절 엄마에게 버려지고, 사랑하는 남자친구와 헤어지고 혼자 남았다. 그로 인해 아무도 자신을 사랑할 리 없다고 생각한다. 홀로 아들 필구를 키우며 팔자 사나운 여자라는 세상 편견을 짊어지고 살아갈 뿐이다. 술집을 운영한다는 이유로 소문의 여자로 취급받고, 자신에게 텃세부리는 옹산 여자들 앞에서도 고개 한 번 제대로 들지 못한다. 그저 남들만큼 평범하게 사는 게 동백의 현재 욕망이다.

반면 용식은 어떠한가. 과부가 술 판다고 손가락질 받던 엄마와 겹쳐지는 동백, 홀어머니 밑에서 자란 어린 시절을 떠오르게 하는 필구를 챙겨준다. 과거의 결핍이 핸디캡이 아니라 상대방에게 동질감으로 작용하는 용식. 동백을 향한 사람들의 따가운 시선과 사회적 편견까지 다 막아주고 동백의 기를 팍팍 살려주고 싶어진다. 게다가 동백을 위협하는 까불이의 등장과 함께 그녀를 지키고자 하는 용식의 욕망은 더욱 커진다.

2) 로맨스 공식 2. 관계의 장애물

우리는 동백과 용식의 결핍과 욕망을 알아봤다. 그것이 사랑의 장애물로 작용하려면 서로의 욕망이 충돌하면서 갈등을 일으켜야 한다. 그 갈등이 관계의 장애물을 만드는 것이다. 그렇다면 동백과 용식 사이에 어떤 갈등이 일어나고, 어떤 장애물을 만들어낼까?

갈등	갈등 요소	관계의 장애물	방해자
외면적	사회적 편견	미혼모와 총각의 사랑	옹산 사람들
	현실의 벽(살아온 환경의 차이)	가족의 반대	용식 엄마 덕순
	까불이의 존재	적대자와 대립	연쇄살인마 까불이
내면적	사랑에 대한 트라우마	사랑받을 수 없다는 동백의 딜레마	필구 생부 강종렬
	불우한 가족사	엄마에게 버려진 동백의 상처	동백 엄마 정숙
	모성애	필구를 지키려는 엄마로서의 동백	동백 아들 필구

로맨스 공식 2. 관계의 장애물

동백과 용식의 욕망이 충돌한다. 동백은 용식의 사랑을 받아줄 수 없고, 용식은 동백에게 사랑을 갈구한다. 그들의 갈등이 시작된 것이다. 앞서 960분 스토리텔링의 법칙, 캐릭터 선택의 법칙에서 알아봤던 '갈등의 선택'에서 인물에게는 외면적 갈등과 내면적 갈등이 존재한다고 했다.

앞의 표와 같이 외면적 갈등과 내면적 갈등이 관계의 장애물을 만든다. 그리고 '갈등의 선택'에서 갈등이 표출될 수 있는 상대 인물이 사랑의 장애물과 방해자가 된다. 이렇게 관계의 장애물과 방해자를 연결되게 설정하는 것이 로맨스 공식의 두 번째이다. 그래야 사건으로 발생할 수 있다. 관계의 장애물이 설정되어 있어도 그것을 사건으로 보여주지 못하면 소용없다. 허상 속에 실체가 없는 것과 같다. 그것을 어떻게 보여줄까, 어떤 에피소드를 만들어야 하나 등 고민이 된다면 방해자를 이용하라. 방해자가 확실히 존재하면 인물과 관계성을 만들고 사건으로 키울 수 있기 때문이다.

3) 로맨스 공식 3. 멜로의 선택

960분 스토리텔링의 법칙, 캐릭터 선택의 법칙에서 알아봤던 '변화의 선택'을 기억해보자. 결핍에서 생겨난 욕망을 위한 첫 번째 선택과 변화를 겪고 극복을 위한 두 번째 선택이 정반대였다. 로맨스에도 이것이 필요하다. 하지만 로맨스 공식은 다르다.

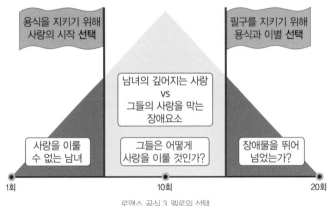

로맨스 공식 3. 멜로의 선택

첫 번째 선택이 사랑을 시작하기 위한 거라면, 두 번째는 사랑을 끝내기 위한 선택이다. 처음부터 절대 서로 사랑할 수 없을 거 같은 남녀, 또는 사랑을 이룰 수 없는 장애요소를 가진 남녀가 만난다. 그들은 험난한 장애물 경주를 시작하는 것이다. 그래서 첫 번째 장애물을 뛰어넘고 사랑을 시작하려는 순간이 첫 번째 선택이 된다. 하지만 시작점부터 설정된 장애물 중 가장 강력한 장애물은 결국 뛰어넘지 못한다. 그것이 바로 두 번째 선택이 된다. 동백과 용식은 어떤 장애물을 뛰어넘었고, 어떤 장애물 앞에서 좌절했을까.

앞의 도표를 보면 동백은 두 번의 선택을 한다. 용식의 마음을 받아주지 않던 동백이 처음으로 자신의 마음을 드러내는 장면이 있다. 6화에서 동백에게 집적거리는 규태를 폭행한 용식은 고소당할 위기에 처한다. 동백은 이런 상황을 애써 외면하려 하지만, 용식은 생일을 몰랐던 동백에게 매일 매일을 생일로 만들어 주겠다고 한다. 그 순간 꾹꾹 참고 있던 동백의 용식을 향한 마음이 터져버린다. 지금까지 자신을 희롱했던 사람들의 진상을 기록한 까멜리아 치부책을 꺼내 든다. 용식을 지키기 위한 첫 번째 선택을 하게 되는 것이다. 그 사건을 계기로 동백과 용식은 썸을 탄다.

첫 번째 선택과 함께 그들 앞에 장애물의 향연이 펼쳐지지만, 그 모든 것을 뛰어넘고 더욱 사랑이 깊어지는 두 사람. 하지만 가장 강력한 장애물이 등장한다. 바로 동백의 아들 필구이다. 엄마의 혹이라고 생각한 필구가 생부인 종렬의 집에서 지내게 된다. 동백은 자신의 행복을 위해 필구가 떠났다는 사실을 뒤늦게 알게 된다. 그리고 이제부터 여자가 아닌 엄마로 살겠다며 용식에게 이별을 고한다. 그것이 동백의 두 번째 선택이다.

사랑하는 남녀는 사랑을 시작하는 시점에는 외부의 장애물에 가로막히는 경우가 많다. 하지만 사랑이 깊어질수록 내면의 장애물이 그들의 사랑을 가로막는다. 동백 역시 마찬가지이다. 로맨스 공식 2에서 표로 보여준 것처럼, 필구에 대한 모성애가 내면적 갈등으로 나타나고 그 장애물의 방해자는 필구가 된다. 사랑을 이루고 싶은 욕망과 자신의 사랑이 필구에게는 상처가 된다는 내면의 두려움이 충돌하게 된 것이다. 이 내적갈등이 폭발하면서 이별이라는 선택을 하게 된다. 하지만 자의에 의해서 한 이별이 아니기 때문에 사랑에 대한 욕망이 더 커진다. 애니메이션 영화 〈인사이드 아웃(Inside Out, 2015)〉에서 슬픔이 존재해야 기쁨의 소중함을 알게 되는 것처럼, 사랑도 이별이 필요하다. 두 사람은 이별을 계기로 서로를 향한 사랑을 깨닫게 되고, 결국 장애물을 극복하고 마침내 사랑을 완성하게 된다. 이것이 로맨스 공식에서 멜로의 선택이 중요한 이유이다.

지금까지 로맨스 공식을 살펴봤다. 인물의 결핍과 욕망부터 갈등과 관계의 장애물, 멜로의 선택까지. 로맨스 공식에는 무조건 사랑의 장애물이 존재한다는 것을 명심해라!

로맨스 공식의 핵심 포인트!

① 절대 서로 사랑할 수 없을 것 같은 극과 극의 남녀, 사랑을 이룰 수 없는 '장애요소'를 가진 남녀가 만난다. 그 차이가 클수록 엔딩에서 사랑을 이뤘을 때 카타르시스가 느껴진다. 여기서 장애요소는 가치관 차이, 신분 차이, 사회적 편견, 원수와의 사랑, 출생의 비밀, 질병(기억상실증) 등 '외부적인 장애물'도 있지만, 과거 사랑에 대한 트라우마, 불우한 가족사로 인한 사랑에 대한 두려움, 개인적 욕망 등 '내부적인 장애물'도 존재한다.

② 사랑의 장애물은 인물의 과거 결핍에서 시작된다. 과거 결핍은 현재의 욕망을 만들고, 서로의 욕망이 충돌하면서 갈등을 일으킨다. 그 갈등이 관계의 장애물로 발생되고, 사랑을 가로막는 방해자가 존재한다.

③ 사랑이 깊어질수록 '사랑에 대한 욕망'은 커지고, 주인공은 '사랑을 이루고 싶은 마음'과 '장애물 때문에 사랑을 두려워하는 마음'이 동시에 공존한다. 특히 '내면의 두려움'과 '사랑의 경계' 위에서 흔들리는 인물의 내적갈등이 멜로적 효과를 더 높인다.

④ 사랑을 가로막는 장애물 vs 사랑을 완성하려는 인물들 사이엔 리듬과 템포가 존재한다. 사랑을 붙여줄 때, 사랑을 가로막을 때, 강하게 혹은 약하게 밀당이 필요하다는 뜻이다. 시청자는 주인공의 행복한 사랑을 지켜봤기 때문에 사랑에 아파하는 주인공의 모습에 함께 고통스러워하고 그들의 사랑을 진정으로 응원하게 된다.

03 | 직업물 공식 – '리얼한 세계를 알려줘라'

요즘 직업물은 캐릭터 플레이Character Play가 확실해졌다. 99학번 의대 동기이자 20년 지기들 이야기를 보여주는 tvN 드라마 〈슬기로운 의사생활, 2020~2021〉. 보통 메디컬물은 하나의 진료과를 집중적으로 다루는데, 이 드라마는 한 곳에 인물을 몰아넣지 않는다. 간담췌외과 이익준부터, 신경외과 채송화, 소아외과 안정원, 흉부외과 김준완, 산부인과 양석형까지. 각자 몸담은 담당 진료과 특성과 인물의 개성이 만나 최고의 케미를 보여준다. 병원을 찾는 환자와의 에피소드 또한 마찬가지이다. 각자의 캐릭터가 환자를 대하는 방식이 다르기 때문에 보는 재미가 있다.

현실보다 더 잔인하게 세상을 그리는 경우도 있다. 격변하는 직장 속에서 살아남기 위해 몸부림치는 중년 직장인들의 치열한 생존기를 그린 MBC 드라마 〈미치지 않고서야, 2021〉는 이제 평생직장은 없다는 냉혹한 현실을 보여주는 에피소드로 직장인들의 격한 공감을 자아냈다.

이렇게 직업물은 전문영역을 배경으로 직업인들의 삶을 다룬다. 만약 자신이 알지 못했던 세계에 대한 호기심이 많고, 무대가 되는 직업군 취재와 인터뷰를 하는 것에 흥미를 느낀다면 직업물을 써보는 것도 좋다. 취재할수록 현실감을 높일 수 있는 에피소드가 존재하고, 인터뷰할수록 인물이 살아 숨 쉬는 것처럼 생동감을 줄 수 있다. 그렇다면 직업물에도 공식이 존재할까?

2019년에 방영된 SBS 드라마 〈스토브리그〉를 살펴보자. 팬들의 눈물마저 마른 프로야구 꼴찌 팀에 새로 부임한 단장이 남다른 시즌을 준비하는 이야기이다. 그래서 야구 드라마라고 생각할 수도 있다. 그럼 스포츠물이 아닌가? 라는 의문이 생기겠지만 이 드라마는 야구 오피스물이라고 할 수 있다.

야구선수가 주인공이 아니라, 구단 운영조직인 프런트 사람들의 이야기를 하고 있다. 또한 우승을 목표로 달리지만, 우리는 그들이 우승했는지 알 수 없었다. 드라마에서는 정규 리그의 경기 모습을 보여주지 않았기 때문이다. 야구 드라마인데 야구경기를 볼 수 없다고? 그렇다. 그보다는 정규리그가 끝나고 팀 전력보강을 위해 선수영입과 연봉협상 등을 하는 비시즌 기간을 뜻하는 스토브리그Stove League라는 드라마 제목처럼 야구팀의 비시즌을 다룬다. 결국 결말이 아닌 과정을 보여주는 야구 오피스물인 셈이다. 마지막으로 스포츠물이라고 하면 결핍이 있는 인물이 역경을 뛰어넘고 성공을 이뤄내는 석세스 스토리를 보여주거나 꼴찌 팀 혹은 오합지졸이 모인 팀이 페어플레이 정신으로 라이벌 팀과의 경쟁을 이기고 우승하는 대역전극을 보여준다. 하지만 〈스토브리그〉에는 둘 다 없다. 야구팀의 시스템을 바꿔나가는 단장과 그 주변 인물의 변화와 성장을 담고 있다. 이렇게 직업물의 서사가 구축된 〈스토브리그〉에서 보여주는 직업물 공식은 무엇일까?

1) 직업물 공식 1. 리얼리티(Reality)

'리얼한 세계를 알려줘라!'라는 공식에 붙은 이름처럼 직업물은 리얼리티가 생명이다. 드라마 〈스토브리그〉에서는 그 리얼리티를 제대로 보여줄 수 있는 무대를 설정했다. '드림즈'라는 가상의 팀을 탄생시킨 것이다. 단지 드라마가 펼쳐지는 공간 개념을 넘어 '드림즈'라는 세계관을 구축했다. 4년 연속 꼴찌 팀, 선수들은 소속팀이 부끄럽고, 유망주의 무덤이라고 불리는 미래가 없는 팀이다. 꼴찌인데는 이유가 있다고 했던가. 코치진의 파벌싸움으로 허수아비에 불과한 무능한 감독, 심지어 경기 중간에 선수들이 아닌 코치들이 패싸움을 벌이는 해괴망측한 팀이다. 감독과 코치가 이 모양인데 구단이 제대로 굴러갈 수 있을까. 그래서 적자의 연속인 구단이 마음에 안 드는 모기업까지, 총체적 난국이다. 하지만 이 팀에도 희망은 있다. 바로 드림즈 4번 타자이자 총 11시즌 270 홈런을 기록하고, 골든글러브 6회를 수상한 강타자 임동규가 있다. 임동규 이름이 박힌 유니폼은 물론 임동규 햄버거까지 팔아치우는 프랜차이즈 스타이다.

이렇게 '드림즈'라는 세계관을 보여주면서 프로야구판에 대한 정보를 알려준다. 우선 야구 시즌이 끝나면 11월부터 시범경기를 시작으로 다음해 3월까지 다음 시즌을 준비하는 기간이라는 걸 제일 먼저 알 수 있다. 그 시즌의 주인공은 선수와 감독이 아니라 구단운영 조직인 프런트라는 걸 자연스럽게 녹여낸다.

야구를 좋아하는 사람들은 당연히 알고 있었겠지만, 야구를 잘 모른다면 생소할 수 있는 구단운영 조직인 프런트. 도대체 뭐 하는 직업군인가? 그들은 구단운영, 마케팅과 홍보, 전략분석, 선수관리 등 경기를 제외한 모든 업무를 담당하고 있다. 이런 다양한 직업을 보여줄 수 있게끔 각 업무를 담당하는 직원을 드라마 속 캐릭터로 설정했다. 그들을 소개하며 프런트가 어떤 업무를 하고 있는지 보여주는 것이다. 그뿐 아니라 단장 vs 스타선수, 단장 vs 구단주, 감독 vs 코치 등 세계관 속 인물의 관계성을 보여주며 실제 야구단에도 존재하는 권력과 공생관계를 여과 없이 공개한다. 마치 가상의 무대를 소개하는 것처럼 보여줬지만 현실적이고 디테일한 묘사로 리얼리티를 살린 것이다. 하지만 우리가 몰랐던 세계를 공개하는 것만으론 리얼리티가 완성되지는 않는다. 그 세계에서 무슨 일이 일어나는가? 그것이 중요하다.

〈스토브리그〉는 각 에피소드마다 그 빛을 제대로 발휘했다. 선수 트레이드를 시작으로, 스카우트 비리, 외국인 선수영입, 재계약과 연봉협상, 야구팀과 구단주의 갈등, 선수들 약물파동과 원정도박 등 실제 프로야구계에서 벌어졌던 사건사고를 리얼한 에피소드로 보여준다. 드라마지만 사실을 기반으로 한 이야기들을 배치하여 과몰입을 유발하는 것이다. 이것은 철저한 사전 취재와 현실 고증을 위한 자문으로 완성도를 높인 결과일 것이다.

〈스토브리그〉처럼 작가가 보여주고 싶은 직업군을 정하고, 디테일한 무대 세팅과 직업군 속 인물들의 설정, 현실에 있을 법한 에피소드까지. 최대한 리얼리티를 살릴 수 있게 만들어 주는 것이 직업물 공식의 첫 번째이다.

2) 직업물 공식 2. '4, 8, 12' 스포이드 방식

이제 리얼리티를 보여줄 수 있는 세팅은 끝났다. 그 세계로 들어가면 된다. 이렇게 멋지게 세팅해놓고 밖에서 구경만 한다면 실패한 것이다. 과연 어떻게 들어갈 것인가? 익숙한 공간이면 쉽게 입장할 수 있지만, 새로운 공간은 망설이게 된다. 마치 분위기 좋은 미슐랭 맛집을 알게 됐지만 막상 들어가려니 어색하고 낯설어 결국 평소 자주 가던 동네 단골집을 찾게 되는 경우와 비슷하다. 새로운 공간에 쉽게 접근하게 만들어야 한다.

바로, '4, 8, 12' 스포이드 방식이 그 세계에 입장하는 방법이다. 학창시절 과학 시간에 많이 봤던 실험도구 '스포이드'를 기억하는가. 한쪽 끝에 있는 고무주머니를 눌러서 액체를 한 방울씩 떨어뜨리는데 사용하는 도구이다. 만약 스포이드를 이용해서 비커에 액체를 옮기는 실험을 한다고 생각해보자. 비커에는 물이 채워져 있다. 그 비커에 스포이드로 액체 한 방울을 떨어트리면 안에 있던 물에 스포이드에서 떨어진 액체가 서서히 퍼지면서 혼합된다. 비커 입장에선 이물질이 들어와서 물을 더럽힌다고 생각할 수 있다. 하지만 스포이드에서 떨어진 액체에 서서히 물들면서 서로 섞여 완전한 하나가 된다. 이것이 바로 스포이드 효과이다. 이 효과를 이용해서 새로운 세계에 서서히 물들어보자.

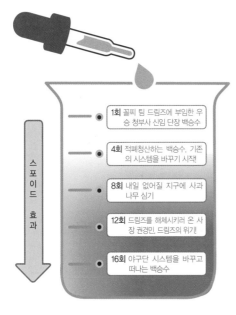

직업물 공식 2. '4, 8, 12' 스포이드 방식

왼쪽 이미지를 보면 스포이드에서 떨어트린 액체가 화살표 방향으로 서서히 비커 안으로 스며든다. 그 과정이 1회부터 16회까지 보여지는데, 1회는 아직 비커에 담기지 않았다. 4회부터 12회까지 서서히 비커에 담기는 모습이 보여진다. 16회에서 완전하게 비커 안에 담긴 모습을 볼 수 있다. 1회와 16회는 시작점과 끝점이기 때문에 여기선 '4, 8, 12'가 중요하다.

앞서 배운 960분 스토리텔링의 법칙, '4, 8, 12' 플롯의 법칙과 유사하다고 생각할 수 있다. '4, 8, 12' 플롯의 법칙에서 변주된 공식이 맞다. 4회, 8회, 12회에 방점을 찍는 것도 똑같다. 하지만 '4, 8, 12' 플롯의 법칙이 플롯 중심으로 주인공에게 발생하는 사건에 방점을 찍었다면, '4, 8, 12' 스포이드 방식은 주인공이 한 행동으로 인해 직업군 세계에 있던 사람들의 반응에 방점이 찍힌다. 행동하는 주인공과 상대방의 리액션이 중요하다. 그렇다면 1회부터 자세히 살펴보자.

1회는 스포이드 방식의 시작점이다. 규칙과 룰이 존재하는 공간 안에 새로운 인물이 투입된다. 또는 공간 안에 있던 인물에게 예상치 못한 미션이 부여되기도 한다. 그렇게 새로운 인물 또는 예상치 못한 미션과 함께 이 드라마를 보는 시청자들도 낯선 세계에 발을 들일 수 있게 만들어 준다. 이것이 바로 입장권이 된다. 〈스토브리그〉에서는 우승 후 해체라는 특이한 이력을 가진 백승수라는 신임 단장이 만년 꼴찌 팀 드림즈에 부임하면서 그의 시선을 쫓아가며 드림즈라는 세계를 볼 수 있게 해준다. 그렇게 드림즈에 입성한 백승수는 원래 공간에 있던 인물들과 스파크가 일어난다. 앞서 말했듯 원래 공간에는 규칙과 룰이 존재한다고. 드림즈 야구팀 세계관이 탄탄하게 구축된 상태지만 백승수의 등장으로 그 세계관은 변수가 생긴 것이다.

백승수가 드림즈 간판스타인 임동규를 트레이드하겠다고 선언한 순간부터 균열이 시작된다. 임동규 햄버거까지 있는 드림즈에서 간판스타가 사라진다는 건 말이 안 된다. 하지만 드림즈에는 불필요한 선수라고 판단한 백승수는 드림즈 우승을 위해 괴물투수 강두기와의 트레이드를 성공시킨다. 거기다 드림즈에서 신임을 얻고 있던 스카우트 팀장 고세혁을 해고한다. 백승수가 고세혁이 선수 선발 비리를 저지른 것을 파헤친 것이다. 그의 등장으로 원래의 공간에 존재했던 규칙과 룰이 무너진다. 여기까지는 백승수의 정의구현처럼 보여진다. 하지만 드라마 4회에서 그가 그렇게 행동한 이유가 밝혀진다. 임동규와 고세혁 같은 드림즈 적폐를 청산하고 기존 시스템을 개혁하기 시작한 것이다. 여기가 바로 스포이드 방식의 첫 번째 방점이다. 백승수를 향한 드림즈 프런트들의 시선이 바뀌기 시작한다. 그렇다. 스포이드에서 떨어트린 액체 한 방울이 비커에 담긴 물을 아주 조금 물들인 것이다.

다음 방점인 8회는 어떨까. 5회부터 8회까지 백승수는 구단의 예산에 맞춰 미국에서 어렵게 용병 로버트길을 데려오고, 선수들 30% 연봉삭감까지 강행하는 모습을 보인다. 사실 1회에서 백승수는 구단주 대행 권경민과 우승 후 해체라는 특이한 이력을 드림즈에서도 맘껏 펼치기로 약속했다. 그래서 구단주가 원하는 대로 연봉삭감까지 결행한 것처럼 보였지만, 그는 내일 없어질 지구에 사과나무를 심고 있었던 것이었다. 백승수는 드림즈 선수들이 연봉을 삭감 당하자 선수들을 위해 자신은 연봉을 반납했다는 기사를 흘린다. '야구단 경영난'이라는 기사 후폭풍으로 모기업은 주가 하락이라는 타격을 받는다. 그의 행동으로 프런트들은 점점 그를 믿기 시작한다.

그렇게 프런트들이 진정한 리더 백승수를 따르며 가을시즌을 준비한다. 백승수가 완전히 비커 안에 스며든 것처럼 보였지만, 그 비커 자체가 깨질 위기에 처한다. 권경민이 드림즈를 해체할 목적을 갖고 사장으로 취임했기 때문이다. 여기서 마지막 방점이 찍힌다. 지금껏 비커 안에 든 물과 스포이드에서 떨어진 액체 한 방울은 서로 혼재되는 것을 거부했지만, 자신들의 공간이 없어질 위기에 처하면서 화합을 하게 된다.

그렇게 12회를 기점으로 백승수와 프런트들은 함께 드림즈를 지키기 위해 노력한다. 그 과정에서 백승수와 대립각을 세우고 있던 임동규와 권경민까지도 변하게 만든다. 야구에 대한 임동규의 진심을 끌어내며 드림즈에 복귀시켰고, 백승수에게 영향을 받은 권경민은 적대자에서 조력자로 백승수를 돕는다.

결국 비커 안에 완전히 혼합되며 새로운 모기업에게 구단을 매각시켜 드림즈를 지켜내는 백승수. 하지만 그는 처음부터 야구팀의 시스템을 바꾸기 위해 왔고, 완벽하게 새로운 시스템이 갖춰진 드림즈에 더 있을 이유가 없어졌다. 드림즈를 떠난 백승수는 다른 비커에 스포이드 한 방울을 떨어트린다.

지금까지 '4, 8, 12' 스포이드 방식에 대해 알아봤다. 지금껏 접하지 않은 직업군, 또는 리얼한 세계를 제대로 다루려면 스포이드 한 방울이 필요하다. 그것이 백승수처럼 사람이거나 예상치 못한 미션, 또 다른 무언가를 찾아낼 수 있다. 그게 어떤 것이든, 스포이드 한 방울이 비커에 스며드는 과정을 응원하게 만들어야 한다.

3) 직업물 공식 3. 현실 속 판타지

과연 앞에서 말한 응원은 뭘까. 바로 공감이다. 시청자가 인물에게 감정이입할 수 있도록 인물에 대한 몰입도를 상승시키고 공감대를 형성해야 한다. 〈스토브리그〉속 백승수는 어떨까. 권경민이 백승수를 두고 한 말이 있다. '일은 잘하는데 싸가지가 없다' 이 말에 동의하는가? 보통 주인공이 설정되면 드라마 초반에 인물에게 감정이입을 할 수 있도록 만들어 준다. 그 인물의 행동에 타당성을 부여하고 동의할 수 있게끔 만드는 것이다. 하지만 백승수는 무슨 생각을 하는지, 어떤 마음으로 저런 행동을 하는지, 속내를 알 수 없다. 그래서 초반에는 시청자와 감정적으로 공유가 되지 않는다. 하지만 백승수를 계속 지켜보면, 그가 감정을 드러내지 않는 건 문제에 봉착했을 때, 그것을 해결하기 위해 객관화하고 있기 때문이다. 절대 감정이 앞서지 않고, 합리적이고, 공정하게 판단해서 자신만의 방식으로 방법을 마련한다. 그리고 절대 자신의 방법이 옳다고 강요하지 않는다. 프런트들과 주변 사람들이 동의할 수 있도록 설득한다.

바로 이 시대가 원하는 리더십이다. 백승수의 리더십이 더 빛날 수 있었던 것은 드라마가 가지고 있는 형식이다. 〈스토브리그〉의 구성을 보면, 회별로 드림즈가 갖고 있는 문제가 드러나고 그것을 해결해나가는 모습을 보여주는 시추에이션Situation 형식을 띄고 있다. 백승수가 드림즈의 문제를 하나씩 해결해나가며 합리적 시스템을 구축해가는 모습에 설득 당한다. 인물의 행동에 타당성이 부여되면서 동의를 얻게 되는 것이다.

하지만 백승수가 가진 리더십은 판타지에 가깝다. '내 주변에 과연 저런 사람이 있을까?', '내 상사로 왔으면 좋겠다', '불합리한 세상을 바꿔 줄 사람은 백승수 뿐이야' 등 현실에서 드라마 속 인물을 찾게 된다. 바로 이것이 직업물 공식의 세 번째이다. 현실 속 판타지! 직업군 드라마에서는 '리얼리티'와 '판타지'가 공존해야 한다. 직업군 세계는 매우 사실적이고 구체적으로 묘사되지만, 주인공이 직업을 대하는 신념, 가치관, 사명감 등 세상을 바라보는 시선에는 중요한 가치가 담겨 있어야 한다. 그것이 판타지를 만든다. 왜냐하면 세상에는 없는 사람이기 때문이다. 이것은 주인공이 몸담은 세계의 리얼한 현실과 대비되게 극대화할수록 더욱 판타지 효과를 만든다.

이 판타지 효과는 휴머니즘과 연결된다. 백승수가 이 시대가 원하는 리더십을 가진 사람인 것처럼, 직업군 드라마 주인공들의 직업적 신념과 가치관을 통해 새로운 인물상 혹은 시대적 가치가 제시된다. 이것이 바로 드라마의 주제이며, 작가가 하고 싶은 말이다.

> **직업물 공식의 핵심 포인트!**
>
> ① 전문적 영역을 배경으로 '직업인'들의 삶을 다룬다. 무대가 되는 직업군 취재와 인터뷰를 기반으로 생동감 넘치는 인물, 사건과 에피소드로 탄탄한 스토리라인을 구축한다.
>
> ② 규칙과 룰이 존재하는 공간 안에 새로운 인물 또는 예상치 못한 미션이 투입된다. 새로운 인물(예상치 못한 미션)의 등장과 함께 극적 장치가 생긴다. 원래 공간에 있던 인물과의 만남으로 전혀 예상치 못한 스파크가 일어난다.
>
> ③ 직업군의 '리얼리티'와 그 안에 '판타지'가 공존해야 한다. 전문적 직업을 가진 주인공의 현실은 매우

사실적이고 구체적으로 '리얼한 세계'로 그려지며, 주인공이 직업을 대하는 신념, 사명감, 욕망 등 인물이 처한 리얼함과 대비되게 극대화시키며 '판타지 효과'를 만든다.

④ 주변에서 볼 수 있지만 궁금했던 직업군과 그들의 삶에 대한 탐구를 통해, 직업물 드라마의 큰 덕목인 '휴머니즘'을 담고 있어야 한다. 주인공들의 직업적 신념과 가치관을 통해 새로운 인물상, 시대적 가치를 제시하고, 인간으로서 갖춰야 하는 휴머니즘을 보여줌으로써 대중적 흡입력을 높인다.

⑤ 작가의 메시지를 전달하기 위해서 절대 강요나 설교를 해서는 안 된다. 시청자 스스로 깨달을 수 있게 정서적 교감을 통해 '발견의 의미'를 안겨줘야 한다.

04 | 범죄스릴러 공식 – '떡밥 회수를 잘하자'

범죄스릴러의 소재가 다양해졌다. '정의가 실종된 사회, 전화 한 통이면 오케이' 택시회사 무지개 운수와 택시기사 김도기가 억울한 피해자를 대신해 복수를 완성하는 사적 복수 대행극인 SBS 드라마 〈모범택시, 2021〉는 나쁜 놈 잡는 나쁜 놈이라는 컨셉으로 통쾌한 카타르시스를 안겨 준다.

반면 나쁜 놈과 착한 놈이 구분되지는 않는 범죄스릴러물도 있다. 만양이라는 지역에서 펼쳐지는 괴물 같은 두 남자의 이야기를 다룬 jtbc 드라마 〈괴물, 2021〉. 이 드라마는 주인공이 가장 먼저 범인으로 지목된다. 과연 그가 진짜 범인일까? 괴물을 추적하다가 스스로 괴물이 되는 모습을 보여주며 끝까지 긴장의 끈을 놓지 않게 한다.

어떤 소재를 다루던지 결국 범죄스릴러물은 범인을 추적하는 자와 악을 저지르는 자의 치열한 두뇌싸움과 팽팽한 심리게임이 펼쳐진다. 여러분은 차가운 이성과 따뜻한 감성 중 어떤 것이 더 발달했는가. 감성보다는 이성에 관한 글을 쓰는 게 편한가? 만약 앞에서 다뤘던 로맨스처럼 감정에 집중하는 것보단 논리에 더 강하다면 범죄수사물이 제격이다.

범죄스릴러의 공식을 잘 보여주는 tvN 드라마 〈시그널, 2016〉을 파헤쳐보자. 이 드라마는 과거 형사 이재한과 현재 형사 박해영이 무전기를 통해 미제사건을 해결한다. 과거와 현재를 연결하는 무전기라는 매개체가 중요하게 작용한다. 우선 시공간을 이어주는 도구로, 과거의 이재한과 현재의 박해영을 연결해주고 있다. 또한 과거에서는 현재 진행형의 사건이 현재에서는 미제사건으로 묻히면서 두 사람은 무전기를 통해 수사를 공조한다. 무전기라는 매개체를 통해 판타지 세계관이 구축된 것이다.

판타지 세계관에서 가장 중요한 것은 그 안 존재하는 규칙과 세계관을 받아들이는 인물의 동기이다. 11시 23분에 현재의 박해영에게 과거의 이재한으로부터 무전이 온다는 세계관 규칙이 주어진다. 그 무전을 통해 과거를 바꿀 수 있다는 강력한 동기를 얻게 된 이재한과 박해영은 서로 공조하지만, 과거가 바뀌면 현재도 바뀌게 된다. 그로 인해 사건이 해결되지만, 죽었던 인물이 살아나기도 하고 살아있던 인물이 죽기도 하면서 세계관의 변수가 존재한다.

〈시그널〉도 〈동백꽃 필 무렵〉과 마찬가지로 복합장르이다. 판타지와 범죄스릴러라는 두 가지 장르가 결합됐다. 〈시그널〉에서는 판타지 설정을 이용해서 과거와 현재를 오가며 미제사건을 수사하고 그 진실을 찾아야 하는 목적성을 부여받는다. 〈시그널〉의 판타지 세계관은 '미제사건'을 수사하기 위한 조건인 셈이다. 그렇다면 미제사건을 어떻게 수사할까? 범죄스릴러의 공식에 대입해서 알아보자.

1) 범죄스릴러 공식 1. 패턴의 방식

범죄스릴러 공식의 첫 번째는 패턴의 방식이다. 우리는 평소 스마트폰을 사용할 때마다 잠금장치 패턴을 푸는 과정을 거친다. 이렇게 패턴을 풀어야 본격적으로 스마트폰을 사용할 수 있다. 범죄스릴러도 작가가 설정해놓은 패턴이 존재하고, 사건이 일어날 때마다 그 패턴의 과정을 거쳐서 본격적으로 범인을 찾기 시작한다. 패턴의 요소는 간단하다. 어떤 범죄인지, 어떻게 수사하는지, 누가 수사하는지, 그것이 충족돼야 한다. 〈시그널〉의 패턴은 무엇일까.

다음의 도표를 보면 미제사건이라는 범죄가 있고, 과거와 현재를 오가는 무전기를 매개체로 수사가 진행된다. 그것을 과거의 형사와 현재의 프로파일러가 공조하여 수사하는 것이다. 그렇게 패턴이 완성된다. 앞서 〈시그널〉의 세계관에 대해 과거의

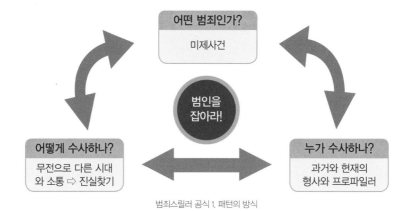

범죄스릴러 공식 1. 패턴의 방식

사건이 현재에 와서는 미제사건으로 주어지는 조건과 그것을 수사하는 매개체인 무전기에 관해 설명했다. 그렇다면 우린 여기서 누가 수사하는지와 그들이 쫓는 범인과 피해자에 대해 살펴봐야 한다.

먼저 범죄스릴러의 인물 설정을 살펴보자. 우선 주인공, 범인, 피해자, 조력자로 나뉜다. 가장 먼저 피해자가 발생한다. 그 피해자가 살아있다면 피해자를 구출해야 하는 목적성이 생기고, 만약 이미 희생된 인물이라면 그 죽음에 대한 진실을 밝히고 범인을 잡기 위한 목적이 설정된다. 그것이 주인공의 미션이 되어 범인을 쫓기 시작하는 것이다. 그럼 〈시그널〉의 주요 인물 설정을 살펴보자.

설정	목적	캐릭터	설명
주인공	피해자를 구하고 범인을 쫓아야 하는 미션 수행	이재한	과거의 강력계 형사
		박해영	현재의 프로파일러
		차수현	과거의 막내형사이자 현재 장기미제사건팀 팀장
범인(안타고니스트)	피해자를 희생시키고, 주인공과 대립하는 방해자	김범주	경찰청 수사국장(# 박선우 변사사건 범인)
		안치수	광역수사대 계장(# 이재한 피살사건 범인)
		장영철	국회의원(#인주 여고생 성폭행사건 연루/이재한 피살사건 사주/진양신도시 비리사건 범인)
피해자	주인공이 구출해야 하는 존재 혹은 죽음의 진실을 밝혀줘야 하는 존재	박선우	# 인주 여고생 성폭행사건 범인 → 변사사건 피해자
		차수현	# 홍원동 연쇄살인 사건 생존자
		이재한	# 이재한 피살사건 피해자
조력자	주인공이 목적을 이룰 수 있게 도와주는 인물	김계철, 정헌기, 황의경	장기미제사건팀 팀원들

범죄스릴러 주요인물 설정

앞의 표와 같이 범죄스릴러에 필요한 포지션에 인물이 배치된다. 하지만 주인공과 피해자 부분이 겹치는 것을 알 수 있다.

주인공과 피해자가 겹치는 부분

- 과거의 강력계 형사 이재한 → 이재한 피살사건의 피해자
- 유일하게 과거와 현재에 동시에 존재하는 차수현 → 홍원동 연쇄살인 사건 생존자
- 인주 여고생 성폭행사건 범인이자 변사사건 피해자 박선우 → 억울하게 죽임을 당한 박선우의 유가족인 박해영

이것이 주인공들의 동기가 된다. 물론 형사와 프로파일러라는 사명감만으로도 범인을 쫓을 수 있지만, 범죄스릴러에서는 주인공이 범인을 꼭 잡아야 하는 강력한 동력이 필요하다. 그 동력으로 범인을 쫓고, 시청자들도 범인이 잡히기를 응원하게 된다.

〈시그널〉 속 주인공들의 동력을 자세히 살펴보면, 이재한과 박해영이 무전기를 시작하게 된 계기와 맞닿아 있다. 이재한이 처음 박해영과 무전기를 한 시점은 '경기남부살인사건'이 일어났을 때이다. 그때 이재한은 박해영에게 '현풍역 기찻길 살인사건'이 일어난다는 무전을 받게 되고, 그 사건을 막는다. 그 덕분에 '현풍역 미수사건'이 되지만, 결국 범행장소만 바뀌고 다음 희생자가 발생하게 된다. 그 희생자가 이재한의 첫사랑인 김원경이다. 첫사랑의 사망으로 이재한은 진실을 찾고자 하는 열망이 커진다.

박해영이 이재한의 무전을 처음 받았을 때는 '김윤정 유괴사건'의 공소시효가 얼마 남지 않은 시점이었다. 박해영이 어렸을 때 일어났던 사건이고 김윤정을 데려간 범인을 봤던 박해영은 이재한의 무전으로 공소시효가 얼마 남지 않은 시각에 그 사건을 해결한다. 하지만 이 사건이 그에게 동력이 되지는 않았다. 그가 무전을 통해 과거를 바꾸려는 강한 목적성이 생긴 것은 '인주 여고생 성폭행사건'의 범인인 친형 박선우 때문이었다. 형이 그 사건의 누명을 쓰고 자살했다고 알고 있던 박해영은 자살이 아닐 수도 있다는 사실에 이재한과의 무전을 통해 형을 살리기 위해 고군분투한다. 박해영에게는 과거의 형을 살릴 수 있는 유일한 방법이 이재한과의 무전이었고, 미제사건으로조차 남지 않은 형의 사건을 파헤치며 그와 관련된 범인들을 잡으려는 강한 의지가 생긴다.

마지막으로 과거와 현재 모두 존재하는 차수현은 홍원동 '연쇄살인사건'의 유일한 생존자이다. 그녀 덕분에 과거의 홍원동 살인사건을 해결하면서 그것이 현재의 연쇄살인사건으로 연장되는 것을 막았다. 하지만 이 사건은 차수현의 트라우마로 남았고 동력이 되는 것은 따로 있었다. 현재의 그녀는 백골사체가 발견됐다는 소식만 들리면 곧바로 달려간다. 바로 과거 함께 일했던 이재현 형사가 실종됐기 때문이다. 15년 전 사라진 이재한의 사체라도 찾겠다는 간절한 마음을 갖고 있던 차수현은 박해영을 통해 무전기의 존재를 알게 되고 이재한 실종과 관련된 사건을 파헤치기 시작한다.

이렇듯 인물들이 가진 동력은 범죄스릴러 패턴의 방식에서 범인을 잡기 위한 강력한 동기로 작용한다. 범죄스릴러의 패턴을 만들 때, 그에 맞춰 인물들의 동력을 만들어 주는 것이 중요하다.

2) 범죄스릴러 공식 2. 맥거핀 활용(MacGuffin Effect)

범죄스릴러의 패턴이 완성되면 사건수사가 시작된다. 범인을 쫓는 주인공이 본격적으로 범인과의 두뇌싸움을 하게 되는 것이다. 주인공이 범인과 두뇌싸움을 하는 동안, 우리는 시청자와 두뇌싸움을 벌여야 한다. 철저하게 범인의 존재를 숨기고 또 숨겨서 범인을 못 찾게 해야 한다. 그걸 어떻게 할까? 바로 맥거핀 효과MacGuffin Effect로 이 두뇌싸움의 승부수는 거기에 있다. 맥거핀은 속임수이다. 범인으로 의심되는 인물을 던져주고, 그 인물이 범인이라고 믿게 해야 한다. 즉 완벽하게 속이는 능력이 필요하다. 주인공에게 범인을 쉽게 들키면 안 되기 때문이다.

다음의 도표와 같이 맥거핀은 직관적으로 의심이 되는 용의자 A와 합리적인 의심이 되는 용의자 B가 차례로 등장하거나 또는 한꺼번에 같이 등장해서 혼란을 줄 수 있다. 그 혼란 속에서 범인을 유추할 수 있는 단서는 평범해 보이게 숨긴다. 그래서 진범이 용의자를 찾는 과정에서 노출되긴 하지만 용의자로 지목된 적이 없는 인물이어야 한다. 그래야 그 단서나 인물에게 시선이 가지 않기 때문이다. 그 상황에서 주인공은 맥거핀을 끊임없이 의심하며 진실을 쫓게 해야 한다. 주인공이 계속 속임수에

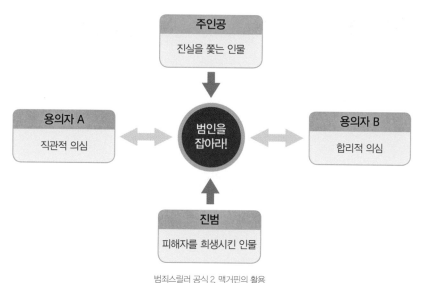

범죄스릴러 공식 2. 맥거핀의 활용

놀아나선 안 되기 때문이다. 그렇게 함정에서 빠져나온 주인공은 점점 범인의 실체에 다가가 진범을 검거하게 된다. 범죄스릴러의 두 번째 공식인 맥거핀을 제대로 활용한다면 쫄깃한 범인 찾기 과정을 그릴 수 있을 것이다.

3) 범죄스릴러 공식 3. 떡밥 뿌리기와 거두기

드디어 진범을 검거했다. 거기서 드라마가 끝나는 게 아니라 이제부터가 중요하다. 진범은 서프라이즈로 나타나선 안 된다. 모두가 납득 할 수 있게 '개연성 충족'이 이뤄져야 한다. 그것이 바로 세 번째 공식 떡밥 뿌리기와 거두기이다. 공식 타이틀에서도 '떡밥 회수를 잘하자'라고 강조했다. 드라마 곳곳에 깔아둔 떡밥을 제대로 회수하지 못하면 범죄스릴러는 실패한다. 그렇다면 〈시그널〉은 어떨까?

다음의 표를 살펴보자. 1회는 이재한과 박해영 무전이 시작되는 회차다. 11시 23분에 무전이 울리면서 과거 이재한과 현재 박해영이 연결된다. 11시 23분의 의미는 무엇일까. 이것이 1회에 뿌려둔 떡밥이다. 이 떡밥은 15회 이재한이 사망한 시각이 11시 23분이었다는 것이 밝혀지면서 떡밥을 회수한다. 이재한의 죽음에 관한 떡

회차	시공간	사건	내용	범인
1회	현재	김윤정 유괴사건	이재한과 박해영 무전 시작	윤수아
2회	현재	서형준 살인사건	이재한과 무전으로 사건해결 → 현재 미제사건 전담반 신설	윤수아
2회	과거	경기남부 연쇄살인사건	1989년 이재한과의 무전으로 과거가 바뀜 → 살인사건에서 미수사건	
3회				
4회	과거		이재한 첫사랑 '김원경' 사망 → 현재 범인 검거	이진형
5회	과거	계수동 고위층 연쇄 절도 사건(대도사건)	현재 납치사건 발생 → 누명 쓴 오경태 범행	
6회	과거		오경태 체포과정에서 현재 차수현 사망	
7회	과거		과거 진범검거 → 현재 차수현 생존	한세규
8회	현재	약혼녀 실종사건	신다혜 변사사건 → 현재 진범검거	한세규
9회	과거	홍원동 살인사건	과거 쩜오(차수현) 납치	
10회	현재	홍원동 연쇄살인사건		
11회	현재		과거에 범인체포 → 9명의 희생자 생존	김진우
12회	현재	이재한 사체 발견	이재한 실종사건이 아닌 피살사건	
12회	현재	안치수 피살사건	용의자로 몰린 박해영	
12회	과거	인주시 여고생 성폭행사건	용의자로 몰린 박선우	
13회	과거		사건수사 중 박해영이 박선우 동생인 사실 알게 됨 → 이재한과 어린 해영 만남	박선우
14회	과거	박선우 변사사건	박선우 타살	
15회	과거	박선우 변사사건	진범 밝힐 증거(빨간 목도리)를 갖고 있던 박선우 → 자살로 위장된 타살	김범주
15회	과거	인주시 여고생 성폭행사건	조작과 은폐로 얼룩진 사건의 진범을 찾아냄	장태진
15회	과거	이재한 형사 피살사건	이재한 사망 직전 박해영과 마지막 무전	안치수 장영철 사주
15회	현재	안치수 피살사건	박해영이 용의자로 몰렸던 사건 진범검거	김상범
15회	현재	박해영 피살사건	박해영 사망	
16회	과거+현재	이재한 피살사건	이재한 의지로 피살사건에서 생존 → 현재의 박해영도 생존	
16회	과거+현재	진양신도시 비리사건	과거 이재한이 찾은 진양 신도시 비리파일을 현재 박해영이 인터넷에 공개	장영철
16회	과거	김범주 피살사건	김범주 살해 용의자로 몰린 이재한 실종	장영철 사주
16회	과거+현재	이재한 실종사건	15년 동안 정신병원에 갇혀서 진실을 밝힐 날을 기다림	

범죄스릴러 공식2 〈시그널〉 회차별 사건 파일

밥은 여기서 끝나지 않는다. 2회에서 사건해결 후 또 다시 무전이 연결되는데 이재한
은 박해영에게 다음 무전은 1989년일 거고, 그때 자신을 설득해달라고 한다. 이 말 직
후 총성과 함께 무전이 끊긴다. 사실 그것은 자신이 죽어가면서까지 박해영에게 모든
사건을 미제로 남게 할 수 없다는 강한 의지를 보여주는 이재한의 마지막 무전이었던
것이다. 1, 2회에 걸쳐 이재한이 죽는다는 사실을 떡밥으로 깔았고, 12회에 이재한 사
체가 발견되면서 앞부분 떡밥을 제대로 거둬드린다.

　　사건의 떡밥을 알아보자. 5회의 '대도사건(계수동 고위층 연쇄절도사건)'과 8회의
'약혼녀 실종사건'은 전혀 다른 사건처럼 보이지만 '진양신도시 비리사건'과 촘촘하게 연
결되어 있다. 과거의 이재한은 '고위층 연쇄절도사건'을 수사하게 된다. 연쇄절도범으로
유명한 대도 오경태가 체포되지만, 그것은 고위층 자제인 한세규가 자신의 치부가 녹화
된 비디오테이프를 훔치기 위해 벌인 일이었다. 자신의 범행임을 들키지 않기 위해 현금
과 귀금속까지 모조리 훔치고 단순 절도범으로 위장한다. 문제는 여기서 발생한다. 장
영철은 신도시 비리파일을 넣어둔 플로피디스켓을 다이아몬드 목걸이 상자에 숨겨뒀는
데, 그것을 분실한 것이다. 그것을 한세규와 함께 비디오에 찍혔던 신다혜가 훔쳐 가고,
한세규는 다이아몬드 상자를 되찾기 위해 신다혜를 살해하게 된다. 그녀가 바로 현재의
장기미제사건팀에서 조사하는 '약혼녀 실종사건'의 실종자였다. 실종된 신다혜는 과거
한세규에게 살해당하기 전, 다이아몬드 상자에서 발견한 플로피디스켓을 이재한에게
보냈고, 과거에는 김범주 손에 들어갔던 디스켓이 돌고 돌아 현재 박해영 손에 오게 된
다. 그렇게 '진양신도시 비리사건'을 밝혀내는데 결정적인 역할을 한다. 5회 '대도사건'부
터 뿌려놓은 떡밥을 16회에서 박해영이 비리사건을 폭로하며 회수하게 된다.

　　마지막으로 이재한과 박해영의 관계성 떡밥은 무엇일까? 두 사람은 1회 '김윤정
유괴사건'부터 연결점이 있다. 어린 박해영은 같은 반 친구였던 김윤정 유괴범을 목격
했고, 그 사실을 알리기 위해 찾아간 경찰서에서 이재한과 처음 만났다. 과거의 이재한
이 어린 박해영을 알아본 것은 1999년 '인주시 여고생 성폭행사건' 때문이다. 과거의 이
재한이 남긴 사건수첩의 마지막 사건이 바로 이 사건이고, 이 사건 후 죽었기 때문이다.
사실 당시 반장이었던 김범주는 이재한을 빼고 팀을 꾸려서 인주시에 내려가려고 했었

다. 하지만 현재의 박해영이 그 사건의 진실을 찾아달라고 했고, 그것이 이재한의 운명을 바꿔놓으며 수사를 맡게 된다. 그러면서 이재한은 그 사건의 누명을 쓴 박선우의 친동생이 박해영 경위라는 것을 알게 되고 사건의 진실을 밝히기 위해 고군분투한다.

박해영은 이재한이 자신의 존재를 알고 있었다는 것을 13회에 인지한다. 눈물의 오므라이스를 기억하는가. 가족들에 대한 그리움으로 오므라이스를 먹으러 껍데기집을 찾았던 어린 박해영. 주인아줌마는 군말 없이 껍데기대신 박해영이 오면 오므라이스를 만들어준다. 그 오므라이스의 비밀을 알게 된 것은 13회 이재한의 사체가 발견된 후였다. 그의 소지품에서 찾게 된 낡은 명함은 껍데기집이었고, 그동안 이재한은 죽기 전까지 어린 박해영을 돌봐왔던 것이다. 현재의 박해영이 매일 지겹도록 먹던 오므라이스가 이재한과의 관계성 떡밥으로 계속 등장했던 것이다. 이렇게 소품을 이용해서 사소한 것처럼 보이지만, 인물의 감정씬으로 눈물의 오므라이스 장면을 기억하게 만들며 박해영과 이재한의 질긴 인연을 보여준다.

앞에서 알아본 떡밥은 복선과도 같다. 복선은 개연성이 충족되고, 극의 결정적인 역할을 하는 장치로 필요하다. 우연적인 요소를 없애주고 완성도를 높인다. 인물의 행동, 버릇, 대사, 소품, 장소 등 여러 방법으로 표현할 수 있다. 시청자가 복선이라고 미리 알아채지 못하도록 사소하게 보여주되, 그 장면을 기억할 수 있게 해야 한다. 이처럼 복선의 장치를 잘 사용하면 떡밥 뿌리기와 거둬들이기를 성공할 수 있다.

4) 범죄스릴러 공식 4. 사회적 메시지

'절대 포기하지 마세요! 과거는 바뀔 수 있습니다.' 〈시그널〉에 등장하는 대사 역시 복선과 같다. 이 말 한마디가 나비효과를 불러일으켜서 주인공뿐 아니라 시청자들까지 과거가 바뀌길 기대하며 포기하지 않는다. 이것 역시 감정이입을 하게 만드는 힘이다. 여기서 중요한 건 공감이 아니라, '공분'에 포인트를 맞춰야 한다는 것이다.

사회적으로 문제가 되는 이슈가 건드려진다. 1회의 공소시효가 그것이다. 공소시효 때문에 눈앞에서 범인을 놓칠 뻔한 사건을 보여주며 이것이 얼마나 심각한 문제인지 확실히 알려준다. 그렇게 2회에선 공소시효법 개정으로 공소시효가 폐지되는 모습까지 보여준다. 또한 적폐청산에 힘을 실어준다. 과거의 이재한은 현재의 박해영에게 묻는다. 돈 있고, 빽 있으면 개망나니 짓을 해도 잘 먹고 잘 사냐고? 20년이 지났는데 바뀌지 않았냐고! 하지만 현재도 똑같다. 20년이 지나도 바뀌지 않는 현실을 보여주지만, 결코 포기하지 않고 적폐청산을 하는 주인공들의 모습을 통해 카타르시스를 느끼게 한다. 이렇게 드라마 속에서 대중의 욕망이 풀어내는 것이 중요하다는 것을 잊지 않아야 한다.

미제사건을 다룬 〈시그널〉은 그 사건을 해결해가는 주인공을 통해 사회적 메시지를 전달한다. 범죄스릴러는 사회적 공분을 일으키거나 사회적으로 영향을 줄 수 있는 강력한 수단이 된다. 그래서 무조건 자극적인 사건과 너무 극단적인 인물을 내세우기보다는 작가의 주제의식과 인물의 본성에 대한 탐구가 담겨야 한다.

범죄 스릴러 공식의 핵심 포인트!

① 범죄스릴러에는 패턴이 필요하다. 어떤 범죄인가? 어떻게 수사하는가? 누가 수사하는가? 이 세 가지를 명확히 보여줘야 한다. 또한 인물설정은 주인공, 범인, 피해자, 조력자로 나뉜다. 가장 먼저 피해자가 발생한다. 그 피해자의 죽음에 대한 진실을 찾고 범인을 밝히기 위한 주인공의 목적이 설정된다. 그것이 극에서 미션이 되어 범인을 쫓기 시작한다.

② 미션수행에 나선 주인공이 범인을 쉽게 찾게 해선 안 되며, 범인을 유추할 수 있는 단서는 평범해 보이게 숨긴다. 그 단서에 시선이 가지 않게 맥거핀을 내세워서 끊임없이 궁금하게, 완벽히 속이는 능력이 필요하다. 그 속에서 주인공은 끊임없이 의심하며 진실을 쫓게 해야 한다.

③ 범죄스릴러에서 가장 중요한 것이 떡밥회수다. 진범이 밝혀졌을 때 모두가 납득 할 수 있게 '개연성 충족'이 이뤄져야 한다. 이것이 바로 복선이다. 복선은 극의 결정적인 역할을 하는 장치로 필요하다. 우연적 요소를 없애주고 완성도를 높인다. 인물의 행동, 버릇, 대사, 소품, 장소 등 여러 방법으로 표현될 수 있다. 하지만 시청자가 복선이라고 미리 알아차리지 못하도록 '사소'하게 보여주되, 그 장면을 '기억'할 수 있게 해야 한다.

④ 계속 극적인 미스터리가 발생하면, 시청자는 그 문제를 풀기 위해 몰입도가 높아진다. 극에 빠져든 시청자는 작품에서 전하고자 하는 '사회적 메시지'를 자연스럽게 전달받게 된다.

⑤ 범죄스릴러는 사회적 공분을 일으키거나 사회적으로 영향을 줄 수 있는 강력한 수단이 될 수 있기 때문에 무조건 자극적인 사건과 너무 극단적인 인물을 내세우기보다는 작가의 주제의식과 인물의 본성에 대한 탐구가 담겨야 한다.

05 | 사극/시대극 공식 – '과거를 통해 현재를 보다'

도서관 가는 것을 좋아하는가? 그렇다면 사극/시대극을 쓸 준비는 마친 것이다. 픽션이 들어간 사극/시대극이어도 역사적 사실을 기반으로 하기 때문에 도서관에서 자료를 많이 보는 것이 도움이 된다. 특히 자신이 역사에 관심이 많다면 '역사 연대표'를 엑셀로 정리해보거나 '역사소재노트'를 만들어서 사료를 읽으며 흥미롭게 봤던 내용을 적어보자. 사료에 있던 단 한 줄이 세상을 뒤흔들 이야기가 될 수 있다.

그 적절한 예가 MBC 드라마 〈옷소매 붉은 끝동, 2021〉일 것이다. 영정조 시대의 역사적 사실을 바탕으로 의빈성씨와 이산의 이야기를 다루고 있다. 사료를 보면 처음에는 의빈성씨가 정조의 승은을 거부했다고 한다. 아마도 이 드라마의 출발점은 여기부터가 아니었을까. '왕은 궁녀를 사랑했다, 궁녀는 왕을 사랑했을까?' 포스터에 적힌 문구만 봐도 유추해볼 수 있다. 정조와 의빈성씨를 다룬 드라마는 기존에도 있었지만 왕의 시점으로 의빈성씨를 사랑했던 이야기였다. 하지만 이 드라마는 궁녀였던 의빈성씨가 정말 정조를 사랑했었는지, 그 의문을 제시하면서 인물에 대한 새로운 해석을 첨가했다. 그것이 신선한 재미를 불러일으킨다.

남자 중심이던 사극/시대극이 변하기 시작했다. 여자가 왕이 된다는 발칙한 상상에서 출발한 픽션 사극, 쌍둥이 오라비 세손의 죽음으로 남장을 하고 세자가 된 한 여자의 이야기를 그린 KBS 드라마 〈연모, 2021〉는 여자 원탑 드라마이다. 여자라는 이유로 버려졌던 이휘는 남자의 모습 뒤에 숨어 살아갈 수밖에 없다. 그림자처럼 살아가던 여자가 아닌 천하를 호령하는 왕으로 성장하는 모습을 보여주며 짜릿한 쾌감을 느끼게 한다.

이 두 드라마보다 먼저 비극적 시대에 당당하게 살아가는 여인의 모습을 잘 보여준 드라마가 있다. 2018년에 방영한 tvN 드라마 〈미스터 션샤인〉의 고애신이다. 그녀를 중심으로 구한말 조선을 살아가는 다양한 인물들의 삶과 사랑을 다룬 이 드라마의 배경은 1871년 신미양요를 시작으로 주로 1902년을 다루고 있다. 시간적 배경이 곧 장르라는 말을 했었다. 장르적 큰 설정을 할 필요 없이 구한말 대한제국이라는 배경이 시대극의 충족요건이 된다. 그 시대를 보여줄 수 있는 이야기는 무엇인가. 그것이 더 중요하다.

〈미스터 션샤인〉은 경술국치 이전 대한제국의 주권을 찾기 위해 뜨거운 투쟁을 벌였던 의병의 이야기이자, 외세의 위협과 매국이 판치는 격변의 시대에서 끝까지 나라를 지키고자 했던 사람들의 의지가 담긴 드라마다. 또한 그 암울한 삶 속에서 꽃핀 마지막 낭만같은 유진초이와 애신의 사랑이야기를 보여주고 있다. 로맨스가 강한 드라마지만 그들의 사랑 또한 시대적 아픔이 갈등으로 작용하면서 이 시대를 보여주기 위한 극성으로 표출된다. 그럼 지금부터 〈미스터 션샤인〉을 살펴보며 사극/시대극 공식을 알아보자.

1) 사극/시대극 공식 1. 인물의 시대적 운명

시대극에서는 그 시대상을 기반으로 다양한 가치관을 가진 인물이 설정된다. 이를 통해 시청자가 시대에 대한 이해와 인물에 대한 감정이입을 할 수 있도록 만들어야 한다. 그렇게 동의를 얻은 인물에게 갈등 상황이 주어진다. 그 갈등 상황은 앞서 960분의 스토리텔링, 캐릭터 선택의 법칙에서 갈등의 선택을 이야기할 때 설명한 갈등의 세 가지 요소와 마찬가지다. 외부의 적 또는 방해자의 공격에 의한 '외면적 갈등'과 내면의 결핍에서 비롯되는 '내면적 갈등', 인물이 시대상과 부딪히며 일어나는 '사회적 갈등'이다. 이 세 가지 요소를 대입한 〈미스터 션샤인〉 속 인물의 갈등은 무엇이 있을까.

인물	설정	사회적 갈등	외면적 갈등	내면적 갈등
유진초이	미 해병대 장교로 조선에 온 검은 눈동자의 외국인	민주적인 미군의 총을 들고 조선을 지켜보는 시대의 방관자	조선인도 미국인도 아닌 이방인	노비의 아들로 태어나 살기 위해 도망친 조선에 대한 애증
고애신	뜨거운 불꽃을 품은 조선 최고 명문가 애기씨	다른 여인과 달리 독일제 총구에 낭만을 느끼는 의병	지아비 그늘에서 꽃처럼 살라는 조부 고사홍과 세상의 시선	조선의 운명에 목숨을 내건 작은 상자 속 부모님에 대한 그리움
구동매	무신회 한성지부장으로 힘과 권력을 지닌 일본 낭인	빌어먹을 신분이 아닌, 힘으로 지배하는 시대가 반가운 조선의 변절자	칼 하나로 모두 굴복시키지만 유일하게 고개를 드는 애신에 대한 지독한 사랑	백정의 아들로 태어나 소돼지 취급받던 어린 시절에 대한 상처
김희성	조선 제일 갑부 집 도련님이자 애신의 정혼자	나라 팔아먹기 바쁜 조선인들 사이에서 아무것도 하지 않는 지식인	일본유학 때문에 미룬 애신과 혼담 후, 10년의 세월과 라이벌로 나타난 남자들	악행을 일삼는 가문의 핏줄로 태어나 스스로 벌을 주는 삶
쿠도히나	일본인 남편에게서 호텔을 상속받은 여사장이자 미망인	일본인에게 팔려간 조선의 여인, 시대의 희생양	자신을 권력에 이용하는 친일파 아버지 이완익	미망인이 된 기구한 운명과 어머니에 대한 그리움

사극/시대극 공식 1. 인물의 갈등 요소

〈동백꽃 필 무렵〉에서의 인물 갈등은 외면적 갈등과 내면적 갈등으로만 나뉘었다. 하지만 앞의 표에서 보듯이 〈미스터 선샤인〉은 시대적 배경을 가진 드라마이기 때문에 사회적 갈등을 중요하게 살펴볼 필요가 있다. 시대적 상황 때문에 갈등이 생겨난 인물은 딜레마에 빠진다.

우선 유진초이를 보면 과거 그는 주인 김판서가 아비를 때려죽이고 어미를 다른 사내에게 팔아넘기려는 걸 목도한다. 결국 자신을 살리기 위해 어미는 죽음을 선택하고, 도망자 신세로 추노에게 쫓기게 된다. 우여곡절 끝에 군함에 승선해 미국이란 나라에 가게 되고, 시간이 흘러 미국인 신분으로 자신을 버린 조국으로 돌아온 인물이다. 그는 검은 눈동자에 미국의 총을 든 미군이다. 그래서 조선이 일본에게 나라를 뺏기는 것에 그 어떤 동요도 하지 않는다. 다른 사람들이 바라봤을 땐 조선인도 미국인도 아닌 이방인인 그는 시대의 방관자로 조선을 지켜본다는 딜레마를 지녔다.

고애신은 지아비 그늘 아래 꽃처럼 사는 것이 당연했던 사대부가 여인이다. 하지만 그녀는 불꽃으로 살아가며 자신의 낭만은 독일제 총구에 있다고 말한다. 꽃으로 살기에는 그리 아름답지 않은 시대였다. 낭만을 꿈꾸기에는 낭자한 피로 얼룩진 나라이다. 그렇게 시대가 그녀에게 총을 들게 했고, 나라를 위해 일본인에게 총을 겨누게 한 것이다. 시대의 아픔이 애신에게는 강력한 목적성이 되어 움직인다.

일본 낭인 구동매는 백정의 아들로 태어났다. 양반뿐 아니라 양민에게조차 고개를 숙이고 개돼지 취급을 받아야 했던 그는 어린 시절의 한을 풀 수 있는 시대를 만났다. 칼 하나면 그 누구도 자신에게 굴복시킬 수 있다. 조선을 변절하는 것은 당연하다. 하지만 그는 돈에 따라 움직이는 철저하게 이익을 중시하는 인물이다. 그런 그지만 유일하게 자신에게 고개를 숙이지 않는 고애신이 갈등 요소이다. 돈이 많이 되서 의병을 하는 것인지, 도대체 왜 나라를 지키려고 발악을 하는 것인지. 그가 애신에게 느끼는 감정이 곧, 사회적 갈등으로 발산되는 인물이다.

애신의 정혼자인 김희성은 조선 제일의 갑부 집 도련님이다. 악행을 일삼는 가문의 핏줄로 태어난 그는 스스로에게 벌을 주는 삶을 살고 있다. 그 내면적 갈등이 시대와 만나게 되면서, 이 비극적 시대에 아무것도 하지 않는 지식인의 모습을 보여준다. 서로 나라 팔아먹기 바쁜 사람들을 경멸하고 일본유학을 다녀온 것이 모순이면서 시대의 아픔을 잘 보여주고 있다.

마지막으로 호텔 여사장 쿠도히나는 겉보기에는 그 누구보다 먼저 머리를 자르고, 양장을 입고, 개화를 선택한 신여성이다. 하지만 그녀는 그 시대에 여자로서 겪을 수 있는 아픔의 집합체이다. 친일파 아버지를 뒀고, 그의 손에 붙잡혀 일본인에게 팔려갔고, 다행인지 불행인지 아니면 히나의 계략이었는지, 일본인 남편이 죽으면서 호텔을 상속받았다. 그때부터는 미망인으로 권력을 쥔 남자들을 상대로 호텔을 운영하며 살아가는 여인이다. 그녀의 삶 자체가 시대의 희생양이라고 할 수 있다.

이렇게 설정된 인물은 자신이 겪는 갈등 상황을 헤쳐 나갈 때, 정해진 운명을 받아들이는 자가 나올 수 있다. 이는 수동적 인물이라는 뜻이 아니다. 보통 사극에서는 무당이나 도사가 인물의 운명을 말해주곤 한다. 어떤 운명으로 태어난 인물이라든지, 나라를 바꿀 인물이라든지, 곧 정해진 길을 가야 하는, 갈 수밖에 없다는 것을 예견하는 것이다. 이는 사극에서만 사용할 수 있는 치트키Cheat Key와 같다. 만약 현대극이라면 개연성이 부족하다는 말을 들을 수 있지만, 사극이란 장르는 판타지적 요소도 함께 갖고 있기 때문에 가능하다. 그래서 작가가 인물에게 운명이란 설정을 통해 극적인 요소를 첨가하기 좋고, 시청자들 역시 시대적 운명을 받아들이기에 충분하다.

〈미스터 션샤인〉에서 운명을 받아들인 이는 누굴까? 고애신이다. 조선의 운명에 목숨을 건 부모님의 뜻을 이어 의병이 된 것은 당연한 결과였다. 애신은 자신의 운명을 거부한 적이 없다. 정작 애신의 조부 고사홍이 애신의 운명을 외면하려 하지만 결국 장포수에게 애신을 보내며 그녀의 운명을 받아들인다. 그와 반대로 유진초이는 애신으로 하여금 후천적으로 운명을 받아들인 인물이라 할 수 있다. 자신이 조선에서 태어난 건 맞지만 그는 미국인이라고 말한다. 조선은 단 한 번도 자신을 가져 본 적 없다고 확신한다. 방관자로 일관했던 그는 불꽃같은 여인 애신을 만나 변화하고 의병활동에도 가담하게 된다. 물론 그것은 조국을 구하려는 애신을 구하기 위해서였다. 의병이라는 운명을 받은 적 없지만, 사랑으로 그 운명을 뛰어넘은 셈이다.

이렇게 사극/시대극에서 인물을 설정하고 갈등 요소를 만들 때는 시대상이 들어가 있어야 하며, 그 시대상과 맞물리는 인물의 시대적 운명을 설정하면 인물을 더 극적으로 끌고 갈 수 있다. 그것이 사극/시대극 공식의 첫 번째이다.

2) 사극/시대극 공식 2. 안타고니스트의 중요성

앞서 우리는 주인공들의 갈등을 살펴봤다. 드라마에서 갈등은 너무 중요하다. 인물에게 일어난 극적인 갈등을 보여주기 위해 다양한 사건을 일으키기 때문이다. 그 중 주인공과 대립하며 외면적 갈등을 일으키는 안타고니스트Antagonist의 역할은 중요하다. 특히 사극/시대극에서는 강력한 안타고니스트의 설정이 드라마의 성패를 좌우할 수 있다. 단지 주인공의 목적성을 방해하는 인물 정도로 설정해서는 안 된다. 주인공의 설정에 시대적 가치관을 반영했듯이, 안타고니스트는 그것과 반대되는 가치관을 가지고 있어야 한다. 가장 쉬운 예로 주인공은 나라를 절대 뺏길 수 없는 인물이라면, 안타고니스트는 나라를 팔아먹을 인물이어야 한다. 또한 시대의 모순이나 그 이면을 가장 잘 보여줄 수 있는 인물로 설정해야 한다. 그렇다면 〈미스터 션샤인〉의 안타고니스트 설정은 어떨까?

사극/시대극 공식 2. 안타고니스트 중요성

앞의 도표와 같이 〈미스터 션샤인〉에서 공공의 적은 시대상이다. 시대를 중심으로 그 시대가 낳은 괴물을 보여주고 있다. 드라마 초반 탐관오리 김판서는 노비였던 어린 유진의 주인으로, 유진의 부모님을 죽인 인물이다. 하지만 그 배후에 있었던 인물이 바로 이세훈이다. 유진의 어미가 탐이 나서 결국 한 집안을 몰살시킨 것이다. 두 인물은 백성을 괴롭히는 탐관오리의 모습을 적나라하게 보여주고 있다.

본격적으로 이야기가 시작되는 1902년에는 가장 먼저 구동매가 안타고니스트로 등장한다. 백정의 아들로 태어나 소돼지 취급받던 결핍이 현재의 욕망으로 발산하면서 자신의 앞을 가로막는 모든 것을 베어버리는 피도 눈물도 없는 짐승이 된 것이다. 그는 조선인들이 가장 무서워하는 인물이다. 특히 애신과 대립각을 세우지만 애신에 대한 연정 때문에 변모한다. 시대적 딜레마를 가장 잘 보여주는 안타고니스트이다.

〈미스터 션샤인〉에서 가장 악랄한 안타고니스트는 친일파 이완익이다. 오로지 자신의 이익을 위해 악행을 저지른다. 특히 그는 방관자였던 유진초이를 각성하게 만드는 역할을 한다. 이완익은 유진초이의 아버지 같은 존재인 요셉의 죽음에 가담한다. 유진초이는 그때부터 조선의 운명에 개입을 시작하고 이완익과 팽팽한 대립각을 세운다.

마지막으로 최종 보스처럼 등장한 모리타카시. 지금까지 안타고니스트와 달리 일본인 모리타카시의 등장은 이젠 진짜 나라의 주권마저 일제에게 뺏길 수 있다는 위기감을 준다. 특히 모리타카시는 아무도 건들지 못했던 애신과 고사홍 대감의 집까지 쳐들어간다. 그 집 마당에 일본군을 세워놓고 위협하는 모습은 침략자의 모습을 상징적으로 보여준다. 그와 동시에 애신은 명문가라는, 애기씨라는 방패막을 버리고 본격적으로 총을 잡게 만든다.

시대상과 안타고니스트의 역할을 긴밀하게 연결지어서 주인공의 행동에 타당성을 준다. 방관자였던 유진초이를 움직인 것도, 애신이 애기씨라는 방패막을 벗어던진 것도 안타고니스트의 막강한 힘이 그들을 자극했기 때문이다. 이처럼 안타고니스트는 막강한 힘으로 목적을 향해 달려가는 주인공 앞에 장애물이 된다. 그로 인해 주인공에게 시련과 역경이 펼쳐질수록 주인공에게 안타고니스트는 강력한 극복의 대상이 되고, 각성과 변화를 일으킨다. 사극/시대극 두 번째 공식에서 잊지 말아야 할 점이다.

3) 사극/시대극 공식 3. 과거와 현재

앞서 이야기한 공식으로 주인공과 안티의 행동에 동의가 구해졌다. 그럼 이 시점에서 물어보겠다. "왜?", "지금?" 그 시대를 조명하는가! 사극과 시대극을 쓸 때 꼭 던져야 하는 질문이다. 사극과 시대극을 쓴다고 과거에 머물러 있으면 안 된다. 그 극을 보는 시청자가 '현재'에 속해 있기 때문이다. '과거'를 통해 '현재'를 환기하지 못한다면 오늘을 사는 사람들에게 어떤 의미와 가치를 전할 수 있겠는가.

"조선은 왜란과 호란을 겪고도 여태 살아남았지요. 그때마다 나라를 구하겠다고 목숨을 내놓은 민초들 때문입니다. 임진년에 의병이었던 자의 자식들은 을미년에 의병이 되지요. 을미년에 의병이었던 자의 자식들은 지금 무엇을 하고 있을까요?"

모리타카시의 이 대사는 〈미스터 션샤인〉이 의병의 삶을 통해 무엇을 말하고자 하는지, 그 의도를 정확히 보여준다. 바로 '을'들의 삶이다. 역사적 사건들 속에서 강자의 보호 없이 맨몸으로 그 시간을 부딪쳐 살아내며 이 땅을 지켜온 민초들의 삶 말이다. 을미년에 의병이었던 자의 자식들이 누구인가. 바로 우리이다. 나라의 경제부흥을 위해 독일과 중동에 나가 노동을 하고, IMF 외환위기 극복을 위해 227톤의 금붙이를 자발적으로 모은 사람들. 이 나라를 지켜온 것은 바로 강자가 아닌 약자, '우리'인 것이다.

그런데 그렇게 이 땅을 지켜온 우리들의 살림살이는 지금 나아졌을까. 드라마 속 유진초이는 애신에게 묻는다. "귀하가 구하려는 조선에는 누가 사는 거요? 백정은 살 수 있소? 노비도 살 수 있소?" 물론 살고 있다. 그러나 어떻게 살고 있는가는 또 다른 문제일 것이다. "거기도 그렇습니까. 돈 있고 빽 있으면 무슨 개망나니짓을 해도 잘 먹고 잘 살아요? 그래도 20년이 지났는데, 뭐라도 달라졌겠죠. 그죠?"라는 앞서 범죄스릴러 공식에서 살펴봤던 드라마 〈시그널〉의 이재한의 대사처럼 여전히 돈 없고 힘 없고 빽 없는 '을'들의 현실은 팍팍하다는 것을 〈미스터션샤인〉에서 말하고 있다.

시대에 대해 이야기하는 듯 보이지만 결국 '우리'에 대한 이야기이며 '오늘'에 대한 이야기이다. 이것이 현재와 과거를 관통하는 사극/시대극의 주제의식이다. 과거를 통해 현재를 환기하고 시대의 문제를 꿰뚫는 것! 이것이 사극/시대극의 마지막 공식이다. 우리네 역사는 되풀이되고 있다. 그것만 명심한다면, 역사적 아픔을 함께 나누고 되돌아보며 현재를 사는 사람들도 공감할 수 있는 작품으로 기억될 수 있을 것이다.

사극/시대극 공식의 핵심 포인트!

① 시대상을 기반으로 다양한 가치관을 가진 인물이 설정된다. 그로 인해 시청자가 시대에 대한 이해와 인물에 대해 감정이입이 가능하다.

② 그 시대를 사는 인물에게 갈등 상황이 주어진다. 외부의 적 또는 방해자의 공격에 의한 외면적 갈등과 내면의 결핍에서 비롯되는 내면적 갈등, 인물이 시대상과 부딪히며 일어나는 사회적 갈등, 이 세 가지의 갈등이 모두 표현될 수 있다.

③ 외면적 갈등에서 가장 강하게 나타나는 방해자는 안타고니스트이다. 안타고니스트는 주인공의 시대적 가치관과 반대되는 가치관을 가지고 있어야 하고, 시대 모순이나 그 이면을 잘 보여줄 수 있는 인물로 설정해야 한다. 안타고니스트는 막강한 힘으로 목적을 향해 달려가는 주인공 앞에 장애물이 된다. 그로 인해 주인공에게 시련과 역경이 펼쳐질수록 안타고니스트는 강력한 극복의 대상이 된다.

④ 왜, 지금, 그 시대의 이야기를 하는가! 이 질문에 대한 답이 작품에 담겨 있어야 한다. 오늘의 관점에서 재조명할 수 있는 과거 이야기와 시대를 꿰뚫는 주제의식이 시청자에게 전달되어야 한다.

⑤ 역사는 되풀이 되고 있다. 역사의 아픔을 함께 나누고 되돌아볼 수 있는, 현재를 사는 사람들도 공감할 수 있는 작품으로 기억되어야 한다.

---

06 | 미니시리즈의 끝

지금까지 960분의 스토리텔링을 위해 잘 달려왔다. 미니시리즈의 시작부터, 기획안으로 설득하는 방법, 960분 스토리텔링의 법칙을 통해 인물 중심의 구성법과 사건 중심의 구성법을 배웠다. 마지막으로 자신이 가장 자신 있게 쓸 수 있는 장르를 찾아서 장르별 공식을 대입해보는 작업까지 마쳤다. 이 모든 것을 잘 끝냈는가? 960분이라는 긴 호흡의 스토리텔링을 완주했다는 것은 꽤 의미가 있다. 이제 미니시리즈는 끝났다고 생각할 수 있다. 그렇다면 다른 장르에 도전해봐야 할까? 아니다, 미니시리즈는 이제 시작이다.

1) 미니시리즈 수정의 중요성

지금까지 써온 드라마를 보며 자기검열의 시간이 돌아온 것이다. 이 시간을 갖지 않고 그대로 멈춘다면 이 드라마는 노트북 폴더 안에 갇혀있을 확률이 높다. 드라마를 세상에 선보이기 위해서는 끊임없는 수정보완이 필요하다. 수정보완에는 세 가지 방법이 있다.

수정보완하는 3가지 방법

- 첫 번째는 스스로 점검하기!
- 두 번째는 드라마를 함께 공부하고 있는 동료에게 보여주기!
- 세 번째는 평소에 드라마 보는 걸 좋아하는 친구에게 보여주기!

이것을 단계별로 해도 좋다. 우선 스스로 점검할 때는 절대 디테일한 것에 집착하면 안 된다. 지문과 대사는 나중에 한꺼번에 고쳐도 된다. 자신이 하고자 하는 이야기를 잘 보여주고 있는지, 전체적인 큰 틀에 집중해야 한다. 나무가 아닌 숲을 봐야 한다는 것이다.

두 번째는 자신과 함께 드라마 공부를 한 동료는 장단점도 잘 알고 있다. 이 작품에 장점이 잘 살았는지, 단점이 부각 되진 않는지, 그것을 짚어줄 수 있다. 동료의 피드백을 받고 장점은 최대한 살리고, 단점은 보완하는 과정을 거치면 된다.

세 번째는 대중적인 시선으로 작품을 봐줄 친구가 필요하다. 작품을 쓰는 동안 작가는 그 작품 안에 갇혀있게 된다. 그 안에서 계속 또 보고 또 수정 보는 작업은 지치기 마련이다. 그래서 전혀 다른 시선이 필요한 것이다.

이렇게 세 번의 수정을 거친다면, 충분히 만족스러운 작품이 탄생하게 될 것이다. 〈미니시리즈의 세계〉 파트를 시작할 때 필자가 960분 스토리텔링을 끝까지 완주하기 위한 길잡이자, 자신만의 길을 찾아가는 여정의 동반자가 되어주겠다고 했다. 이제 필자의 역할은 끝났다. 이 긴 여정을 함께 하는 동안, 스스로 자신만의 길을 찾아가는 방법을 터득했을 것이다. 이제부터 진짜 여러분의 이야기가 시작된다.

Reference

1. 드라마

tvN – 또 오해영, 2016 | 사랑의 불시착, 2019 | 나인 : 아홉 번의 시간여행, 2013 | 갯마을 차차차, 2021 | 슬기로운 의사생활, 2020 | 미스터 션샤인, 2018 | 시그널, 2016 | 사이코지만 괜찮아, 2020 | 비밀의 숲, 2017~2020 |

SBS – 별에서 온 그대, 2013 | 스토브리그, 2019 | 그해 우리는, 2021 | 모범택시, 2021 |

jtbc – 괴물, 2021 | SKY 캐슬, 2018 |

MBC – 옷소매 붉은 끝동, 2021 | 미치지 않고서야, 2021 |

KBS – 동백꽃 필 무렵, 2019 | 연모, 2021 |

OCN – 보이스, 2017 |

2. 영화

인사이드 아웃, 2015 |

Special 02 Interview

작가 데뷔의 세계

〈열두밤〉 황숙미 작가

웹드라마 〈불가살이〉 원작

채널A 12부작 미니시리즈 〈열두밤〉 집필

🎤 언제부터 작가의 꿈을 가지게 되었나요?

마치 숙명처럼, 어느 날 신의 계시라도 받은 것처럼 작가가 되고 싶다고 결심했으면 좀 더 드라마틱할 것 같은데, 실상은 문예창작과에 진학하게 된 시점부터예요. 그냥저냥 조용히 보편에 묻어가는 삶을 살면서 대학도 별 다른 목적의식 없이 남들 가니까 나도 간다 정도로 덩달아 갔는데, 운 좋게도 제가 지원한 학교에 문예창작과가 있었어요. 글에 파묻혀 지낼 수밖에 없는 환경에 있다 보니 자연스럽게 글에 대한 사랑이 시작됐고, 여전히 가장 사랑하는 매체라고 믿고 있습니다. 도저히 손에 쥘 수 없는 이상 같은 글을 꿈꾸느라 속절없이 좌절하는 게 일상이지만 그래도 가장 욕심이 나는 일이에요.

🎤 데뷔하기까지 어떤 노력을 했는지?

가장 큰 노력이라면 일종의 '주제파악을 하는 것'이었습니다. 주변에 보면 혼자서도 잘하는, 정말 글에 미쳐있는 사람들이 종종 있었어요. 그런데 저는 인생 대부분의 것에 그다지 큰 열망이 없었어요. 반드시 보다는 기왕이면에 가까운 결정을 더 편하게 여기는 유형이랄까요. 모든 일이 그렇지만 작가 역시 때가 되면 나무에서 떨어지는 감처럼 손쉽게 얻어지는 일은 아닐 테고, 그래서 감나무 밑을 떠나지 않으려고 애썼습니다. 대학을 졸업하고 라디오 구성작가 보조를 하고, 영상대학원에 진학하고, 영화를 만드는 센터에 다니고. 어떻게든 저를 들들 볶을 수밖에 없는 환경에 밀어 넣으려고 했어요. 그러면서 기회가 닿는 일들은 닥치는 대로 했어요. 극대본 형식으로 된 글은 매체나 장르를 가리지 않고 썼었습니다. 대부분의 프로젝트가 끝까지 가기 전에 엎어졌지만, 그 일들이 다음 기회로 연결되는 경험이 계속됐어요. 당시에는 그런 계산을 하고 달려든 건 아니었지만 자리를 지키는 것만으로 기회를 부여받을 수 있었습니다. 누군가는 작심을 하고 덤벼 들어서 작가가 됐을 수도 있지만 저는 오랫동안 질척여서 데뷔까지 이어진 것 같아요. 뚜렷한 소득 없이 버티는 일이 그리 쉽지만은 않지만 그럼에도 분명 그 가치가 있는 인내라는 생각이 듭니다. 내가 원하는 자리 주변을 떠나지 않고 열심히 맴돌다 보면 생각보다 많은 기회가 찾아온다고 믿습니다.

🖊 습작기 가장 포기하고 싶었던 순간, 어떻게 극복했는지?

다행인지 불행인지 딱히 다른 재주가 없습니다. 그렇다고 글을 누구보다 잘 쓰는 절대적인 재능을 타고난 것도 아니고요. 다만 제가 할 수 있는 일 중 가장 잘 한다고 믿는 게 글쓰기였습니다. 어쩌면 글쓰기에 자신이 있었다기보다 다른 일에 자신이 없었다는 표현이 맞는지도 몰라요. 작가 외의 생업이라는 옵션이 원천적으로 봉쇄된 환경이랄까요. 대단한 축복은 아닌 것 같지만 그래도 선택지를 하나 줄일 수 있는 건 나름 괜찮은 대안이라고 생각합니다. 어쩌면 스스로에게 누구보다 솔직한 질문을 던질 수 있어야 해요. 딱히 다른 재주가 없어서 같은 하찮은 이유라도 저에게는 충분한 명분이 되었거든요. 한눈팔지 않고 한길만 볼 수 있는 확실한 근거요. 반드시 되고 싶다는 열망만이 불씨가 되는 것은 아니에요. 미적지근해도 뭉근하게 지속할 수 있는 소박한 열망도 꽤나 충분할 수 있다고 생각합니다. 따지고 보면 데뷔는 이런저런 상황들이 마련되어야 하고, 그 말은 개인이 뭔가를 다 책임질 수 없다는 뜻이기도 해요. 그러니까 극복도 적당히 무너지지 않을 정도까지만 이뤄내도 충분하지 않은가 하는 다소 안일할 수 있는 의견을 더해봅니다.

🖊 내가 쓰고 싶은 작품을 써야 할지, 시의성 있는 작품을 써야 할지?

시의성은 선택의 문제는 아닌 것 같아요. 아마 많은 분들이 시의성을 시장성과 어느 정도 동일한 의미로 받아들일 겁니다. 시장성은 분명 아주 중요하게 고려할 요소입니다. 다만 세상 모든 작가가 몇 가지 색깔로 구분 지을 수 있는 글을 쓰는 것 같진 않아요. 비슷한 범주에 있어도 결국은 자신만의 유일무이한 색깔을 갖고 있다고 생각해요. 보통 개성, 독창성이라고 말하는 이런 것들은 아무리 지우려고 해도 남을 수밖에 없는 작가 본연의 캐릭터라고 생각해요. 그게 결국 경쟁력이 되는 것 같아요. 한 작품을 끝내고 나서 저 역시 뭔가를 증명해야 된다는 생각에 사로잡혔는데, 그러다 보면 내 글이 아닌 다른 글을 쓰려고 드는 이상한 욕심이 생겨요. 그 욕심이 긍정적인 결과로 이어지면 좋겠지만, 제가 겪기에도, 주변의 동료들의 경우에도, 대체로 부자연스러운 결과물로 남게 되는 것 같습니다. 최초의 아이디어와 구성은 작가가 시작하는 게 맞지만 결국 작품의 운명은 작품 스스로 찾아가는 거라 생각해요. 억지로 뭔가 가공하려고 하면 할수록 작품을 해치게 되는 데다 현실적으로 그런 노련함은 이미 글을 많이 써본 다른 작가 분들이 더 뛰어날 수밖에 없어요. 신인작가의 무기는 뭔가 다른 색다름이 아닐까 싶습니다. 제작하시는 분들도 언제나 그런 신선함을 원하고요. 그럴싸하지만 어디서 본 듯한 작품보다 어쩐지 조금 엉성하더라도 남다른 작품이 장기적으로는 더 경쟁력이 있다고 생각합니다. 아마도 작가를 많이 닮은 작품일수록 그런 성향이 더 짙어질 수밖에 없다는 막연한 확신을 가져봅니다. 누구를 닮으려고 하기 보다는 그냥 나이고자 하는 것이 좀 더 확실한 존재감을 만들 수 있지 않을까요.

🎤 습작기에 작가로 데뷔하게 된 나만의 노하우! 데뷔 꿀팁은?

너무 많은 계산을 하지 않은 게 득이 된 경우예요. 남들 보기에, 혹은 스스로 느끼기에도 그다지 변변찮은 일이라고 생각한 일도 그때는 그때의 최선을 다해 임했습니다. 그러다 보니 일이 하나 끝나갈 때쯤 다른 일이 들어오는 경우가 많았어요. 이건 제가 계속 감나무 밑을 떠나지 않으려고 애를 썼기 때문에 주어진 기회들이라고 생각합니다. 그렇게 버티다보면 생각보다 많은 기회들이, 물론 당시에는 그다지 그럴싸해 보이지 않아서 실망할 수도 있는, 하지만 분명 글을 쓸 수 있는 기회들이 찾아옵니다. 그리고 이 기회들은 연쇄적인 반응을 일으키고요. 일타강사의 노하우처럼 근사한 방법을 하나쯤 알고 있으면 좋겠지만 그리 달콤한 비법을 알려드리진 못할 것 같습니다. 다만 어떻게든 글을 쓰는 장에서 벗어나지 않으려고 애를 쓰면 예상보다 꽤 자주 기회가 생긴다는 걸 꼭 말씀드리고 싶습니다.

🎤 데뷔 후 가장 달라진 점은 무엇인가요?

실체를 알게 됐다는 것이 가장 크게 달라진 점입니다. 마감은 언제나 피를 말리는 일이지만 온에어 상황의 마감과 기획단계의 마감은 많은 차이가 있어요. 훨씬 더 육감적이랄까. 머리보다 몸이 더 확실히 그 무게감과 치열함을 깨닫는 것 같습니다. 살면서 그때의 나는 정말 최선을 다했다고 스스로 자부할만한 경험을 한 적이 거의 없었는데, 첫 작품을 하며 그런 생각을 했어요. 작품의 부족함과 별개로 지금 다시 돌아가도 그보다 더 최선을 다할 순 없다고 확신합니다. 그만큼 절박하고 치열하게 제가 할 수 있는 모든 걸 다 했습니다. 그리고 이후 모든 작업도 그래야만 완주라는 목표를 이룰 수 있다는 걸 자연스럽게 알게 됐습니다. 그래서 세상에 나온 모든 작품은 저마다의 위대함이 있다고 생각해요. 실체를 알게 된 덕에 지레 겁을 먹는 일도 잦지만 그럼에도 완주한 경험을 무기삼아 좀 더 대담하게 부딪혀야 한다고 다짐하곤 합니다.

드라마 작가에게 가장 필요한 한 가지가 있다면?

체력 같아요. 결국 글도 몸으로 쓰는 일이다 보니 몸의 컨디션이 작업에 상당한 영향을 미칩니다. 저와 비슷한 시기에 데뷔한 동료작가들이 많은데 대체로 완주와 함께 건강을 잃고, 다시 회복하기 위해 다분히 노력하는 양상 또한 비슷한 것 같습니다. 다들 약속이나 한 듯 운동을 합니다. 경험이 많은 다른 작가분들 이야기를 들어봐도 몸관리를 열심히 해야 한다는 말씀을 꼭 해주시더라고요. 회복탄력성이란 말을 요새 많이 보는데, 안 풀리는 작업 때문에 자주 좌절하는 게 일상이다 보니, 이걸 어떻게 아무렇지 않은 척 되돌리느냐가 꽤나 관건입니다. 흔히 근성이라고 말하는 것도 체력이 뒷받침 되어야 발휘할 수 있다고 생각해요. 글은 엉덩이로 쓴다고도 하는데 오래 앉아 있으려면 확실히 잘 먹고, 잘 자는 게 중요합니다. 그래야 조금이라도 더 좋은 아이디어를 찾을 수 있습니다.

작품 소재를 어디서 찾으시나요? (소재 발굴법/착상 방법)

작정하고 찾는 경우는 거의 없어요. 서촌에서 웨딩 촬영하는 커플을 보며, '저러다 옛 연인이랑 마주치면 어떻게 될까?' 하는 상상에 빠지는 게 많은 창작자들의 사고패턴이 아닌가 싶습니다. 무난한 현실에 약간의 돌발 상황을 더하면 최초의 갈등이 만들어지고 그 다음을 수습해가는 것이 창작자들이 하는 일의 본질 아닌가 싶어요. 거창한 사건사고만 소재가 된다고 생각하진 않습니다. 공감은 결국 디테일에서 오거든요. 아무리 사소한 순간이라도 꼼꼼하게 잘 엮기만 하면 드라마가 될 수 있다고 생각해요.

🎤 나만의 작법 노하우는? (캐릭터 창작, 구성 등)

작법 노하우랄 건 없지만 가장 좋아하는 작업과정 중 하나를 공유하고 싶네요. 저는 캐릭터들의 이름을 짓는 걸 전체 과정 중 가장 좋아하고 공을 들이는 편이에요. 평소에도 이름에 관심이 많아서 이름만 따로 적어두는 메모장이 있습니다. 독특하거나 어감이 좋은 이름들을 모아뒀다가 작업하기 전에 한 번씩 꺼내 봐요. 인물의 이름이 제 마음에 들고 캐릭터에 알맞게 지어져야 애정이 생기더라고요. 보다 더 시간안배를 많이 해야 하는 과정들이 많지만 작가 개인이 스스로 흥미를 느끼는 어떤 지점들을 발견하는 것도 하나의 쉼표가 될 수 있어요. 제게는 그런 것 중 대본 레이아웃을 지정하는 것도 포함되고요. 깔끔하게 정돈된 레이아웃이나 마음에 드는 서체 등을 찾아내면 어쩐지 작업이 더 잘 풀릴 것만 같은 기분이 듭니다. 이런 시답지 않은 부분에서라도 흥미를 잃지 않으려는 의지가 때론 필요하단 생각을 합니다. 혼자만의 재미를 발견해야 안 풀리는 작업 와중에도 힘을 낼 수 있으니까요. 뭐든 자신이 좋아하는 것에 의미를 부여하는 것도 오랜 작업을 버티는데 도움이 될 거라 생각합니다.

🎤 나만의 슬럼프 탈출법은?

아직 제대로 탈출해본 경험은 없지만, 몸을 고되게 하는 방법을 종종 씁니다. 제가 닮고 싶은 분들은 산책을 통해서 환기를 많이 하시는데, 저는 걷는 도중에는 잡념을 끊기가 어려워서 좀 더 고강도 활동을 하는 편이에요. 수영을 한다거나 뛰거나 웨이트를 하거나, 생각을 완전히 끊어낼 수 있는 활동을 찾아서 몸을 굴리면 그래도 리프레시가 됩니다. 때로는 안 풀려도 무조건 책상에 앉아 원고와 씨름해야만 할 때도 있지만 완전히 벗어나서 재정비를 해야 할 필요도 있는 것 같아요. 더불어 성과가 뚜렷하게 눈에 보이는 활동을 해보기도 해요. 사실 작품은 완성되기 전까지는 매일 제 자리인 것 같은 기분을 지울 수 없거든요. 이를테면 피아노 연습처럼 일단 꾸준히 하면 어제는 안 되던 것이 어느 날 되듯이 무엇을 지속하면 적어도 확실한 변화를 눈으로 확인할 수 있잖아요. 그런 식의 활동을 일상에 추가하는 것을 나름의 방법으로 삼고 있습니다. 그러다보면 이것도 됐으니까 작업도 분명 나아질 수밖에 없을 거란 소박한 희망을 갖게 되고, 그게 정말 힘들 때는 꽤나 도움이 됩니다. 제가 아는 작가 중에는 그런 작업의 일환으로 베이킹을 합니다. 길게는 몇 년 동안 지속되는 작업을 버티려면 그런 일회성 성과들을 확인할 수 있는 일상이 필요한 것 같아요.

나의 인생 드라마는?

정성주 작가님의 〈밀회, 2014〉입니다. 볼 때마다 경탄하며 삼시세끼 뭘 먹고 뭘 보면 저런 글을 쓸 수 있나 생각합니다. 간결하고 군더더기 하나 없이 그렇게 깊은 글을 쓸 수 있다니, 정말 볼 때마다 경이롭습니다. 〈밀회〉 외에도 정성주 작가님의 모든 작품에서 그런 감상을 갖습니다. 마냥 심각하지 않고 묘한 코미디 요소가 깔려있는 것도 특히 감탄하는 지점이고요. 언젠가는 그런 드라마를 쓰고 싶다는 소망을 안고 늘 차기작을 기대하며 기다리고 있습니다.

나의 작가 롤모델이 있다면?

저의 오랜 스승님이신 극작가 이만희 선생님이요. 해마다 더더욱 존경하고 있습니다. 누구보다 최신 트렌드를 주의 깊게 보시고 늘 새로운 방향성을 탐구하는 모습들은 그냥 그 자체로 커다란 배움을 주는 것 같아요. 언제나 선생님 반만큼만 해도 제법 훌륭한 작가가 될 수 있겠다는 생각을 합니다. 무엇보다 꾸준하고 성실하게 작업을 이어나가는 게 가장 큰 귀감이 되는 것 같아요. 저도 근면한 작가로 오래오래 글을 쓸 수 있다면 더 바랄 것이 없습니다.

데뷔를 꿈꾸는 작가들에게 해주고 싶은 말이 있다면?

저는 작가마다 다른 낚시터에 앉아 있다고 생각해요. 그래서 자신의 낚시터가 어딘가를 알아내는 게 꽤 중요한 일인 것 같아요. 아무리 비싸고 좋은 옷이라도 내가 불편하면 손이 안 가기 마련이잖아요. 나에게 편한 것들, 가까운 것들의 가치를 더욱 소중히 생각해야 진짜 내 것을 찾을 수 있다고 믿습니다. 남이 좋다고 하는 것들에 휩쓸리다보면 정작 내 것들은 다 잃어버리게 되거든요. 작품 하나를 만드는 건 무척이나 많은 사람의 의견을 종합하는 일이니 늘 귀를 열어두는 태도가 기본이지만, 동시에 자기점검도 게을리 해서는 안 됩니다. 흔들릴 일이 많을수록 중심을 잃지 않도록 스스로를 많이 응원했으면 좋겠습니다. 더 많이 긍정하고 더 많이 예뻐하다 보면 모두 원하는 글에 다다를 수 있을 겁니다. 그러니 조금만 더 힘내세요! 거의 다 왔습니다!

Secret

04

트렌드의
세계

김혜진

Section01. 늘어나는 플랫폼, 확장되는 이야기
Section02. 일상 속으로 자리 잡은 OTT
Section03. 흥미로운 OTT 콘텐츠
Section04. 지금, 앞으로도 할 수 있는 이야기

Section 01

늘어나는 플랫폼, 확장되는 이야기

세상엔 이미 많은 이야기가 존재한다. 비단 작가가 아니더라도 각자의 이야기가 있다. 개인 SNS에 나의 이야기를 업로드할 수도 있고, 영상 플랫폼에 내가 직접 만든 영상을 공유할 수도 있다. 누구나 창작자가 될 수 있는 세상이다. 그럼에도 우리가 꿈꾸는 것은 내 이야기가 더 많은 사람들에게 전달되는 것이다. 물론 그 길이 마냥 쉽지는 않지만 콘텐츠 시장은 끊임없이 변화하고, 새로운 플랫폼들에도 적응해야 한다. 우리는 이러한 부분들에 주목해, 다양한 글쓰기 전략에 대해서 고민해야 한다.

01 | 원작 IP의 중요성과 매체별 각색

스토리를 담을 수 있는 그릇은 무궁무진하다. 플랫폼은 나날이 늘어나고, 하나의 스토리가 드라마, 영화, 웹툰, 웹소설 등 매체에 따라 다양한 방식으로 제작된다. 이처럼 자신만의 이야기를 펼칠 수 있는 공간이 점점 다양해지고 있다.

영화와 TV 드라마, 나아가 OTT 콘텐츠까지 원작의 영상화에 대한 수요는 과거부터 꾸준히 이어지고 있다. 유명 웹툰을 원작으로 한 영화 〈내부자들, 2015〉과 〈신과 함께, 2017~2018〉, 드라마 〈미생, 2014〉, 〈치즈인더트랩, 2016〉, 〈내 ID는 강남 미인, 2018〉, 〈타인은 지옥이다, 2019〉, 〈경이로운 소문, 2020〉, 〈이태원 클라쓰, 2020〉, 〈좋아하면 울리는〉 시즌 1~2(2019, 2021), 〈스위트홈〉 시즌 1~3(2020, 2023, 2024), 〈D.P.〉 시즌 1~2(2021, 2023), 〈술꾼도시여자들〉 시즌 1~2(2021, 2023), 〈지금 우리 학교는, 2022〉, 〈마스크걸, 2023〉, 〈이두나!, 2023〉, 〈비질란테, 2023〉, 〈무빙, 2023〉, 〈살인자O난감, 2024〉. 〈더 에이트 쇼, 2024〉, 〈유미의 세포들〉 시즌 1~2(2021, 2022) 등 인기 웹툰 원작을 각색한 작품들이 많은 화제가 되었다. 영화 IP의 드라마화에도 주목해볼 만하다. 영화 〈어디선가 누군가에 무슨 일이 생기면 틀림없이 나타난다 홍반장, 2004〉을 원작으로 한 tvN 드라마 〈갯마을 차차차, 2021〉까지 인기를 끌었다. 웹소설을 원작으로 영상화한 작품들도 꾸준히 화제가 되고 있다. tvN 드라마 〈김비서가 왜 그럴까,

2018〉, 〈재벌집 막내아들, 2022〉, 〈사내맞선, 2022〉, 〈선재 업고 튀어, 2024〉 등의 경우 웹소설 연재 이후 웹툰과 드라마까지 제작돼 흥행에 성공한 사례이다.

이처럼 영상화 수요가 꾸준히 늘어나며, 국내 웹툰과 웹소설 시장은 계속 성장세이다. 웹콘텐츠들은 끊임없이 생산되며, IP(지식재산권)를 통한 부가가치를 창출하고 있다. 특히 국내 제작 영상콘텐츠의 경우, 웹툰 원작인 작품이 상당히 많은데, 가장 큰 이점은 흥행한 원작 웹툰의 인지도를 담보할 수 있다는 점이다. 그 외에도 뛰어난 작품성과 완성도 높은 스토리, 탄탄한 세계관, 스토리를 시각화해서 전개한다는 점 등 다양한 이유들이 존재한다. 물론 이미 검증된 IP라 하더라도 영상화 과정 중 매체별 각색에 대해 주도면밀한 고민이 필요하다. 원작 스토리를 전부 영상으로 옮길 수 없으므로 러닝타임과 시각적 부분을 고민해야 하고, 회차와 포맷에 어울리는 스토리를 고려해야 한다.

이제는 기존 IP의 일회성 영상화만이 전부가 아니다. 콘텐츠 장르를 확장해 '유니버스 Universe'를 구축하는 경우도 있다. 넷플릭스를 통해 공개된 영화 〈승리호, 2020〉의 경우, 웹툰과 영화를 함께 제작해 양쪽 다 성공적인 결과를 낳았다. 매체의 특성에 맞게 각기 다른 전략으로 접근한 것이다. 〈승리호〉 웹툰은 영화보다 상세한 세계관을 담고 인물 서사에 대해서도 많은 부분을 설명하고 있다. 반면 영화는 러닝타임 안에서 시각적으로 화려한 볼거리를 담아냈다. 우리는 이러한 사례들을 통해 매체별 스토리텔링에 대한 고려는 물론, IP 확장성이 높은 글쓰기에 대해 고민해볼 필요가 있다.

게다가 웹툰 혹은 만화, 웹소설만 드라마화의 영역이 되는 것은 아니다. 넷플릭스 오리지널 시리즈 〈보건교사 안은영, 2020〉은 동명의 국내 소설을 원작으로 하고, 넷플릭스 오리지널 시리즈 〈무브 투 헤븐 : 나는 유품정리사입니다, 2021〉의 경우 김새별 작가의 논픽션 에세이 『떠난 후에 남겨진 것들』을 원작으로 한다. 티빙 오리지널 드라마 〈욘더, 2022〉도 김장환의 소설 『굿바이, 욘더』가 원작이다. 웹툰뿐만 아니라 다양한 장르의 콘텐츠들을 원작으로 제작 가능하다는 것이다.

IP의 중요성이 다양한 분야에서 대두되며 원작 기반의 콘텐츠 개발은 계속 진행 중이다. 따라서 작가 또한 영상화 가능한 IP에 대한 안목을 가져야 한다. 게다가 이제는 'IP 통합'으로 다양한 장르에서 여러 이야기가 가능한 콘텐츠를 필요로 하는 세상이다. 과연 작가들이 가진 스토리는 다양한 매체로 확장 가능한 이야기일까? 글쓰기 자체도 고민해야 하지만, 자신의 스토리가 나아갈 수많은 가능성에 대해서도 생각해야 한다.

02 | 장르와 문화의 다양성 확대

국내에서도 많이 이용하는 OTT 플랫폼인 넷플릭스의 경우 '소비자분석 알고리즘'을 통해 이용자의 취향에 따라 여러 키워드의 콘텐츠들을 자동적으로 추천한다. 물론 대중적 선호도가 높은 TOP 순위 작품들이 주로 상단에 많이 노출된다. 하지만 각자의 선호에 따라 소수 마니아 취향의 작품들은 물론, 국내에서 흔히 접할 수 없는 다양한 국가들의 작품들 역시 심심치 않게 접할 수 있다. 작품성이 뛰어난 비상업영화들도 알고리즘 안에서 다양하게 추천되고 있다. 불특정 다수의 취향뿐만 아니라, 수요가 꾸준한 장르의 작품도 지속적으로 제작 가능하다는 것이다.

영화 〈#살아있다, 2020〉의 경우 국내보다는 해외에서 흥행에 성공한 사례이다. 이 영화는 넷플릭스를 통해 아시아는 물론 여러 국가에서 방영되면서 큰 화제를 낳았고, 35개국 이상의 국가에서 1위를 유지하며 큰 흥행성과를 거두었다. 우선 이 영화는 좀비 아포칼립스물Apocalypse을 선호하는 시청자들의 유입을 담보할 수 있었다. 넷플릭스 추천 알고리즘 덕을 본 것은 물론, 기존 좀비 소재의 넷플릭스 오리지널 시리즈 〈킹덤〉의 흥행 수혜를 입기도 했다. 국내 관객들에게 다소 식상할 수 있는 장면들도 해외 시청자들은 문화적 신선함이나 독창적 서스펜스로 느꼈었을 수 있다. KBS 드라마 〈가슴이 뛴다, 2023〉도 국내 시청률은 좋지 않았지만, 아마존 프라임 등 글로벌 OTT에서 높은 순위를 얻은 것은 물론, 다양한 국가에서 화제를 이끌었다.

국내 성과가 미흡하더라도 콘텐츠의 세계적 흥행 성과를 단언할 수는 없다. 국내 흥행을 통해 판권을 해외로 수출하는 사례가 많지만, 이제 이를 넘어서는 시대이다. 넷플릭스 등 스트리밍Streaming 서비스가 기반이 되는 세계적 OTT 플랫폼들에서 많은 국내외 콘텐츠들을 빠르게 번역하여 비슷한 시기에 업로드하고 있다. 세계의 수많은 시청자들이 다양한 이야기를 원하고 있다는 것에 주목하자.

Section 02

일상 속으로 자리 잡은 OTT

스마트폰만 있다면, 웨어러블 기기만 있다면, 언제 어디서든 콘텐츠를 볼 수 있는 세상이다.
편리하게 시간과 장소에 구애받지 않고 각자 원하는 콘텐츠를 골라보는 것이 가능해졌다.
이러한 라이프스타일을 만들어준 것이 바로 OTT 서비스이다. 이제 우리의 일상에 익숙하게
자리 잡아 많은 사람들이 다양한 콘텐츠를 시시각각 접하고 있다.

01 │ OTT 시대

OTT는 Over The Top의 줄임말로, TV 셋톱박스 같은 '단말기(Top)'를
넘어선' 서비스를 말한다. 즉, 영화나 여러 방송프로그램들을 비롯한 다양한 온라인
콘텐츠를 제공하는 서비스를 뜻한다. 여러 장르의 다양한 콘텐츠들을 플랫폼 내에서
모두 이용할 수 있다는 것이다.

따라서 OTT 플랫폼의 스트리밍 서비스 이용은 많은 사람들의 일상 속에서 자연
스럽게 확대되었다. 특히 코로나19 상황이 장기화되면서 언택트 시대가 본격 도래했
었고, 이는 OTT 플랫폼들의 성장을 재촉했다. 이에 발맞춰 넷플릭스, 티빙, 웨이브,

왓챠, 디즈니플러스, 애플티비, 쿠팡플레이 등 다양한 플랫폼들이 속속 등장했다. 더불어 유튜브 등을 통해 숏폼Shot-Form, 미드폼Mid-Form 등 비교적 짧은 호흡의 콘텐츠들이 많이 유통되고 소비되고 있다.

세계적으로 OTT 시장은 코로나19 영향으로 성장했지만, 경쟁 과열과 제작비 부담이 커지면서 시장 성장세는 둔화되고 있다. 하지만 시장 자체가 포화상태라는 우려 속에서도, 현재로서 OTT 플랫폼은 영상 콘텐츠와 산업 변화의 큰 축으로 자리하고 있음은 분명해 보인다. 하지만 시시각각 변화하는 트렌드 속에서 글쓰기의 미래를 OTT라고 단언할 수는 없다. 그럼에도 우리가 작가로서 OTT 플랫폼에 주목하며 시장성에 대해 고민해야만 하는 이유는 분명 있다.

다양한 장르의 많은 콘텐츠들은 우리가 사는 이 시대를 거울처럼 반영한다. 특히 과거부터 드라마 등 방송콘텐츠는 동시대의 사회상과 분위기를 빠르게 반영하는 트렌디한 모습을 보여 왔다. 하지만 시대의 변화 속에서 끊임없이 미디어는 변화하고 있다. 이미 우리는 방송프로그램의 온에어 시간을 기다리는 것이 아니라, 내가 원하는 시간에 어느 장소에서나 보고 싶은 콘텐츠를 감상할 수 있다. 물론 방송 프로그램 시청률이 더 이상 모든 콘텐츠에 적용되는 지표가 아니듯이, OTT 시장도 언제 어떻게 변화할지는 미지수이다.

하지만 현재로서 OTT 플랫폼은 드라마나 예능 및 시사교양, 교육콘텐츠 등의 방송프로그램뿐만 아니라, 영화까지 플랫폼 안에서 적극적으로 유통하며 시대와 함께 호흡하고 있는 것은 분명하다. 따라서 이제 우리는 포괄적인 의미에서 '영상콘텐츠'를 고민하며 다양한 포맷의 콘텐츠에 대해 많은 가능성을 열어두어야 한다. 쉽게 말해 OTT 플랫폼이라는 바다 위에서 '다양한 영상콘텐츠'에 대해 고민해야 한다는 뜻이다.

전 세계로 동시에 서비스되는 OTT의 다양한 플랫폼

02 | OTT 콘텐츠의 경향과 특성

수많은 OTT 플랫폼이 존재하는 시대에, 각기 플랫폼들은 가입자 유치를 위해 나름 전략을 짜고 시장에 집중하고 있다. OTT 플랫폼의 주 수입원은 매달 월정액을 지불하는 가입자 수이므로 결국 이를 늘리기 위해서는 가입자들의 흥미를 끌만한 '독점 콘텐츠'가 분명 존재해야 한다.

이미 경쟁 심화로 레드오션이 된 OTT 플랫폼 시장에서 한 번 이탈한 가입자를 다시 붙잡기란 쉽지 않다. 다른 플랫폼에서는 볼 수 없는 독점적이고 새로운 콘텐츠를 제공해야 만 가입자 이탈을 방지할 수 있다. 실제 선발주자인 넷플릭스는 다양한 오리지널 콘텐츠 제작에 주력해 왔다. 물론 수익성에서 오리지널 콘텐츠 비중을 유지하는 것이 결코 쉬운 일은 아니지만, 국내 OTT 플랫폼 역시 자체 제작한 콘텐츠를 꾸준히 공급하고 있다. 티빙이나 웨이브의 경우 수익 안정성을 위해 오리지널 콘텐츠를 tvN 같은 종편이나 지상파 방송사에 편성해 방송과 OTT 플랫폼 동시에 공개하는 경우도 있다.

물론 효과적인 오리지널 콘텐츠가 중요하지만, 현실적으로 이것만으로 가입자를 유지하는 데는 한계가 있다. 제작비나 기타 여건을 고려할 때 다양한 라이브러리 콘텐츠 확보 또한 필수이다. 특히 비용 절감을 위해 오리지널 콘텐츠 제작이 다소 위축되고, 라이브러리 콘텐츠를 확대하려는 경향도 짙어진 상황이다. 더불어 가입자 및 시청자 입장에서는 다양한 OTT 플랫폼에서 방송사 제작 콘텐츠 역시 동시에 접하는 상황이다. 실제 OTT 플랫폼 내에서 이러한 콘텐츠를 달리 구별해서 감상하지는 않는다는 것이다.

국내에서 인기 있는 OTT 플랫폼(넷플릭스, 티빙, 디즈니플러스)의 홈페이지 화면

OTT 오리지널 콘텐츠를 트렌드의 전부라고 단언할 수는 없지만, 현재 콘텐츠 제작 여건 속에서 OTT 자체 제작, 오리지널 콘텐츠에 주목하지 않을 수 없다. 상대적으로 OTT 오리지널 콘텐츠들은 방송사 콘텐츠보다 독창적인 면을 강화해 경쟁력을 높이고자 하는 경향이 있다. 여기서 주목할 점은 이야기와 표현의 자유로움이 크다는 부분이다. OTT 오리지널 콘텐츠는 방송콘텐츠와는 달리, 플랫폼 특성상 표현의 자유도가 높다. 방송은 매체 특성상 강력한 심의규정으로 인해 표현 수위가 제한된다. 물론 넷플릭스 등 OTT 콘텐츠들도 플랫폼 내에서 청소년 관람제한을 두고, 심의등급에 대해 구체적으로 명시하기는 한다. 하지만 청소년 관람불가 판정을 받은 방송사 콘텐츠들과 비교하자면, OTT 오리지널 콘텐츠들이 상대적으로 표현 수위가 더 높다.

OTT 플랫폼 내에서 파급력이 높고 인기가 많은 콘텐츠들은 대체로 자극적인 경우가 많다. 폭력성, 선정성, 비속어 등의 대사 표현, 파격적인 소재 등 여러 측면들을 통해 이러한 요소가 매우 강함을 확인할 수 있다. 따라서 OTT 플랫폼 내에서는 장르색이 강하고 자극적인 작품들이 다수 제작된다. 국내 방송드라마 시장 역시 장르물에 대한 수요가 늘어나기는 했지만, 표현 수위에 있어서 OTT 콘텐츠만큼 자극적인 경우는 드물다.

OTT 콘텐츠는 자극적인 표현 수위뿐만 아니라 소재에 있어서도 자유롭다. 방송에서 다루기 어려운 민감한 아이템을 다룰 수 있다. 타깃 설정이 단순히 성별이나 연령대에 국한되는 것이 아니라, 앞서 언급했듯 알고리즘을 활용한 마니아층 공략이 가능하기 때문이다. 이제는 더 이상 많은 사람을 만족시키는 전형적 서사가 아닌 다양한 소재의 이야기를 할 수 있게 되었다는 것이다. 결국 앞서 언급한 콘텐츠 IP의 중요성과 OTT 시장 및 콘텐츠의 경향은 긴밀한 연관성을 가진다. 당연히 장르나 개별 콘텐츠마다 차이는 있을 수 있다. OTT의 현재 경향과 특성은 끊임없이 변화하는 콘텐츠 시장 내에서 어떤 국면을 맞이할지 미지수지만, 현재로서는 주류이다.

작가로서 특히 우리가 주목할 부분은 앞으로 끊임없이 다가올 많은 변화에 대비할 수 있는 '유연함'이다. 현재 산업이나 기술 변화 속에서 지금의 트렌드와 경향에만 연연하기보다는 앞으로 다가올 많은 변화에 지속적으로 적응할 수 있어야 할 것이다.

03 │ OTT 콘텐츠의 형식

아이템이나 표현뿐만 아니라 방송주기와 형식 측면에서도 경계가 허물어졌다. 방송드라마는 고정 시간대에 주별 편성이 일반적이다. 하지만 이와 달리 OTT 선발주자인 넷플릭스는 제작 완료된 콘텐츠를 한 번에 모든 회차를 업로드하면서 차별화 전략을 내세웠다. 모든 회차를 한 번에 몰아 볼 수 있는 만큼 몰입도는 높아진다. 보편적인 방송 미니시리즈 회차 구성과 달리, 짧은 호흡의 숏폼이나 미드폼 등 20~30분대의 10회 이하 구성으로 빠른 전개를 한다는 점도 눈에 띤다. 또한 초반 기획부터 시즌제를 염두에 두고 제작되는 콘텐츠도 많다.

오리지널 콘텐츠든 라이브러리 콘텐츠든 업로드 주기는 플랫폼마다 조금씩 차이를 보이지만, 모든 콘텐츠 업로드되고 난 후 시청하는 것이다. 넷플릭스를 포함한 모든 OTT 플랫폼의 공통 강점이 바로 한 번에 '몰아보기'가 가능하다는 것이다.

현재 숏폼 또는 미드폼이라 불리는 형태의 작품들도 과거 '웹드라마'라는 이름으로 이 이미 제작된 바 있다. 웹드라마란 웹콘텐츠 중에서도 극적 서사를 가졌으나 매체 특성을 살려 TV 방송드라마 대비 짧은 분량으로 제작된 콘텐츠를 말한다. 3~4분가량의 짧은 콘텐츠부터 20~30분 이상으로 구성된 콘텐츠까지 분량에 따라 다양한 콘텐츠가 이미 존재해왔다.

OTT 플랫폼들이 정착하기 전에는 웹이라는 매체로 분류된 개념으로서 웹드라마라 불리는 콘텐츠들이 다수 존재했고, 이제는 OTT 플랫폼 내 '재생시간'에 따라 '숏폼', '미드폼' 등의 용어를 사용하는 것이 낯설지 않게 되었다. 많은 콘텐츠를 TV나 스크린을 넘어 OTT라는 플랫폼 안에서 소비하게 된 만큼, 매체의 차이라기보다는 형식에 의한 콘텐츠 분류가 자리 잡게 된 것이다. OTT 플랫폼 내 매체 간의 장벽이 허물어진 것도 그 이유 중 하나이다. 게다가 기존 영화감독들의 드라마 진출이 많아지면서, 전통적인 16부작 드라마의 형태와는 다른 작품들이 다수 제작되고 있다.

방송드라마 회차는 대체로 16회, 각 러닝타임 60~70분 내외로 제작된다. 물론 20부작 같이 16부작을 상회하는 경우도 많다. 방송 중 중간 광고는 물론, 제작여건을 고려한 편성 형태 속에서 적어도 12부작, 대개는 16부작이라는 기본 틀이 존재한다는 뜻이다. 하지만 OTT 오리지널 드라마들은 분량은 물론, 회차 구성에 있어서도 자유로운 형태를 보인다. 러닝타임이 회차별 특성에 따라 자유롭게 조절되는 경우도 많다. 다음 표는 OTT 오리지널 국내 드라마의 회차와 러닝타임이다.

플랫폼	작품 제목	총 회차	회별 최소 러닝타임	회별 최대 러닝타임
넷플릭스	〈스위트홈, 2020〉 시즌1	10부작	44분	59분
	〈인간수업, 2020〉	10부작	44분	72분
	〈오징어 게임, 2021〉	9부작	32분	63분
	〈D.P., 2021〉 시즌1	6부작	45분	55분
	〈지옥, 2021〉	6부작	42분	60분
	〈정신병동에도 아침이 와요, 2023〉	12부작	52분	72분
	〈더 에이트 쇼, 2024〉	8부작	46분	68분
웨이브	〈악한 영웅 class1, 2022〉	8부작	36분	44분
	〈거래, 2023〉	6부작	40분	46분
티빙	〈몸값, 2021〉	6부작	33분	37분
	〈운수 오진 날, 2023〉	10부작	46분	65분
디즈니 플러스	〈비질란테, 2023〉	8부작	42분	54분
	〈무빙, 2023〉	20부작	39분	58분

OTT 오리지널 국내 드라마의 회차와 러닝타임

앞 표와 같이 OTT 오리지널 국내 드라마들의 회차와 러닝타임은 비교적 짧은 편이며, 자유롭게 구성되고 있다는 점에 주목해보자. 넷플릭스 오리지널 시리즈 〈D.P.〉 시즌1의 경우 총 6부작, 회별 40~50분 정도의 러닝타임으로 영화보다는 길지만 일반적인 16부작 드라마 분량에 비하면 매우 짧은 형태이다. 웨이브 오리지널 〈거래〉 역시 6부작, 40분대의 러닝타임이다. 최소 러닝타임은 30분대부터 70분대까지 내용 연결, 에피소드 분량 등 필요에 따라 유연하게 구성된다. 또한 넷플릭스 오리지널 〈오징어 게임〉의 경우, 최소 32분부터 63분까지 무려 두 배가량 차이가 나며, 디즈니플러스 〈무빙〉은 20부작으로 러닝타임은 39분인 회차도 있지만, 58분인 회차도 있다.

60분 분량의 드라마 1회를 30분씩 2부작으로 미드폼 형식으로 쪼개거나 10분가량의 6부작 숏폼 형식으로 나누어서 방송한다고 가정해보자. 그렇다면 이 작품은 숏폼 또는 미드폼 형식의 드라마일까? 물론 분량의 측면에서만 보면, 그렇게 볼 수 있다. 하지만 과연 분량이라는 지표만으로 숏폼과 미드폼을 정의할 수 있을까? 사실 숏폼, 미드폼 콘텐츠라는 용어는 말 그대로 '재생시간' 즉 분량을 전제로 대두된 용어가 맞지만, 이를 명확하게 어떤 구체적 형식으로 정의하기란 쉽지 않다.

그렇다면 다시 이렇게 생각해 보자. 60분 분량의 드라마를 그대로 10분씩 쪼개 방송한다면 재미있을까? 물론 좋은 작품이라면 당연히 다음 회차를 기대하며 끝까지 볼 수도 있다. 하지만 10분이라는 짧은 분량 안에서 빠른 속도감으로 스토리를 소화하는 다른 숏폼 제작 콘텐츠들과 비교해 보았을 때, 앞서 소개한 드라마들은 경쟁력을 갖추기가 쉽지 않을 것이다.

숏폼 또는 미드폼의 특징적인 점은 60~70분 드라마 대비 상대적으로 '짧은 러닝타임'이다. 그렇다면 단순히 분량이 짧다고 해서 좋을까? 숏폼이나 미드폼은 이미 존재하던 형태이고, OTT 플랫폼 확대를 계기로 더 주목받고 있지만, 분량이 짧다고 해서 반드시 장점은 아니다. 빠른 호흡으로 몰입도를 유지할 수는 있지만, 서사 구현 방식에는 분명 현실적인 한계가 존재한다. 따라서 많은 작품들이 최소 회별 20~30분 이상의 러닝타임을 확보하고 있다는 점을 염두에 두어야 한다. 다시 말해 단순히 형식에만 집착할 필요가 없다. 많은 사람들에게 사랑받는 콘텐츠가 반드시 숏폼, 미드폼만은 아니다. 필요에 따라 형식은 자유롭게 만들어질 수 있다.

결국 핵심은 이야기이다. 이야기의 근간이 포맷에 따라 변할까? 러닝타임이라는 형태에 따라 플롯의 전략은 달라질 수 있지만, 결국 모든 극적 서사는 '누군가', '무엇을', '행하는' 이야기이다. 나의 작품을 숏폼 또는 미드폼 등 어떤 형식으로 만들었을 때, 보다 효과적인지 그에 따라 어떠한 전략을 세워야 하는지를 고민할 필요가 있다.

숏폼, 미드폼의 장점은 16부작 방송드라마 정도 사이즈의 주변 서사를 갖지 않는 대신, 상대적으로 짧은 시간 안에 메인플롯에 보다 집중해 속도감 있는 전개를 가능하게 한다는 부분이다. 하지만 많은 사람들에게 사랑받았던 작품들의 러닝타임은 결코 마냥 짧지 않다. 드라마가 반드시 16부작 이상이어야 한다는 경계 자체는 많이 허물어졌지만, 우리는 여전히 수많은 16부작 이상의 드라마를 재미있게 시청한다.

핵심은 형식도 분량도 아닌 '몰입도'이다. 시대가 변했고, 여러 플랫폼을 통해 할 수 있는 서사 전략들은 매우 다양해졌다. 동시대 콘텐츠의 형식들은 다양해졌다. 하지만 형식이 이야기의 재미를 백퍼센트 좌우하지는 않는다. 우리가 잊지 말아야 할 것은 이야기의 재미이다.

04 | OTT 작법?

그렇다면, 'OTT 콘텐츠만의 독자적 작법'이 존재할까? 물론 OTT 스토리텔링이라는 말이 이상하지 않을 정도로 드라마 스토리텔링 형식이나 스타일이 변화한 것은 사실이다. 하지만 소위 'OTT형 드라마 작법'이라는 것이 명확하게 존재한다고 보기는 어렵다. 시청자는 플랫폼 내 다양한 콘텐츠를 특별한 구별 없이 감상하기 때문에 기준을 OTT 오리지널 콘텐츠로만 봐야 할지, OTT 플랫폼 라이브러리 콘텐츠 중 흥행작들까지 포함할 것인지도 애매하다. 게다가 장르는 물론 숏폼, 미드폼 등 러닝타임별로 다양한 형식들이 존재한다. 개별 드라마들을 하나하나 구체적으로 설명할 수는 있을지라도, 이 모든 요소들을 명확하게 일정한 틀 안에서 이론적으로 정립하기에는 한계가 있다.

러닝타임이나 다양한 흥행요소를 떠나, 작가가 보여줘야 할 것은 결국 영상화를 위한 '어떤 이야기'이다. 근본적인 드라마 작법을 뒤집거나 달리 생각하자는 말이 아니다. 극작의 기본적인 큰 틀을 파괴할 수는 없다. 즉 작가가 가져야 할 덕목이나 작법의 기본이 변하는 것은 아니라는 것이다.

물론 끊임없이 변화하는 콘텐츠 시장에서, 작가로서 플랫폼과 포맷에 따른 다양한 글쓰기 전략은 매우 중요한 부분이다. 특히 주류로 자리 잡은 다양한 OTT 흥행 콘텐츠들을 통해, 수용자들의 선호를 고민하며 '대중성'과 '다양성'에 대해 생각해볼 필요가 있다. 더불어 앞서 말했듯, 과거부터 현재까지 드라마가 전통적으로 가장 트렌디한 장르라는 점도 놓쳐서는 안 된다. 동시대와 함께 숨 쉬는 장르인 만큼 현재의 트렌드를 읽는 것은 기본 중의 기본이다.

여기서는 이 시대 사람들이 무엇을 좋아하는지, 나아가 사람들이 어떤 이야기를 원하는지, 어떤 글쓰기가 필요한지 고민해 보는 시간을 가졌으면 한다. 다양한 키워드의 화두를 중심으로 '작법'이라기보다 '스타일' 또는 '경향', 나아가 이 시대 콘텐츠들의 현재와 흐름에 대해 생각해볼 필요가 있다는 것이다.

따라서 다음 장에서는 국내외에서 흥행했거나 또는 화제성이 높았던 OTT 플랫폼의 오리지널 콘텐츠들을 중심으로, 다양한 키워드를 통해 보다 구체적인 양상들을 살펴보고자 한다. 드라마 트렌드는 빠르게 변화하는데다 국내 OTT 오리지널 콘텐츠만으로 국한할 수 없는 만큼, 필요에 따라 OTT 플랫폼 안에서 접할 수 있는 다양한 드라마들도 살펴보고자 한다.

Section 03

흥미로운 OTT 콘텐츠

OTT 오리지널 콘텐츠뿐만 아니라 다양한 작품들의 성공사례를 통해 작품별로 각기 다른 외적, 내적 흥행요소를 꼽아볼 수 있다. 캐스팅 주목도, 마케팅의 성공, 시기적 요인 등 다양한 운도 따라야겠지만, 이것이 전부가 아니다. 게다가 이러한 외적인 부분들은 작가가 고민한다고 해결될 영역도 아니다. 그렇다면 작가 입장에서 무엇을 고민해야 할까? 누구나 할 수 있는 이야기, 세상에 존재하는 수많은 이야기들을 '어떻게' 전달해야 할까?

01 | 콘텐츠의 흥미유발과 감정이입

사실 재미라는 것은 지극히 주관적인 지표이다. 그럼에도 그 안에서 가능한 많은 사람들을 끌어들이는 작품을 흔히 '대중성' 있는 작품이라고 한다. 이를 판단하는 척도는 시청률이었고, 보통 대중성과 상업성은 기묘하게 맞물려 있었다. 하지만 점차 물리적인 시청률의 시대는 지나가고 '화제성'의 중요도가 대두되기 시작했다. 전 연령대나 보편적으로 다수가 좋아하는 콘텐츠뿐만 아니라 특정 연령대나 소수 마니아층들이 즐기는 다양한 종류의 재미 역시 무시할 수 없다는 것이다. 그렇다면 흥행 또는 화제를 불러일으키는 콘텐츠는 '왜' 재미있을까? '무엇'이 시청자들을 흥미롭게 할까? 어떤 '욕망'이 시청자들을 자극할까?

어떤 방식으로든 창작자는 수용자에게 다양한 '감정'을 유발시켜야 한다. 극 중 인물들은 다양한 사건들을 통해 수용자에게 희로애락을 전달한다. 수용자가 느끼는 다양한 쾌감은 일종의 대리만족이기도 한 셈이다. 여기서 창작자의 전략은 크게 두 가지로 요약된다. 어떻게 흥미를 유발할 것인가? 어떻게 해야 감정이입을 끌어낼 수 있을까?

물론 이는 작품의 컨셉, 장르, 톤앤매너Tone&Manner 등 작품의 기획부터 제작, 마케팅에 이르기까지 각기 개별 작품들의 상황에 맞게 설정될 것이다. 그리고 OTT 오리지널 콘텐츠들은 기존 방송이라는 틀 안에서 표현하기 힘든 부분들을 구현하며, 차별화되는 독자적인 영역을 구축해나가고 있다. 대중적 흥행도 다루지만, 화제성이나 다양성에 대해서도 언급하지 않을 수 없다. 이제 다양한 콘텐츠들을 중심으로 이 작품들이 '왜' 흥미로운지, '왜' 화제성을 가지고 있는지, 혹은 흥행 이상의 어떤 의미가 있는지 살펴보며 이 시대 글쓰기에 대한 화두들을 풀어내고자 한다.

02 | 청소년의 재조명

10대들의 사랑과 성장 이야기는 TV 드라마뿐만 아니라 OTT 플랫폼에서도 다수 제작된 사례가 있다. 특히 하이틴 로맨스는 빠질 수 없는 장르 중 하나이며, 꾸준한 수요가 있다. 대표적으로 미국 드라마 시즌 6까지 제작된 〈가십걸(Gossip Girl), 2007~2012〉 시리즈나 넷플릭스 영화 시리즈인 〈내가 사랑했던 모든 남자들에게(To All The Boys), 2018~2021〉와 스핀오프Spin-Off인 〈엑스오, 키티(XO, Kitty), 2023〉까지 꾸준히 제작되었다. 영화 〈키싱부스(The Kissing Booth), 2018~2021〉 시리즈도 10대들의 풋풋한 사랑과 연애, 성장을 그린 이야기로 인기를 끌었다.

OTT 플랫폼 특성상 장르물 제작이 많은 상황에서도 하이틴, 청춘 로맨스는 돌고 도는 트렌드에서 틈새시장의 한 축을 차지한다. 국내의 경우 〈꽃보다 남자, 2009〉, 〈상속자들, 2013〉부터 〈드림하이, 2012〉나 〈어쩌다 발견한 하루, 2019〉, 〈스물다섯 스물하나, 2022〉, 〈반짝이는 워터멜론, 2023〉 등 소위 청춘물, 하이틴 로맨스는 꾸준히 제작되어 왔다. 최근 흥행한 tvN 드라마 〈선재 업고 튀어, 2024〉도 큰 틀에서는 판타지 로맨틱 코미디 장르로 볼 수 있지만, 타임슬립을 통해 학생 시절로 회귀하는 만큼 청춘물, 하이틴 로맨스의 장르적 표현이 두드러진다.

한편으로는 총 8편의 시리즈가 제작된 KBS 드라마 〈학교, 1999~2021〉 같은 성장을 메인 테마로 한 수많은 청소년 서사가 존재해왔지만, 청소년들의 '어둠'을 보여준 작품은 많지 않았다. 청소년 서사는 특유의 '풋풋함'과 '미성숙으로부터의 성장'이라는 키워드를 넘어 점차 어두운 모습까지 보여주기 시작했다. 현재 6편까지 제작된 시리즈 영화 〈여고괴담, 1998~2020〉에서는 학교에 대한 문제의식을 제기하기도 했고, 이외에도 다양한 작품을 통해 청소년 문제를 조명하였다. 가출 청소년들의 이야기가 충격적으로 그려진 영화 〈박화영, 2018〉, 한 학생의 죽음을 둘러싼 친구들의 복잡한 심리와 학교폭력 등 어두운 면을 그려낸 영화 〈파수꾼, 2011〉 등을 예로 들 수 있다. 이 외에도 방황하는 청소년기를 전체 소재나 인물 일부로 그려낸 작품들은 현재도 제작되고 있다.

해외의 경우 7편의 시리즈로 제작된 영국 드라마 〈스킨스(Skins), 2007~2013〉, 시즌 8까지 제작된 〈엘리트들(Élite), 2018~2024〉, 시즌 4까지 제작된 〈루머의 루머의 루머(13 Reasons Why), 2017~2020〉 시리즈 등 청소년들의 어둠을 다룬 수위 높은 드라마가 제작되었지만, 국내 드라마에서는 이를 '상상 이상'으로 그려내기란 쉽지 않았다. 하지만 OTT 오리지널 콘텐츠가 이 '선'을 조금씩 무너뜨리기 시작했다. 이 암묵적인 '선'을 넘어 제작된 콘텐츠가 바로 넷플릭스 오리지널 시리즈 〈인간수업, 2020〉이다.

〈인간수업〉은 매우 충격적인 수위의 서사, 범죄 미화 논란까지 일으키며 뜨거운 이슈가 되었다. 극 중 고등학생인 주요 인물들은 도덕적, 사회적으로 용서받기 힘든 '청소년 성매매'를 저지른다. 물론 이들은 각자 딜레마와 아이러니를 '연민'의 포인트로 지니고 있다. 주인공 오지수는 조건만남을 알선하는 '미성년자 포주'이다. 겉보기는 모범생이지만 뒤로 엄청난 범죄를 저지른다. 그의 아버지는 도박꾼, 어머니는 가출했기 때문에 생계를 유지하기 위해 위험천만한 범죄에 뛰어든 것이다. 이런 오지수가 꿈꾸는 삶은 아이러니하게도 '평범한 삶'이지만 돈 때문에 미성년자 성매매 주동자가 된다. 배규리는 겉보기엔 금수저에 우등생으로 부족할 것 없어 보이는 인물이다. 하지만 부모님의 강압적인 기대에 부응해야 한다는 강박감이 그녀의 결핍을 끊임없이 충동질한다. 그녀는 훔친 물건을 중고사이트에 파는 등 비행을 저지르다 오지수 범죄행각을 알고 적극적으로 가담해 판까지 키워나간다. 부모가 이혼 후 잠적해버린 서민희는 고모집에 얹혀 자라면서 '애정결핍'을 가진 사람으로 성장한다. 민희는 남자친구 기태가 돈 때문에 자신을 이용하는 것을 알면서도 끊임없이 기태의 사랑을 원한다. 성매매로 돈을 벌어 기태에게 명품을 선물하고자 하는 민희의 욕망은 파국으로 향한다.

이처럼 주인공들은 비도덕적인 행동을 보이지만, 각자가 가진 개인적 목표들은 인간성 범주에서 이해할 수도 있는 지점들을 보여준다. 잘 알고 있다시피 모든 드라마의 극적 사건에서 인물들의 행동에는 강력한 '동기'가 작동한다. 이들 행동에는 그 럴법한 각자의 배경과 사정들이 존재하고 있다.

하지만 이 드라마는 이들을 옹호하거나 긍정하거나 구원의 여지를 주지 않고 인 물들을 더 큰 파국으로 내몬다. 이들은 점점 큰 죄책감 없이 범죄를 저지르며, 자신이 가진 욕망으로 인해 혹독한 대가를 치른다. 주인공들은 결국 파멸을 향해 다가가며 이를 두려워하는 인간적 면모를 보이지만 이들의 범죄는 미화되지도, 누군가에게 용 서나 구원을 받지 못한다. 이들의 욕망에서 비롯된 범죄의 대가가 바로 '인간수업'인 셈이다.

해외 콘텐츠들도 범죄나 사회문제를 소재로 한 청소년 주인공 작품들이 많다. 넷플릭스 오리지널 시리즈 〈빌어먹을 세상 따위(The End of the F***ing World), 2017~2019〉나 〈루머의 루머의 루머〉 역시 평범한 청소년들의 이야기를 다루지 않 는다. 이 작품들 역시 구원 가능성이 남아있지 않은, '출구'가 존재하지 않는 청소년들 의 절망을 강력하게 보여준다.

〈빌어먹을 세상 따위〉는 각기 다른 아픔을 지닌 두 청소년이 동반 가출하며 벌 어지는 사건들을 다룬다. 스스로를 사이코패스라고 생각하는 소년 제임스, 그리고 자신을 추행하는 새아버지로부터 도망치고 싶은 소녀 앨리사는 '빌어먹을 세상'으로 부터 거침없는 탈주를 감행한다. 이 둘은 삶의 결핍을 강하게 느끼는 일명 '비주류' 청 소년들이다. 제임스는 동물을 거침없이 살해하고, 인간을 죽이고 싶다는 충동까지 느끼는 사이코패스 성향을 보이고, 앨리사는 친구나 가족 관계에서 분노를 잘 참지 못하는 등 사회성이 부족한 면모를 보인다.

이들은 대책도 없이 가출하면서 예기치 못한 상황들에 끊임없이 직면한다. 그들 은 그 과정에서 이런저런 범죄들을 거침없이 저지른다. 극 중 앨리사를 강간하려던 클라이브를 제임스가 살해하면서, 살인죄까지 저지른 이들의 도망은 계속된다. 둘 은 절도 등의 단순 범죄부터 도주를 위해 경찰관 폭행, 심지어 앨리사가 자신들을 경 찰에 신고한 친아버지 허벅지에 칼을 꽂기까지 하면서 이들의 삶은 점점 예기치 못한 방향으로 흘러간다.

거침없고 건조한 톤앤매너와 스피디한 전개 속에 아이러니하게도 시청자들은 두 청소년에 대한 연민을 강하게 느끼게 된다. 처음에 앨리사를 죽이고 싶어 했던 제임스가 앨리사에 대해 사랑을 느끼고, 친아버지를 만나고자 하는 앨리사의 애틋한 마음까지 전해지면서, 우리는 이들의 혼란스러운 정서와 감정을 이해하게 된다. 초반 다소 이해하기 힘든 독특한 캐릭터였던 둘은 점점 위기 속에서 인간적인 면모와 감정선, 내적 성장을 보여준다. 시청자들은 과연 이들이 '빌어먹을 세상'을 잘 헤쳐 나갈 수 있을지 응원하게 된다.

〈루머의 루머의 루머〉 역시 한없이 처절하고 어둡고 우울한 청소년들의 세계를 밑바닥까지 보여준다. 해나 베이커라는 한 소녀가 자신이 자살하는 13가지 이유에 대한 테이프를 전달하면서 이를 통해 충격적인 진실들이 하나 둘 드러난다. 해나가 자살한 원인 중 큰 부분을 차지하는 것은 '따돌림'이다. 학교 폭력과 왕따 등의 이슈는 국내외에서 가장 보편적으로 다루는 이슈지만, 이 드라마가 이 문제를 학교가 아닌 사회 문제로 확장하는 핵심 키워드는 다름 아닌 '루머', 잘못된 소문이다. 더불어 주목할 만한 점은 테이프를 받은 13명의 인물 중 직접적으로 해나를 해치거나 의도적으로 상처를 준 인물이 많지 않다는 점이다. 그러나 의도치 않았던 행동이 불러온 결과는 참혹하다. 루머는 루머를 낳고, 해나는 이 따돌림 속에서 그 누구로부터도 구원받지 못한 채 자살을 선택한다. 해나를 사랑하던 클레이는 해나의 테이프와 재판과정을 통해 이를 하나씩 파헤쳐 나간다.

이 드라마는 학교에서 겪을 수 있는 친구 문제는 물론, 학교폭력, 마약, 살인까지 다양한 이슈들을 다룬다. 이러한 상황 속에서 인물들은 시즌을 거듭하며 각자의 아픔과 상처를 보여주고, 여러 변화들을 겪는다. 절대적인 가해자도 피해자도 없는 아이러니한 현실 속에서 다양한 사회문제들이 환기된다. 이 드라마는 해나가 죽은 이유를 밝히는 것에 멈추지 않는다. 루머가 한 사람의 인생을 어디까지 파멸로 이끌었는지, 나아가 이 죽음이 하나의 사건으로 끝나지 않는다는 것을 보여준다. 해나의 죽음을 시작으로 학생들의 삶은 예상치 못한 국면으로 전개되고, 시즌을 거듭하며 '과연 누구의 잘못인가?'하는 허무한 질문이 끊임없이 계속된다.

국내에서도 청소년 콘텐츠는 소재와 수위 면에서 자극적인 이야기가 전개되는데, 〈인간수업〉을 필두로 이전보다 소재나 장르가 확장되는 경향을 보인다. 청소년 마약 문제를 다룬 〈하이쿠키, 2023〉, 〈소년비행, 2022〉, 학교폭력을 다룬 〈돼지의 왕, 2011〉, 〈약한영웅 Class 1, 2022〉 등이 그러하다.

'K-학원물'로 통칭되는 드라마들은 학교라는 공간을 작은 사회로 보는 작품들이 많다. 좀비로부터 살아남기 위해 고군분투하는 〈지금 우리 학교는, 2022〉, 입시를 앞둔 학생들이 괴생명체와 맞서 싸우는 〈방과 후 전쟁활동, 2023〉, 학교폭력과 복수를 소재로 한 〈약한영웅 Class 1〉, 〈3인칭 복수, 2022〉 등은 서사의 차이는 있지만 학교를 배경으로 하며 장르적 요소가 특히 두드러진다는 공통점이 있다. 이처럼 점차 미스터리, 스릴러, 범죄, 액션, 재난, 아포칼립스, 복수극 등의 다양한 장르적 요소를 활용하는 경향이 짙어졌다. 이런 방식은 학교라는 사회에서 발생하는 문제의식에 대한 몰입감을 높이는 효과가 있다.

보여주는 방식은 다르지만 결국 학교폭력이나 경쟁 등을 '계급'으로 보는 콘텐츠들도 다수이다. 넷플릭스 〈하이라키, 2024〉, 티빙 〈피라미드 게임, 2024〉, 웨이브 〈청담국제고등학교, 2023〉 등 다양한 작품들이 학교 내 계급과 서열에 대한 설정을 기본으로 한다. 이전 드라마 〈상속자들, 2013〉에서도 재벌가와 흙수저 등 계급 설정은 존재했으나, 이를 다루는 방식은 로맨스나 가정문제, 개인의 트라우마, 딜레마로 인한 갈등으로 표현되었다. 하지만 최근 콘텐츠들은 표현 방식이나 수위 면에서 차이가 크다. 〈피라미드 게임〉은 매달 투표로 왕따를 뽑는 여고학생들의 이야기이다. 계급으로 인한 차별과 갈등을 왕따 투표라는 파격적인 설정으로 극대화하고, 게임으로 구축된 사회 모습은 변하지 않는 현실을 반영한다. 〈하이라키〉 역시 사회적 지위와 부을 소유한 상위 소수가 지배하는 주신고등학교라는 공간이 배경이다. 〈청담국제고등학교〉도 마찬가지다. 학교라는 공간은 역시 계급사회에 대한 은유가 된다.

이외에도 소재 및 주제의 차원에서 촉법소년과 관련한 이슈를 환기하는 드라마도 있다. 넷플릭스 〈소년심판, 2022〉과 끊임없이 대두되는 사회문제 학교폭력을 다룬 〈더 글로리, 2022~2023〉 등도 있다. 〈소년심판〉에서 범죄를 저지른 에피소드상의 인물들과 〈더 글로리〉의 성인이 된 가해자들은 공적 처벌 또는 복수, 사적 제재 및 처벌의 대상이 된다.

드라마 〈소년심판〉의 경우 '소년범을 혐오한다'라고 말하는 심은석 판사를 중심으로, 촉법소년이나 소년범에 대한 사회 인식을 다시 한번 생각하게 만든다. 범죄를 저지른 소년들과 이를 대하는 엄벌주의자 심은석 판사, 온정주의자 차태주 판사 등 다양한 인물들을 통해 여러 이슈가 조명된다. 우리는 소년범죄를 어떻게 바라봐야 하는지에 대한 질문을 던지며, 다양한 환경에 처한 소년범의 서사를 말하되 전혀 미화하지 않는다. 결국 사회문제인가, 시스템문제인가, 아니면 개인의 문제인가. 이들에게 어떤 처벌이 필요한가. 실제 사례를 모티프로 구성된 에피소드들은 시청자들의 몰입을 이끌면서, 소년범죄에 대한 엄벌 여론과 현장의 우려나 한계 등 다양한 시선을 보여준다. 재범 방지를 위한 교화나 치료적 사법으로서의 소년법, 피해자에 대한 시선과 법적 처벌의 정의 등도 간과하지 않는다. 다양한 인물과 사건 속에서, 청소년 문제를 바라보는 다양한 시각이 환기된다.

청소년들은 이제 더 이상 풋풋한 청춘 하이틴 멜로의 주역만은 아니다. 가족 서사의 일원에 머물지 않으며, 단순히 '미성숙', '불량청소년' 등 하나의 단일 키워드로 설명할 수 있는 존재도 아니다. 이들은 더 이상 나이 많은 '어른'에 의해 구원받거나 쉽게 반성하지 않으며, 저지른 행위에 대한 대가를 치르면서 구원받지 못하기도 한다. 그저 삶을 살아갈 뿐이다. 드라마 속 청소년들은 이미 성장 서사 차원을 넘어선 지 오래다. 이들 행위의 옳고 그름에 대한 가치판단을 떠나, 주체적이거나 입체적인 인물로 그려지는 경향이 두드러진다. 작품 속 청소년들이 처한 삶의 문제는 성인들도 공감할 수 있을 만큼 잔혹한 현실을 반영한 결과물이다. 실제 학교폭력, 청소년 마약문제 등 다양한 사회문제가 대두되는 상황 속에서 이러한 현실은 특히 두드러진다.

다양한 장르에서 쉽지 않은 소재들을 다룬다는 점에서 청소년 서사는 그 외연이 넓어졌다. 다만, 잔혹한 현실을 보여주는 방식으로 장르적 요소들이 강화되고 그 안에서 청소년이 단순 도구로만 활용되는 것은 지양되어야 할 것이다. 단순히 수위가 세고 자극적인 학교 사회와 아이들에 대한 이야기에 주목해야 하는 것이 아니다. 자극적인 소재와 서사에 대한 고민에 앞서, 이들을 '어떻게' 보여주고 조명할 것인지, 나이라는 장벽을 넘어 이들의 '어떤' 문제를 '지금, 여기'로 가져와 공감하게 할 수 있을 것인지를 고민해야 한다.

03 | 다양한 사랑의 모습

많은 콘텐츠에서 '사랑'은 다양한 형태로 드러난다. 특히 멜로와 로맨틱 코미디는 전통적으로 가장 익숙하게 느끼는 장르이기도 하다. 정통 멜로나 로코는 물론 판타지, 미스터리, 스릴러 등과 결합하여 복합장르 형태로 보게 되는 경우도 많다. 이전부터 대부분의 드라마에서 멜로 요소는 K-드라마의 한계이자 강점이기도 했다.

국내 OTT 오리지널 콘텐츠들로 인해 장르물들의 화제성이 높아진 상황에서, 지상파의 로맨스 장르가 더 강세를 보이는 경향은 주목할 만하다. 특히 〈눈물의 여왕, 2024〉과 〈선재 업고 튀어〉의 흥행에 힘입어, 로맨스 수요가 급증하고 있는 상황이다. 플랫폼 특성에 맞춰 각기 다른 노선을 택하고 있는 셈이다.

다만 국내 OTT 멜로/로코 콘텐츠들의 경우, 지상파 흥행작들에 비해 화제성이 높지는 않은 편이다. 트렌드라고 단언할 수는 없지만, 이 경향성들을 통해 OTT 로맨스 장르 지형에 대해서도 고민해볼 만한 지점을 찾아보고자 한다. 지상파 작품들의 결과 차이를 보이는 국내 로맨스 작품들을 예시로 삼았다.

우리 삶에서 빼놓을 수 없는 부분이자 많은 사람들의 고민 중 하나는 역시 사랑이다. 보편적인 연애나 결혼을 넘어, 동거나 다양한 유사 연애 등 우리 라이프스타일이 콘텐츠 내에서도 다양하게 드러난다.

혼자 사는 삶이 편하지만 '누군가'를 필요로 하는 삶에서, 제도로서의 결혼에 대한 고민을 담은 드라마들은 기존에도 존재해 왔다. 30대 여성의 결혼 고민에 대한 이야기를 담은 KBS 드라마 〈올드미스 다이어리, 2004〉나 SBS 드라마 〈달콤한 나의 도시, 2014〉는 물론 '계약결혼' 소재의 tvN 드라마 〈이번 생은 처음이라, 2017〉나 KBS의 〈풀하우스, 2004〉가 그러하다. 동거를 소재로 한 MBC 드라마 〈개인의 취향,

2010〉, 〈아일랜드, 2004〉, 〈환상의 커플, 2006〉과 tvN 드라마 〈간 떨어지는 동거, 2021〉까지 동거 트렌드도 드라마 안에서 여전히 심심치 않게 활용되는 설정이다.

하지만 사랑이 삶의 전부가 아니고, 그 감정을 객관적으로 측정할 수도 없다. 욕구, 조건 등 퍽퍽한 현실 속에서 사랑의 가치는 축소된다. 육체적 욕구가 정신적 차원보다 우선시되기도 하고, 빠르게 소진되는 만남들이 이루어지기도 한다. '사랑'은 늘 동시대의 화두지만, 대체 무엇이 사랑일까? 사랑을 어떻게 정의내릴 수 있으며, 이 감정을 무엇으로 측정할 수 있을까?

웹툰 원작이자 국내 첫 넷플릭스 오리지널 시리즈로 선보인 〈좋아하면 울리는, 2019~2021〉 시리즈는 이러한 현실을 잘 반영한 작품 중 하나이다. 이 드라마는 좋아하는 사람이 반경 10m 안에 들어오면 울리는 '좋알람'이라는 애플리케이션이 존재한다는 설정을 기본 세계관으로 해 주요 인물들의 삼각관계 서사를 펼친다. 알람이 울려야만 사랑인 세상에서 많은 사람들의 사랑은 '알람'으로 먼저 측정된다. 내 자신이 인지하기도 전에 속마음을 기계가 측정하고, 사랑의 기준은 알람이 된다. 누구나 알람을 통해서만 마음을 표현하는 것이 일상이 된다.

극 중 조조와 선오는 시즌 1, 1화 엔딩포인트에서 바로 키스신을 보여준다. 알람이 마음보다 빨리 전달되듯, 좋아하는 마음보다 키스하고 싶은 마음이 먼저 작동하는 것이다. 이들 연애는 키스라는 스킨십을 기점으로 매우 빠르게 전개된다. 그리고 이러한 급격한 전개와 감정선에 설득력을 부여하는 기제가 바로 앱 '좋알람'이 지배하는 세상이다. 선뜻 감정적으로 납득하기 어려울 수 있으나 그러한 개연성을 확보하는 것은 '알람이 사랑을 보여준다'는 세계관이다.

게다가 좋알람 앱은 일종의 사회권력으로 작동하기도 한다. 극 중 선오가 교내를 걸어가기만 해도 끊이지 않고 수많은 알람이 울리고, 그것은 수많은 학생들에게 선망의 대상이 된다. 게다가 좋알람의 알람 수가 많은 사람들만 '배지클럽'에 가입할 수 있다. 배지클럽은 연예인을 비롯한 유명인들이 주를 이루고, 그들은 그들만의 특별한 혜택을 누린다. 즉 사회적 인기의 척도 역시 알람 수가 되고, 많은 사람들은 배지클럽을 선망하게 된다.

결국 좋알람은 여러 사회적인 문제를 야기하는데, 숨기고 싶었던 짝사랑이나 동성을 사랑한다는 사실이 알람을 통해 알려지면서 당사자들에게 수치심을 유발한다. 좋알람이 울리지 않아 슬퍼하는 이들의 집단자살이 이슈가 되고, 좋알람이 울려서 방심하는 사이 강도범죄가 일어나기도 한다. 세상을 좋알람이 지배하고 있다는 우려 속에서 반대시위가 일어나며, 다양한 사회적 갈등과 이슈들이 환기된다.

심지어 사랑을 계속하는 것에만 좋알람이 필요한 것은 아니다. 사랑을 그만하거나 멈추는 것도 '알람이 울리지 않음'은 사랑이 끝났다는 증거가 된다. 여주인공 조조는 선오를 여전히 사랑함에도 사랑을 끝내기 위해 '좋알람 방패' 기능을 활성화시킨다. 방패는 좋알람 앱이 작동되더라도 자신의 알람이 울리지 못하게 하는 강력한 도구이다. 선오는 조조의 좋알람이 더 이상 울리지 않자 조조의 사랑이 끝난 것으로 받아들인다. 그렇게 조조는 좋알람 방패를 통해 마음에 자물쇠를 채운다. 연애 상대방과의 이별을 위한 가장 강력한 무기는 더 이상 언어가 아니다. 말로 하던 '이별통보'를 '울리지 않는 앱'이 대신한다. 이 드라마의 강력한 장애물은 개인적인 트라우마, 사회적 요인, 삼각관계뿐만 아니라 '방패'라는 애플리케이션 기능이다. 그래서 조조가 한 번 설치하면 지울 수 없다는 '방패' 시스템을 제거할 수 있을지, 이를 넘어 사랑을 증명할 수 있을지 등 이 세계에 대한 질문이자 사랑의 장애를 극복할 수 있을 것인지에 대한 질문이 된다.

'좋알람 나오기 전에는 사람들이 이렇게 했어. 자리 잡아주고, 커피도 뽑아주면 저 사람이 나 좋아하나 밤새 고민도 하고…, 좋알람 없이 옛날식으로 해보려고….' 애플리케이션이 세상을 지배하는 시스템 속에서 사랑의 의미가 무엇인지, 이를 가장 순수하게 표현하는 인물은 조조의 현재 남자친구 해영이다. 하지만 해영 역시 완벽하게 좋알람으로부터 자유로울 수는 없다. 이 작품에서 단 한 번도 좋알람을 사용하지 않는 인물은 없고, 해영 역시 예외는 아니다. 〈좋아하면 울리는〉은 좋알람 앱의 긍정적 기능과 부정적인 면을 동시에 보여주며 '사랑의 의미'에 대한 다양한 질문을 환기시킨다.

넷플릭스 오리지널 시리즈 〈나 홀로 그대, 2020〉는 '인공지능 비서 홀로와의 사랑이 가능한가?'라는 물음표를 던진다. 이미 영화 〈그녀(Her), 2013〉을 통해 인공지능과 인간의 교감은 낯설지 않은 이야기처럼 느껴진다. 게다가 KBS 드라마 〈너도 인간이니?, 2018〉 등에서도 이미 인공지능 로봇이 등장한 바 있다. 하지만 〈나 홀로 그대〉는 드라마 장르에서 '홀로그램'으로 표현된 인공지능이라는 점이 신선하고 흥미롭다. 만질 수 없는 존재(영혼), 다른 종족, 로봇 등과 인간의 사랑 이야기는 이미 여러 작품으로 제작되었지만, '특수 제작된 안경을 껴야만 보이는 인공지능'이라는 설정과 '홀로'라는 인공지능 캐릭터를 바라보는 드라마의 시선이 확실히 색다르다.

안면인식장애가 있는 '소연'은 본의 아니게 늘 사회생활에서 오해를 사고, 삶이 외롭다. 소연은 우연히 커스텀형 홀로그램 인공지능 안경 '홀로글래스'를 갖게 되고, 자신의 의지와 상관없이 '홀로'의 베타테스터가 된다. 인공지능인 '홀로'는 소연을 통해 인간의 감정을 배워나가고, 홀로와 같은 얼굴을 가진 개발자 '난도'가 삼각관계로 얽히게 된다. 늘 혼자였던 소연은 홀로의 도움으로 안면인식장애를 극복하며 점점 성장하지만, 동시에 인공지능 홀로를 사랑하게 되면서 더 큰 외로움을 느낀다.

사실, 인간이 만들어낸 로봇이 감정을 갖게 된다는 것이 아주 새로운 이야기는 아니다. 또한 유사 소재의 작품들과 완전히 다른 주제의식을 가지고 있는 것도 아니다. 그러나 인간과 인공지능의 기묘한 삼각 우정과 희생적인 사랑의 방식은 이 드라마에서 주목해볼 만한 부분이다. 이 작품 속 소연과 난도는 홀로를 하나의 인간처럼 대한다. 난도는 홀로를 위해 사랑을 포기하기도 하고, 홀로 역시 소연이 난도를 사랑하고 있다는 사실을 자각시켜 주려고 사랑을 포기한다. 그 과정에서 이들을 위협하는 안티 세력들의 위협이 강화되고, 결국 홀로는 사랑하는 사람들을 지키기 위해 스스로 '삭제'를 선택한다.

티빙 드라마 〈욘더, 2022〉의 경우, SF 휴먼 멜로라는 장르적 실험이 돋보인다. 2032년 미래를 배경으로, 죽은 자의 기억으로 만들어진 '욘더'라는 세계에서 죽은 아내를 만난다면 어떨까. 미리 저장된 죽은 이들의 기억은, 과연 죽음 이후에도 그들을 영원히 행복하게 할 수 있을까. 인공지능이 점점 보편화되고 있는 상황에서, 메타버스 등 다양한 것들이 우리에게 결코 낯설지는 않을 것이다. 다만 이 작품의 세계관은 삶과 죽음, 기술에 대한 다양한 통찰을 가능하게 한다. 기술을 통해 영원한 행복이 가능할지, 근본적으로 삶과 죽음이란 무엇이며 어떤 의미인지, 영원은 우리에게 행복을 가져다주는지. 소재나 장르 면에서 SF 멜로가 많이 제작된 편은 아니기에, 이런 시도들이 이어진다는 점은 지켜볼만 하다.

OTT 플랫폼뿐만 아니라 다양한 장르의 드라마에서 보여주는 사랑 방식은 현실의 사회상을 반영한다. 사랑이라는 감정이 어떻게 작동하는지, 보편적인 사람들이 사랑에 대해 어떻게 생각하는지, 나아가 연애나 결혼에 대한 이슈까지 삶의 큰 부분들을 조명하는 것이다. 이제 멜로 장르의 문법은 단순히 '사랑을 이루거나 혹은 실패하는 것'만이 전부가 아니다. '사랑하던 이들의 사랑이 완성되는 해피엔딩'이 모든 멜로드라마의 결말이 아니다. 누군가는 사랑에 실패하고, 혼자되기도 하지만 삶의 성장과 의미가 남는다. 사랑이 완성되지 않거나 실패하더라도 삶은 이어진다. 이제 사랑을 다루는 작품들은 단순히 사랑을 이루는 것을 인물의 가치로 두지 않는다. 지금, 이 시대에서 사랑의 다양한 방식과 그 의미에 대해 공감할 수 있는 콘텐츠를 고민해야 한다.

04 | 판타지 설정부터 세계관 확장까지

현재 영상콘텐츠에서도 자주 쓰이는 '세계관'이라는 말은 정확한 개념이 정립된 용어라고 보기 어렵다. 이는 흔히 게임이나 픽션, 특히 SF/판타지 장르에서 주로 사용되던 용어로, 보통 가상의 세계를 설정하기 위한 시공간적 배경을 모두 통칭한다. 대표적으로 해리포터, 스타워즈 시리즈나 마블, DC 시리즈 등이 방대한 세계관을 기초로 하고 있다. 대체로 SF/판타지 장르로 제작된 영상콘텐츠의 경우 세계관 설정이 정교한 만화, 애니메이션, 웹툰, 소설 등을 원작으로 하는 경우가 많다. 탄탄한 세계관이 설정된 콘텐츠들은 국내외에서 대중적으로, 혹은 이 장르를 선호하는 마니아층을 기반으로 지속적으로 성장해왔다. 넷플릭스 역시 시즌 4까지 방송된 〈기묘한 이야기(Stranger Things), 2016~2022〉부터 글로벌 판타지 대작인 〈위처(The Witcher), 2019~2023〉, 최근 〈삼체(3 Body Problem), 2024〉까지 거대한 세계관을 기반으로 한 시리즈들을 지속적으로 제작하고 있다.

물론 '존재하지 않는 허구'의 설정은 국내에서도 기존의 다양한 영상콘텐츠에서 꾸준히 시도되어 왔다. 국내 영화 및 드라마에 이르기까지 이미 SF/판타지적 설정은 단일장르는 물론 복합장르라는 형식 안에서 다양한 콘텐츠로 존재한다. 과거 TV 드라마에서는 대체로 '시간여행' 소재가 많이 활용되어 왔다. 타임슬립Time Slip, 타임워프Time Warp 등 시간여행의 방식과 종류는 다양하다. 하지만 결국 누구나 한번쯤 상상해 봤을 법한 '현실을 바꾸기 위해 시간을 돌리고자 하는' 인간의 보편적인 욕망을 다루는 이야기가 대다수이다. 현실을 바꾸기 위해 과거로 돌아가 현실이 예기치 못한 방향으로 흘러가거나 미래에서 온 누군가에 의해 현실이 영향을 받는 등의 이야기가 그러하다. 판타지적 법칙을 기반으로 해 일정 세계관이 정립되어 있지만, 대체로 가상 세계나 설정보다는 현실에 더 큰 무게를 두는 것이 대부분이다.

대표적으로 tvN 드라마 〈시그널, 2016〉의 경우 과거와 연결된 무전기를 통해 사건의 실마리를 찾는 기본 플롯 속에서 '미제 사건'이라는 소재와 '시간여행'(과거와 연결된 무전기)을 동시에 활용한다. 판타지를 활용하지만 현실의 미제사건 해결이라는 부분에 더 큰 비중을 둔다. 마찬가지로 tvN 드라마 〈나인 : 아홉 번의 시간여행, 2013〉 역시 시한부를 선고받은 한 남자가 20년 전 과거로 돌아갈 수 있는 신비의 향 9개를 얻게 되고, 현실의 드라마가 큰 비중을 이루는 이야기이다.

tvN 드라마 〈선재 업고 튀어〉도 마찬가지이다. 최애이자 유명 연예인 류선재를 살리고 싶은 덕후 임솔의 열망은, 그녀를 과거로 돌려놓는다. 과거와 현재를 오가는 판타지적 설정이 존재하지만, 타임슬립 설정 외에 드라마 내 내용은 선재와 솔의 멜로, 선재 살리기, 연쇄살인마 잡기 등 현실 로맨스와 스릴러의 장르적 비중이 더 크다.

또는 특별한 능력이나 인간이 아닌 종족 혹은 극적 한계 상황을 부여하는 판타지적 설정을 주로 활용한다. SBS 드라마 〈별에서 온 그대, 2013〉 역시 남주인공 도민준을 외계인으로 설정해 멜로 서사를 전개했고, tvN 드라마 〈간 떨어지는 동거, 2021〉는 999살 구미호로 초능력을 지닌 신우여와 그의 구슬을 삼켜버린 평범한 대학생 이담의 멜로를 그려 현실 로맨스 서사를 메인으로 전개한다. 신체나 존재가 바뀌는 변신 코드를 활용하는 경우도 있다. jtbc 드라마 〈낮과 밤이 다른 그녀, 2024〉

의 경우 20대 취준생 이미진은 낮에는 50대로 변하고, 밤이 되면 20대 본래 모습으로 돌아온다. 이런 절망적인 상황에서도 아이러니하게 이 변신은 미진의 취업 기회가 되고, 과거 범죄 사건들을 해결하는 계기가 된다.

　물론 이러한 드라마들은 본격 SF 및 판타지 장르를 메인으로 두고 있는 작품들은 아니다. 따라서 세계관 자체가 방대하기보다, 적절히 세팅된 판타지적 법칙을 활용해 탄탄한 현실 드라마를 구축했다고 보는 편이 적절하다. 하지만 복합장르로서 판타지적 소재 및 설정을 구현하며, 기본적으로 현실 드라마에서 복합장르로서 판타지 장르를 어떤 식으로 활용해야 하는지, 설정을 어떻게 구현해야하는지를 잘 보여주고 있다. 특히 멜로 및 로맨틱 코미디 장르의 경우 단일장르로서 성공한 사례도 다수 있지만, 멜로 서사만으로 시청자들의 눈을 끌기란 쉽지 않다. 따라서 복합장르의 틀 안에서 이러한 판타지적 설정을 자주 활용하는 사례가 눈에 띈다. 따라서 다양한 장르 안에서 규모를 떠나 세계관 설정의 중요성에 대해 충분히 고려해야 한다는 것이다.

　tvN 드라마 〈호텔 델루나, 2019〉의 경우 망자의 혼이 사후세계로 가기 전 잠시 머무는 호텔을 가상의 공간으로 한다. 이러한 판타지적 공간을 토대로 영혼이 되어 찾아온 손님들이 머물다가며 생기는 다양한 에피소드를 통해 디테일한 세계관을 보여준다. 혼령들 이야기를 통해 현실사회를 보여주고 멜로 서사 역시 큰 비중을 갖지만, '호텔 델루나'라는 스테이션을 설정했다는 점에서 디테일한 세계관의 역할이 매우 중요해진다.

　SF, 판타지, 공포 장르는 특히 세계관 구축이 중요한 장르이다. 악령 퇴마를 주요 소재로 한 OCN의 엑소시즘 드라마 〈손 the guest, 2018〉는 이러한 특징적인 면을 극대화한다. 악령을 퇴마하는 엑소시즘과 국내 무속신앙을 독창적으로 결합해 새로운 세계관을 만들어냈다. 영화 〈방법: 재차의, 2021〉로까지 세계관을 확장한 tvN 드라마 〈방법, 2020〉의 경우도 마찬가지다. 사람을 죽이는 저주 주술 '방법'을 소재로 활용했고, 영화 〈방법: 재차의〉에서는 좀비와 강시처럼 주술사에게 조종당하는 '재차의'라는 시체를 설정해 보다 디테일한 세계관을 보여준다.

　넷플릭스 드라마 〈기생수: 더 그레이, 2024〉 역시 주목할 만하다. 유명 일본 만화 〈기생수〉를 원작으로 하지만, 이를 확장해서 새로운 서사를 만들었다. 원작의 기본 설정은 '기생 생물이 인간의 뇌를 장악하고 신체를 조종'하는 상황에서, 변종 기생수와 인간이 공존하는 상황이 발생한다는 것이다. 이러한 기본 설정은 드라마와 동일하다. 흥미로운 지점은 기생 생물 하이디가 주인공 수인의 얼굴 반쪽만 점령하고 뇌도 반쪽만 점령한 상태가 되면서, 수인은 마치 이중인격과 같은 의식세계를 보여준다는 점이다. 서사 면에서는 특수 전담팀을 빠르게 등장시켜 장르적으로 액션을 확대했다는 차이가 있다. 인간을 숙주로 삼는 기생수들이 빠르게 노출되고, 이를 저지하려는 특수 전담팀인 더 그레이가 부각된다. 이처럼 원작 세계관을 토대로 하되, 한국으로 배경을 바꾸면서 새롭게 세계관을 완성했다는 부분이 의미가 크다.

미래나 우주 등을 배경으로 한 작품이나 초능력을 가진 강력한 히어로물은 영화에서 자주 존재했지만, 드라마라는 매체와 제작여건을 고려했을 때 이를 시각적으로 구현하기는 쉽지 않았다. 따라서 디테일한 SF 판타지 세계관을 확장할만한 여지가 없었다. 더불어 컴퓨터그래픽(CG) 등 막대한 제작비가 드는 현실을 고려했을 때 국내 영화로도 SF나 판타지 세계관의 작품이 만들어지기에는 한계가 있었다. 시즌 3까지 공개된 넷플릭스 드라마 〈스위트홈, 2020~2024〉은 크리처물로 본격 시각특수효과(VFX)의 길을 열었고, 영화 〈승리호, 2021〉도 뒤를 이었다.

영화 〈승리호〉의 경우 국내 최초의 스페이스 오페라Space Opera 영화로, 우주 가상세계를 표현하고 지금까지 표현하기 어려웠던 SF 세계관을 충실히 구현하기 위한 흔적이 엿보이는 작품이다. 승리호의 작품 배경은 2092년 우주사회이다. 2092년 지구는 사막화로 인해 인간이 살기 힘든 황폐화된 공간으로 변했고, 쾌적한 삶을 위해 우주에는 UTS라는 선택된 5%만이 살 수 있는 도시가 탄생한다. 하지만 95% 인류는 여전히 황폐한 지구에서 마스크를 쓴 채 머물러있고, 그 어디에도 존재할 수 없는 이들은 우주 노동자가 되어 우주를 떠돈다. 이 작품은 우주 쓰레기를 청소하는 우주 노동자, 승리호의 선원들을 주축으로 서사를 전개한다.

'아직 인류의 95%가 지옥 같은 지구에 남아있어요. 문제는 지구에 남은 사람들과 지구출신 우주 노동자들입니다. 그들의 삶은 아직도 처참하고 위험합니다.' 가상세계도 현실과 다를 바 없이 계층이 구분된 세상임을 조명함으로써, 〈승리호〉는 가상세계의 은유를 한층 견고하게 한다. 이를 바탕으로 기존에는 볼 수 없었던 화려한 CG 기술 등을 활용해 많은 볼거리를 제공한다. 비록 서사의 한계와 한국형 신파 등을 이유로 평가가 엇갈리기는 했으나 SF 장르의 문법과 탄탄한 세계관, 그리고 K-상업 영화의 요소들을 비교적 충실하게 구현한 작품이다.

웹툰 원작을 토대로 한 넷플릭스 오리지널 시리즈 〈지옥, 2021〉 역시 탄탄한 디스토피아적 세계관을 주목해 볼만하다. 〈지옥〉은 초자연적인 '신의 섭리'가 작동하는 세계의 규칙을 독창적으로 구현한다. 거대한 얼굴의 천사가 나타나 사망 날짜와 시간을 통보하고, 통보된 시간에 집행자들이 나타나 이들을 잔인하게 폭행해 죽이고 태워버린다. 이처럼 정체를 알 수 없는 지옥의 사자들은 어느 날 갑자기 나타나 '죽음'을 통보하고, 지옥으로 데려간다. 이러한 현상을 신의 섭리이자 정의라고 주장하는 신흥 종교단체 '새진리회'와 사건의 진실을 파헤치려는 단체 '소도'가 대립하며 서사가 전개된다.

〈지옥〉은 인류의 법체계에 의문을 던지는 지극히 현실적인 드라마이다. 가상이지만 극단적이고 잔인한 설정, 이러한 현실에 직면한 사람들과 이들의 신념이 부딪히는 과정을 디테일하게 조명한다. 죄 지은 자를 신이 심판한다는 새진리회와 이에 맞서며 법체계와 도덕 윤리로 반발하는 소도의 입장을 통해 우리는 다양한 시각을 갖게 된다. 죄 지은 자가 공포를 통해 진정한 참회가 가능한지, 인류가 만든 법체계는 무엇인지. 이처럼 가상의 세계관에서 현실 사회문제에 대한 다양한 이슈들은 끊임없이 환기된다.

디즈니플러스 드라마 〈무빙, 2023〉의 경우, 국내에서도 마블 시네마틱 유니버스처럼 한국형 히어로물의 외연 확장 가능성을 보여주었다. 물론 기존에도 한국형 히어로물에 대한 다양한 시도들이 있었지만, 화제성이 높지 않고 지속적인 관심을 이끌어내지는 못했다. 〈무빙〉은 기존 웹툰 시리즈 세계관에 더해 확장된 초능력자들의 유니버스를 구축할 가능성이 충분하다. 디즈니플러스라는 플랫폼이 이미 프랜차이즈 스토리텔링으로 구축된 시리즈를 다수 보유하고 있다는 점에서도 가능성이 높다. 이러한 점은 앞으로의 국내 히어로물 세계관 확장을 기대하게 한다. 다양한 히어로물들이 초능력자들의 액션과 볼거리를 제공하는 것처럼, 〈무빙〉 역시 그러한 장르적 만족도를 충족한다. 이에 더해 '가족' 등 한국적 정서에 걸맞은 코드를 잘 활용했다는 점 또한 인상 깊다.

기존 히어로물이 국가 집단에 대항해 공적 정의를 펼친다면, 〈무빙〉은 가족, 연인, 부부, 친구 등 우리 주변의 소중한 사람들을 지키기 위한 연대감이 특징적이다.

많은 작품들은 이제 현실이 가진 현대사회의 보편적인 문제점을 세계관이라는 장치로 확장시킨다는 점에서 의미를 가진다. 세계관 설정은 단순히 사회문제를 환기하기 위한 도구로만 작용하지 않는다. 디테일한 세계관을 구축하고 이를 바탕으로 강력한 서스펜스를 가진 서사를 전개한다는 점에서도 주목해볼 만하다. 현대사회의 문제의식은 국가나 지역에 국한되지 않는 전 세계 인류의 보편성이다. 세계관은 단순히 가상 그 자체로만 존재하는 것이 아니라, 다양한 사회적 이슈와 문제의식을 광범위한 은유로 내포하고 있다는 점을 알아야 한다.

핵심은 세계관을 통해 무엇을 말하느냐이다. 언급된 다양한 사례들을 통해 단순히 SF, 판타지, 공포 장르를 메인으로 쓰지 않더라도 세계관 구축의 중요성에 대해 상기해볼 수 있을 것이다. 더불어 이를 통해 무엇을 말해야 하는지, 인류 보편적인 공감대가 무엇인지 고민해야 한다.

05 | 현실의 부조리

앞에서도 언급했지만, 현실 사회의 여러 문제를 언급한 작품들은 다양하게 존재한다. 지금 우리가 느끼는 현실은 여전히 불공정하다. 우리 사회에서 많은 문제들이 끊임없이 발생하고, 다룰 수 있는 문제의 영역 또한 나날이 다양한 차원으로 확대되고 있다. 결국 많은 콘텐츠의 근본적인 인식은 '현실의 부조리'로부터 출발한다. 사소한 것이든 큰 것이든 이러한 문제의식들은 다양한 작품들을 통해 끊임없이 질문을 던진다. 희망을 말하든 절망을 말하든, 어떤 해결과 해답을 완벽하게 제시해 주지는 않는다.

많은 작품에서 개별 에피소드나 소재로 다뤄진 '병역 부조리' 역시 그러한 사회이슈 중 하나이다. 대한민국 남성이라면 국방의 의무를 진다. 그리고 군대와 관련한 문제는 비단 20대 남성들만의 문제가 아니라, 그들을 가족으로 둔 수많은 세대의 사람들이 주목하는 우리 사회의 문제이기도 하다.

넷플릭스 오리지널 시리즈 〈D.P.〉는 그간 전면으로 내세우기 어려웠던 모든 병역 부조리를 거침없이 수면 위로 꺼내놓는다. 그냥 현실을 살아가는 것도 퍽퍽한데, 그 현실보다 더 심한 지옥 같은 현실이다. 작품 제목이기도 한 D.P.는 탈영병을 잡는 군무이탈 체포조를 뜻한다. D.P.로 차출된 준호와 호열은 각기 다양한 사연을 가지고 탈영한 이들을 쫓게 된다. 그 가운데 군대 부조리와 현실은 적나라하게 까발려진다.

'나라 지키라 보낸 애를 때리고 괴롭혀서 탈영한 건데, 아무도 책임지는 사람이 없나요? 뭐라고 말 좀 해 보세요.' 선임들의 도 넘는 부조리와 폭력, 횡포가 계속되면서 누군가는 탈영할 수밖에 없다. 특히 석봉이라는 인물을 통해 이 드라마는 가장 중요한 질문을 던진다. '그들은 왜 탈영병이 되었을까? 왜 그런 선택을 해야만 했을까?' 지긋지긋한 이곳에서 도망치기 위해 탈영을 하더라도 출구는 없다. 석봉은 자신을 괴롭힌 선임 황장수를 죽이려 하지만, 결국 막다른 길에서 자살을 시도한다. 시즌 2에서도 여전히 현실의 병역 부조리는 변한 게 없다. 시즌 2의 경우, 시즌 1에 이어 김루리 일병의 총기난사 사건, 최전방에서 의문의 죽음을 맞은 나중석 하사 사건, 군사재판에 대한 부분까지 이야기를 확장한다. '눈앞에서 군인이 죽어가는데 명령만 기다리면서 방관하는 건 안 된다고 생각한다'는 임지섭의 증언은 뼈아픈 시스템의 문제에 대해 상기하게 한다.

넷플릭스 오리지널 시리즈 〈오징어 게임, 2021〉 역시 현실보다 더 가혹한 현실을 보여주는 드라마이다. 극 중 인물들은 남루한 현실에서 인생 한방을 노리고, 상금 456억 원을 위해 목숨까지 걸고 게임에 참가한다. 지옥 같은 현실에서 탈출하기 위해 더한 지옥으로 스스로 걸어 들어간 것이다.

빚을 갚을 길이 없어 인생 밑바닥을 사는 성기훈 앞에 한 남자가 나타나 '딱지치기'를 하자고 제안한다. 뒤집으면 10만 원을 받고, 뒤집지 못하면 10만 원을 주면 된다. 게다가 돈이 없으면 '뺨'을 맞으면 되는 나쁘지 않은 제안이다. 신나게 뺨을 얻어맞은 후 기훈에게는 오징어 게임의 참가자가 될 수 있는 자격이 주어진다. 그 정도로 돈이 절실한 사람들이 기훈을 포함해 456명이나 된다. 그렇게 '돈 앞에 자존심이고 뭣도 없이' 모인 참가자는 한 사람당 1억이라는 목숨 값을 걸고 총 상금 456억 원을 목표로 게임을 시작한다. 목숨을 건 데스게임은 아이러니하게도 유년시절 추억의 게임들이다. 게임은 단순하지만 지는 사람은 '탈락'이다. 하지만 탈락되면 그 자리에서 가차 없이 죽임을 당한다. 게임 속에서는 어떤 폭력, 살인도 허용되고, 서로 죽여야 살아남는 상황이 되자 인간성의 밑바닥까지 여실히 드러난다. 인류애나 연대의 희망과 가능성을 보여주기도 하지만, 구원은 없다. 결국 게임은 한 사람이 남을 때까지 가야만 끝나게 된다.

누구도 강제로 게임에 참여하지 않았지만, 아이러니하게 '스스로 선택했기 때문에' 어쩔 수 없이 게임이 계속 진행된다. 현실 역시 마찬가지이다. 과연 누가 이렇게 태어나고 싶어서 태어났을까? 결국 오징어 게임은 현실의 축소판이다. 우리는 현실이라는 게임 안에서 나갈 수 없다. 심지어 모두가 동일 선상에서 시작된 줄 알았던 오징어 게임 내에도 결국 약자들은 계속해서 뒤로 밀려난다. 우리의 삶과 크게 다를 바가 없다. 라운드를 거듭하며 게임에서 살아남은 사람들은 점점 인간성을 포기하고 스스로 괴물이 되어간다. 이 역시 어쩔 수 없는 현실이다. 결국 사회는 부조리하고 불평등하다. 그러한 현실 인식이 많은 시청자들을 이 게임에 공감하게 한다.

앞서 언급한 〈피라미드 게임〉은 물론 〈더 에이트 쇼〉 등은 〈오징어 게임〉처럼, 기본 설정은 데스게임의 서바이벌과 유사한 구조를 가진다. 특히 〈더 에이트 쇼〉는 '시간을 벌면 돈을 번다'는 극한의 상황 속에서 드러나는 인간 본성과 잔인함을 적나라하게 보여준다. 총 8층, 각 층마다 다른 규칙과 환경이 주어진다. 시작점부터 층이라는 계급이 정해져 있다는 사실을 직관적으로 보여주고, 이들의 캐릭터도 전사나 특별한 사연보다 '층'에 처한 상황으로 표상된다. 〈오징어 게임〉에 최소한의 연대의식이 깔려있다면, 누군가를 특별히 응원하기는 힘든 세팅이다. 경쟁을 보여주는 방식도 다르다. 〈오징어 게임〉이 '게임'이라는 플레이에 집중하게 된다면, 〈더 에이트 쇼〉는 말 그대로 '쇼', 자극적 플레이를 보여주는 것이 관건이 된다. '보여주기, 쇼로 시간을 사는' 설정은 흥미롭다. 게임은 이겨야 살지만, 쇼는 잘 보여주어야 이긴다. 플레이어들의 연합과 배신도 더 강렬해진다. 서로 죽이거나 배신하며 참담한 상황이 반복된다. 주최 측은 이 쇼를 즐긴다. 마치 수많은 시청자들처럼.

결국 데스게임 장르는 파국 속 일말의 희망을 보여주느냐, 출구 없는 파국이냐에 따라 차이는 있지만 본질은 비슷하다. 게임은 한 사람이 남을 때까지 가야만 끝나고, 쇼는 시간이 줄지 않는 한 끝나지 않는다. 파국의 극한을 보여주는 만큼 다소 파격적인 장면들이 있지만, 사회의 모습을 '쇼'로 보여주었다는 점은 인상 깊다.

물론 시청자들이 피로감을 느끼지 않는 수위에서 잘 다루는 것이 관건이겠지만, 점점 수위가 높아진 극적 상황설정은 '자극'을 강화한다는 키워드 하나로 설명하기엔 조심스럽다. 누군가는 왜 이렇게까지 하느냐고 묻지만, 사실 우리가 처한 현실은 이보다 더 자극적이다. 사실상 현실을 넘어설 수 있는 드라마는 없다. 드라마보다 더 드라마 같은 일들이 가득한 세상이다. 그리고 이는 단순히 대한민국만의 문제도 아니다. 그래서 지금 지옥보다 더한 현실을 사는 세계의 많은 사람들이 오징어 게임에 열광하고 있다.

우리는 '왜' 쉽게 해결할 수 없는 답답한 현실을 말해야 할까. 최근 많은 작품들은 대책 없이 낙관주의를 말하지 않는다. 섣부른 희망도, 완벽한 해피엔딩도 없다. 하지만 현실이 시궁창이라 해서 굳이 현실을 외면하는 것이 정답은 아니다. 누군가는 지금 여기가 우리의 현실이라는 것을 말해야 한다. 물론 모든 콘텐츠들이 사회적 문제를 꼭 다룰 필요는 없다. 그것이 반드시 창작자로서 의무나 모범답안은 아니다. 하지만 누군가, 어떤 작품이, 현실의 부조리를 말하는 것만으로도 그것은 의미가 있다. 결국 누군가는 해야만 하는 이야기이고, 작가로서 이러한 부분을 고민하는 것 역시 당연한 일이다.

06 | 캐릭터 윤리 의식의 딜레마

주인공이 범죄를 저질렀거나 악인인 콘텐츠는 시즌 8에 이어 뉴 블러드까지 제작된 미국 드라마 〈덱스터(Dexter), 2006~2021〉와 넷플릭스 드라마 〈나르코스(NARCOS), 2015~2017〉 시리즈 등 범죄 장르 등에서 이미 심심찮게 보아온 설정이라 마냥 낯설지 않다. 일명 나쁜 놈들의 전성기가 계속되며 주인공의 도덕성, 윤리의식에 대한 이슈는 끊임없이 제기되는 다양한 화두 중 하나이다.

당연히 작가는 입체적인 캐릭터를 만들기 위해 수많은 노력을 해야 한다. 다만 주인공이 아니더라도 악인 내지는 범죄자를 어떻게 표현해야 하는지, 어느 정도 서사를 보여줘야 할지, 늘 고민되는 부분일 것이다. 앞서 언급한 〈인간수업〉 역시 범죄 미화 등 도덕, 윤리의 관점에서 캐릭터들에게 이입할 수 있느냐가 논란의 화두이기도 했다. 물론 지수나 규리 등 극중 청소년들은 윤리적 인물로 묘사되지는 않는다. 다만 이들보다 더한 어른들의 존재와 불우한 가정, 사회의 문제 등으로 그들이 왜 이런 행동을 했는지에 대한 개인의 서사가 쌓인다. 게다가 이들은 그 대가로 파국을 겪기 때문에, 시청자 입장에서 연민의 정서를 느낄 여지가 있다.

사실상 콘텐츠 안에서 윤리의 선은 많이 흐려졌다. 재미가 우선시되다보니 범죄자 옹호나 미화에 대한 잣대가 다소 너그러워진 것도 사실이다. 실제 사회에서 발생하는 수많은 범죄를 보면 법으로도 통쾌하게 단죄되지 못한다. 범죄 위에 더한 부조리가 있고, 사적 복수를 위한 불법행위 위에 더한 악행이 있다. 더 이상 인물들은 자신의 정의를 실현하기 위해 법과 윤리 내에서 행동하지 않는다. 〈빈센조〉, 〈모범택시〉, 〈더 글로리〉 등 사적 복수, 사적 제재에 대한 작품이 다수 등장했고, 앞서 학원물에서 언급했던 학교폭력에 대항하는 청소년들의 모습도 크게 다르지 않았다. 우리는 이미 절대 악에 대한 사회적, 제도적 처벌이 미비하다는 것을 알고 있다. 이러한 가해자들에게 답답한 제도나 공권력 대신 날리는 사적 복수는 시청자들에게 오히려 통쾌함을 선사한다.

많은 사람들이 〈더 글로리〉에 열광했던 건, 절대 악인 가해자들에 대한 복수 뒤에 동은의 처절한 과거가 있었기 때문이다. 하얀 눈밭 위에서 수많은 폭력의 상처를 애써 식혀보려던 어린 동은의 아픔을 어떻게 외면할 수 있을까. 절대 악인 연진과 그 친구들에 대한 복수나 응징은 시청자들 입장에서 과하게 느끼기는커녕, 오히려 더 해도 된다며 응원하게 만든다. 피해자들의 연대 역시 마찬가지이다. 동은을 돕는 여정에게 건네는 여정 엄마의 말은 뼈저리게 다가온다. "맹목적인 선의와 윤리는 허울뿐인 영광, 그뿐이더라. 돕고 싶니? 그럼 들키지 마. 그게 너의 천국이면 엄마는 반대 안 할 거야."

그럼에도 살인과 같은 범죄를 저지른 인물이 주인공일 경우, 도덕적 딜레마를 완전히 피해가기란 쉽지 않다. 많은 이들이 공감할 만한 '사이다' 복수 전략이 아니더라도, 선과 악의 모호함 또는 정의의 딜레마 속에 선 인물들을 어떻게 다룰 수 있을까?

먼저 넷플릭스 드라마 〈마스크걸, 2023〉은 선과 악의 모호함 속에 선 인물들을 다룬다. 마스크걸은 시청자들이 캐릭터에 이입할 수 있도록 회별로 플롯 시점을 변주해 인물 서사를 입체적으로 보여준다. 외모 콤플렉스 때문에 밤마다 마스크로 얼굴을 가리고 온라인 방송 BJ을 하던 모미의 인생은 예상치 못한 살인으로 꼬여버린다. 모미는 살인을 감추기 위해 세 번이나 성형수술을 하는데, 단편적으로 보면 쉽게 이입하기 힘든 인물이다. 하지만 그 속을 들여다보면, 명백히 살인을 저지른 모미는 가해자이자 피해자이고, 피해자이자 가해자인 아이러니한 인물이다. 여기서 연민의 지점이 발생한다. 모미와 등장인물 모두 미화하기는 어렵지만, 옹호할 여지가 있는 캐릭터로 표현된다.

또한 드라마 〈살인자ㅇ난감, 2024〉의 경우, 주인공 이탕은 극 초반 '정의나 개인적 원한이 아닌' 우발적 살인을 저지르지만, 어쩌다보니 그가 죽인 사람은 아이러니하게도 범죄자이고 공교롭게도 살인에 관련된 모든 증거는 사라진다. 그렇게 이탕은 자신을 영웅이라 생각하고 사이드킥을 자처하는 노빈과 함께 자신의 '악인 감별 능력'을 깨닫고 범죄자를 살인한다. 여기서 장르적 쾌감보다는, 제목처럼 '난감'한 질문이 생긴다. 이탕은 과연 히어로, 영웅이 맞나? 죽어 마땅한 인간의 기준은 무엇이며, 그런 인간을 단죄하는 것은 과연 정의인가?

이 지점에서 누군가의 복수를 대행하는 〈모범택시〉나 법이 실현할 수 없는 정의를 구현하는 〈비질란테〉가 가진 사적 제재의 통쾌함, 다크 히어로물이 주는 장르적 쾌감과는 사뭇 다른 차이가 발생한다. 그 지점은 이탕의 출발선이다. 초반 이탕의 살인 동기는 절대 선을 추구하는 것도 아닌데다가, 미리 악인에 대한 정보를 확인하고 어떤 계획성을 가진 것도 아니었다. 단지 그에게 부여된 건 몸에 소름이 돋는, '악인을 인지하는' 능력이다. 이것은 이탕의 면죄부가 된다. 송촌의 존재는 뒤틀린 정의감이 극대화된 살인마 빌런으로 그려져, 이탕을 상대적으로 덜 악해보이게 만들기도 한다. 시작은 평범했으나 특별한 능력을 가진 이탕의 단죄는 그를 다크 히어로처럼 보이게까지 한다. 그럼에도 여기서 생기는 딜레마는 여전히 '찜찜함'을 남긴다. 물론 악인 감별 능력이 부여되기는 했지만, 그의 시작점인 '죽이고 보니 나쁜 사람'과 '필연적인 악인의 단죄'는 끊임없이 딜레마를 안긴다.

사회가 범죄자를 대하는 인식은 단호하지만, 콘텐츠 내에서 인물들의 지형은 많이 변화했다. 창작자 입장에서 도덕적 딜레마나 윤리의식을 간과할 수 없는 부분이기에 어쩌면 이러한 부분은 영원한 숙제일지도 모른다. 어찌 보면 명확하게 정답이 없는 문제이기도 하다. 개별 작품에 따라 차이는 있겠지만 행위 자체를 지나치게 미화하지 않으면서도, 불편함과 캐릭터 이입 사이에서 양가감정兩價感情을 느낄 수 있을 시청자들이 콘텐츠에 이입할 수 있도록 하는 것이 중요할 것이다.

07 | 다양성에 대한 수요

앞서 언급했듯 시청할 가능성이 높은 콘텐츠를 자동적으로 제시하는 넷플릭스 알고리즘 덕에 회원으로 가입한 시청자들은 좀더 다양한 작품들을 만날 수 있게 됐다. 이는 독특한 소재나 장르의 다양성이 두드러진다는 것이다. OTT에 힘입으며 마이너했던 장르들이 이제 주류로 부상했다고 해도 과언이 아니다. SF, 오컬트, 좀비, 크리처, 아포칼립스 등 다양한 장르의 작품들이 흥행하면서, 본격 장르의 다양성 시대가 열렸다. OTT 플랫폼 내에서는 표현 수위가 높은 작품들이 대세인 만큼, 소위 장르물의 흥행과 활약이 두드러진다. 앞으로 무엇이 메이저가 되고 마이너가 될지는 미지수지만 고정 수요층이 있다면 제작이 불가능한 일도 아니다.

다음에 언급한 작품들은 화제성이나 흥행 면에서 성과를 거둔 작품도 있지만, 모두가 그런 것은 아니다. 이제는 단순히 대중성이 아니라, 작품성이 우선시되는 경우도 존재한다. 넷플릭스 오리지널 영화가 자극적이고 얄팍한 킬링타임용이라는 편견을 깨고, 〈로마(Roma), 2018〉, 〈두 교황(The Two Popes), 2019〉, 〈결혼 이야기(Marriage Story), 2019〉 등이 아카데미 시상식에서 이슈가 되었다. 이처럼 대중의 취향을 저격하지 않더라도 혹은 자극적이지 않더라도, 소위 '마이너 취향 콘텐츠' 또는 '다양성(독립, 예술, 다큐) 영화'로 불리는 콘텐츠들도 OTT 플랫폼 내에서 유통되거나 제작되고 있다.

감독 노아 바움백Noah Baumbach의 넷플릭스 오리지널 영화 〈결혼 이야기〉는 결혼을 이어가는 것이 아니라 이혼을 향해 가는 영화이다. 이 영화는 이혼 이야기지만, 결국 그렇기 때문에 결혼 이야기이기도 하다. 이혼을 결혼의 범주에서 다뤘다는 점은 결혼과 이혼에 대한 우리의 인식들을 다시 되돌아보게 한다. 반드시 사랑하지 않기 때문에 이혼하는 것이고, 이혼은 결혼의 종착역일까? 찰리와 니콜이라는 한 쌍의 남녀가 이혼에 이르는 과정은 결국 이 역시 결혼의 한 부분이라는 사실을 깨닫게 한다.

극 중 찰리와 니콜의 이혼 과정은 결코 평화롭지 않다. 아들 헨리의 양육권을 둘러싼 치열한 법정공방이 이어지지만, 결국 아들 헨리 때문에 서로를 대면하지 않을 수 없다. 여기서 이혼을 포기하고 가정을 지키는 것이 과연 해피엔딩일까? 〈결혼 이야기〉는 보편적 해피엔딩도, 배드엔딩도 아니다. 이들은 이혼 후에야 비로소 서로에게 진심을 다한 시간들이 의미 있었음을, 사랑의 가치를 깨닫는다. 이 영화는 이혼을 극적으로 지나치게 과장하지도, 그렇다고 그 충격을 미화하지도 않고, 동시에 두 인물의 디테일한 감정선 속에서 일상과 생활의 장면들을 하나하나 놓치지 않는다.

넷플릭스 오리지널 영화 〈두 교황〉은 제목에서부터 진입장벽이 있을 수 있다. 하지만 이 영화는 종교를 떠나 두 교황의 존재와 관계에서 발생하는 휴머니즘이 돋보인다. 〈두 교황〉은 실존 인물인 전직 교황 베네딕토 16세$^{Benedictus XVI}$와 현직 교황 프란치스코^{Francis}의 이야기를 다룬 실화이다. 전직 교황 베네딕토 16세의 사임을 배경으로 하지만 보편적인 종교영화가 가지는 신앙이나 종교에 대한 이야기에 국한되는 것이 아니라 두 사람의 인간적인 면에 더 집중한다. 종교인도 결국은 인간이라는 점에서 시청자들에게 진한 여운을 남긴다. 〈결혼 이야기〉와 〈두 교황〉은 다소 마이너하게 느껴질 수 있는 자극적이지 않은 장르와 톤앤매너의 영화지만, 많은 시청자들의 공감은 물론 작품성 면에서도 좋은 성과를 이뤘다.

OTT 콘텐츠 중 주목할 만한 다양성 콘텐츠로는 넷플릭스 오리지널 영화 〈기상천외한 헨리 슈거 이야기(The Wonderful Story of Henry Sugar), 2023〉를 꼽을 수 있다. 이 영화는 40분가량의 러닝타임으로 단편보다는 중편에 가까운데, 원작은 로알드 달$^{Roald Dahl}$의 소설로, 웨스 앤더슨$^{Wes Anderson}$ 감독이 각색했다. 이 영화는 2024년 오스카 수상에 힘입으며, 〈기상천외한 헨리 슈거 이야기 외 3편(The Wonderful Story of Henry Sugar and Three More), 2024〉이라는 제목으로 단편 영화 4개를 묶어 다시 공개되기도 했다. 이 영화는 3중 액자식 구성에 가까운 독특한 극적 구조와 미장센$^{Mise en scène}$이 두드러지는 인상적인 작품이다. 극적 아이디어에서 흥미로운 지점들도 함께 맞물려 기이한 매력을 보여준다. 부유한 독신자 헨리 슈거는 더 많은 돈을 벌고 싶은 욕망 가득한 인물이다. 그는 오랜 수련 과정을 거쳐 투시 능력을 키워, 성공적으로 카지노에서 많은 돈을 번다. 하지만 돈이 많아도 쓸 곳이 없던 그는 결국 기부를 선택하는 마치 동화 같은 서사이다. 강력한 사건을 극적으로 녹여내기보다는 독특한 인물 일대기를 실험적으로 표현하는 구조가 눈에 띈다. 전통적 스토리텔링 방식에 익숙한 우리들에게는 다소 낯설 수 있지만, 표현 방식에서 신선함을 주는 작품이다.

다양성 영화 외에도, 소수지만 이들의 존재에 대한 이야기를 '마이너' 틀에 가두지 않는 작품도 늘어나고 있다. 넷플릭스 오리지널 시리즈 〈무브 투 헤븐: 나는 유품정리사입니다, 2021〉는 이런 면에서 특히 주목할 만하다. 이 작품은 아스퍼거증후군 Asperger's syndrome을 가진 그루와 그의 후견인 상구가 유품정리업체 '무브 투 헤븐'을 운영하며 '고인의 이야기'를 전하는 작품이다. 특히 아스퍼거증후군을 가진 주인공 그루를 다루는 방식에서 소수에 대한 전형성을 탈피했다는 점이 흥미롭다. 장애를 다루는 전형성에서 벗어나려는 시도는 이외 다른 작품에서도 존재했다. 하지만 주인공이 단순히 장애로 인한 한계를 극복하는 서사가 아니라 유품을 정리하는 과정에서 주체적으로 행동하는 인물이라는 점이 핵심이다. 그루는 유품정리사라는 다소 독특한 직업군을 가진데다가 아스퍼거증후군으로 감정 교류가 어려움에도 이야기를 주도적으로 이끌어 간다. 더불어 다양한 에피소드를 통해 여러 사회문제는 물론 소수자의 문제 또한 끊임없이 환기시킨다. 마찬가지로 소수자 주인공 설정의 〈이상한 변호사 우영우〉는 자폐스펙트럼 장애에 대한 대중적 인식을 바꾸고, 콘텐츠적 흥행까지 이끌어냈다.

지상파에서는 휴먼이나 힐링 드라마가 지속적으로 제작되지만 OTT 플랫폼 내에서는 상대적으로 주류가 아니다. 〈무브 투 헤븐: 나는 유품정리사입니다〉의 경우에도 작품성에 비해 주목도가 높지는 않았다. 하지만 넷플릭스 오리지널 휴먼 힐링 드라마 〈정신병동에도 아침이 와요, 2023〉는 작품성과 대중성 면에서 모두 의미 있는 성과를 거두기도 했다. 물론 현대인의 정신병리학적 문제를 다룬 〈괜찮아, 사랑이야〉나 〈사이코지만 괜찮아〉 등의 드라마가 예전에도 있었지만, 〈정신병동에도 아침이 와요〉는 실제 정신병동 내에서 일어나는 다양한 환자들의 양상과 에피소드들을 풍부하게 다뤘다는 점에서 차별화를 가진다. '누구나 아플 수 있다'는 현실을 환기하는 방식도 흥미롭다. 주인공인 간호사 다은의 우울증, 의사 고윤의 강박증, 친구 유찬의 공황장애 등 정도 차이는 있지만 다양한 정신질환을 '누구나' 가지고 있음을 보여준다. 특히 간호사 다은이 우울증으로 폐쇄병동에 입원했다는 사실이 밝혀지는 서사는 주목할 만한 부분이다. "아픈 사람이 어떻게 간호사를 맡냐"며 반발하는 환자 보호자들의 이중성은, 우리 사회의 정신장애에 대한 인식의 벽을 깨닫게 한다. 아침이 올 것 같지 않은 공간이지만 그럼에도 아침은 온다. 주인공 다은은 우울증 속에서도 근무를 이어가고, 공황장애를 가진 실습생 승재가 신규 간호사로 들어오는 엔딩은, 모두가 힘든 밤들을 이겨내고 '아침'을 맞이할 수 있다는 희망을 선사한다. 이러한 의미 있는 흥행은, 앞으로 국내 넷플릭스 OTT 내에서 다양한 휴먼, 힐링 드라마도 얼마든지 접할 수 있음을 보여준다.

이제 마이너, 소수의 콘텐츠라는 고정관념의 틀은 사실상 허물어졌고, 흥행 가능성만이 제작의 핵심요소가 아니다. OTT 제작 콘텐츠들은 장르, 톤앤매너, 소재 등 다양한 면에서 열려있다. 이전에는 다양성 영화 전문상영관에서나 만날 수 있던 작품들이 OTT를 통해 이제는 '한번쯤 접할 수 있는' 소비가능성이 확대된 셈이다.

시청자들은 반드시 자극적인 콘텐츠에만 열광하지는 않는다. 다양한 플랫폼에서 우리의 편견을 깨는 콘텐츠들이 꾸준히 제작되고 있다. 조금 소소하더라도 보편적으로 공감할 수 있는 이야기, 다양한 방식과 형태의 이야기들을 받아들일 준비가 충분히 되어있다. 작가로서 대중적 재미를 놓치지 않는 일도 중요하지만, '작품성'의 차원에 대한 고민도 분명 필요한 영역이다.

08 | 확장 중인 실험적 시도들

앞서 언급한 것처럼 OTT 플랫폼의 강점은 다양한 시도이다. 마이너하던 장르들이 점차 부상하며 흥행과 장르 다양성의 포문을 열었다. 실험적 시도들은 마이너를 넘어 점차 그 영역을 확대해 나가고 있다. 넷플릭스 오리지널 시리즈 〈킹덤, 2019~2020〉을 먼저 살펴보자. 기존 좀비의 형태를 벗어나 K-좀비라는 실험적이고 독창적인 유형을 만들어냈다는 점이 주목할 만한 포인트이다. 이제는 좀비물이라는 장르가 대중들에게 전혀 낯설지 않은 상황에 이르고 있다. 흡혈귀 뱀파이어 역시 공포에서 '로맨스'의 대상으로까지 확대됐다.

영화가 아닌 드라마에서 괴물이 등장하는 크리처Creature물을 제작하는 것 역시 살펴볼 만한 실험적 시도 중 하나이다. 기존 넷플릭스 오리지널 시리즈 중 흥행작으로 꼽히는 〈기묘한 이야기(Stranger Things, 2016~2022)〉 역시 그러한 크리처물 중 하나이다. 이 작품은 1980년대 미국 인디애나주 호킨스에서 소년 윌 바이어스가 실종되고, 미스터리한 소녀 일레븐과 윌의 엄마, 친구들, 주변 사람들이 다른 차원의 세계로 통하는 문을 사이에 두고 미지의 존재와 맞서는 이야기이다. 이 작품은 '아이들'과 '어른들'이 힘을 합쳐 괴물과 맞서는 이야기지만, 화면에 괴물이 자주 등장하지는 않는다.

동명의 웹툰을 원작으로 한 넷플릭스 오리지널 시리즈 〈스위트홈〉은 다양한 형태의 괴물이 등장하는 크리처물로 본격 VFX 보편화 시대를 연 데다가, 최근 시즌3까지 제작을 마무리했다는 점에서도 콘텐츠적으로 의미가 있다. 앞서 언급한 〈기묘한 이야기〉와 〈스위트홈〉은 둘 다 괴물이 나오고 등장인물들 간의 연대와 사투를 보여주는 작품이다. 두 작품의 차이점은 〈스위트홈〉이 괴물에 대한 위협과 죽음의 위기 속에서 '생존'에 대한 목표가 더 강하고, 사람이 괴물로 변한다는 설정 속에서 괴물들의 형태가 디테일해진다는 점이다.

〈스위트홈〉 시즌 1은 고등학생 현수가 재개발을 앞둔 '그린홈'이라는 아파트 안에서, 괴물을 마주하며 겪는 이야기이다. 이 드라마가 신선한 점은 괴물이 단일 형태가 아니라는 점과 인간의 욕망이 괴물로 형상화된다는 점이다. 크리처물은 사실상 실사화가 쉽지 않을 뿐더러 다양한 형태의 괴물을 두려움의 대상이 아닌 '캐릭터'로 구현하기란 더더욱 어렵다. 그래서 여러 크리처가 전부 완벽한 형태로 구현되었다고 보기는 힘들다. 하지만 '세상이 멸망하고 사람들이 각자의 욕망에 따라 각기 다른 괴물이 된다.'는 세계관은 기존의 크리처물과는 확실히 차별화될 수 있는 강력한 설정이었다. 결국 괴물은 인간의 욕망에서 비롯됐다. 좀비처럼 물리면 감염되어 괴물이 되는 것이 아니라, 언제, 누구라도 자신의 마음 상태에 따라 괴물이 될지도 모르는 상황이라 극적 서스펜스는 보다 강화된다. 시즌 1의 그린홈이라는 공간에서 나아가 시즌 2는 생존자들의 새로운 공간인 안전캠프와 실험기지로 확장된다. 특수감염자들을 모아 치료제를 개발하는 상황에서, 흑막과 사투가 펼쳐진다. 시즌 3은 괴물과 인간 사이의 '신인류' 캐릭터로 세계관을 확장해 이야기를 전개해 나간다. 평가는 엇갈리지만, 최초 국내 장편 크리처물로 다양한 새로운 기술들을 선제적으로 시도하며 세 개의 시즌을 진행했다는 점은 괄목할만한 성과이다.

이외에도 섣불리 접근하기 어려운 색다른 실험적 시도들도 눈에 띈다. 넷플릭스 오리지널 인터렉티브Interactive 영화 〈블랙미러: 밴더스내치(Black Mirror: Bandersnatch, 2018)〉는 마치 게임처럼 관객이 러닝타임 내내 '선택'에 관여할 수 있는 '관객 참여형' 영화이다. 이 작품은 다양한 장면에서 관객의 선택에 따라 각기 다른 형태의 알고리즘Algorithm을 만들어 나간다. 각자가 선택한 인물의 행동이나 서사 전개에 따라 관객마다 다른 형태의 결말을 보게 된다.

소소하게는 식사나 음악의 결정부터 중요한 극적 선택까지 마치 영화 속 주인공처럼 관객이 직접 선택하며 서사의 폭을 다양하게 했다는 점에서 주목해 볼만 하다. 이제 더 이상 관객은 영화관에서 주어진 작품을 감상만 하는 것이 아니다. OTT 플랫폼 환경에서 '선택'이라는 행위를 통해 낯설지만 폭넓은 형태의 영화감상이 가능해진 것이다.

인터렉티브 영화가 게임과 유사한 측면도 있어 특별하게 느껴지지 않을지도 모른다. 하지만 여기서 중요한 것은 OTT 플랫폼이 다양한 콘텐츠를 실험할 수 있는 장이 되고, 더불어 기존 콘텐츠가 가진 서사를 확대해 나갈 수 있다는 점이다. 실례로 넷플릭스 인기 시리즈 중 하나인 〈블랙미러(Black Mirror, 2011~2019)〉를 기반으로 새로운 형식의 인터렉티브 무비를 시도한 만큼, 이미 제작된 다른 콘텐츠 안에서도 다양한 형식과 포맷의 이야기가 무궁무진하게 가능할 것이라는 점을 짐작해 볼 수 있다. 넷플릭스 〈이 사랑, 최선일까?, 2023〉 역시 인터렉티브 로맨스 영화이다. 여성 주인공이 처한 여러 상황에서 다양한 선택을 할 수 있고, 선택에 따라 스토리가 다르게 전개된다. 서사 면에서 아쉬움은 남지만, 계속해서 인터렉티브 콘텐츠가 게임 등으로 확장되고 있는 만큼 스토리텔링의 다양한 지형을 넓혀가는 시도로 볼 수 있다. 드라마가 아닌 어드벤처/버라이어티 예능이지만, 베어그릴스의 모험을 인터 렉티브 콘텐츠로 만든 〈당신과 자연의 대결(You vs. Wild), 2021〉 시리즈 영화도 콘 텐츠의 확장 가능성을 보여준다는 점에서 흥미로운 작품이다.

동명 웹툰을 원작으로 한 티빙 오리지널 드라마 〈유미의 세포들, 2021~2022〉 역시 상당히 실험적인 형태를 보여준다. 이 드라마는 인기에 힘입어 시즌 2까지 제작 되었다. 장르적 특성상 웹툰의 서사를 그대로 구현하는 것은 쉽지 않을 뿐 아니라 사 실상 불가능에 가깝다. 원작 웹툰 〈유미의 세포들〉은 유미의 머릿속 감정세포들이 유미의 모든 행동에 영향을 미치며, 세포들 시점에서의 캐릭터 및 대화가 재미있게 펼쳐진다. 이것을 어떤 형태로 영상화, 시각화할 수 있느냐가 이 드라마의 주목 포인 트이기도 했다. 〈유미의 세포들〉은 국내 드라마 최초로 배우들의 실사연기와 3D 애 니메이션을 절묘하게 결합해 유미의 머릿속 세포들을 구현했다는 점에서 흥미롭다.

사람의 다양한 마음 상태를 대변하는 여러 세포들이 이 작품의 큰 흥행요소였기 때문에, 3D 애니메이션으로 원작의 매력을 살린 점은 매우 유효했다. 더불어 애니메이 션 세포 캐릭터를 여러 성우들이 맡아 다양한 세포 캐릭터를 디테일하게 표현했고, 이 러한 부분들이 자연스럽게 드라마의 실사 영상과 어우러지는 좋은 시너지를 낳았다.

사실 원작 웹툰 〈유미의 세포들〉은 매우 방대한 분량이기도 하고, 아주 강력한 극적 서사가 중심이 되는 웹툰이 아니라, 특히 영상화가 어려운 작품이기도 하다. 이 작품의 경우 웹툰 형식과 유사하게 시즌제 에피소드를 택한 것이 최근 시청자들의 수 요에 부합했다. 원작의 매력과 형태를 최대한 가져가면서 영상화에 대해 고민하고, 실사와 애니메이션 결합에 성공했다는 점은 분명 의미가 있다.

모든 콘텐츠가 실험정신을 발휘해야 하는 것은 아니며, 모든 실험이 다 성공적인 것만은 아니다. 하지만 이야기의 확장 가능성과, 기술적 발전은 물론 다양한 장르 간의 결합을 통해 여러 시도가 이루어진다는 것은 작가로서도 간과하지 말아야 할 부분이다. 우리의 상상 범주에서만 가능하던 것들이 현실이 되고 있다. 그 어떤 시도도 '말이 안 된 다', '구현하기 어렵다'고 섣불리 판단할 수 없다. 상상의 범주를 뛰어넘는 실험적인 시 도들을 통해 앞으로도 얼마나 참신한 콘텐츠들이 등장하게 될지 기대해볼 만하다.

Section 04

지금, 앞으로도 할 수 있는 이야기

OTT 콘텐츠를 떠나, 기존의 수많은 작품들에서 끊임없이 제기되어 왔던 요즘 세상의 이야기들은 다양한 콘텐츠들에 영향을 미치고 있다. 현대 사회 삶의 방식이나 부조리 등은 다양한 작품들에 고스란히 반영되어 있다. 어떤 보편적인 '이야기'가 변하는 것은 아니다. 길든 짧든 호흡이 빠르든 결국 사람의 이야기이다. 모든 극은 어떤 인물이 목표를 위해 달려가며, 목표를 이루거나 실패하는 이야기라는 점에서 극작의 기본은 변한 게 없다.

01 | '어떤' 글쓰기가 필요할까?

하늘 아래 아주 새로운 특별한 이야기가 존재하는 것은 아니다. OTT 플랫폼의 오리지널 작품들이 서사의 측면에서 기존 방송프로그램들과 완전히 다른 독자적인 영역을 구축했다고 단언하기에는 조심스럽다. 물론 독보적인 면도 있다. 플랫폼 특성상 매주 방송이 아닌 '동시 업로드'를 한다는 점, 동시 업로드를 하지 않더라도 '몰아보기'가 가능하다는 점이 그러하다. 따라서 서사 전개에 몰입도를 가질 수 있다는 강점이 있다. 이를 기반으로 짧은 러닝타임과 회차의 숏폼, 미드폼 콘텐츠들이 강세를 보인다. 한 번에 모든 회차의 콘텐츠가 동시에 업로드되는 만큼, 이러한 점을 고려해 시즌제 드라마들이 다수 제작되고 있는 점도 보인다. 더불어 플랫폼 특성상 조금 더 자극적이고 선정적인 소재의 이야기, 방송으로 하기 어려운 이야기를 거침없이 전면에 내세울 수 있다는 점에서도 주목해볼 만하다.

OTT 플랫폼이 글쓰기의 종착역은 아니지만, 이제 '절대 다수'의 '취향'에 대해 고민하던 시대가 갔다는 점은 분명해 보인다.

익숙한 것이 아닌 새로움에 대한 시대적 갈망도 존재하지만, 많은 사람들이 가진 욕망의 보편성은 끊임없이 글을 쓰는 작가들에게 고민거리를 준다. 당연하다. 현재 많은 사람들이 무엇을 바라고 있는지에 대한 화두는, 작가로서 우리를 끊임없이 고민하게 할 수밖에 없다.

02 | 일단 도전해보자!

흔히 작가들은 작품을 기획하면서 끊임없이 자기검열을 한다. '이게 과연 재미있을까?', '이게 방송이 되겠어? 제작이 되겠어?'라는 생각은 끊임없이 우리를 미궁 속으로 몰아넣는다. 국내에서 애니메이션이나 웹툰, 게임이 아닌 이상, 거창한 세계관과 막대한 제작비를 투입할 만한 서사를 영상화하는 것은 쉽지 않았다. 물론 이제 장르적으로 다양한 콘텐츠가 늘어나고 있지만, 〈스위트홈〉과 〈승리호〉가 먼저 했다. 제작비가 많이 들어가는 사극, 이야기 구성이 쉽지 않은 좀비 이야기. 하지만 〈킹덤〉이 그 두 가지를 동시에 해냈다. 민감한 소재, 전면에 내세우기 어려웠던 문제적 얘기들, 〈D.P.〉와 〈소년심판〉이 해냈다.

새로움, 대중성을 고민하기에 앞서, 다수든 소수든 내 이야기의 주요 타깃과 장르를 고민해보면 어떨까? 그들은 어디가 아프고, 어디가 불편하고, 무엇에 울고 무엇에 웃으며, 어떤 이야기가 필요할까? 쉽지 않지만, 고정관념에서 탈피해 어떤 글쓰기를 해야 할지 고민해보자. 감히 해답을 내릴 수도 없고, 명쾌한 정답은 없다. 하지만 분명한 건, 새로움을 말하기 위해서는 '해도 될까?' 하는 고민 대신 '될 방법'을 고민하는 것이 빠르다는 것이다. 이미 많은 선례가 있다. 안 되는 것보다 되는 게 더 많다. 미래에는 어떤 포맷의 어떤 이야기의 콘텐츠가 등장할지 속단할 수 없다. 누군가 '잘 될까?' 하는 회의감을 품었던 작품들이 빛을 발할 수 있는 것처럼, 이 책을 읽은 누군가의 이야기가 우리를 웃고 울릴 수 있기를 상상해본다.

Reference

1. 드라마

KBS – 꽃보다 남자, 2009 | 너도 인간이니?, 2018 | 드림하이 1~2, 2011~2012 | 올드미스 다이어리, 2004~2005 | 풀하우스, 2004 | 학교 시리즈 2009~2022(총 8편) | 가슴이 뛴다, 2023 |

MBC – 개인의 취향, 2010 | 아일랜드, 2004 | 어쩌다 발견한 하루, 2019 | 환상의 커플, 2006 |

SBS – 괜찮아, 사랑이야, 2014 | 달콤한 나의 도시, 2014 | 모범택시, 2023 | 별에서 온 그대, 2013~2014 | 사내맞선, 2022 | 상속자들, 2013 |

jtbc – 낮과 밤이 다른 그녀, 2024 | 내 ID는 강남 미인, 2018 | 재벌집 막내아들, 2022 |

tvN – 간 떨어지는 동거, 2021 | 갯마을 차차차, 2021 | 김비서가 왜 그럴까, 2018 | 나인 : 아홉 번의 시간여행, 2013 | 눈물의 여왕, 2024 | 미생, 2014 | 반짝이는 워터멜론, 2023 | 방법, 2020 | 빈센조, 2021 | 사이코지만 괜찮아, 2020 | 선재 업고 튀어, 2024 | 스물다섯 스물하나, 2022 | 시그널, 2016 | 이번 생은 처음이라, 2017 | 이태원 클라쓰, 2020 | 치즈 인 더 트랩, 2016 | 호텔 델루나, 2019 |

OCN – 경이로운 소문, 2020 | 손 the guest, 2018 |

넷플릭스 – 기묘한 이야기 시즌 1~4, 2016~2022 | 기생수: 더 그레이, 2024 | 나르코스 시리즈(2015~2021) | 나 홀로 그대, 2020 | D.P. 시즌 1~2 , 2021~2023 | 더 글로리, 2022~2023 | 더 에이트 쇼, 2024 | 루머의 루머의 루머 시즌 1~4, 2017~2020 | 마스크걸, 2023 | 무브 투 헤븐: 나는 유품정리사 입니다, 2021 | 보건교사 안은영, 2020 | 빌어먹을 세상따위 시즌 1~2, 2017~2019 | 살인자ㅇ난감, 2024 | 삼체, 2024 | 소년심판, 2022 | 스위트홈 시즌 1~3, 2020~2024 | 엘리트들 시즌 1~8, 2018~2024 | 오징어 게임, 2021 | 위쳐 시즌 1~3, 2019~2023 | 이두나!, 2023 | 인간수업, 2020 | 정신병동에도 아침이 와요, 2023 | 좋아하면 울리는 시즌 1~2, 2019~2021 | 지금 우리 학교는, 2022 | 지옥, 2021 | 퀸스 갬빗, 2020 | 킹덤 시즌1~2, 2019~2020 | 하이라키, 2024 |

디즈니플러스 – 무빙, 2023 | 3인칭 복수, 2022 | 비질란테, 2023 |

웨이브 – 거래, 2023 | 약한 영웅 class1, 2022 | 청담국제고등학교, 2023 |

티빙 – 마녀식당으로 오세요, 2021 | 술꾼 도시 여자들, 2021 | 유미의 세포들, 2021 |

seezn – 소년비행 1~2, 2022 / **U+모바일 tv** – 하이쿠키, 2023

기타 해외드라마 – 가십걸 시즌 1~6 2007, 2012 | 덱스터 시리즈, 2006~2021 | 스킨스 시즌 1~7, 2007~2013

2. 영화

넷플릭스 – 결혼 이야기, 2019 | 기상천외한 헨리 슈거 이야기, 2023 | 당신과 자연의 대결, 2019 | 두 교황, 2019 | 내가 사랑했던 모든 남자들에게 시즌 1~3, 2018~2021 | 키싱부스 시즌 1~3, 2018~2021 | 로마, 2018 | 블랙미러: 밴더스내치, 2018 | #살아 있다, 2020 | 승리호, 2021 | 엑스오, 키티, 2023 | 이 사랑, 최선일까?, 2023 |

극장 – 내부자들, 2015 | 마녀, 2018 | 박화영, 2018 | 방법: 재차의, 2021 | 신과 함께 – 죄와 벌, 2017 | 신과 함께 – 인과 연, 2018 | 어디선가 누군가에 무슨 일이 생기면 틀림없이 나타난다 홍반장, 2004 | 여고괴담 1~6, 1998~2021 | 파수꾼, 2010 | Her, 2013 |

Special 03 Interview

작가 데뷔의 세계

〈화평공주 체중감량사〉 김은령 작가

제2회 스포츠투데이 신춘문예 TV드라마 시트콤 당선
제32회 한국방송작가협회 교육원 TV드라마 신인상 우수상 〈화평옹주 감량사〉
2010년 KBS 미니시리즈 공모전 우수상 〈스파이 명월〉
KBS 드라마스페셜 〈화평공주 체중감량사〉 집필

데뷔하기까지 어떤 노력을 했는지?

대학 졸업한 후 작가교육원의 장수생으로 기초반, 연수반, 전문반, 창작반까지 끊임없이 재수, 삼수하면서 마쳤습니다. 기초반에서 연수반으로 올라갈 때를 제외하곤 언제나 한 번에 패스한 적이 없었어요. 늘 재수 혹은 삼수를 하면서 한 과정 한 과정 올라갔습니다. 물론 중간에 휴학도 많이 했습니다.(그만큼 천부적 재능은 없었다는 거죠. ^^) 물론 그 기간 동안 대학원도 다녔고, 보조작가도 했고 아이들을 가르치는 논술교사도 했습니다. 그리고 드디어 작가교육원을 끝까지 마쳤습니다. 그러나 이건 제 경우였고 추천하는 방법은 아닙니다. 지금은 다른 경로도 많고, 그때도 수료 전 당선되어 데뷔하는 실력 좋은 친구들도 많았거든요. 그래서 전 과정을 반드시 마칠 필요는 없다고 생각합니다. 그런데 왜 나는 시간과 돈을 써가면서 그렇게 했는지 이번 기회에 돌아봤습니다. 그때 저는 소속감과 쉬지 않고 나를 쓰게 할 원동력이 필요했습니다. 그 기간 동안 계속해서 단막극을 쓰고 평가 받고 고치면서, 쓰고 또 쓰는 계기가 되었거든요. 다양한 사람들이 내 글을 보고 느낀 점을 듣는다는 건 굉장히 중요하고 고마운 경험이었습니다. 그리고 이런 경험은 드라마 작가가 되기 위해 꼭 필요한 과정이었습니다. 드라마 작가라는 일은 공모전에 대본을 낼 때도, 당선이 되어서도, 제작사와 계약을 한 후에도, 심지어 방송이 된 후에도 늘 누군가의 평가를 받는 일이니까요. 그런데 항상 좋은 평가를 받을 수는 없기 때문에 다른 사람들이 내 글에 관해 어떤 평가를 해도 중심을 꽉 잡고 앞으로 나가는 훈련을 미리 해두면 크게 도움이 됩니다. 이후 교육원을 마친 후에도 보조작가 생활을 하면서 계속 공모전에 응모했고, 첫 공모 응시 이후 10년 만에 KBS 미니시리즈 공모에 당선되었습니다. 그 이후에는 제작사와 계약해서 일하고 있습니다.

🖋 습작기에 꼭 읽었으면 하는 필독서가 있다면?

책의 홍수 속에 살고 있다고 생각될 만큼 요즘은 새롭고 재미난 책들이 많이 출간됩니다. 그럼에도 불구하고 고전 명작소설만큼은 최대한 많이 읽는 게 좋습니다. 이건 저 자신에게 하는 말이기도 합니다. 학창시절 의무감에 읽었던 책을 다시 읽어도 좋고, 제목은 익숙하지만 아직까지 읽지 못했던 고전을 읽어도 좋습니다. 고전, 스테디셀러라 불리는 명작소설들은 최대한 많이 읽는 게 좋다고 생각합니다. 오랜 시간 사람들에게 사랑받는 책이라면 반드시 그 이유가 있고 그 이유를 이해하고 공감하는 것이 드라마를 쓰는 데 도움이 되기 때문입니다.

🖋 내가 쓰고 싶은 작품을 써야 할지, 시의성 있는 작품을 써야 할지?

요즘 같은 시대에 '시의성' 있는 작품을 쓰는 건 정말 어렵다고 생각합니다. 드라마 한 편이 기획되고 만들어지는데 빠르면 1~2년, 길게는 수년 씩 걸립니다. 그런데 코로나 이후 내년에 무슨 일이 일어날지 아니 다음 달에 무슨 변화가 있을지 예측하기 힘든 세상이 되었어요. 물론 시대흐름과 상관없이 좋은 주제와 의미를 지닌 작품은 언제든 대환영이지만요. 그래서 제 개인적인 생각은 신인작가를 꿈꾸고 있다면 쓰고 싶은 작품을 쓰는 게 더 낫지 않나 싶습니다.

🖋 작가로 데뷔하게 된 계기는 무엇인가요?

작가 교육원 장수생 끝에 드디어 창작반에 올라가 졸업 문집을 위해 썼던 작품이 〈화평공주 체중감량사, 2011〉였어요. 그리고 그 작품이 그해 작가 교육원에서 신인상을 수상하면서 수상작품집에 실리게 되었습니다. 작가교육원 수상작품집은 모든 방송사에 전달되는데 우연히 그걸 본 KBS 감독님의 눈에 띄어 단막극으로도 제작되었습니다. 감사하게도 정말 운이 좋았던 것 같습니다. 그 이후 KBS 미니시리즈 공모전에서 당선되었지만 당선작이 좋은 결과로 마무리 되진 못했고, 단막을 좋게 본 제작사와 계약한 후 현재까지 일하고 있습니다.

🖋 드라마 작가에게 가장 필요한 한 가지가 있다면?

드라마 작가가 되겠다고 마음먹은 분이라면 글에 대한 사랑과 열정은 기본일 겁니다. 그래서 저는 회복 탄력성을 작가에게 꼭 필요한 덕목으로 꼽고 싶습니다. 보조작가 생활 후 공모 당선까지 10년, 당선 후 지금까지 또 10년, 하지만 저는 아직도 미니시리즈 편성을 받기 위해 쓰고 평가받고 고치고를 반복하고 있습니다. 저 같이 평범한 드라마 작가가 작품 하나를 세상에 내보내기 위해 노력해야 하는 시간은 일반 사람들의 짐작보다 훨씬 더 깁니다. 그리고 그 시간동안 오롯이 자신과의 싸움이 계속됩니다. 주변에서 아무리 좋은 아이디어와 자료를 제시해도 결국 원고를 쓰는 건 작가 몫이거든요. 중간 중간 혹평이나 노력에 반비례한 의외의 결과들이 쏟아져 나오는 일도 흔합니다. 그때마다 툭툭 털고 다시 일어날 수 있는 힘이 있어야 버틸 수 있고, 결국 오래 버티는 사람에게 기회가 주어진다고 생각합니다. 넘어져도 일어나 다시 걸어갈 수 있는 힘, 그게 드라마 작가에게 꼭 필요한 한 가지라고 생각합니다.

작품의 소재를 어디서 찾으시나요?

제 경우에는 이것저것 참 많이 봅니다. 책, 영화, 드라마 외에도 만화책, 웹툰, 웹소설, 애니메이션, 어린이 프로그램, 예능, 오락 등 그냥 재미있는 콘텐츠는 다 보려고 노력합니다. 물론 보다 지루하면 바로 다른 콘텐츠로 넘어갈 뿐 아니라 소재를 찾으려고 진지하게 접근하지도 않습니다. 일단 재미있는 걸 보면서 가볍게 깔깔 웃고 저절로 내가 바꿔 본다면, 내가 저 이야기의 작가라면 어떤 이야기가 나올까 상상하다 보면 생각지도 않은 곳에서 소재가 툭 튀어 나올 때가 있습니다. 그때 참 짜릿합니다.

나만의 자료조사 꿀팁이 있다면?

다들 하는 것처럼 관련 서적이나 영화, 드라마 보기, 직접 방문해서 취재해보기 등 할 수 있는 건 다 합니다. 특히 저는 주변 사람들에게 많이 물어봅니다. 작가들이 아닌 가족이나 일반 친구들, 어린이들에게도 편하게 물어봅니다. 그냥 가볍게 물어봤을 뿐인데, 제가 필요한 경험을 한 사람이 경험담을 술술 말해 주기도 했고, 그 부분에 관한 책이나 영화, 드라마를 추천해주는 경우도 있었습니다. 물론 아무 답변도 얻지 못할 때가 더 많습니다. 그래도 혼자 하다 힘들면 주변에 도움을 요청합니다.

나만의 작업 노하우는?

결론부터 말하자면 일단 씁니다. 저는 개인적으로 기획안을 작성하고 1부 대본의 첫 씬(Scene)이 제일쓰기 힘든 파트로 느껴집니다. 자꾸 미루게 되고, 더 좋고 더 근사해 보이는 첫 씬이 어딘가 있을 거 같아 망설이다 보면 시간만 흐르는 경우가 많았습니다. 시작도 못해보고 막히는 내 자신을 보면 위축되기 시작하고 그러다 보면 점점 더 안 써지고…, 그래서 일단 그날 그 시간에 떠 오른 제일 좋은 대사와 지문을 무조건 씁니다. 무조건 그날 생각난 데까지 쓴 후, 다음 날 다시 읽어보고 수정 보완합니다. '다 지워도 괜찮으니 일단 써보자.' 이렇게 마음먹고 시작하면 부담감을 조금은 내려놓을 수 있습니다. 그래서 일단 씁니다. 그렇게 쓰고 지우고를 반복하다 보면 이거다 싶은 한 장면이 나옵니다.

✒ 나만의 슬럼프 탈출법은?

저에게 슬럼프는 감기처럼 느껴집니다. 어느 날 툭하고 찾아와서 날 힘들게 하고 나았다 싶어도 다시 또 걸리는…. 대응도 감기와 비슷하게 합니다. 일단 잘 먹고 잘 잡니다. 하루라도 푹 쉰 후엔 하고 싶은 걸 하려고 노력합니다. 매운 음식을 먹거나 달콤한 차를 한 잔 마시거나 친한 친구들과 수다를 떨거나 등등…, 어떤 일이라도 나를 잠시 행복하게 해주는 행동을 합니다. 그렇게 나를 쉬게 하고 나에게 선물을 해주면 다시 기운이 나고 쓰고 싶은 게 떠오릅니다. 그때 다시 작업을 시작합니다.

그런데 마감이 촉박하다. 나에게 작은 선물조차 할 여유가 없다 싶을 땐 무작정 걷습니다. 동네를 계속 빙글빙글 돌아다니면서 다만 30분이라도 몸을 움직이다 보면 순간 좋은 아이디어가 떠오를 때가 있습니다. 그럼 다시 신나서 노트북 앞에 앉습니다. 머리나 마음이 아플 땐 일단 몸을 움직이는 게 제일 빠르고 좋은 방법 같습니다.

✒ 데뷔를 꿈꾸는 작가들에게 해주고 싶은 말이 있다면?

공모전 당선도 데뷔도 쉽지 않다는 말은 여기저기서 들을 수 있지만 막상 자신의 일이 되면 생각만큼 의연할 수 없습니다. 공모전 탈락이나 편성회의에서 탈락되는 일이 여러 번 반복되면 초조하고 나만 뒤처진 것 같고, 재능도 운도 체력도 모든 것이 부족한 거 같은 열등감마저 느껴집니다. 그럴 땐 좀 더 크게, 좀 더 멀리 보는 여유가 필요합니다. 부족하다면 더 오래, 더 많이 쓰면 되고, 그래도 힘들면 좀 천천히 가면 된다는 마음으로 여유를 갖는 게 좋습니다. 결국 오래 버티는 자에게 기회가 올 테니까요. '인생은 예측불허, 생은 그리하여 의미를 갖는다.' 신일숙 선생님이 만드신 명작만화 「아르미안의 네 딸들」의 명대사이지요. 저는 힘들 때 종종 이 말을 떠올리곤 합니다. 부디 이 말을 떠올릴 날이 없으면 좋겠지만, 원고청탁으로 너무 바쁜 나날이 이어지면 좋겠지만 혹시나 힘든 날이 오더라도 버티면 좋겠습니다. 결국 버티는 자만이 기회를 얻으니까요. 모두 버티자고요.

Secret

05

캐릭터의
세계

윤민경

Section01. 매력적인 스토리텔링의 Key, Character

Section02. 캐릭터 성격 창조의 키, Who = 4W1H

Section03. 조화로운 캐릭터 구성의 Key, Supporting Role

Section **01**

매력적인 스토리텔링의 Key, Character

안다. 맞다. '라이팅의 세계'에서 이미 한 번 다뤘다. 그럼에도 불구하고 따로 한 번 더 언급한 다는 것, 의미심장하지 않은가. 반복은 강조라고 했다. 그리고 스토리텔링에 있어 강조하고 강 조하고, 또 강조해도 지나치지 않은 게 바로 캐릭터다. 인간이 사랑과 미움을 느끼는 대상은 스토리가 아니라 사람 곧 캐릭터이기 때문이다. 그 스토리가 어떻게 흘러갈지 궁금한 것은 사 건 때문이 아니다. 사건의 중심에 있는 사람이 어떻게 될지가 궁금한 것이다.

01 | 프로그램의 성패를 좌우하는 '캐릭터'

비단 드라마나 영화 이야기만이 아니다. 이미 예능에서도 캐릭터는 인기 를 견인하는 데 없어서는 안 되는 필수 요소가 되었다. 대표적인 장수 예능 프로그램 SBS 〈런닝맨〉, KBS 〈1박 2일〉, SBS 〈미운 우리 새끼〉부터 연애 리얼리티 SBS Plus 〈나는 솔로〉, jtbc 〈연애남매〉, 넷플릭스 오리지널 〈솔로지옥〉 등등. 대중이 열광하 는 대상은 사건이 아닌, 그것을 일으키는 특이하고 독보적인 캐릭터이다.

이렇듯 사건과 스토리의 전제는 어디까지나 '사람'이다. 관객에게 감정을 불러 일으키는 건 스토리가 아니라 그 스토리 속에 살아 움직이는 인간인 것이다. 그렇기 에 우리가 시나리오에서 가장 공을 들여야 할 부분은 '캐릭터'이다. 그렇다면 캐릭터 란 무엇인가.

02 | 기질과는 다른 '캐릭터'

캐릭터란 '개인을 특징짓는 지속적이면서도 일관된 행동양식'으로 인물 의 성격과 기질, 특징, 특질로 구별된다. 보통 캐릭터를 구축할 때 가장 기본적으로 접근하는 부분은 기질이다. 외향적인지, 내향적인지, 긍정적인지, 부정적인지, 수다 스러운지, 조용한지 등등 기질적인 측면에서 인물에 대한 톤을 잡아나가는 경우가 많다. 좋은 출발이다. 그러나 어디까지나 출발이다. 많은 초보작가들이 저지르는 실수가 이때 일어난다. 인물에 대한 어느 정도의 톤과 기질에 대한 설정만 가지고 인물을 상황에 투입시키며 자신이 짜놓은 스토리를 빠르게 진행시키려 하기 때문이다.

물론 기질을 잘 활용하면 캐릭터의 매력은 강화된다. tvN 드라마 〈슬기로운 의사생활, 2020~2021〉의 주인공들인 '99즈'는 코믹하고 디테일한 기질 설정으로 캐릭터를 돋보이게 했다. 음식 앞에만 서면 이성을 잃는 송화의 먹성과 보살에 가까운 기부천사이면서도 '내 것'에 집착하는 정원, 병원 미화원들과도 정기모임을 가질 정도의 핵인싸 익준 등 각각의 캐릭터에 한 가지 이상의 기질을 일관되게 묘사해 나가며 캐릭터를 구축해 갔다.

03 | 캐릭터의 완성은 '성격'

기질만으로는 캐릭터를 완성할 수 없다. 캐릭터의 매력에 양념을 칠 수는 있어도 그가 어떤 사람인지를 보여주는 데는 한계가 있기 때문이다. 그렇다면 캐릭터를 구축할 때 가장 심혈을 기울여야 할 부분은 무엇일까. 그것은 바로 '성격'이다. 우리는 일상에서 성격을 인격의 의미로 사용하는 경우가 많다. '걔는 성격이 나빠' 혹은 '걔 성격 좋잖아' 라는 식의 대화를 해본 경험이 있지 않은가. 틀린 표현은 아니다. 그러나 캐릭터에 있어 성격은 인격의 범주를 넘어서는, 오히려 인격의 숨은 지배자라 할 수 있다. 오랜 시간 동안 형성되어온 삶의 결과물이기 때문이다. 매력적인 캐릭터를 탄생시키고 싶은가. 그렇다면 성격에 집중하라.

Section 02

캐릭터 성격 창조의 키, Who = 4W1H

'누가, 언제, 어디서, 무엇을, 왜, 어떻게'. 교과서에서 질리도록 봐 왔던 기사문 작성의 기본 원리 육하원칙이다. 캐릭터 창조의 기본원리는 여기서 하나를 뺀 오하원칙이라고 할 수 있다. 바로 'Who' 혹시 지금 '어? 제일 중요한 거 아니야? 누구인지가 캐릭터의 핵심이잖아?' 라고 생각하지 않았는지. 그렇다. 이것이 우리가 흔히 빠지는 캐릭터의 함정이다. 우리는 그 사람이 '누구'인지를 설명하느라 가장 중요한 걸 놓친다. 기억하라. 캐릭터는 설명될 수 없다. 캐릭터는 설정되어야 한다.

01 | Key 1. 캐릭터 기초 설계 When + Where

사실 인간이 그렇다. 자신이 속한 시간과 공간의 구속을 받는 존재가 인간이다. 작가의 손끝에서 탄생한 캐릭터라고 해서 인생의 좌표도 없이 툭 던져 놓아서는 안 되는 것이다. 지금부터 시간과 공간이라는 두 축을 따라 막연히 이미지로 그려뒀던 캐릭터의 뼈대를 세워보자.

1) When

시간 설정이 곧 컨셉인 작품들이 있다. tvN 드라마 〈응답하라, 2012~2015〉 시리즈나 영화 〈건축학개론, 2012〉처럼 특정 시대에 대한 대중의 향수를 자극하는 복고 감성의 작품들도 있고, tvN 드라마 〈시그널, 2016〉, 〈철인왕후, 2020〉, 〈선재 업고 튀어, 2024〉나 OCN 드라마 〈라이프 온 마스, 2018〉, KBS 드라마 〈고백부부, 2017〉처럼 시간 개념을 비트는 타임슬립 컨셉의 콘텐츠들도 있다. 현재에 대한 대중의 불만족과 게임 세대의 '처음부터 다시 시작하는' 리셋 욕구를 잘 포착한 기획이다. 이러한 시대의 욕망을 간파하는 안목 역시 콘텐츠 작가에게 요구되는 주요한 덕목이라 하겠다.

그러나 우리는 지금 캐릭터에 대해 이야기하고 있다. 그러니 한 걸음 더 나아가보자. 시대 설정을 통해 인물 성격의 기초를 쌓는 법을 살펴보는 것이다. tvN 드라마 〈미스터 션샤인, 2018〉은 구한말을 살아가던 조선 사람들, 그중에서도 알려지지 않은 의병 서사를 로맨스와 더불어 잘 그려낸 작품이다. 그러나 스토리를 비롯해 다른 무엇보다 돋보이는 것은 이 드라마의 캐릭터 설정이다. 노비라는 이유만으로 개죽음을 당해야 했던 조선을 탈출해 검은머리 미국인이 되어 조국으로 돌아온 유진초이, 개만도 못한 백정 아들의 신분을 버리고 일본 낭인이 되어 돌아온 구동매, 조선이든 일본이든 인생 가늘고 길게 즐기며 사는 게 최고라는 졸부의 아들 김희성. 그리고 이들이 각자의 방식으로 사랑하고 지키려는 여자 고애신. 사대부 영애의 신분을 넘어 스스로 의병이 된 애신을 따라 이 남자들도 뜻하지 않게 항일의 길을 걷게 되는 이야기가 〈미스터 션샤인〉이다. 어떤가? 시대가 곧 캐릭터로, 캐릭터가 곧 스토리로 연결되는 것이 보이지 않는가.

우리의 인물은 어떤가. 어떤 시대를 살고 있으며 그 시대를 대하는 태도는 어떠한가. 시대 속에서 인물이 갈망하는 것은 무엇인가. 잊지 말자. 인물에게 성격이라는 옷을 입히기 전에 먼저 해야 할 일은 그의 발을 땅에 착지시켜 주는 것이다. 캐릭터는 인물을 둘러싼 외적 조건에서 탄생한다.

시간 설정 질문 예시

✎ **거시적 시간 설정 질문 예시**
- 인물은 언제 태어났는가? – 삼국시대(신라), 고려, 조선, 구한말, 독재정권, 현재, 미래
- 무엇이 유행하고 있는 시대인가?
- 무엇이 억압받고 있는 시대인가?
- 인물은 현실에 만족하고 있는가?

✎ **미시적 시간 설정 질문 예시**
- 인물의 유년 시절은 어땠는가?
- 인물이 그리워하는 시절이 있는가?
- 인물은 언제 행복 혹은 불행을 느끼는가?
- 인물은 언제 타협하는가?
- 인물에게 초조하거나 불안할 때 보이는 버릇, 습관이 있는가?
- 인물이 기분 좋을 때 하는 행동은 무엇인가?

- 인물이 거짓말 할 때 나타나는 특징이 있는가?
- 인물은 화가 날 때 참는 사람인가, 표현하는 사람인가?
- 인물은 슬플 때 우는 사람인가, 울음을 삼키는 사람인가?
- 인물은 타인의 슬픔에 동화되는 사람인가, 무감한 사람인가?

거시적 시간뿐 아니라 미시적 시간 설정 역시 중요하다. 넷플릭스 오리지널 시리즈 〈오징어 게임, 2021〉 속 게임이 어디에서 왔는지 생각해보자. 오징어 게임, 무궁화 꽃이 피었습니다, 줄다리기, 딱지치기 등은 모두 아무것도 모르고 뛰놀던 시절을 그리워하는 노인 일남의 향수에서 기인한 게임들이다. 전 세계를 강타한 드라마의 서사가 한 인물의 향수에서 출발했다는 것이 흥미롭지 않은가.

jtbc 드라마 〈히어로는 아닙니다만, 2024〉의 주인공 복귀주는 행복했던 시간으로 돌아갈 수 있는 초능력을 지녔다. 그러나 극의 출발점에 선 그의 초능력은 멈춰 서있다. 우울증에 걸려 '행복'이라는 감각을 느끼지 못하기 때문에, 행복했던 시절로 돌아가는 게 불가능해진 것이다. 과연 그는 언제, 어떤 이유로 다시 초능력을 발휘할 수 있게 될지, 그의 '행복했던 순간'은 언제일지에 대한 호기심 속에 이 드라마는 출발한다.

그런가 하면 슬플 때조차 울지 않는, 자신이 슬픈지도 알아채지 못한 채 마음이 병들어가고 있는 인물이 있다. 자기 자신에게조차 감정을 숨기고 외면하는 인물이라면 그 아픔을 어떻게 표현해야 할까. SBS 드라마 〈연애시대, 2006〉의 은호는 사랑하는 전남편의 재혼을 별다른 감정 변화 없이 덤덤하게 받아들이고 일상을 보낸다. 그런 그녀가 어느 날 통닭과 함께 먹으려던 피클통이 열리지 않자 동생의 만류에도 불구하고 피클통 따기에 집착한다. 결국 힘에 못 이겨 튕겨나간 피클통에 동생이 다치자 그녀는 동생을 붙잡고 미안하다며 울기 시작한다. 그러나 은호가 그토록 서럽게 우는 이유가 동생이 다쳐서도, 피클통이 열리지 않아서도 아니라는 걸 TV를 보는 시청자라면 누구나 안다.

지금 우리 인물에게 필요한 질문은 무엇인가. 다양한 질문을 던지며 세워가는 디테일한 설정들은 캐릭터 개성을 확보하기 위해 빠져서는 안 되는 공정이다. 기억하라. 어디선가 본 듯한 그렇고 그런 캐릭터를 만들지 않으려면 질문하고 또 질문해야 한다.

2) Where

스토리와 캐릭터 컨셉이 공간 설정에서 출발하는 작품들이 있다. SBS 드라마 〈별에서 온 그대, 2013〉의 경우 서로 다른 행성의 생명체인 외계인 남자와 지구인 여자가 사랑에 빠지는 이야기이고, tvN 드라마 〈사랑의 불시착, 2019〉은 남한 여자와 북한 남자가 사랑에 빠지는 이야기를 그렸다.

tvN 드라마 〈무인도의 디바, 2023〉는 제목이 말해주듯 장장 15년을 무인도에 갇혀있다 구조된 여자 이야기를 그린다. 바다가 코앞이어도 빗물을 모아 씻어야만 했던 그녀가 도시 화장실에서 만난 수돗물과 통통한 비누에 감격하는 모습은 알 수 없는 감동을 주고, 구멍 난 운동화를 벗고 새 운동화를 신겨주는 손길에 고맙다며 눈물 짓는 장면은 결코 과장되게 다가오지 않는다. 무인도에서 지켜온 그녀만의 순수한 감성이 주변을 어떻게 변화시킬지 기대되는 대목이다.

그러나 대부분 드라마에서 공간의 컨셉 설정보다 중요한 것은 공간을 통한 성격 창조이다. 지금은 다양하게 해석되는 마리 앙투아네트Marie Antoinette의 유명한 대사를 떠

공간 설정 질문 예시

✏️ **거시적 공간 설정 질문 예시**

- 도시에서 태어났는가, 시골에서 태어났는가?
- 강남에서 자랐는가, 강북에서 자랐는가?
- 지금은 어디에서 살고 있는가? 고시원, 오피스텔, 아파트, 월세, 전세, 자가
- 그곳에 가족과 함께 사는가, 타인과 함께 사는가, 혼자 사는가?
- 그곳에 사는 것에 만족하는가?

✏️ **미시적 공간 설정 질문 예시**

- 인물은 유년시절을 어디에서 보냈는가?
- 인물이 돌아가고자 하는 곳이 있는가?
- 인물이 편안함을 느끼는 곳은 어디인가?
- 인물이 싫어하는 곳은 어디인가?
- 인물이 가고/살고 싶어 하는 곳은 어디인가?

올려 보자. 먹을 빵이 없어 항의하는 시민들에게 '빵이 없으면 케이크를 먹어요.'라고 말할 수 있는 것은 왕궁에서만 살아온 그녀가 민중의 삶을 몰랐기 때문에 가능한 것이다.

〈오징어 게임〉은 어떤가. 마지막까지 생존하는 3인방을 떠올려보자. 기훈과 상우는 쌍문동, 새벽은 북한 출신이고 그들 모두는 하나같이 '그곳'을 벗어나기 위해 오징어 게임에 참여했다. 이러한 인물의 배경은 더 나은 삶의 환경을 갈망하는 대중의 보편적 욕구에 부응하며 시청자의 감정을 이입시키는 데 주요하게 작동한다.

공간에 관한 인물 설정은 출신, 조금 더 정확하게 말하면 '계급'에 대한 의미로 확장된다. 이러한 '계급' 설정은 외부 사건에 대한 인물의 반응을 차별화하며 캐릭터의 결을 만드는 데 주요하게 작동한다.

tvN 드라마 〈눈물의 여왕, 2024〉을 생각해 보자. 용두리에서는 이름만 대면 모르는 사람이 없는 수재와 대한민국 사람이라면 모두가 아는 재벌 3세 여자가 슬픔에 대처하는 방식은 하늘과 땅만큼이나 달랐다. 후계자 경쟁에서 살아남기 위해 약한 모습은 철저히 감춰야 했던 여자는 자신의 슬픔을 억누르기 위해 유산된 아이의 방을 바로 치워버리게 했고, 아이를 조금 더 천천히 떠나보내고 싶었던 남자는 여자의 그런 선택에 마음의 벽을 쌓았다. tvN 드라마 〈미생, 2014〉 역시 마찬가지이다. 바둑만 두던 고졸 출신의 장그래와 블루칼라 집안 출신 한석율이 문제를 해결해가는 방식은, 완벽한 스펙으로 엘리트의 길을 걸어온 장백기의 그것과 판이하게 다를 수밖에 없고, 그 모두는 캐릭터의 매력으로 귀결되었다. 우리는 어떤가. 인물의 갈등과 야망의 중대한 축을 이룰 수 있는 인물의 지형에 대해 고민하고 있는가.

공간 역시 작품의 차별화는 미시적 설정에서 만들어진다. 그중에서도 디테일한 공간 설정이 빛을 발하는 장르가 있다면 단연 멜로와 로맨틱코미디일 것이다. tvN 드라마 〈눈물의 여왕, 2024〉에서 해인은 마지막 희망을 걸고 찾아온 독일에서도 치료 방법이 없다는 말에 상심해 상수시궁전을 찾는다. 현우와 신혼여행을 왔던 추억의 장소이자 '걱정 없는 곳'이라는 뜻을 지닌 이곳을 해인은 혼자 걷는다. 하이힐을 신고 힘들게 내려가다 주저앉아버린 그녀 앞에 운동화를 들고 현우가 나타난다. 어떻게 알고 왔냐는 해인의 말에 '여기밖에 없어'라며 '신혼여행 때 여기 좋아했잖아'라고 답하는 현우. 이 추억의 장소에서 두 사람은 오랜만에 진심을 털어놓고 여전한 사랑을 확인한다. 그리고 드라마의 마지막, 이 궁전은 다시 한 번 등장한다. 태어난 아이와 함께 셋이, 죽음을 앞둔 현우가 먼저 떠난 해인을 그리며 찾아와 두 사람의 영혼이 만나는 곳으로.

공간에 대한 인물의 감정과 감각을 활용해 독창적인 캐릭터를 창조할 수도 있다. 드라마 〈괜찮아 사랑이야〉의 재열은 침대가 아니라 화장실 욕조에서 잠을 잔다. 화장실을 가장 안전하다고 느끼기 때문이다. 어떤가, 인물에 대한 호기심이 확 솟아오르지 않는가. '저 돈 많고 잘생긴 소설가는 대체 왜 비싼 침대를 놔두고 화장실에서 잠을 자지?'라는 호기심을 따라 인물을 쫓다 보면 과거 그에게 어떤 일이 있었는지, 그것이 그의 인생과 작품에 어떤 영향을 끼쳐왔는지 알게 되는 것이다.

인물의 성격은 절대 삶과 분리될 수 없다. 인물이 살아온 삶의 결과물이 곧 성격인 것이다. 어떤가. 지금 쓰고 있는 시나리오에 캐릭터의 성격을 구축할 시간과 공간의 지형도가 마련되어 있는가.

02 | Key 2. 캐릭터 정밀 설계 What + Why

'언제, 어디서'를 통해 극 중 세계에 인물의 좌표를 찍는 것이 캐릭터의 출발이라면 그 성격의 발현은 '무엇'과 '왜'라는 개념으로 이뤄진다. 결국 인물이 어떤 사람인지에 대한 증명은 결정적 순간 그 사람이 '무엇'을 '왜' 선택하는지에 달렸기 때문이다.

SBS 드라마 〈펀치, 2014〉의 윤지숙은 늘 입버릇처럼 모두에게 법은 하나라며 정의로운 법조인을 자처하지만 아들의 병역문제에서 대권 도전에 이르기까지 자신의 사익과 연결되는 문제 앞에서는 다른 선택을 한다. 무엇이 '윤지숙'을 말해주는가. 그녀의 '말'인가, 그녀의 '선택'인가. 살짝 비약하자면 이는 캐릭터를 만들 때 작가가 빠질 수 있는 함정을 단적으로 보여주는 예와도 같다. 캐릭터를 드러내는 건 대사가 아니라, 인물의 선택이다. 대사로 설명하지 말고, 선택을 통해 보여주자.

1) What

What 1

🖉 인물은 무엇을 하는가?

기본적으로 직업에 관한 설정이라 할 수 있다. 직업이 곧 캐릭터가 되는 예는 무수히 많다. tvN 드라마 〈일타스캔들, 2023〉의 국내 최고 수학 일타강사 최치열이나 jtbc 드라마 〈SKY 캐슬, 2018〉의 정상급 입시코디네이터 김주영이 능력으로 캐릭터의 매력을 띄운다면, ENA 드라마 〈크래시, 2024〉의 차연호는 과학고 조기졸업, 카이스트 수학과를 수석 입학한 인재임에도 보험조사관을 거쳐 교통범죄수사팀에 들어간다는 설정으로 호기심을 자아낸다.

고민 끝에 캐릭터의 직업을 설정했다면 최대로 활용하는 것이 작가의 능력일 것이다. 드라마 〈철인왕후〉의 경우 조선시대 왕후 김소용의 몸에 들어간 영혼 장봉환이 청와대 셰프 출신이라는 설정을 캐릭터의 무기로 삼는다. 그 시대에 없는 다양한 음식과 건강에 관한 지식을 통해 순원왕후의 마음을 얻는 한편 미스터리를 파헤치는데 성공하기 때문이다.

직업에 대한 고정관념을 비틀어 매력적인 캐릭터를 구축하는 것도 좋은 방법이다. SBS 드라마 〈커넥션, 2024〉의 경우 오직 실력으로 승부하는 마약팀 에이스 형사가 마약에 중독된다는 아이러니한 설정으로 긴장감을 선사했고, SBS 드라마 〈열혈사제, 2019〉의 경우 분노조절장애 신부라는 주인공을 내세워 인기몰이에 성공했다. 온화하고 자애로운 이미지가 지배적인 성직자 캐릭터를 비틀어 나쁜 놈들에겐 말보다 주먹이 앞서고 미사 시간에 빵을 먹는 성도에게는 당장 나가라며 윽박을 지르는 사이다 캐릭터로 색다른 매력을 끄집어낸 것이다.

What 2

🖉 인물은 무엇을 소유했는가?

능력, 재산, 외모, 지식, 학벌, 인맥 등 다양한 방향에서 접근이 가능하다. 디즈니플러스 시리즈 〈무빙, 2023〉, MBC 드라마 〈밤에 피는 꽃, 2024〉, jtbc 드라마 〈힘쎈 여자 도봉순/강남순, 2017/2023〉, tvN 드라마 〈도깨비, 2016〉, OCN 드라마 〈경이로운 소문, 2020〉, SBS 드라마 〈별에서 온 그대, 2013〉 등과 같이 인물의 능력을 통해 캐릭터를 구현할 수도 있고, tvN 드라마 〈눈물의 여왕, 2024〉, SBS 드라마 〈재벌X형사, 2024〉, jtbc 드라마 〈품위 있는 그녀, 2017〉, 〈SKY 캐슬, 2018〉, tvN 드라마 〈마인, 2021〉, SBS 드라마 〈시크릿 가든, 2010〉처럼 소유한 재산을 통해 성격을 창출할 수도 있다.

jtbc 드라마 〈히어로는 아닙니다만, 2024〉의 경우 대대로 초능력을 물려받아 온 가족이 현대인의 질병에 걸려 초능력을 발휘하지 못한다는 설정으로 참신함을 더했다. 예지몽의 능력을 지녔지만 불면증에 걸려 꿈을 꾸지 못하고, 하늘을 날 수 있는 재주가 있지만 비만으로 더 이상 몸이 뜨지 않는가하면, 행복했던 과거로 갈 수 있는 능력을 가졌지만 우울증에 걸려 행복을 느끼지 못하는 것이다.

넷플릭스 시리즈 〈살인자 ㅇ난감, 2024〉 역시 인물의 독특한 능력과 우연인 듯 운명인 듯 휘말리는 상황을 통해 사건이 발생한다. 우연히 살인을 벌였지만 알고 보니 피해자는 극악무도한 죽어 마땅한 범죄자다. 처음 한두 번은 우연처럼 살인을 벌이지만 팀을 조직해 활동하게 되면서 그에게 남다른 능력이 생긴다. 익명 속에 숨어 사는 범죄자 옆을 지날 때면 목뒤로 소름이 돋는 것. 분명 살인이라는 악행을 벌이는데 어느새 우리는 이 살인마 히어로가 붙잡히지 않기를 응원하게 된다.

What 3

🖉 인물은 무엇을 욕망하는가?

소유는 동전의 양면처럼 결핍과 짝을 이루며 욕망으로 연결된다. 주어진 현실에 100% 만족하는 사람은 없다. 그것이 어떤 영역이든 부족함을 느끼며 무언가를 갈구하고 살아가는 것이 인간이기에 삶을 모방하는 드라마의 인물 역시 결핍과 욕망이

탑재될 때 비로소 인간다움을 얻게 된다. 특히 인물의 욕망은 주제와 연결되기 때문에 더욱 심도 있게 고민할 필요가 있다.

　욕망이라고 해서 너무 거창하게 생각할 필요는 없다. KBS 드라마 〈동백꽃 필무렵, 2019〉의 주인공 동백의 욕망은 그리 큰 것이 아니다. 사람들이 자기에게 좀 더 친절했으면, 다정했으면, 고맙다고 말해줬으면 하는 게 주인공 동백이 가진 바람의 전부이고 그런 동백의 편이 되어주는 게 용식이 가진 바람의 전부이며 동백에게 땅콩을 서비스로 받는 게 노규태 바람의 전부이다. 그렇다면 동백은 어쩌다 누군가에게 고맙다는 말을 듣는 게 소원이 됐을까? 궁금하다면 반은 성공이다. 그 궁금함에 답을 찾아가는 것, 그게 바로 캐릭터를 만들어가는 과정이니까.

　tvN 드라마 〈선재 업고 튀어, 2024〉에서 과거로 돌아간 솔이의 욕망은 선명하다. 자신의 '최애' 아이돌 류선재를 살리는 것. 그러나 우울증으로 자살한 것이라 여겼던 선재의 죽음 뒤에는 자신이 기억하지 못하는 배후가 있었고, 그녀의 욕망은 점차 그를 지키기 위해 그를 거부하는 형태로 바뀌어 간다. 그러면 그럴수록 선재는 끊임없이 솔이 앞에 나타나 그녀를 지키려 하고, 절대 사랑이 절대 방해자라는 아이러니와 딜레마 속에 이들의 사랑은 더욱 강렬해진다.

What 4
✏ 인물은 무엇을 선택하는가?

　정말 중요한 질문이다. KBS 드라마 〈태양의 후예, 2016〉의 유시진은 명령에 절대 복종해야 하는 군인이지만, 결정적인 순간마다 명령에 불복종하는 선택을 함으로써 정의를 구현한다. 출세에 지장이 있는 선택임에도 단호한 그의 결단은 곧 그가 추구하는 제일의 가치가 무엇인지를 잘 보여준다.

　이처럼 선택은 캐릭터가 추구하는 가치와 직결된다. 만일 쓰고자 하는 스토리가 대중콘텐츠라면 주인공은 선善을 추구해야 한다. 오해하지 말자. 반드시 선해야 한다는 말이 아니다. 선과 악을 오가며 그 사이에서 딜레마에 빠질 수 있지만 그럼에도 고민의 방향은 선을 지향하거나 선을 포함해야 한다는 이야기이다. 대중의 공감을 자아내기 위해서는 인물을 착하게, 악하게 그리는 것을 넘어 그 인물의 동기가 보편적으로 인정 가능한 선善을 포함하고 있는지가 중요하다.

디즈니플러스 시리즈 〈비질란테, 2023〉의 지용은 법을 수호하는 경찰대학교 학생이다. 그러나 그는 밤이면 자경단으로 활동하며 법망을 빠져나가는 악인들을 징벌한다. 법을 수호해야 할 사람이 폭력이라는 불법행위를 저지름에도 불구하고 드라마 안팎의 대중은 그를 열렬히 응원한다. 행위는 분명 '악'의 요소를 띠지만 그가 벌하는 자들이 약자를 괴롭히는 악인들이기에 그의 동기가 '선'에 기반하고 있음을 인정하는 것이다. 〈오징어게임〉의 기훈을 응원하는 이유 또한 비슷한 맥락이다. 비록 현실에서는 경마에 빠진 한심한 인생을 살지만 게임이 진행되는 동안 노인과 여자, 이주 노동자 등 사회의 약자를 외면하지 않고 돌보는 그의 인간성 때문이 아닌가. 소매치기로 살아가는 새벽과 알리를 배신하고 혼자 살아남으려는 상우에게 마음이 가는 이유는 또 무엇인가. 그 동기 속에 가족을 구하려는 정서가 깔려 있기 때문이 아닌가.

대중으로부터 가장 큰 응원을 받는 인물의 선택은 '희생'일 것이다. 드라마 〈선재 업고 튀어〉의 솔과 선재에게 마음이 가는 이유는 이들이 언제나 자신이 아닌 상대방의 구원을 선택하기 때문이다. 솔이 애써 거부하고 피해도 도돌이표처럼 그녀를 구하러 오는 선재는 결국 죽음을 맞고, 솔은 그런 선재를 살리기 위해 그의 인생에서 자신을 통째로 도려낸다. '죽음'이라는 반복되는 운명으로부터 사랑하는 사람을 구하기 위해 사랑 자체를 포기한다는 아이러니와 희생이 빛나는 전개이다. 그러나 드라마는 개인이 아닌 대중을 상대로 하는 예술인 만큼, 대중이 원하는 선택이 무엇인지를 놓쳐서는 안 될 것이다. 선재의 기억을 모두 잃게 한 솔이의 선택은 대중의 눈물샘을 자극하며 서사에 큰 힘을 발휘했지만, 적지 않은 이들의 분노를 불러오기도 했다. 다행히 이러한 대중의 욕망을 놓치지 않고 '영혼에 스며 있다'는 설정으로 선재의 기억을 복구하며 성공적으로 항해를 마쳤지만, 그러지 않았다면 다수의 배신감을 어떻게 감당했을지 한편으로는 아찔하다. 잊지 말자. 인물의 선택만큼이나 중요한 대중이 원하는 선택에 대해 늘 고민해야 한다.

What 5

✎ 인물은 무엇을 싫어하는가?

작게는 기호, 취향에서 크게는 트라우마까지 아우를 수 있는 질문이다. tvN 드라마 〈김비서가 왜 그럴까, 2018〉의 미소가 거미를 싫어하는 이유와 〈사이코지만 괜찮아, 2020〉의 상태가 나비를 싫어하는 이유는 다르지 않다. 유괴와 친모 살인사건이라는 끔찍한 사건의 봉인된 기억이 거미와 나비에 대한 공포로 발현되고 있는 것이다.

jtbc 드라마 〈히어로는 아닙니다만, 2024〉의 복이나는 누군가와 눈이 마주치는 것을 극도로 싫어하는 인물이다. 앞머리와 두꺼운 안경으로 시야를 가리고 땅바닥만 보고 다니는 이 아이의 비밀은, 가족 모두가 현대인의 병으로 잃어버린 초능력을 유일하게 여전히 지니고 있다는 것이다. 엄마의 죽음을 시작으로 사람을 불신하게 된 아이는 자신의 능력을 가족에게조차 알리지 않았고, 어쩌다 한 번씩 읽게 되는 사람의 속마음은 이런 결심을 더욱 굳히게 만들었다. 그랬던 그녀가 도다해에게만은 마음을 열고, 덕분에 이 여주인공이 착한 사람인지 나쁜 사람인지 헷갈리던 시청자들은 마음을 놓게 된다. '인물이 싫어하는 것'을 통해 다른 인물을 설명하는 효과적인 설정이다.

넷플릭스 시리즈 〈별나도 괜찮아, 2017〉의 주인공 샘 역시 싫어하는 것이 뚜렷하다. 자폐스펙트럼을 가진 샘은 시끄러운 소리를 힘들어하는 인물이다. 학생회장인 샘의 여자친구 페이지는 졸업 무도회에 그와 함께 참석하는 게 꿈이지만 음악 소리가 시끄럽다는 이유로 샘은 거부한다. 그러나 뜻을 굽힐 줄 모르는 성격의 소유자 페이지는 회의에 회의를 거듭해 학부모까지 설득해가며 개교 이래 최초로 음악 없는 졸업 무도회를 열기로 한다. 모두가 블루투스 헤드폰을 착용하고 무도회를 즐기기로 한 것이다. 샘 역시 그런 페이지를 위해 사람이 많음에도 불구하고 자신의 무음 헤드폰을 끼고 무도회에 참석한다. 졸업 무도회에 꼭 음악이 흐르란 법은 없다. 누군가와 함께하기 위해 때로는 과감히 상식을 깨보기도 하는 것. 인물이 싫어하는 것을 통해 이 드라마가 말하고자 하는 주제를 선명하게 드러낸 훌륭한 에피소드이다.

기억하자. 인물이 무언가를 극도로 싫어할 때, 보는 이의 호기심은 배가하며 캐릭터와 스토리를 쫓게 되고 그를 잘 활용하면 주제를 구현하는 좋은 재료가 된다는 것을.

✎ 인물은 무엇을 상실했는가?

상실의 대상이 사람이나 물건일 수 있다. 그렇다면 그 상실을 회복하거나 다른 것으로 대체하는 과정 속에 서사가 탄생할 것이다. 그러나 상실의 대상이 외부가 아닌 내부의 무엇일 수도 있다. tvN 드라마 〈비밀의 숲, 2017~2020〉의 황시목은 '감정'을 느끼는 대뇌 기능을 상실한 인물이다. 이를 통해 사건과 관련자들에 대해 한층 냉철하게 접근하는 프로페셔널한 검사 캐릭터를 그려내는 한편 감정을 느끼지 못하는 인물이 고통을 느끼는 순간에 대한 울림을 극대화하는 효과를 낳았다.

인물의 상실은 많은 경우 인물의 목표로 이어지기도 한다. tvN 드라마 〈일타 스캔들, 2023〉의 치열은 소화능력을 잃은 인물이다. 음식이라면 무엇을 먹든 구역질에 구토를 하고 마는 그에게 '먹는 시간'은 고역이고 고통이다. 그랬던 그가 전혀 거부감 없이 먹을 수 있는 음식을 발견한다. 심지어 실로 오랜만에 맛있다는 감각까지 느끼게 된다. 증세가 나아진 건가 싶어 다른 음식도 먹어봤지만 역시나 바로 구역질이 올라온다. 오직 국가대표 반찬가게의 밥과 반찬만 구역감 없이 먹고 소화까지 잘되자 앞뒤 가릴 것 없이 직진이다. 남행선 사장이 만든 밥과 반찬만 먹을 수 있다면, 못 할 일이 없는 것. 이 남자의 위장은 왜 이 여자가 만든 음식에만 안정되는지, 드라마는 이제 그것을 향해 나아간다.

상실의 대상이 기억일 수도 있다. 그런데 이 지겨운 기억상실 설정에 약간의 새로움이 더해지면 어떨까. 영화 〈살인자의 기억법, 2016〉이나 〈럭키, 2015〉는 절대 기억을 잃어서는 안 되는 연쇄살인마와 킬러가 기억을 상실한다는 설정에서 출발해 새로운 스토리를 만들었고, 〈첫 키스만 50번째(50 First Dates, 2004)〉는 24시간마다 기억을 상실하는 여자와 사랑에 빠진 남자라는 색다른 설정으로 재미를 견인했다.

드라마 〈선재 업고 튀어〉 역시 양파 까듯 되찾아가는 기억이 주는 쾌감이 상당한 드라마이다. 사고에 대한 솔이의 기억 상실이 한겹한겹 벗겨질수록 이들의 감춰진 인연이 수면 위로 떠오르며 캐치프레이즈로 내세웠던 '쌍방 구원 로맨스'의 윤곽이 선연해지기 시작한다. 최애 아이돌 류선재를 구하러 과거로 왔다고 생각했는데 그가 먼저 자신을 구했고 그로 인해 미래의 그가 살해당한 것이란 사실을 알게 된 솔이의 '류선재 살리기'는 잃어버린 기억이 복구되면서 엄청난 화력을 얻게 된다.

What 7

✎ 인물은 무엇을 기다리는가?

인물의 목표와 관련된 중요한 질문이다. 영화 〈암살, 2015〉의 주인공들은 조국의 해방을 기다리는 동안 목숨을 걸고 작전을 펼치며 〈괴물, 2006〉의 주인공들은 딸이자 손녀이자 조카가 살아 돌아오기를 기다리지 않고 직접 구하기 위해 통제된 한강으로 들어가고, 넷플릭스 오리지널 시리즈 〈더 글로리, 2022~2023〉의 여주인공의 복수를 위해 장장 18년이란 시간을 치열하게 기다린다.

〈더 글로리〉의 동은은 참 오래 기다렸다. 연진의 딸을 자신의 교실로 들이기 위해 임용고시를 봤고, 일찍이 그녀 집 건너편에 집을 얻어뒀으며, 학교 재단 이사장의 쓰레기통을 매주 뒤져왔다. 폭력의 방관자이자 동조자였던 고교 시절 담임의 아들 후배가 되었고, 연진의 남편에게 접근하기 위해 바둑을 배웠으며 운명이 도와 의사 여정이라는 뒷배까지 얻었다. 이제 그녀는 그 끝이 어디인지 모를 데까지 펼쳐놓은 자신의 거미줄에 연진 패거리를 끌어들이기만 하면 된다. 기다림의 시간을 조금도 낭비하지 않고 치밀하게 준비해온 동은은 그 자체로 캐릭터가 됐다. 기다림이라는 설정 하나로 인물의 성격을 탄생시킨 것이다.

인물의 기다림은 종종 극적 아이러니와도 연결된다. 〈도깨비〉의 죽음을 기다리는 인물 김신은 여주인공 은탁을 만나 삶의 이유가 생기지만 미래를 꿈꾸는 순간 그녀를 위해 죽음을 선택할 수밖에 없는 숙명에 놓이게 되고, 〈별에서 온 그대〉 역시 우주로의 귀환만을 기다리던 도민준이 천송이와 사랑에 빠져 지구에 머물고 싶다는 생각을 할 즈음 자신의 별로 돌아가야 하는 아이러니가 발생한다. 어떤가. 이렇게 보니 '기다림'이라는 키워드가 다른 무게로 다가오지 않는가.

What 8

🖊 인물은 무엇을 숨기고 있는가?

비밀은 미스터리와 연결되며 인물의 깊이를 만들어내는 질문이다. 사람이라면 크든 작든 한두 가지 비밀쯤은 가슴에 품고 살아가기에 인물에 대한 공감을 자아내기에도 효과적이다. 누군가는 자신의 약점을, 누군가는 자신의 부와 능력을 숨길 수도 있고 누군가는 자신의 과거를, 누군가는 자신의 정체성을 숨기기도 한다. jtbc 드라마 〈SKY 캐슬〉의 한서진이나 〈마인〉의 정서현처럼 말이다.

설정 자체가 비밀인 경우도 있다. SBS 드라마 〈별에서 온 그대〉의 도민준은 자신이 외계인이란 사실을 숨겨야 하고, jtbc 드라마 〈낮과 밤이 다른 여자, 2024〉의 미진은 낮에는 '50대' 임순으로 변하는 사연을 숨겨야 하며, 디즈니플러스 시리즈 〈비질란테〉의 경찰대 모범생 지용은 자신이 '비질란테'라는 사실을 숨겨야 한다.

이러한 인물의 비밀을 보는 이와 어떻게 공유하느냐에 따라 서스펜스가 탄생할 수도, 놀라운 반전이 일어날 수도 있다. 인물의 비밀을 시청자와 공유한다면 그 비밀이 드러나기까지 때로는 긴장, 때로는 기다림 속에 극을 쫓게 된다. 〈더 글로리〉는 이러한 공식에 꼭 맞는 드라마라 할 수 있다. 연진이 딸의 담임교사로서 동은을 언제 대면하게 될지, 연진의 남편이 연진의 과거에 대해 언제 알게 될지, 장학사를 준비 중인 교대 선배가 부친의 본색과 동은의 정체를 언제 알게 될지, 연진의 딸 예솔의 친부가 언제 밝혀질지 등등. 〈더 글로리〉의 다음 화를 누르게 만드는 버튼은 동은이 짜놓은 복수 시나리오가 언제 어떻게 실현될지를 함께 따라가며 기대했던 순간을 맞이하는 기대감에 있다.

이와 달리 시청자도 모르는 비밀이 탄로 나는 순간에는 생각지 못한 충격이나 반전의 즐거움을 안겨줄 수 있다. tvN 드라마 〈작은 아씨들, 2022〉의 경우 죽은 줄 알았던 진화영이 살아있었다는 반전으로, 〈일타 스캔들〉은 치열과 행선 사이의 과거 인연이 훈훈한 쾌감을 선사했다. 행선이 만든 음식에만 거부반응이 나타나지 않았던 치열이 알고 보니 행선의 어머니가 운영하던 음식점 단골 고시생이었던 것이다.

tvN 드라마 〈선재 업고 튀어〉의 경우 시청자에게 감춰져 있던 비밀을 한 겹씩 벗겨 보이며 단순한 타임슬립 서사에 깊이를 더했다. 그저 류선재의 팬이라 여겼던 임솔이 그의 첫사랑이었고 그녀가 사고를 당했을 때 달려와 구했던 사람이 그였다는 사실이 밝혀지는 순간, 선재가 솔이에게 했던 '오늘은 살아봐요'라는 대사의 무게감은 달라진다. 그를 기점으로 가볍게 바라봤던 이들의 사랑이 몇 번이나 어긋나고 몇 번이나 서로를 구원하며 강렬한 운명의 서사를 쌓아가게 되는 것이다.

어떤가. 인물들에게 던져야 할 'What is'의 질문이 떠오르는가. 묻지도 따지지도 말고, 모두 적어보자. 좋은 질문, 나쁜 질문을 따지느라 생각을 가로막지 말자. 모든 질문이 '필요한 질문'이다. 질문이 더해지면 더해질수록 캐릭터의 밀도는 높아진다.

2) Why

Why 1

🖊 인물은 그것(그 사람)을 왜 욕망하는가?

인물이 무엇을 원하고 거절하는지, 무엇을 선택하고 거부하는지에 대한 질문은 결국 '왜'라는 질문으로 이어진다. 인물의 생각과 사상, 추구하는 가치는 '왜'로부터 비롯된다. 입체적이고 매력적인 캐릭터를 만들려면 그것을 '왜' 추구하고 욕망하는지에 대한 답을 분명히 마련해야 하고 보는 이의 공감을 얻어낼 만큼 설득력이 있어야 한다.

욕망이라고 하면 자칫 물질적인 것만을 생각하며 성공의 그림을 떠올리기 쉽다. 그러나 욕망에서 놓쳐선 안 될 것은 다른 무엇보다도 바로 정서적이고 감정적인 동인이다. 인물이 성공을 욕망하는가? 최고의 자리에 오르고 싶어 하는가? 이것은 욕망의 모양일 뿐 근원이 아니다. 왜 최고의 자리에 오르고 싶어 하는가? 어떤 경험, 어떤 사고, 어떤 정서가 그런 욕망을 품게 했는가? 욕망은 바로 이 지점을 논하는 키워드이다.

SBS 드라마 〈왜 오수재인가, 2022〉의 오수재는 냉철한 전후 판단, 수단과 방법을 가리지 않는 증거 수집, 빈틈없는 변론으로 이름을 날리며 TK 로펌 최고 자리를 노리는 인물이다. 그러나 그녀의 욕망은 '대한민국 최초 10대 로펌 여성 대표 변호인'에 있지 않다. 스스로 자신의 인생을 선택하지 못하고 철저히 유린당했던 과거로부터의 탈주이자 복수에 그 이유가 있다. 괴물 최태국을 잡기 위해 더 독한 괴물이 되기로 작정한 오수재의 욕망은 단지 성공이 아니라 누구도 자신을 함부로 건드리지 못하게 하려는 자기방어에 있었고, 그렇기에 이 냉기 어린 여자의 행보는 많은 응원을 받았다.

〈오징어 게임〉은 어떠한가. 기훈, 상우, 새벽이라는 최후 생존자들이 전 세계인의 공감을 얻는 이유는 그들이 이 게임에 참여하기로 선택한 이유가 '가족'이기 때문이다. 가족과 함께하기 위해 죽음을 각오하고 데스게임에 참여하는 그들의 선택은 '내 가족을 편하게 살게 해주고 싶다'는 보편적인 욕망을 관통한다. 특히나 우리나라는 대중콘텐츠에 가족에 대한 정서가 강하게 작동하는 문화권 중 하나이다. 영화 〈신과 함께, 2017〉, 〈국제시장, 2014〉, 〈7번방의 선물, 2012〉, 〈괴물〉, 〈해운대, 2009〉 등 천만 관객 영화에 흐르는 가족에 대한 정서적 욕망이 이를 잘 말해준다. 상업적이고 대중적인 시나리오를 쓰고 싶은가. 그렇다면 다른 무엇보다 '가족'에 대한 정서를 고민하기 바란다.

Why 2

✎ 인물은 그것(그 사람)을 왜 싫어하는가?

작가는 인물의 독특한 취향부터 크게는 상처와 성장을 관통하는 요소로 확장할 수 있는 질문이다. 〈괜찮아 사랑이야〉의 정신과 의사 지해수는 섹스를 거부한다. 섹스를 싫어하는 이유는 분명하다. 엄마가 장애를 얻게 된 아빠를 배신하고 불륜에 빠졌다는 생각에서 비롯된 것이다. 그녀의 이러한 섹스 혐오는 같은 여성으로 엄마의 삶을 이해하게 되면서 상처를 극복하고 성장하는 코드로 활용된다.

영화 〈내겐 너무 사랑스러운 그녀(Lars And The Real Girl, 2007)〉의 주인공 라스 역시 유년시절 상처 때문에 사람과의 연애, 접촉을 거부한다. 라스가 연애를 하라는 주변의 기대를 만족시키기 위해 주문한 리얼돌이 실제 애인이라는 망상에 빠지자 마을 사람들은 그에 보조를 맞추며 치유를 돕는다. 성장과 치유에 대한 이야기를 하고 싶은가. 그렇다면 인물이 무엇을, 왜 싫어하는지 질문하라.

반대로 인물이 좋아하는 것과 그 이유에 대한 고민은 어떤 효과를 발휘할까. ENA 드라마 〈이상한 변호사 우영우, 2022〉를 생각해보자. 영우는 고래에 대한 해박한 지식이 있는 고래덕후다. 고래를 통해 세상과 사건, 사람을 향한 이해를 쌓아나가고 주변과 소통해 나간다. 고래의 모성애를 통해 탈북민 계향심의 마음을 이해하려 하고, 작살에 맞을 걸 알면서도 새끼를 지키고자 곁을 떠나지 않는 고래의 습성을 통해 자신을 버린 엄마에 대한 그리움을 표현한다. 게다가 고래는 야생동물 중 인간을 제외하고 유일하게 장애를 가진 개체를 돌보는 동물이라고 하니, 작가가 작품의 메시지에 대해 얼마나 깊게 고민했는지 가늠할 수 있는 대목이 아닐 수 없다. 인물이 싫어하는 것만큼이나 좋아하는 대상과 이유도 깊이 고민해보자. 인물뿐 아니라 드라마 전체를 관통하는 주제에 대해 더욱 깊이 있게 접근할 수 있을 것이다.

Why 3

🖊 인물은 그것(그 사람)을 왜 선택하는가?

개인의 선택은 그가 추구하는 가치를 드러내기 때문에, 이 질문은 인물이 어떤 사람인지를 단적으로 보여주는 데 효과적이다. 사형제도를 반대하는 세 사람이 있다고 하자. A는 사형도 인위적인 살인행위이기 때문에 반대하고, B는 혹시 모를 억울한 누명과 죽음을 방지하기 위해 반대한다. 구체적인 이유는 다르지만 그럼에도 모두 인도적 차원의 반대이다. 그러나 C는 사형이 저 끔찍한 사형수에게 너무 관대한 처벌이기 때문에 반대한다. 더 고통스럽게 죽어야 한다는 것이다. 너무 극단적인가. 그러나 이 C는 영화 〈세븐데이즈, 2007〉의 모티브가 됐다. 사형제도를 반대하는 선택은 모두 같지만, 각각의 이유에 따라 인물의 성격이 다르게 구축되는 것처럼 선택보다 중요한 것은 그 선택을 하게 만드는 동인動因이 무엇인가에 있다.

인물이 선택을 하게 만드는 동인이 중요한 이유가 비단 성격의 차별화 때문만은 아니다. 그보다 중요한 것은 인물의 선택을 대중이 지지하는가의 문제일 것이다. 드라마 〈비질란테〉의 경우 법을 수호해야 할 경찰대 학생이 폭력과 살인 등 사적 처벌을 일삼는 자경단 활동을 한다는 것이 핵심 모티브이다. 사회질서를 유지해야 할 인물이 사회질서를 무너뜨리는 선택을 하는 데 대한 동의를 어떻게 얻어낼 것인가. 분명한 것은 그 동의를 첫 회에서 받아내지 못한다면 드라마의 성공적인 행보를 기대하긴 어렵다는 점이다. 〈비질란테〉는 이를 위해 지용의 어린 시절을 소환한다. 지용의 눈앞에서 엄마를 무자비하게 폭행해 죽게 만든 범인이 동종 전과가 있음에도 '정신질환'과 '공탁금'이라는 제도를 통해 3년여 형밖에 받지 않았다는 점. 이는 단지 드라마 설정이라고 볼 수 없는 오늘날 우리의 현실이기도 하다. 피해자보다 가해자에게 관대하고 있는 자보다 없는 자에게 가혹한 사법기관에 대한 불신과 공분이, 지용의 비질란테 활동에 대한 대중의 동의를 얻어내는 근원이 된 것이다.

Why 4

✎ 인물은 그것(그 사람)을 왜 상실했는가?

무언가를 잃은 사람에 대한 이야기를 할 경우 가장 먼저 고민해야 할 점은 그것을 자의로 잃었는지, 타의로 잃었는지에 대한 것이다.

KBS 드라마 〈연모, 2021〉의 이휘는 왕가의 쌍생이 저주라며 태어나자마자 죽음의 위기를 맞지만 어머니의 기지로 궁 밖에서 살아간다. 그러나 자신과 옷을 바꿔 입은 쌍둥이 오빠가 오해로 죽음을 맞으면서 다시 한 번 운명의 소용돌이에 휩싸인 그녀는 평범한 여인의 행복을 포기하고 왕세자의 삶을 선택한다. 왕가에 부는 피바람 속에 자기 사람을 지키기 위해 누구도 믿지 않고, 누구에게도 마음을 주지 않기로 결심하면서 그녀의 성격은 변화한다. 부모형제 없이 살아야 했던 시간도, 여성이라는 자신의 정체성을 버려야 했던 이유도 모두 타의였지만 자신의 의지로 무언가를 선택하면서부터 새로운 성격이 형성되는 것이다.

　영화 〈신세계, 2012〉도 비슷한 예다. 경찰청 선배 강과장에 의해 신분이 세탁되어 폭력조직으로 들어간 이자성은 자신의 신분을 아는 유일한 사람, 강과장을 죽이고 몸담고 있던 조직의 보스가 된다. 타의에 의해 조직에 있을 때와 자의로 조직에 남기로 선택할 때의 이자성 캐릭터가 같을 수 없다는 건 두말하면 잔소리다.

　무언가에 대한 상실이 타의와 자의인지에 따라 인물의 성격은 판이하게 달라진다. 그리고 타의에서 자의로, 자의에서 타의로 그 상실의 축이 바뀌는 순간 인물의 성격도 변화를 겪으며 더 입체화된다. 지금 상실에 대한 스토리를 다루고 있다면 무엇을 상실했는지 이상으로 '왜' 상실했는지를 고민하자.

Why 5

🖊 인물은 그것(그 사람)을 왜 기다리는가?

　다양한 방향으로 확장할 수 있는 질문이다. 누군가를 간절히 기다리는 사람이 있다고 하자. 사랑해서 기다릴 수도, 복수를 위해 기다릴 수도, 어떤 사실을 확인하기 위해 기다릴 수도, 빚을 받기 위해 기다릴 수도, 문제를 해결받기 위해 기다릴 수도 있다.

　그 이유와 인물의 성격에 따라 기다림에 대한 반응은 달라진다. 계속 기다릴 수도, 기다리기를 포기할 수도, 그 대상을 스스로 찾아 나설 수도 있다. 디즈니 영화 〈미녀와 야수(Beauty and the Beast, 2017)〉를 생각해보자. 저주에 걸려 야수가 된 왕자는 괴물이 된 자신을 사랑해줄 여인을 기다리다 지쳤다. 마음의 빗장을 닫은 채 누구도 방문하지 않는 성에 숨어 살던 그는 거래를 통해 여인을 성에 들인다.

　기다림에 대한 인물의 반응은 곧 사건으로 연결된다. KBS 드라마 〈옥란면옥, 2018〉은 한국전쟁 피난길에 헤어진 아내 옥란과 만나기로 한 곳에서 국숫집을 운영하는 아버지가 재개발에도 가게를 빼지 않겠다며 버티는 통에 일어나는 소란을 그린다. 뮤지컬 〈맘마미아〉는 언젠가 아빠가 찾아올 거란 기대와 기다림 속에 살아가던 소피가 자신의 결혼식에 아빠 후보 세 사람을 초대하며 벌어지는 소동을 담았다.

기다림을 포기하는 인물로 인해 사건이 벌어질 수도 있다. 영화 〈암살, 2015〉의 염석진은 투철한 독립운동가였지만 모진 고문과 보이지 않는 해방을 더 이상 기다리지 못하고 배신을 하며 극이 파국으로 치닫게 하는 인물이다. 그 오지 않을 것 같던 해방이 왔을 때 동료들을 일본에 팔아넘긴 그는 무슨 생각을 했을까. 그는 왜 기다리지 못했을까. 자신을 처단하기 위해 나타난 안옥윤 앞에 염석진은 말한다. '몰랐으니까. 해방될지 몰랐으니까. 알면 그랬겠나'라고. 염석진의 이 말은 '기다림'의 성격을 단적으로 보여준다. 기다림은 그 기다림의 대상이 올지, 안 올지 알 수 없는 미지의 가능성에 매달리는 인물을 보여주는 것이다.

우리의 주인공은 얼마나 오랫동안 기다림을 견딜 수 있는 인물인가. 견디지 못하는 인물이라면 기다림을 포기하는 인물인가, 그 대상을 적극적으로 찾아나서는 인물인가. 인물이 그렇게 하는 이유는 무엇인가. 던져야 할 질문이 결코 적지 않을 것이다.

03 | Key 3. 캐릭터 본격 시공 How

4W 질문으로 인물의 기초와 정밀 설계를 마쳤다면 이제 진짜 캐릭터를 만들 차례다. 응? 그럼 여태 한 건 뭐냐구? 굳이 이름을 붙인다면 지금까지의 작업은 캐릭터 구상에 가깝다. 그러나 그 구상을 그대로, 모두 다 관객에게 보여줄 수는 없지 않은가. 공들여 캐릭터를 만들어 놓아도 정작 대본에서 그것이 드러나지 않는다면 보는 이에게 전달되지 않는다. 4W 질문에서 끊임없이 예시를 제시한 이유도 이 때문이다. 인물을 보여줄 수 있는 형태로 전환하지 못한다면 매력적인 캐릭터는 결코 탄생할 수 없다. 만들어놓은 캐릭터를 대본 안에서 어떻게 실체화할 것인가. How는 그것을 수행한다.

극 대본은 소설과 달리 인물을 직접 설명하거나 서술할 수 없다. '그는 착하다'를 어떻게 보여줄 것인가. '그는 그녀를 싫어한다'를 어떻게 장면화할 것인가. 물론 '걔 착해'라든지 '민수가 영희 싫어하잖아.'라며 대사로 처리할 수는 있다. 그러나 힘도, 재미도,

매력도 없는 게으른 표현일 뿐이다. 특히 '그의 착함'이나 '그녀를 싫어하는 것'이 인물의 주요 특징과 성격이라면 '어떻게' 그려낼지에 대해 더더욱 심도 있게 고민해야 한다.

극 대본의 또 다른 특징 중 하나는 경제성이다. 씬에서 인물에 대한 정보와 성격을 구구절절 나열하거나 설명할 수는 없다. 오로지 인물의 대사와 행동을 통해 '보여줄' 뿐이다. 서사의 흐름 속에 가급적 최소한의 장면만을 할애해 압축적으로, 또 매력적으로 캐릭터의 성격을 표현해주는 것, 우리는 그것을 좋은 대본이라고 말한다.

영화 〈문스트럭(Moonstruck, 1987)〉을 예로 들어보자. 한 가족이 등장한다. 딸이 아버지를 부엌으로 데려가 샴페인을 따라주며 결혼 소식을 전한다. 그런데 그 아버지 입에서 나오는 말이 놀랍다. '또?'라는 답과 함께 딸의 첫 번째 결혼을 지적하며 촌철살인을 날린다. '악운이야. 난 결혼생활이 52년째지만 아무도 안 죽었다. 넌 2년 만에 남편이 죽었어. 제발 결혼하지 마라. 너하고는 결혼이 안 맞아'라는 아버지답지 않은 그의 대사는 즉시 흥미를 불러일으킨다. 딸은 예전에는 프러포즈도 안 받고 시청에서 결혼해서 그렇다며 이번엔 다를 거라고 한다. 그러자 아버지는 청혼한 남자가 지금 어딨냐고 묻는다. 어머니가 위독해서 병원에 갔다는 답변에 '거 봐. 벌써부터 재수가 없다'는 이 아버지와 딸의 짧은 대화에서 우리는 인물의 매력뿐 아니라 꽤 많은 정보를 취할 수 있다. 여주인공의 사별 이력과 그 이유, 미신을 믿는 집안 분위기까지.

두 사람은 엄마에게 물어보자며 자고 있는 여인을 깨운다. 그런데 잠에서 깬 여인의 입에서 나온 첫 마디 또한 범상치 않다. '누가 죽었어요?' 아니라며 사정을 말하자 두 모녀가 주고받는 대화도 가관이다. '그 남자를 사랑하니?', '아니요.', '그럼 됐다. 사랑은 미친 짓이야.'라며 결혼을 허락한다. 5분이 채 되지 않는 장면 두 개만으로 인물들의 독특한 매력과 정보를 전달하는 극작술이 무척이나 돋보이는 시퀀스 Sequence이다. 수다는 대사가 아니다. 짧은 시간 안에 인물의 매력과 정보를 동시에 전달하는 기술, 극작가에게는 이것이 반드시 필요하다.

스토리와 사건을 만들어가거나 그것에 휘말리는 핵심은 인물이다. 그렇기 때문에 인물을 어떻게 설계하고 만들어내느냐가 중요하며, 그 중요성 때문에 우리는 이 책의 마지막에서 다시 한 번 매력적인 캐릭터 창조의 비밀을 파헤치고 있는 중이다.

그럼 이 중요한 인물의 매력을 극의 처음과 중간과 끝 어디에서 발현해야 할까. 물론 정답은 처음과 중간과 끝, 모두이다. 그러나 처음에 매력적인 인물로 시청자의 구미를 당기지 못했는데 끝에 가서 흥미를 유발하는 것이 가능할까. 더구나 드라마라면 매주 시청자가 다른 채널, 다른 드라마로 이탈할 수 있다. 그러니 기억하자. 캐릭터 승부수는 언제나 초반, 오프닝에 띄워야 한다.

중요한 건 알겠는데 그래서 어쩌라는 건지, 갑자기 막막해지는가. 그렇다면 대중 콘텐츠 오프닝 시퀀스에서 캐릭터 승부수를 어떻게 띄우는지 그 전략부터 살펴보자. 창작은 모방에서 시작된다고 하지 않던가. 캐릭터로 좋은 평가를 받았던 영화들이 어떻게 캐릭터 시공을 시전했는지 살펴본 뒤, 우리의 캐릭터를 그렇게 빌드업해 보는 것이다.

1) 노하우 knowHow 1. 타인의 반응을 활용하라

호불호가 갈리는 인물, 특히 '불호'에 가까운 인물이 '호'의 인간으로 성장해가는 스토리나 오해가 걷히고 '호'의 인물로 인정받는 스토리를 구축할 때 이런 전략이 곧잘 쓰인다.

〈동백꽃 필 무렵〉도 이 전략을 효과적으로 사용한다. 옹산으로 이사 온 동백을 바라보는 주민들의 반응으로 동백의 세팅 값을 설정한 것이다. 야구공을 갖고 놀던 남자는 공을 놓치고, 자전거 탄 아저씨는 태양초를 밟고 넘어지며 파인애플을 먹던 남자의 입에서는 파인애플이 흘러나온다. 남자들은 넋이 나갔고 여자들의 눈엔 쌍라이트가 켜졌다. '뭐, 쟤 예뻐?', '뭘 예뻐, 씨~' 하던 여자들은 아이 유모차를 챙기는 동백의 모습에 '애기 엄마가 예쁘네', '새댁이 참하네'라며 같은 입으로 두 말을 한다. 동백의 자기소개가 끝났다. 그녀는 예쁘다. 그녀에게는 아이가 있다. 장면 하나로 동백뿐 아니라 조연들 인물 정리까지 끝내며 갈등을 예고한 '일타삼피'의 오프닝 시퀀스이다.

영화 〈이보다 더 좋을 순 없다(As Good As It Gets, 1997)〉나 〈프러포즈(The Proposal, 2009)〉 역시 비슷한 전략으로 출발한다. 〈이보다 좋을 순 없다〉는 문이 열리고 기분 좋게 산책을 나가려던 여성이 주인공 잭을 보자마자 인상을 구기며 다시 돌아 들어가는 장면으로 시작한다. 〈프러포즈〉의 오프닝 시퀀스 또한 마찬가지. 여유로운 아침 시간을 즐기던 직원들은 여주인공 마가렛이 출근을 하자 메신저로 '마녀 떴다'는 정보를 퍼 나르며 주변을 정비하고, 그녀의 비서 앤드류는 NBA 결승전 표를 넘기면서까지 모닝커피를 쏟은 와이셔츠를 동료와 바꿔 입는다. 어떤가. 굳이 다른 설명을 덧붙이지 않아도 그들의 비호감 성격이 전해져 오지 않는가.

2) 노하우 knowHow 2. 인물의 반응을 활용하라

사실 이것은 오프닝 뿐 아니라 장면마다 고민하고 고민하길 권한다. 막다른 벽에 부딪혔다. 우리의 인물은 그 앞에서 어떻게 하는가. 포기하고 돌아서는가? 누군가를 데려오는가? 하늘에서 벼락이 쳐 벽이 부숴지길 기다리는가? 아니면 스스로 벽을 뚫는가? 인물이 어떻게 반응하는지에 따라 그 성격이 발현된다.

첫눈에 반한 여자에게 데이트 신청을 거절당했다. 이 남자는 어떻게 해야 하나? 포기하고 받아들여야 하나? 그녀의 마음이 열릴 때까지 기다려야 하나? 아니면 어떻게든 그녀에게 매력을 어필해 마음을 얻어내야 할까? 너무 단순한가? 물론 첫눈에 반한 여자에게 거절당하는 청춘 캐릭터야 수도 없이 많다. 그러나 승패는 디테일에서 갈리는 법. 그 대표적인 승자가 영화 〈노트북(The Notebook, 2004)〉의 노아이다. 그는 놀이공원에서 앨리에게 첫눈에 반해 데이트 신청을 하지만 바로 거절당한다. 문제는 거절당한 뒤에 노아가 보인 행동이다. 앨리가 타고 있는 회전 관람차 꼭대기에 한 손으로 매달려 구애를 펼친다. 매달린 철봉이 미끄럽다면서 자신과 데이트할 건지, 말 건지를 묻는 노아가 떨어질까 봐 걱정된 앨리는 마지못해 사귀겠다고 외친다. 그러자 언제 매달렸냐는 듯 '좋아, 내가 데이트해줄게'라며 미소를 날리는 노아. 만만치 않은 성격의 앨리는 곧바로 매달려 있는 노아의 바지를 벗겨버린다. 두 사람이 얼마나 화끈한 사랑에 빠질지 기대되는 순간이다.

앞서 '그는 착하다'를 어떻게 표현할 것인지 질문했다. 〈내겐 너무 사랑스러운 그녀〉는 예배 장면으로 시작하는 오프닝 시퀀스에서 이를 잘 보여준다. 한 아이가 조느라 의자에 늘어놓은 장난감을 툭 떨어뜨린다. 라스는 조용히 그 장난감을 집어 올려놓는다. 예배를 마친 후에는 노인의 꽃다발을 차까지 들어다준다. 확실히 '그는 착하다'. 그러나 이걸로는 매력적인 캐릭터가 탄생되지 않는다. 그래서 한 걸음을 더 들어간다. 꽃다발을 들어다 준 라스에게 연애를 하라며 노인이 장미꽃 한 송이를 빼준다. 이때 기다렸다는 듯 라스에게 접근하는 귀여운 여인이 있다. 과연 라스가 어떻게 했을까? 그녀가 인사를 건네자마자 손에 들려있던 장미꽃을 시속 150km의 강속구로 냅다 던져버리고는, 'Hi. Bye'하고 달려가 버린다. '응? 뭐지? 저 남자, 뭐지?' 궁금하지 않은가. 고민하자. 보통과 다른, 보통을 뛰어넘는 인물의 반응은 매력적인 캐릭터의 시작이다.

3) 노하우 knowHow 3. 인물의 능력을 활용하라

액션이나 미스터리 추리물에서 인물의 능력을 보여주는 오프닝 시퀀스를 많이 활용한다. 그를 통해 인물에 대한 호감과 신뢰를 끌어내는 한편 작품이 어떤 재미를 안겨줄 것인지 정확하게 짚어낼 수 있기 때문이다. 능력은 주로 인물의 직업과 연결되는 경우가 많다. 이는 다시 말해 인물의 직업을 잘 설정해야 보여줄 것이 많다는 이야기이다.

드라마 〈이상한 변호사 우영우〉는 영우의 어린 시절로 시작한다. 도통 입을 열지 않고 말을 하지 않는 영우에게 자폐 진단이 내려진 날, 영우 아버지가 의처증을 앓고 있는 아래층 남자에게 불륜을 의심받아 행패를 당하던 날, 영우는 처음으로 말문을 연다. 울면서도 '상해죄'와 '모욕죄'에 대해 막힘없이 말을 이어가는 영우는 형법사례집의 모든 내용을 외우고 있었다. 그렇게 자폐스펙트럼을 가졌지만 뛰어난 암기력으로 서울대 로스쿨을 수석으로 졸업한 영우는 이내 대형 로펌에 입사한다. 인물의 결핍과 능력을 지나 그녀의 직업과 앞으로 펼칠 활약에 대한 기대까지 두루 소개하는 영리한 오프닝이 아닐 수 없다.

드라마 〈태양의 후예〉의 오프닝 시퀀스 역시 주인공 유시진의 능력을 한껏 뽐내며 포문을 연다. 군사분계선을 넘어온 북한군 특작부대원과 대치하는, 자칫 혈전이 벌어질 경우 전쟁으로까지 악화될 수 있는 상황에서 유시진은 최고 특전사의 면모를 유감없이 발휘한다. 협상을 위해 무기 없이 접근하는 듯 보이지만 이미 주변에 저격수와 폭파팀 배치를 완료했고 접전 끝에 북한군의 목에 칼날을 들이대며 임무를 성공적으로 완수한다. 오프닝의 이 시퀀스는 시리즈 후반부에서 다시 한 번 활용된다. 오프닝 시퀀스가 인물만 보여주는 사건으로 뚝 떨어져 단절된다면 서사적으로는 낭비이다. 극 초반의 사건은 가급적 메인사건과 다시 한 번 만나도록 그리자.

액션, 미스터리 추리물에서만 이러한 도입이 이뤄지는 것은 아니다. 캐릭터 플레이가 절대적인 로맨틱 코미디에서도 이 전략이 적극적으로 쓰인다. 백화점 앞에서 누군가의 명품백을 낚아채 도망가는 소매치기를 자전거로 계단을 가로질러 가며 쫓아가 날아차기로 때려눕히는 여자. 형사인지, 운동선수인지, 대체 뭐하는 여자인지 호기심을 자극한 뒤, 이어지는 화면은 영화촬영 현장이다. 그녀의 화려한 액션을 보여주며 스턴트우먼이라는 인물의 직업과 능력을 제대로 어필하는 이 드라마의 제목은 〈시크릿 가든〉이다.

4) 노하우 knowHow 4. 인물의 결핍을 활용하라

오프닝 시퀀스를 인물의 결핍으로 출발할 경우 그에 대한 연민과 이해, 호기심을 유발하며 보는 이의 주의를 집중시키는 데 효과적이다.

드라마 〈선재 업고 튀어〉는 다리가 마비된 주인공 임솔의 모습으로 시작한다. 깨진 화병 조각을 힘겹게 주워 침대 속에 숨기는 그녀의 무표정한 얼굴에선 생의 의지를 찾아보기 어렵다. 그런 그녀에게 전화를 걸어 나들이 갈 때 신기 좋은 런닝화를 선물로 주겠다는 라디오 DJ. 절망과 분노를 쏟아내며 전화기를 집어던지던 순간, 게스트로 나온 선재의 음성이 라디오를 통해 병실에 울려 퍼진다. '살아 있어줘서 고맙다'며 차분히 이어가는 그의 진심 어린 위로와 응원의 말에 그 어떤 표정도 없던 솔이 안에서 흐느낌이 터져 나오기 시작하고, 그녀는 그렇게 선재의 팬이 된다. 단지 노래를 잘해서, 춤을 잘 춰서, 잘 생겨서 좋아하는 게 아니라 끝났다고 생각했던 자신의 시간을 다시 흘러가게 해준 존재이기에 팬이 되었다는 설정은, 선재를 구하러 과거로 가는 솔이의 감정에 단순한 팬심 이상의 무게를 실어준다.

드라마 〈비밀의 숲〉은 감정을 느끼지 못하는 주인공 황시목에 대한 어린 시절 몽타주로 시작한다. 뇌가 지나치게 발달해 작은 소리에도 통증을 느끼는 그는 뇌엽절리술을 받고 그 후유증으로 감정을 거의 느끼지 못하게 된다. 〈비밀의 숲〉은 짧은 스케치에 담긴 그 과정과 감정의 결여로 얻게 된 현재의 후천적 능력을 대비시키며 오프닝 시퀀스를 완성한다. 살인사건 현장에서 범인보다 무섭게 칼을 휘두르며 무표정한 얼굴로 살인의 순간을 재현하는 그에게서는 한 점의 온기도 느껴지지 않는다. 누가 더 궁금한가. 피범벅이 된 피살자인가, 무표정한 얼굴로 살인을 재현하는 검사 황시목인가. 시청자의 눈길은 이미 피살자를 떠났다.

tvN 드라마 〈사이코지만 괜찮아〉 역시 오프닝 시퀀스부터 인물의 결핍을 전면에 내세우며 이 이야기가 소위 '문제적 인간'에 관한 내용임을 시사한다. 피가 진하게 배어나는 스테이크를 썰어 거기에서 흘러나온 피를 손가락으로 찍어 먹고, 고기가 아니라 고기 써는 칼날의 날카로움 때문에 그 식당의 단골이 되며, 소아암 환자들을 만나는 자리에 머리끝부터 발끝까지 검은색으로 자신을 도배하는 동화작가 고문영에게서는 일반인의 상식이나 상냥함을 찾아보기 힘들다. 이 문제적 인간 고문영이 그녀의 열혈 팬이자 자폐스펙트럼인 문상태, 그런 형을 돌보느라 자신의 삶을 두 번째로 미루는 문강태와 엮이며 무슨 일이 벌어질지. 그 호기심을 증폭시키는 효과적인 오프닝이다.

이 외에도 캐릭터의 매력을 구현하는 방식은 다양하게 존재한다. 부각시키고자 하는 인물의 특징과 성격에 따라, 인물을 묘사하는 방식이 달라진다. 그러나 경험이 부족한 신인작가의 경우 흥행 콘텐츠에서 인물에 대한 관심과 호기심을 유발했던 방식을 차용하는 것이 더 효과적일 수 있다. 특히나 요즘처럼 즐길 거리가 다양한 다매체 다채널 시대에는 오프닝 시퀀스에서 시청자의 눈길을 사로잡지 못하면 그 시선을 고정시키는 것은 더욱 불가능하다. 그러니 고민하자. 오프닝 시퀀스에서 나의 캐릭터를 어떻게 매력적으로 그려낼 것인지, 어떤 장면화 전략이 가장 유리할 것인지. 이것만 성공해도 매력적인 스토리의 절반은 이뤄낸 것이다.

Section 03

조화로운 캐릭터 구성의 Key, Supporting Role

캐릭터 기초 설계부터 본격 시공까지 마쳤다면, 이제 인테리어에 착수해보자. 성공한 드라마와 영화의 필수조건이 매력적인 주연이라면, 충분조건은 인상적인 조연이라 할 수 있다. 영화 〈건축학개론〉의 납뜩이, 드라마 〈동백꽃 필 무렵〉의 노규태, 〈슬기로운 의사생활〉의 도재학, 〈사랑의 불시착〉의 중대원 4인방 등 주연 못지않은 인기를 구가하는 조연들을 생각해보라. 주연 이상으로 우리의 뇌리에 깊이 각인되어 있지 않은가.

01 | Key 1. 조연의 기능

조연 캐릭터를 창조할 때 주의할 점은, 단언컨대 '조연은 주연이 아니다'라는 것을 잊지 않는 것이다. 조연을 만드는 길은 주연의 그것과는 다르다. 주연이 서사의 중심에서 이야기를 견인하는 역할이라면, 조연은 주연이 서사를 수행하도록 돕고 빛내는 역할이다. 조연이 한자로는 '助演(돕고 설명함)'이요, 영어로는 'Supporting Role(뒷받침하는 역할)'이라 하는 것만 봐도 알 수 있지 않은가.

물론 많은 작법서에서 조연도 그 자신의 인생에서는 주연임을 잊지 말라며 그와 동일하게 전사前史를 설계하고 갈등도 입체적으로 고안하라고 제안한다. 맞는 말이다. 영화 〈다크나이트(The Dark Knight, 2008)〉의 조커는 주연만큼이나 입체적이고 매력적이며 '잘 만든 조연 하나, 열 주연 안 부럽다'는 말을 제대로 증명해줬다. 그러나 우리는 초보 작가다. 그러니 지금은 위의 제안을 과감하게 거절하도록 하자. 인물을 창조하는 나만의 스킬을 만드는 데 능숙해지기 전까지, 조연은 조연답게 그려낼 필요가 있다.

1) 그는 듣는다!

조연다움은 과연 무엇일까. 우선 기능적으로 접근해보자. 조연의 가장 큰 기능은 주연의 이야기를 듣는 것이다. 소설과 달리 영화와 드라마는 인물의 속마음을 서술할 수 없다. 물론 '보이스오버Voice Over'를 통해 속마음을 들리게 할 수는 있지만, 그것을 남발하는 것은 좋은 글쓰기가 아니라는 걸 잘 알고 있을 것이다. 그렇기에 주인공의 속마음을 꺼내 '들어주는 인물'이 필요하다. 사랑의 감정을 적절히 표현해야 하는 멜로드라마나 로맨틱 코미디 장르에 '친구' 캐릭터가 빠지지 않고 등장하는 것은 이 때문이다.

주연의 속내를 듣기 위해 질문하는 것 역시 조연의 몫일 때가 많다. 인생을 와인에 빗대어 말하는 영화 〈사이드웨이(Sideways, 2004)〉의 경우 마야가 주인공 마일즈에게 몇 가지 중요한 질문을 던진다. 왜 와인 중에서도 피노를 좋아하는지, '61년산 슈발블랑'을 왜 마시지 않고 썩히고 있는지. 아무데서나 자랄 수 없어 세심한 보살핌을 요하는 까다로운 품종이지만 그만큼 최고의 맛을 선사하기 때문에 피노가 좋다는 대답에서 마일즈의 인생관과 인간에 대한 감독의 시각이 전달되고, '61년산 슈발블랑'을 가장 특별한 날 마시기 위해 아껴두고 있다는 대답에서 현재를 오롯이 즐기지 못하는 마일즈의 시간관이 드러난다. 돌아보자. 우리의 조연은 지금 주연에게 어떤 질문을 던지고 있는가.

2) 그는 부추긴다!

또 다른 조연의 기능은 동력 부여이다. 주인공이 한 걸음 치고 나가야 할 때 동기를 부여하는 일 역시 조연의 주요한 기능 중 하나이다. 고백을 망설이는 인물에게 고백을 부추긴다든지, 자신의 운명을 거부하는 영웅을 설득하거나 반대로 갈등을 일으켜 자극하는 것 역시 조연의 기능이라고 할 수 있다.

'어떡하지, 너?'라는 유행어로 유명한 영화 〈건축학개론〉의 '납뜩이'는 부추기는 조연의 대표적 예이다. 극 중 서연을 짝사랑하는 승민은 일명 정릉 플레이보이인 친구 납뜩이에게 조언을 구한다. 영화에서 납뜩이는 서연에 대한 승민의 마음을 자연스럽게 전달하는 한편 숫기 없는 승민에게 동력을 부여해 그녀에게 한 걸음 다가가게 만든다.

영화 배트맨 시리즈의 '배트맨과 로빈'처럼 아예 대놓고 조력자 역할을 맡길 수도 있다. 넷플릭스 시리즈 〈살인자 ○난감, 2024〉에서 노빈이 그 대표적인 인물이다. 자칭 이탕의 사이드킥으로, 이탕을 도와주는 그는 해커이자 뛰어난 프로파일링 실력을 지닌 인물이다. 이탕의 '죽일 놈 죽이기'는 노빈을 통해 계획적 살인으로 진화한다. 드라마 〈비질란테〉의 재벌 3세 조강욱과 르포기자 최미려 역시 지용의 조력자를 자처하는 인물들. 노빈과 다른 점이 있다면 이들은 모두 각자의 이익과 목적에 따라 비질란테를 돕는다는 것이다. 최미려는 특종을 위해 비질란테에게 단죄받을 범죄자를 알려주고, 히어로물에 푹 빠져 살던 조강욱은 '너무 재밌어서' 비질란테의 파트너가 되길 자처한다. 모두 자신만의 방식으로 지용이 '비질란테'의 길을 계속 걸어가게 하는 것이다.

반대로 갈등을 일으켜 주연을 움직이게 하는 것이 조연의 몫이 될 때도 있다. 드라마 〈사랑의 불시착〉의 조철강이 대표적이다. 드라마의 중반을 지나는 전환점에서 세리는 정혁과 안타까운 눈물의 이별을 나누고 남한으로 돌아온다. 남과 북으로 다시 갈라진 이 두 남녀의 사랑을 어떻게 다시 이어갈 것인가. 이때 활용되는 것이 바로 조철강이라는 조연이다. 안티 캐릭터인 조철강이 세리를 쫓아 남한으로 넘어오자 정혁 또한 세리를 지키기 위해 서울로 오면서 두 남녀가 다시 재회하게 되는 것이다.

3) 더 웃기게, 더 무섭게, 더 미스터리하게!

장르적 재미를 강화하는 것 역시 조연의 주요 기능 중 하나이다. 영화 〈범죄도시, 2017〉의 흥행은 주연인 마석도와 장첸뿐 아니라 '니 내 누군지 아니?'라는 유행어로 유명한 독사, 민머리로 시선을 압도했던 위성락 등 인상적인 조연 캐릭터에 힘입은 바 크다. 〈비밀의 숲〉 역시 주인공 황시목뿐 아니라 이창준, 영은수, 윤세원 등의 조연들이 각자의 비밀을 품고 미스터리를 더하며 극의 재미를 견인했다.

무엇보다 로맨틱 코미디는 이러한 조연의 역할이 절대적으로 요구되는 장르이다. 〈건축학개론〉처럼 주인공이 평범하고 순박한 인물일 경우 코믹한 연기는 조연의 몫이다. 실제로 영화 〈가장 보통의 연애, 2019〉, 〈첫 키스만 50번째〉, 〈노팅힐(Notting Hill, 1999)〉의 경우 남자 주인공의 친구가 그런 역할을 담당했고, tvN 드라마 〈갯마을 차차차〉나 〈동백꽃 필 무렵〉의 경우 같은 동네 사람들이, 〈사랑의 불시착〉에서는 남자 주인공의 중대원 4인방과 여자 주인공의 큰 오빠 부부가 코믹연기를 담당했다.

4) 코믹 감초 조연은 흥행 콘텐츠의 필수!

사실 국내 드라마와 영화 속 조연의 7할은 코믹 감초역(役)에 속한다고 할 수 있다. 국내 천만 영화 최다 출연 배우가 〈괴물〉, 〈변호인, 2013〉, 〈택시운전사, 2017〉, 〈기생충, 2019〉의 주인공 송강호가 아니라 오달수라는 사실만 봐도 그렇다. 〈괴물〉, 〈7번방의 선물〉, 〈도둑들, 2012〉, 〈변호인〉, 〈국제시장〉, 〈베테랑, 2015〉, 〈암살〉 등 다수의 천만 영화에 감초 조연으로 출연한 탓에 천만 영화 중 최다 관객 수를 확보한 배우가 된 것이다. 이는 무엇을 뜻하는가. 흥행하는 영화에는 코믹 조연이 등장한다는 것이다.

한 걸음 더 나아가 보자. 바로 숫자이다. 드라마의 경우 코믹 조연이 집단으로 등장하는 것을 심심치 않게 볼 수 있다. 이유는 바로 '분량'에 있다. 2~3회에 걸쳐 새로운 사건이 발생하는 미스터리나 스릴러가 아닌 남녀의 사랑만으로 16회에 걸친 서사를 채워가기란 쉽지 않다. 더욱이 다매체 다채널 시대의 시청자들은 조금만 전개가 느려도 다른 곳으로 눈길을 돌리기 십상이다. 이들의 시선을 채널에 고정시키기 위해서는 주연 외에도 재밌고 매력적인 조연들의 역할이 절대적인 것이다.

영화는 두 시간 내외니까 조연 군단이 필요하지 않을 것 같다고 생각하면 오산이다. 중요한 것은 시간이 아닌 서사의 분량이다. 〈노팅힐〉의 경우 주인공의 만남과 이별, 재회와 사랑의 완성에 이르기까지 벌어지는 사건이 많지 않기 때문에 서사의 빈자리를 매력적인 조연 캐릭터들이 채워 넣는다. 반면 〈노트북〉의 경우 현재와 과거를 오가고, 과거에서도 시간이 한 번 점프하는 등 서사가 복잡하기 때문에 철저하게 남녀 주인공을 중심으로 이야기가 전개된다.

5) 톤(Tone) 조절도 조연의 몫!

작품의 톤을 조절하는 것 또한 조연의 기능 중 하나라고 할 수 있다. 그것이 다루고 있는 내용이 충분히 가치 있다고 하더라도 작품의 소재나 주제가 무거울 경우 시청자와 관객의 진입장벽은 높아질 수밖에 없다. 내 삶도 퍽퍽한데 릴렉스하기 위해 선택한 드라마나 영화까지 보는 내내 한숨만 나오는 상황이라면, 장르적 재미가 엄청나지 않은 이상 계속 보긴 어렵다. 이를 극복하기 위해서는 중간중간 작품의 톤을 적절히 조절해주는 인물이 필요하고 절반의 비율 이상으로 조연이 이를 수행한다.

넷플릭스 시리즈 〈D.P.〉의 호열이란 인물이 대표적이다. 탈영병 잡는 헌병 체포조의 이야기를 통해 군대 내 폭력 문제를 날카롭게 파고드는 무게감이 상당하다. 그 부담을 상쇄시키는 것이 호열이란 인물이다. 〈D.P.〉 제작진은 원작에 없는 유머러스한 호열 캐릭터를 새롭게 창조해 자칫 어둡고 무겁게만 느껴질 수 있는 드라마의 톤을 한층 가볍게 끌어올리며 주인공 준호와 함께 매력적인 콤비를 탄생시켰다.

02 | Key 2. 조연의 창조

지금까지 언급한 기능을 적절히 수행하면서도 독특한 기운으로 시청자와 관객의 눈길을 사로잡는 매력적인 조연을 어떻게 창조해야 할까? 앞서 주연의 길과 조연의 길은 다르다고 했다. 주연은 자신의 길을 개척하지만, 조연은 주연의 길을 뒷받침한다. 등장하는 빈도부터 다르다. 그러니 상대적으로 적은 분량에서 강렬한 인상을 심어줘야 하는 것이다.

1) 인상적인 외모, 말투, 행동을 부여하라!

가장 손쉬운 방법은 독특한 외모나 말투, 습관 등을 설정하는 것이다. 이를테면 〈동백꽃 필 무렵〉의 노규태는 무식해서 꼭 한 글자씩 틀리면서도 속담이나 사자성어 쓰는 걸 좋아하는 허세 가득한 인물이고, 그 변호사 아내 홍자영은 남편의 틀린 문법과 맞춤법을 고쳐줘야 직성이 풀리는 옹산 엘리트다. 공짜 술을 밝히는 향미는 커피 스푼이나 라이터 같은 별거 아닌 것들을 훔치는 도벽이 있고 제시카는 식사도, 운동도 SNS에 올리기 위해 하는 관종이다. 물론 〈동백꽃 필 무렵〉이 훌륭한 이유는 이것들을 단지 설정에 그치지 않고 각 인물의 감정과 갈등으로 확장시켰다는 데 있지만, 앞서도 말했듯이 우리는 우선 조연다운 '설정'까지만 해보도록 하자.

2) 주연과 반대 성격을 부여하라!

　적지 않은 작품에서 조연은 주연과 대비를 이루는 모습을 보인다. 주연이 순진하면 조연은 바람둥이로 등장한다든지 주연이 용감하면 조연은 겁쟁이, 주연이 착하고 순하면 조연은 강하고 센 캐릭터로 그려지는 등 외모나 옷 입는 스타일에서부터, 이성을 대하는 태도와 성향, 추구하는 삶의 가치까지 많은 부분에서 차이를 나타낸다. 조연과의 대비를 통해 주인공의 캐릭터가 더욱 명징해질 수 있기 때문이다.

　드라마 〈비질란테〉의 광수대 팀장 조헌은 경찰대 출신의 인재로 두뇌와 싸움 실력 모두 겸비했다는 측면에서 지용과 비슷하지만 결정적인 부분에서 차이를 보인다. 지용과 달리 그 세계가 썩었다 할지라도 정의는 철저하게 경찰 조직 안에서 수행되어야 한다고 믿는 인물인 것이다. 사회 정의를 수호해야 한다는 목표는 같지만 그것을 시스템 안에서 할 것이냐, 밖에서 할 것이냐의 큰 차이를 보이는 두 인물의 대립은 다크히어로로서의 지용의 매력을 더욱 부각시킨다.

　영화 〈사이드웨이〉는 주연과 조연의 대비를 통해 캐릭터 플레이를 효과적으로 해나가는 작품이다. 대사부터 외모, 소품, 의상까지 다양한 요소를 활용해 조화로운 캐릭터 구성을 매력적으로 드러내는 작품이니, 이를 토대로 지금까지 살펴본 바를 정리해보자.

　주인공 마일즈는 지식과 교양을 추구하는 영어강사 겸 작가지망생이다. 그 친구 잭은 무식하지만 사랑스러운 바람둥이 배우이다. 영화의 주된 스토리는 결혼을 앞둔 잭이 와인애호가 마일즈와 총각파티 겸 와인여행을 떠나면서 벌어지는 사건들이다. 두 사람은 한때 잘 나갔던 배우, 잘 나갈 거란 기대를 받던 소설가 유망주였지만 더 이상은 그렇지 않다는 면에서 공통점을 띤다. 그러나 현실에 대한 태도는 판이하게 다르다. 마일즈가 자신의 실패와 풀리지 않는 현실을 숨기고 싶어 하는 인물이라면 잭은 잘 나갔던 자신의 과거부터 성병 광고 녹음만 하고 있는 작금의 현실까지 대놓고 떠벌리는 스타일이다. 연애를 대하는 태도 역시 다르다. 마일즈는 이혼한 전처에 대한 미련을 버리지 못해 아직도 음주 전화를 걸고 잭은 결혼할 여자가 있음에도 어떻게 하면 한 번이라도 더 다른 여자를 품에 안을지 궁리하는 남자이다. 판이하게 다른 이 둘의 캐릭터는 영화 속

와인 품종에 비유된다. 마일즈가 예민하고 까다로워서 아무데서나 자라지 못하는 피노라면, 잭은 특별한 조건을 갖추지 않아도 아무데서나 잘 자라는 카베르네다.

마일즈의 성격은 잭뿐 아니라 여행지에서 만난 마야라는 여성 조연과의 대비를 통해 더욱 선명해진다. 슈발블랑 와인을 특별한 날에 따기 위해 간직하고 있다는 마일즈의 말에 마야는 그 와인을 따는 날이 마일즈의 특별한 날이 될 거라고 응수한다. 두 사람의 시간관을 단적으로 보여주는 대화이다. 마일즈가 과거의 영광과 오지 않는 미래의 성공 사이에서 오늘을 놓치는 인물이라면 마야는 오늘을 살아가는 인물이다. 마일즈가 자신이 쓴 소설 제목이 '어제의 내일'이라고 하자 마야가 '아.. 오늘이요?'하고 답하는 유머러스한 대화에서도 이는 잘 나타난다.

잭이 앞뒤 생각 않고 현재만을 사는 본능 충실형이라면 마일즈는 앞뒤 생각을 너무 해서 지금을 놓치는 몽상가에 가깝다. 마야는 이런 잭과 마일즈의 중간형 인물로 자신의 행복을 위해 적절히 모험을 감행하며 오늘을 살아가는 인물이다. 이런 잭과 마야를 통해 마일즈는 오늘을 살아가는 인물로 성장해 가기 시작한다. 잭과 마야가 아닌 마일즈의 성장임을 기억하자. 조연은 주연의 캐릭터를 보완하며 추동하기 위한 보조적 역할로 제한되어야 한다.

이름	마일즈	잭	마야
직업	영어강사	배우/성우	웨이트리스/대학원생
결혼	이혼	예비 신랑	이혼
원나잇	가능	매우 지향	지양하나 가능
장점	사려 깊음 와인에 대한 지식이 뛰어남	낙관적, 자신감 충만, 뭐든지 빨리 잊음	따뜻하고, 차분함
단점	자신감 없음. 데이트에서 와인에 대한 얘기만 늘어놓음	대책 없는 금사빠. '지금'의 감정에 너무 충실해 주변이 피곤	별로 없음
이상형	전부인	여성	진실한 사람
와인 취향	피노	카베르네, 아무거나	다양함
...	...	...	...

영화 〈사이드웨이〉 인물표 1

이러한 인물의 대비를 표로 정리해두면 활용하기에 더욱 용이하다. 인물은 거창하게 설계했는데 정작 대본에서 제대로 풀어내지 못하는 경우가 많았다면 자신만의 인물표를 만들어 장면마다 적절히 적용해보자. 나만의 체크리스트가 될 것이다.

주연의 경우 앞에서 살펴본 '4W1H' 질문들을 카테고리에 넣어 인물표를 정리해보자. 남/녀 대비가 선명한 로맨틱 코미디나 남/남 대비를 전면에 내세우는 버디무비라면 카테고리 축을 가운데에 넣어 비교하는 것도 효과적이다.

마일즈	이름	잭
영어강사	직업	배우/성우
이혼	결혼	예비 신랑
가능	원나잇	매우 지향
사려 깊음, 와인에 대한 지식이 뛰어남	장점	낙관적, 자신감 충만, 뭐든지 빨리 잊음
자신감 없음. 데이트에서 와인에 대한 얘기만 늘어놓음	단점	대책 없는 금사빠. '지금'의 감정에 너무 충실해 주변이 피곤
전부인	이상형	여성
피노	와인 취향	카베르네, 아무거나
…	…	…

영화 〈사이드웨이〉 인물표 2

대본에 넣지 않을 내용이라도 작가 자신이 캐릭터 톤을 분명히 하기 위해 가벼운 항목들을 만들어 답을 달아볼 수도 있다. 이를테면 '휴일에 하는 일'이라든지, '주량/주사', '잠버릇', '형제/자매', '좋아하는 음악' 등 진지한 질문으로 들어가기 전에 가벼운 항목들로 인물의 톤을 잡는 게 도움이 될 수 있다. 그러나 순서를 거꾸로 해서 인물표부터 만들면 안 된다. 특히나 주인공이라면 반드시 '4W1H' 질문을 통해 먼저 캐릭터를 설계해야 한다. 인물표는 만들어놓은 인물을 씬Scene에 적용하기 위한 체크리스트 정도로 활용하기를 바란다.

Reference

1. 드라마 · 예능

KBS – 1박 2일, 2007~ | 슈퍼맨이 돌아왔다, 2013~ | 고백부부, 2017 | 동백꽃 필 무렵, 2019 | 태양의 후예, 2016 | 연모, 2021 | 옥란면옥, 2018 | 갯마을 차차차 |

MBC – 무한도전, 2006~2018 |

SBS – 런닝맨, 2010~ | 미운 우리 새끼, 2016~ | 연애시대, 2006 | 별에서 온 그대, 2013 | 괜찮아 사랑이야, 2014 | 펀치, 2014 | 열혈사제, 2019 | 시크릿 가든, 2010 |

jtbc – 힘쎈 여자 도봉순, 2017 | 품위 있는 그녀, 2017 | SKY 캐슬, 2018 |

tvN – 삼시세끼, 2014~ | 슬기로운 의사생활, 2020~2021 | 응답하라, 2012~2015 | 시그널, 2016 | 철인왕후, 2020 | 미스터 션샤인, 2018 | 사랑의 불시착, 2019 | 미생, 2014 | 도깨비, 2016 | 마인, 2021 | 김비서가 왜 그럴까, 2018 | 사이코지만 괜찮아, 2020 | 비밀의 숲, 2017~2020 |

OCN – 라이프 온 마스, 2018 | 경이로운 소문, 2020 |

넷플릭스 – 오징어 게임, 2021 | D.P., 2021 |

2. 영화

건축학개론, 2012 | 살인자의 기억법, 2016 | 럭키, 2015 | 첫 키스만 50번째(50 First Dates, 2004) | 암살, 2015 | 괴물, 2006 | 신과 함께, 2017 | 국제시장, 2014 | 7번방의 선물, 2012 | 해운대, 2009 | 내겐 너무 사랑스러운 그녀(Lars And The Real Girl, 2007) | 세븐데이즈, 2007 | 신세계, 2012 | 미녀와 야수(Beauty and the Beast, 2017) | 문스트럭(Moonstruck, 1987 | 이보다 더 좋을 순 없다 (As Good As It Gets, 1997) | 프러포즈(The Proposal, 2009) | 노트북(The Notebook, 2004) | 다크나이트(The Dark Knight, 2008) | 사이드웨이(Sideways, 2004) | 범죄도시, 2017 | 가장 보통의 연애, 2019 | 노팅힐(Notting Hill, 1999) | 변호인, 2013 | 택시운전사, 2017 | 기생충, 2019 | 도둑들, 2012 | 베테랑, 2015 |

Special
04
Interview

작가 데뷔의 세계

〈우리, 사랑했을까〉 이승진 작가

tvN 드라마 〈신데렐라와 네 명의 기사〉 집필
jtbc 드라마 〈우리, 사랑했을까〉 집필

🎤 작가가 되어야겠다고 마음먹은 특별한 순간이 있다면?

학창시절 학기 초마다, '장래희망'을 묻는 질문지를 받았던 기억이 납니다. 그 갱지 위에 저는 약속이라도 한 듯, 매년 다른 답을 적었습니다. 어느 날은 '화가', 학년이 바뀌면 '영화감독'을 적었죠. 그러다 불과 몇 시간도 지나지 않아, 적었던 꿈을 지우개로 지우고, 냉큼 '작곡가'라 바꿔 썼을 정도로 저는 참 변덕스런 꿈을 꾸는 아이였습니다.

그래서 일까요. 언제부터 '작가'를 꿈꿨는지는 정확히 기억나지 않아요. 그러나 분명한 건 어떤 일이든, 향후 누군가를 즐겁게 해주는 일을 꼭 하고 싶었다는 겁니다. 그렇게 장래희망을 숱하게 바꿔가며 어느덧 대학생이 된 저는 학과 내 '희곡 분과'라는 연극 동아리에 들어가게 되었어요. 그리고 그곳에서 우연히 제 작품을 공연으로 올리는 기회를 얻었죠. 처음엔 선후배, 동기들과 친해지고 싶어서 시작했던 분과활동이었습니다. 그런데 그 활동 덕분에 난생처음 제 손으로 희곡도 쓰고, 그 희곡을 무대에도 올리고, 그 희곡이 배우들을 통해 관객과 만나는 색다른 경험도 할 수 있었어요. 그때 저는 무대 뒤편 커튼 사이로 객석을 몰래 지켜봤었는데요. 제 대사 하나하나에 반응하던 관객들의 얼굴, 배우들의 동작마다 터지던 웃음소리, 그리고 그때 느꼈던 희열과 보람을 아직도 잊지 못합니다.

아마도 그때부터라고 생각합니다. '작가'라는 꿈을 구체적으로 꾸기 시작한 게. 어려서부터 '누군가에게 즐거움을 주는 일'을 하고 싶었던 저는 그날을 계기로 그 일이 '작가'일지 모른단 생각을 하며, 조금씩 꿈을 키워나갔습니다.

🎤 내가 쓰고 싶은 작품을 써야 할지, 시의성 있는 작품을 써야 할지?

글쎄요. '내가 쓰고 싶은 작품'이 '시의성'까지 있으면 그거야 말로 베스트 아닐까요? 이 질문이 혹시 '소재를 택하는 작가의 태도'를 묻는 것이라면, 저는 그 질문에 '객관성'이라고 대답할게요. 작가는 그 누구보다 객관적으로 자신의 소재를 바라봐야 한다고 생각합니다. 왜냐하면 드라마가 시청자에게 주는 '재미'와 '감동'의 기준이 너무나도 주관적이기 때문입니다. 특히 드라마를 보는 시청자는 불특정 다수라는 게 결정적인 이유겠죠. 대중을 상대로 콘텐츠를 다루는 드라마 작가에게 '대중의 취향'은 언제나 '연구대상'이죠. 극단적인 얘기일 순 있지만, 다수의 취향을 건드려야만 하는 것이 작가의 숙명인 만큼 작가 개인의 취향은 크게 중요하지 않다고 생각합니다. 작가의 취향이 지극히 소수에게만 통하는 것이라면, 당연히 대중을 만족시키기 어려울 테니까요. 때문에 드라마 작가는 '자신의 취향보다 대중의 취향', '자신의 만족보다 대중의 만족'을 먼저 생각할 수밖에 없는 자리인 것 같습니다. 나만의 재미, 나만의 감동, 나만의 의미를 좇다 보면, 대중에게 외면당하는 콘텐츠를 만들기 십상이니까요. 그런 의미에서 '내가 쓰고 싶은 작품'과 '대중이 원하는 작품' 사이의 간극을 좁히는 노력이 작가에겐 언제나 필요한 일이라고 생각합니다.

🎤 데뷔 후 가장 달라진 점은 무엇인가요?

'입봉'이라는 큰 산을 넘고 나니, 드라마 한 편을 대하는 저의 태도는 전 보다 더욱 조심스러워졌습니다. 캐릭터 하나를 탄생시키는 과정은 실제로 아이를 낳아 성인으로 키우는 엄마의 정성만큼(물론 그에 비할 바는 아니지만…) 피나는 노력이 필요했어요. 드라마 속 캐릭터는 1화부터 16화까지 약 900분 이상의 시간 동안 시청자를 만나지만, 작가는 그(캐릭터)가 시청자를 만나는 시간보다 훨씬 더 많은 시간 속의 모습들을 상상해야만 합니다.
예를 들면, 극 중 캐릭터가 '어떻게 살아왔고, 살고 있고, 살아갈 것인지', 그 출생부터 사망까지의 시간들을 아주 정교하게 써 내려가는 과정이 필요했습니다. 또한 그 인물의 말투, 습관, 버릇 등 사소한 부분도 어떤 사건으로 인해 생겨난 건지 차곡차곡 그 이유를 찾아가다 보면, 어느새 그 캐릭터의 일생이 담긴 전기문이 빽빽하게 완성되기도 했습니다. 물론 이렇게 써 내려 간 이야기들이 모두 드라마 속 장면으로 구현되는 것은 아니지만, 캐릭터에 대한 정보가 정교하면 정교할수록, 드라마에서 보여지는 장면들은 더욱 사실감 있게 구현된다는 것을 확인할 수 있었습니다. 반대로, 그 정교함이 조금이라도 느슨해지면 '말도 안 되는' 캐릭터로 전락해 버리는 아픈 경험도 하게 되었죠. 때문에 16개의 대본을 쓰는 과정은 작은 모래 알갱이로 돌탑을 쌓는 것만큼 창조적이고 치열한 일이었습니다.

이 값진 경험을 통해, 세상에 나온 모든 드라마뿐 아니라 스토리가 있는 모든 콘텐츠들을 볼 때마다 저도 모르게 경의를 표하게 되더군요. 진짜는 아니지만 진짜 같은 세계를 만들어야 하고, 그 와중에 또 판타지를 넣어야 하는 드라마 작가의 세계는 알면 알수록 참 어렵습니다. 하지만 희한하게도 이 어렵고 복잡한 일에 더 깊숙이 뛰어들어, 더욱 더 정교하고 흥미로운 이야기를 만들고 싶은 욕심도 생겨납니다. 그래서 일까요. 새로운 이야기를 구상하고 있는 지금, 저는 전보다 겸손하고 조심스럽지만 한편으론 설레는 마음으로 키보드 앞에 앉아 있습니다.

🎤 지금까지 작업했던 작품의 장르별 특징이나 차이가 있다면?

어쩌다 보니, '로맨틱 코미디'라는 장르와 깊은 인연으로 여기까지 왔습니다. 그리고 로맨틱 코미디 장르의 작품을 몇 편 쓰다 보니, 이런 생각도 들었습니다. '그 어떤 장르보다도 작가의 개성이 가장 노골적으로 드러나는 장르구나.' 어떻게 보면 뻔한 공식, 흔해 빠진 클리셰로 진부하게 느껴질 수 있는 장르가 바로 '로맨틱 코미디'입니다. 하지만 반대로 그 클리셰를 자기만의 색깔로 변주해 커다란 성공을 거둘 수 있는 장르이기도 하지요.

때문에 '로맨틱 코미디'란 장르에서만큼은 작가의 개성과 정체성을 최대한 존중해야만 '흔한 로코'가 아닌 '좀 다른(차별화된) 로코'가 탄생할 수 있다고 믿습니다. 그런 의미에서 자신만의 색깔과 정체성을 가감 없이 표출해, 흔해 빠진 공식의 이야기를 난생처음 본 듯한 새콤달콤한 로맨틱 코미디로 둔갑시키는 '로코 전문작가님'들을 존경합니다. 아마도 로코의 성장은 이 시대 현존하는 로맨틱 코미디 전문작가님들의 숫자와 로맨틱 코미디 작가를 지망하는 미래 작가님들의 숫자만큼 무궁무진할 겁니다.

🎤 드라마 작가에게 가장 필요한 한 가지가 있다면?

저는 지구력이라고 생각해요. 대사 한 줄을 쓰는 것이 때로는 10분이면 충분하다가도, 어떨 땐 한 달이 모자랄 지경으로 오래 걸리곤 하거든요. 그런데 드라마의 경우 대사 한 줄이 아닌 대본 열여섯 개(16부작 미니시리즈)를 완성해야 하기 때문에, 더더욱 예측할 수 없는 작업시간을 오롯이 혼자서 버텨내야만 합니다. 이때 필요한 능력이 바로 '지구력'이라고 생각합니다. 이 지구력만이라도 챙길 수 있다면, 아마도 몇 달, 아니 어쩌면 몇 년이 걸릴지 모르는 긴 '글 여정'이 결코 두렵지 않을 거라 믿습니다.

작품 소재를 어디서 찾으시나요? (소재 발굴법/착상 방법)

소재를 발굴하는 곳은 꽤나 다양합니다. 인터넷 뉴스 헤드라인을 보다가 문득 생각날 때도 있고, 서점에 진열된 책들의 제목을 하나씩 읊어보다가 불현듯 떠오를 때도 있습니다. 하지만 제일 많은 도움은 역시 '사람'이 있는 곳입니다. 글을 쓸 때는 어쩔 수 없이 작은 방 안에서 키보드와 홀로 사투를 벌이지만, 소재를 찾을 때는 가능한 많은 사람들을 만나며 주변 이야기에 귀를 기울입니다. 엄마가 된 친구들, 직장 다니는 친구들, 아직 학교에 다니는 후배들, 모두 작은 사회 안에 있다 보니, 그 사회 안에서 늘 발생하는 이슈들이 그들과의 대화 주제가 되더군요. 그 주제로 한바탕 수다를 늘어놓다 보면, 가장 인간적이고 공감되는 글감들이 한가득 나오기도 합니다.

나만의 자료조사 꿀팁이 있다면?

인터넷 검색창에 검색어를 넣는 순간, 그와 연관된 수십만 개의 자료들이 펼쳐지니, 사실상 자료조사 때문에 애를 먹는 일은 별로 없었던 것 같습니다. 하지만 아주 가끔, 정말 하나도 모르는 분야에 대한 글을 써야 할 때, 어떤 키워드로 검색해야 하는지조차 몰라, 조사가 어려웠던 적은 있습니다. 검색도 어느 정도의 기본 상식과 지식이 있어야 더 정확한 결과가 나온다는 걸, 그때마다 깨닫습니다.

그렇다고 방법이 없는 것은 아닙니다. 막힐 땐 지인 찬스를 씁니다. 전문 분야에 계시는 지인을 수소문해 직접 만나기도 하고요. 도란도란 이야기를 나누다 보면, 생각지 못한 이야깃거리를 찾을 때도 있습니다. 인터넷이 편하긴 하지만 그래도 여전히 면대면 인터뷰만큼 확실한 방법도 없는 것 같아요.

나만의 특별한 작업 루틴은?

작가는 프리랜서이기 때문에 자유로운 환경에서 작업할 수 있다는 장점이 있습니다. 하지만 자칫 정해진 근무형태도 체계도 없어, 작업시간을 비효율적으로 보낼 수 있다는 단점도 병행됩니다. 그래서 저는 가능한 작업 시간을 정해 글을 쓰는 편입니다. 아침 10시부터 저녁 7시까지 작업실로 출퇴근하자는 원칙을 정하고, 남은 시간들은 운동이나 취미 활동을 하며 뇌 컨디션을 회복하기 위해 노력합니다.

물론 드라마 작업의 특성상, 이 원칙을 칼같이 지키기는 쉽지 않습니다. 특히 촬영을 앞두고 있을 때 저만의 루틴을 고집할 수 없습니다. 그럴 땐 어쩔 수 없이 촬영 스케줄에 맞춰 유연함을 발휘해야 합니다. 가끔은 하루 종일 막혔던 부분이 하필이면 잠자리에 들기 전 불쑥 생각날 때도 있습니다. 그런 경우에도 역시 원칙엔 벗어나지만, 새벽까지 밤을 새워 작업을 하기도 합니다. 그럼에도 불구하고 최대한 원칙을 정해 작업을 하는 것은 프리랜서 작가에게 꼭 필요한 부분이라고 생각해요. 적어도 자신의 '건강'과 '마감'을 동시에 지키기 위해서라도 말이죠.

나만의 슬럼프 탈출법은?

좋은 콘텐츠가 슬럼프 탈출에 효과적인 약이 될 때가 많습니다. 꼭 드라마가 아니더라도 책, 영화, 그림, 음악, 연극, 뮤지컬 등 가리지 않고 보려고 해요. 그러다 보면 좋은 콘텐츠에서 나오는 긍정적 에너지에, 지치고 힘들었던 시간들을 극복할 용기가 생깁니다. 이런 좋은 작품을 탄생시키기 위해, 그 작가들이 쏟았을 노력과 시간이 그들의 영화, 그림, 음악, 연극, 책을 통해 느껴져서 그런가 봅니다.

데뷔를 꿈꾸는 작가들에게 해주고 싶은 말이 있다면?

드라마 작가에게 진짜 필요한 능력은 천재적 재능보단 글쓰기에 대한 '애정', 끝까지 버틸 수 있는 '지구력', 갑작스런 수정 요청에도 끄떡없는 '순발력'이라고 생각합니다. 그리고 이 세 가지 능력은 누구든 노력을 통해서 갖출 수 있다고 생각해요.

분명 쉬운 길은 아니지만, 그렇다고 불가능한 길도 아닙니다. 언제 올지 모르는 기회를 기다리며 막막한 시간을 보낼 수도 있습니다. 하지만 충분히 노력하고 있다면, 그 노력의 시간을 믿어 보셨으면 좋겠습니다. 아마도 그 노력이 우습지 않을 만큼의 커다란 결실이 기다리고 있을 거라 확신합니다.

Idea Note